LAWYERS' KNOWLEDGE

不動産取引紛争の実践知

宅建業法の戦略的活用

KUMAGAI NORIKAZU

熊谷則一

YUHIKAKU

はしがき

　宅地建物取引業者の方と話をしていてよく言われるのが，「『不動産訴訟を専門にしている』という弁護士は多いけれども，宅地建物取引業法に詳しい弁護士が少ない」ということである。

　確かに，土地や建物の明渡し請求訴訟の考え方は，司法研修所の民事裁判修習や弁護修習で最初に扱うものであり，今日ではロースクールでも扱い，弁護士であれば誰でも対応できる。不動産の二重譲渡や，手付売買の履行の着手の有無というような，民法の典型論点は，弁護士であれば誰でも知っているし，また，解説書も多い。「不動産訴訟が専門です」と言っても概ね間違いないのかもしれない。

　他方，不動産取引の場面では，宅地建物取引業法の適用を受ける免許業者である宅地建物取引業者が，プレーヤーとして登場することが多い。この宅地建物取引業法は，宅地建物取引業を営むことを免許制とするための行政法であり，違法行為があっても，直接には民事上の効力には影響しないはずである。宅地建物取引業法を知らなくても，民事訴訟を遂行する弁護士は直ちには困らないかもしれない。

　しかし，宅地建物取引業を営むには免許が必要であるからこそ，宅地建物取引業者にとっては，宅地建物取引業法違反の有無が決定的に重要であることがある。宅地建物取引業法は，紛争の未然予防のために様々な業務準則を定めている法律であるので，民事上の紛争が生じた場合には，宅地建物取引業法違反があることが多く，しかも，複数の宅地建物取引業法違反がセットになっていることが少なくない。民事訴訟で金銭的に有利に解決するよりも，金銭的には多少不利であっても迅速に解決を図り，再発防止策を講じた方が会社の利益になると考える宅地建物取引業者は少なくない。そのような宅地建物取引業者には，民事的な見通しだけではなく，宅地建物取引業法を考慮に入れた助言に大きな意味があることになる。反対に，宅地建物取引業者を攻める側に立つのであれば，宅地建物取引業法違反があることを正確に指摘することにより，迅速に依頼者の利益に沿った解決を図ることが可能になることもある。宅地建物取引業を理解した上で不動産取引を考えることができることは，大きなアドバン

i

テージになる。

　私は，社会人としての振出しが当時の建設省不動産業課であり，バブル初期の頃に法規担当セクションの係員として宅地建物取引業法の解釈に関わる問合せに対応する日々を過ごした。そのような経験が役に立っているのか，弁護士になってからも宅地建物取引業者のコンプライアンスに関わる相談を受けることが多い。本書は，有斐閣の「Lawyers' Knowledge シリーズ」の一冊として，私の従前の経験を踏まえ，不動産取引に関して宅地建物取引業法と民法とが交錯する場面を中心に，「実践知」を解説するものである。本書が多くの弁護士や不動産会社の法務部の方々や宅地建物取引士の実務の役に立ち，多くの人々が安心して不動産取引を行うことができるようになれば幸甚である。

　本書は，社会人としての振出しから今日に至るまでの建設省・国土交通省の方々やその関係の方々との様々な議論や示唆があったからこそ執筆できた。また，法律実務家としての師である故濱田俊郎弁護士の下で精緻な議論の進め方を学ばなければ，本書の執筆はできなかった。さらに，有斐閣の亀井聡氏と島袋愛未氏からは，企画段階から様々な助言と暖かくも厳しい叱咤激励をいただき，執筆の後押しをしていただいた。これらの方々に厚く御礼を申し上げる次第である。

2019 年 11 月

熊谷　則一

LAWYERS' KNOWLEDGE

CONTENTS

| CHAPTER 01 | 宅地建物取引実務の概要と本書の扱う問題 |

Ⅰ．本書の扱う問題と宅建業法 1

1. 不動産に関する紛争 1

2. 本書の扱う問題 2

3. 「実践知」としての宅建業法の知識 2

Ⅱ．売買契約実務 3

1. 売主としての宅地建物取引業者 3

(1) 集客活動…3／(2) 物件案内…4／(3) 申込みと重要事項説明…4／(4) 売買契約の締結…5

(5) 手付金の授受等…6／(6) 決済・物件引渡し…6

2. 仲介業者としての宅地建物取引業者 6

(1) 売主側の仲介業者との媒介契約…6／(2) 売主側の仲介業者の販売活動…7

(3) 買主側の仲介業者との媒介契約…8／(4) 物件調査と重要事項説明…9

(5) 売買契約の締結と手付金の授受…9／(6) 決済・物件引渡し…10

Ⅲ．賃貸借契約実務 11

1. オーナー側・貸主側の仲介業者としての宅地建物取引業者 11

2. 借主側の仲介業者としての宅地建物取引業者 11

(1) 物件案内等…11／(2) 媒介契約の締結と重要事項説明…12

(3) 賃貸借契約の締結と決済…13

| CHAPTER 02 | 売買契約での紛争 |

Ⅰ．契約の成立 15

1. 売買契約の成立について 15

(1) 売買契約書…15／(2) 買付証明書・売渡承諾書…16

(3) 売買契約の成立と宅建業法37条書面…17

2. 他人物売買等について 19

(1) 民法の原則と宅建業法の規制…19／(2) 適用除外…20／(3) 業者間取引…22

(4) 法33条の2違反の民事上の効果…22／(5) 法33条の2違反に対する監督処分…23

3. 契約締結等の時期の制限 23

(1) 民法の原則と宅建業法の規制…23／(2) 規制の内容…24

(3) 法36条違反の民事上の効果…24／(4) 法36条違反に対する監督処分…25

Ⅱ．売主の説明義務 25

iii

CONTENTS

1. 売主の民事上の説明義務 ……………………………………………… 26
   (1) 信義則上の情報提供義務・売買契約の付随義務としての説明義務…26
   (2) 売主が宅地建物取引業者である場合…27

2. 売主の宅建業法上の説明義務 ………………………………………… 28
   (1) 説明義務の概要…28／(2) 宅建業法上の説明義務と民事上の注意義務との関係…30
   (3) 宅建業法を理解しておく重要性…31

3. 建物に生じている不具合等 …………………………………………… 32

4. 地中埋設物・土壌汚染 ………………………………………………… 35

5. 法律等の制約 …………………………………………………………… 40
   (1) 建築基準法等による公法的な制約…40／(2) 行政指導・指導要綱による制約…43
   (3) 仮処分・抵当権設定登記等…46

6. 心理的瑕疵 ……………………………………………………………… 48
   (1) 自殺…48／(2) 死亡事件…50／(3) 暴力団関係事務所…52

7. 環境的瑕疵……………………………………………………………… 53
   (1) 日照・眺望等…53／(2) 騒音…59

8. その他 …………………………………………………………………… 60

Ⅲ. 手付 ………………………………………………………………………… 65

1. 手付の意義と種類 ……………………………………………………… 65
   (1) 解約手付…65／(2) 手付の種類…66／(3) 手付の認定…67

2. 解約手付と履行の着手 ………………………………………………… 67
   (1) 履行の着手…67／(2) 具体例…68

3. 宅地建物取引業者が売主である場合 ………………………………… 70
   (1) 手付の額の制限…70／(2) 解約手付性の付与…70／(3) 法39条違反の制裁…72

4. 手付についての説明 …………………………………………………… 73
   (1) 重要事項説明の対象としての解約手付…74／(2) 37条書面の記載事項としての解約手付…74
   (3) 監督処分…75

Ⅳ. 瑕疵担保責任・契約不適合担保責任 ………………………………… 76

1. 瑕疵担保から契約不適合担保責任へ ………………………………… 76
   (1) 改正前民法の「瑕疵」…77／(2) 最高裁平成22年6月1日判決…77
   (3) 改正民法での契約不適合担保責任…79／(4) 契約不適合の判断…80／(5) 「隠れた」瑕疵…81

2. 物理的瑕疵……………………………………………………………… 82
   (1) 土地の造成等の問題…82／(2) 建物に生じた不具合…89
   (3) 瑕疵なき物件を引き渡す義務を認めた事例…97

3. 地中埋設物・土壌汚染・埋蔵物 ……………………………………… 98

(1) 埋設物…98／(2) 土壌汚染…102／(3) 埋蔵物…104

4. 法令上の制限その他法律的な瑕疵・契約不適合 ………………… 106
(1) 建築基準法…107／(2) 森林法…111／(3) がけ条例…112／(4) 土地区画整理法…112

5. 心理的瑕疵・契約不適合 …………………………………………… 114
(1) 自殺，殺人等の事件事故…114／(2) 暴力団関係事務所…117／(3) 生物の生息…119
(4) 過去の損傷…120／(5) 性風俗営業…121／(6) 隣人の言動…122
(7) 騒音・眺望阻害等…123

6. 契約の解除 ……………………………………………………………… 125

7. 責任追及期間と免責規定（改正前民法の場合）…………………… 127
(1) 改正前民法…127／(2) 改正前宅建業法による修正…128
(3) 住宅の品質確保の促進等に関する法律…129／(4) 消費者契約法…130
(5) 商法 526 条…131

8. 責任追及期間と免責規定（民法が改正された場合）……………… 133
(1) 改正民法…133／(2) 改正宅建業法…134／(3) その他…135

9. 現状有姿売買 ………………………………………………………… 135

V. 契約解除を巡るトラブル …………………………………………… 138

1. ローン特約 …………………………………………………………… 138
(1) ローン特約とは…138／(2) ローン特約の種類…138／(3) ローン特約の解釈…139
(4) 宅建業法の規定…144

2. 建築条件付土地売買 ………………………………………………… 146
(1) 建築条件付土地売買契約とは…146
(2) 建築条件付土地売買契約についての宅建業法の規制…148
(3) 景品表示法と不動産公正競争規約…149

3. クーリング・オフ …………………………………………………… 150
(1) 趣旨…152／(2) 要件…152／(3) 買受けの申込みの撤回等ができない場合…153
(4) 申込みの撤回等の効果（154）(5) 法 37 条の 2 違反があった場合…154

CHAPTER 03　　賃貸借契約での紛争

I. 契約締結時の問題 ……………………………………………………… 156

1. 賃貸借契約の成立 …………………………………………………… 156
(1) 賃貸借契約書…156／(2) 賃貸借契約の成立と宅建業法 37 条書面…162

2. 契約交渉の不当破棄 ………………………………………………… 163

3. 説明義務 ……………………………………………………………… 167

v

Ⅱ．契約終了時の問題 ··· 172

1．原状回復義務 ··· 172

(1) 問題の所在…172／(2) 最高裁の判断…173／(3) 原状回復ガイドライン…174

2．原状回復義務の特約 ··· 178

(1) 問題の所在…178／(2) 最高裁平成 17 年 12 月 16 日判決…178／(3) 消費者契約法…180

(4) 東京ルール…182／(5) 重要事項説明での取扱い…185

3．敷引特約 ··· 186

(1) 問題の所在…186／(2) 最高裁平成 23 年 3 月 24 日判決…187

(3) 重要事項説明での取扱い…190

4．更新料条項 ··· 190

(1) 問題の所在…190／(2) 重要事項説明での取扱い…192

Ⅲ．賃借人の自殺 ··· 193

(1) 注意義務違反はないとするもの…193／(2) 注意義務違反があるとするもの…194

Ⅳ．定期借家契約 ··· 198

1．定期建物賃貸借契約 ··· 198

2．定期建物賃貸借契約である旨の事前説明 ······················· 199

3．重要事項説明での取扱い ······································· 202

CHAPTER 04　　媒介契約での紛争

Ⅰ．媒介契約 ··· 204

1．媒介契約の内容と宅建業法の規律 ····························· 204

(1) 媒介の意義…204／(2) 媒介契約の性質…205

(3) 宅建業法による媒介契約に関する規制…206

2．媒介契約の種類 ··· 208

(1) 標準媒介契約約款…208／(2) 専任媒介契約…208／(3) 専属専任媒介契約…209

(4) 一般媒介契約…209

3．指定流通機構 ··· 211

(1) 指定流通機構の位置付け…211

(2) 専属専任媒介契約と専任媒介契約における登録義務…212

(3) 専属専任媒介契約・専任媒介契約の悪用…213／(4) 一般媒介契約の場合…214

4．媒介契約上の宅地建物取引業者の義務 ························· 215

(1) 媒介契約に明記されている義務…215／(2) 仲介業者の善管注意義務…224

5. 媒介契約上の媒介依頼者の義務 ………………………………………… **226**

　　　　(1) 報酬支払義務…226／(2) 違約金支払義務…228／(3) 費用支払義務…230

　　　　(4) 通知義務…233

Ⅱ. 仲介業者の調査・説明義務 …………………………………………………… **234**

　　1. 責任追及の根拠 ………………………………………………………………… **234**

　　　　(1) 媒介契約がある場合…234／(2) 媒介契約がない場合…234

　　　　(3) 注意義務の程度と宅建業法…235

　　2. 取引当事者の同一性・代理権に関する調査・説明義務 …………… **239**

　　　　(1) 取引当事者の同一性・売却権限…239／(2) 代理権限…242／(3) 賃貸人の権限…243

　　3. 法令上の制限に関する調査・説明義務 ………………………………… **244**

　　　　(1) 建築基準法…245／(2) 宅地造成等規制法…247／(3) 都市計画法…248

　　　　(4) 指導要綱・行政指導…249

　　4. 物理的瑕疵に関する調査義務・説明義務 ……………………………… **251**

　　　　(1) 瑕疵・契約不適合を仲介業者が知らなかった場合…251

　　　　(2) 瑕疵・契約不適合を仲介業者が知っていた場合…254

　　5. 地中埋設物・土壌汚染に関する調査・説明義務 ……………………… **258**

　　6. 心理的瑕疵・契約不適合に関する調査・説明義務 ………………… **260**

　　　　(1) 自殺…260／(2) 暴力団関係，居住に支障ある程度の言動…264

　　7. その他 …………………………………………………………………………… **267**

Ⅲ. 媒介報酬を巡る紛争 ………………………………………………………………… **274**

　　1. 媒介報酬に関する宅建業法の規律 ……………………………………… **274**

　　　　(1) 宅建業法46条…274／(2) 報酬告示の内容…275

　　　　(3) 複数の宅地建物取引業者が関与している場合…280／(4) 報酬告示違反の効果…280

　　2. 報酬受領の時期 ………………………………………………………………… **281**

　　　　(1) 成功報酬の原則の根拠…281／(2) 媒介契約での定め…282

　　3. 媒介契約書がない場合 ……………………………………………………… **283**

　　　　(1) 媒介契約が成立している場合…283／(2) 媒介契約が成立していない場合…286

　　4. 宅地建物取引業者を排除した直接取引 ………………………………… **288**

　　　　(1) 直接取引の報酬請求権…289／(2) 標準媒介契約約款での規定…290

　　　　(3) 仲介業者を排除した直接取引でも報酬請求が認められない場合…292

　　5. 売買契約の解除と媒介報酬請求権 ……………………………………… **293**

LAWYERS' KNOWLEDGE　　　　　　**CONTENTS**

CHAPTER 05	監督処分

Ⅰ. 監督処分の概要 ……………………………………………… 297
　1. 監督の意義 ………………………………………………… 297
　2. 監督処分の種類 …………………………………………… 298
　　(1) 指示処分…298／(2) 業務停止処分…299／(3) 免許取消処分…299
　3. 指導，助言，勧告 ………………………………………… 301
　4. 報告及び検査 ……………………………………………… 302
　　(1) 概要…302／(2) 報告要求…302／(3) 立入検査…303
Ⅱ. 監督処分の手続 ……………………………………………… 304
　1. 手続の流れ ………………………………………………… 304
　　(1) 概要…304／(2) 端緒…304／(3) 事実認定…305／(4) あてはめ…305
　2. 聴聞 ………………………………………………………… 306
　　(1) 聴聞手続…306／(2) 聴聞の通知…306／(3) 聴聞期日…307／(4) 聴聞調書…307
　3. 処分の公表等 ……………………………………………… 308
　　(1) 公告等…308／(2) 公表…308
　4. 監督処分に対する不服申立て …………………………… 309
Ⅲ. 行政対応 ……………………………………………………… 310
　1. 事実の確認 ………………………………………………… 310
　2. 原因の究明と再発防止策の策定 ………………………… 310
　3. 示談 ………………………………………………………… 311
　4. 行政庁への説明 …………………………………………… 312

CHAPTER 06	営業保証金・弁済業務保証金分担金制度

Ⅰ. 制度の概要 …………………………………………………… 314
　1. 営業保証金制度と弁済業務保証金分担金制度 ………… 314
　2. 制度趣旨 …………………………………………………… 315
　　(1) 営業保証金…315／(2) 弁済業務保証金分担金…315
Ⅱ. 営業保証金制度 ……………………………………………… 316
　1. 供託 ………………………………………………………… 316

(1) 供託所…316／(2) 供託が不要である場合…317／(3) 供託の時期…317
(4) 営業保証金の額…317／(5) 営業保証金に充てることができる有価証券…318
(6) 事務所を新設した場合…318／(7) 監督処分…318／(8) 刑事罰…319

 2. 還付 ……………………………………………………………………… **319**
  (1) 還付の意義…319／(2) 還付請求者…319／(3) 宅地建物取引により生じた債権…320
  (4) 還付の手続…320／(5) 不足額の供託…321

Ⅲ. 弁済業務保証金分担金制度 ………………………………………………… **321**
 1. 保証協会 ……………………………………………………………………… **321**
  (1) 国土交通大臣の指定…321／(2) 社員の加入…322
 2. 弁済業務保証金分担金の納付 ……………………………………………… **323**
 3. 弁済業務保証金の還付 ……………………………………………………… **324**
  (1) 手続の全体像…324／(2) 認証の対象となる債権…324
  (3) 認証を申し出ることができる者…325／(4) 認証手続…325／(5) 認証請求訴訟…326
 4. 弁済業務保証金の取戻し …………………………………………………… **327**
 5. 宅地建物取引業保証協会の社員の地位を失った宅地建物取引業者 ……… **328**

CHAPTER 07　宅建業免許が必要な取引

Ⅰ. 規制法としての宅建業法 …………………………………………………… **329**
 1. 営業の自由と宅建業法 ……………………………………………………… **329**
 2. 開業規制と業務規制 ………………………………………………………… **330**
 3. 民事上の効力規定 …………………………………………………………… **332**
 4. 宅建業法の目的 ……………………………………………………………… **332**

Ⅱ. 宅地建物取引業の定義──宅地建物取引とは ………………………… **334**
 1. 宅建業法の規定 ……………………………………………………………… **334**
 2. 「宅地建物取引」に該当しない不動産に係る取引 ………………………… **334**
  (1) 賃貸借…334／(2) 建築…335／(3) 不動産管理・サブリース…335／(4) 民泊…336
 3. 売買 …………………………………………………………………………… **336**
  (1) 民法555条以下の売買…336／(2) 売主である場合…336／(3) 買主である場合…337
 4. 交換 …………………………………………………………………………… **339**
 5. 貸借 …………………………………………………………………………… **340**
 6. 代理 …………………………………………………………………………… **340**
 7. 媒介 …………………………………………………………………………… **341**
  (1) 媒介業務…341／(2) 住宅情報誌・住宅情報サイト…342

ix

CONTENTS

Ⅲ. 「宅地建物取引を業として行う」と「宅地建物取引業を営む」の関係… **344**

   1.「業として行う」の解釈 ……………………………………………………… **344**

     (1) 宅建業法の規定…344／(2) かつての国交省の解釈…344／(3) 現在の国交省の解釈…346

     (4) 最高裁の判例…348／(5) 実務の視点…349

   2. 筆者の見解 ………………………………………………………………… **350**

     (1) 国交省の解釈の検討…350／(2) 「業として行う」の解釈…351

     (3) 「業を営む」の解釈…352

Ⅳ. 無免許営業の禁止 ………………………………………………………… **353**

   1. 禁止事項 …………………………………………………………………… **353**

   2. 具体例の検討 ……………………………………………………………… **354**

     (1) 所有地を分割して売却…354

     (2) 特定の資金需要のために宅地建物取引業者を介して所有地を売却…355

     (3) 転売目的で購入した複数の不動産を売却…356／(4) 転売目的での不動産の購入…356

     (5) 使用収益目的での不動産の購入…357／(6) 非宅地建物取引業者による無料の媒介…357

判例索引 ………………………………………………………………………… **359**

事項索引 ………………………………………………………………………… **365**

CHAPTER
01 宅地建物取引実務の概要と
本書の扱う問題

Ⅰ. 本書の扱う問題と宅建業法

1. 不動産に関する紛争

不動産に関する紛争には，どのようなものがあるか。

　不動産は，人が生活をする上でも，経済活動を営む上でも重要な財産である。また，不動産は高価な財産でもあるので，取引や利用にあたり紛争が生じると，深刻な対立となることが少なくない。そのため，不動産に関する紛争が生じた場合には，弁護士に相談がなされることも少なくない。

　本書を手に取られた皆さんは，「不動産に関する紛争」として，どのような紛争をイメージされるのであろうか。実務に就かれて間もない方は，民法で勉強した「不動産の二重譲渡」や「虚偽表示と善意の第三者」，「動機の錯誤」などをイメージされるかもしれない。要件事実の勉強の最初のところで扱う「不法占拠者に対する明渡請求」や「賃貸借契約の更新拒絶における正当事由」をイメージされるかもしれない。

　これらは重要な論点であり，弁護士をやっていると，実際にこれらの論点が問題となる紛争に直面することもある。ただ，不動産に関する紛争は，これだけにとどまらない。売買契約の対象となった物件を巡る紛争，賃貸借契約における賃料を巡る紛争，賃貸借契約解除を巡る紛争，賃貸借物件の原状回復の範囲を巡る紛争，仲介業者の説明を巡る紛争，仲介報酬を巡る紛争，マンション管理を巡る紛争，境界を巡る紛争，登記を巡る紛争，共有物に関する紛争等，様々である。これ以外にも，倒産処理や相続時の不動産の取扱い，騒音等近隣との紛争，さらには，建物の建築を巡っての建設業者との紛争，元請け業者と下請け業者との紛争，農地の取扱い，多くはないが都市計画や区画整理を巡る相談等，「不動産に関する紛争」として弁護士に持ち込まれる相談は，実に多種多様である。

1

2. 本書の扱う問題

では，本書では，どのような「実践知」を扱うのか。

　様々な不動産に関する紛争がある中で，本書では，不動産取引に関する紛争と，その紛争を予防するという観点からの対応や契約書のチェック等に関する「実践知」を扱うこととする。もう少し具体的にいうと，「不動産取引」としては，売買契約，賃貸借契約，媒介契約を取り上げる。もっとも，民法の教科書ではなく「実践知」をテーマにする書物なので，二重譲渡や動機の錯誤といった民法でお馴染みの理論はほとんど扱わない。また，賃料の増減額請求や，明渡請求，更新拒絶の正当事由等に関しては，実践的な書物が色々とあるので，やはり，本書では扱わない。

　本書で扱う「不動産取引」は，視点を変えると，実務的には宅地建物取引業者が関与することが多い取引でもある。したがって，本書で扱う「不動産取引に関する紛争」は，宅地建物取引業者にとって関心が高い紛争である。このような紛争への対処と，このような紛争を予防する観点からの契約書のチェック等が本書で扱う主要なテーマとなる。

3. 「実践知」としての宅建業法の知識

宅建業法の知識は，不動産取引に関する紛争解決に寄与するのか。

　宅地建物取引業を営むには宅地建物取引業法（以下「宅建業法」という）の免許を受けなければならず，この免許を受けた事業者が宅地建物取引業者である。本書で扱う不動産取引は，実務上は宅地建物取引業者が関与することが多い取引でもあるので，宅建業法が様々な場面で関係してくる。例えば，宅建業法40条は，宅地建物取引業者が自ら売主となる売買契約における瑕疵担保責任・契約不適合担保責任を制限する特約について民法の特別法となる効力規定である。したがって，宅地建物取引業者が売主である売買契約における瑕疵担保責任・契約不適合担保責任が問題となる場合には，宅建業法の当該規定に関する知識が必要となる。

　また，宅建業法は，紛争を未然に予防すること等を目的として，宅地建物取引業者が遵守しなければならない業務準則を定めている。この業務準則規定に宅地建物取引業者が違反した場合には，宅建業法上は，監督官庁が監督処分を行うという効果が発生するものの，直接に民事上の契約関係を規律するものではない。しかし，宅建業法は，紛争を未然に予防するために宅地建

物取引業者の業務上の準則を定めているので，紛争が生じる場合には，宅建業法違反となっていることが多々ある。民事上の紛争としては訴訟等を行って金銭的に有利に解決することができたとしても，その訴訟の過程で宅建業法違反が明らかになり，監督処分を惹起する危険があることを考慮すれば，金銭的には多少不利であっても迅速に解決を図り，再発防止策を取った方が事業の利益に資すると考える宅地建物取引業者は少なくない。したがって，そのような宅地建物取引業者に対しては，民事的な見通しだけではなく，宅建業法を考慮した助言を行うことに意味がある。他方，宅地建物取引業者を相手に交渉する側に立つのであれば，宅建業法違反があることを正確に指摘することにより，迅速に依頼者の利益に適った解決が可能になることもある。

そこで，本書では，「実践知」として，必要に応じて，宅建業法の知識を用いた紛争対応の視点についても触れていきたい。

> 実践知！　宅地建物取引業者が関与する紛争においては，宅建業法の知識が必要になることや宅建業法の知識があることで依頼者に有益となることがある。本書では，必要に応じて，そのような宅建業法の知識・考え方にも言及していく。

Ⅱ．売買契約実務

宅地建物取引業者は，売買契約にどのように関与するのだろうか。

1．売主としての宅地建物取引業者

新築マンションの分譲販売や新築戸建ての分譲販売の場合，売主は宅地建物取引業者である。また，物件を買い取ってリフォーム等を行って再販売する場合の売主も，宅地建物取引業者であることが多い。

(1) 集客活動

宅地建物の販売にあたり，宅地建物取引業者は様々な集客活動を行う。集客活動としての広告については，宅地建物取引業者は誇大広告等が禁止されている（法32条）だけではなく，広告開始時期についても一定の制限を受

けている（法33条）。また，売主として行う広告には，宅地建物取引業者が売主として関与することを明示しなければならない（法34条）。

さらに，電話・訪問で勧誘をする場合には，勧誘に先立って宅地建物取引業者の名称，勧誘者の氏名・勧誘の目的を告げずに勧誘を行うこと（法47条の2第3項，規16条の12第1号ハ），勧誘を受けることを希望しない旨の意思表示をしたにもかかわらず勧誘を行うこと（法47条の2第3項，規16条の12第1号ニ），迷惑を覚えさせるような時間に電話をし，又は訪問すること（法47条の2第3項，規16条の12第1号ホ），深夜又は長時間の勧誘その他の私生活又は業務の平穏を害するような方法により困惑させること（法47条の2第3項，規16条の12第1号ヘ）は，いずれも禁止されている。

(2) 物件案内

次に宅地建物取引業者は，新聞折込みチラシやインターネットでの物件情報を見て物件に興味をもって来店した顧客に対しては物件案内を行う。新築分譲マンションの場合にはモデルルームを案内することもある。パンフレットを用いるなどして物件の特徴を顧客に説明するとともに，顧客の希望を確認することや，予算等を確認することが行われる。

宅地建物取引業者は，勧誘にあたって，買主が契約を締結するか否かを判断するにあたっての重要な事項について，故意に事実を告げず又は不実のことを告げることは禁じられている（法47条1号）。

また，宅地建物取引業者は，利益を生ずることが確実であると誤解させるような断定的判断を提供すること（法47条の2第1項），将来の環境又は交通その他の利便について誤解させるような断定的判断を提供すること（法47条の2第3項，規16条の12第1号イ）は禁止されている。

(3) 申込みと重要事項説明

新築分譲マンションの売買では，購入希望者による申込みや抽選がなされることもある。購入希望者に対して，申込金の提供が求められることもある。契約が成立していない段階では，手付金としての授受ではなく，預り金ということになる。なお，宅地建物取引業者は，契約の申込みの撤回に際し，受領している預り金の返還を拒むことは禁止されている（法47条の2第3項，規16条の12第2号）。

宅地建物取引業者は，自ら売主として売買契約を締結する場合には，購入

希望者に対し，その者が取得しようとしている宅地建物に関し，売買契約成立までの間に，宅地建物取引士をして，法35条1項が掲げる事項について，これらの事項を記載した書面を交付して説明させなければならない（法35条1項）。宅地建物取引実務で「重説」といわれる重要事項説明書による説明であり，購入対象物件が決まった後に，契約締結までの間になされる。また，この重要事項説明書には，営業保証金の供託先等も記載され，購入希望者に対して説明される（法35条の2）。

(4) 売買契約の締結

重要事項説明を受けた購入希望者は，最終的な検討を行った後に売買契約を締結する。顧客の立場では，なるべく検討時間が取れる方が望ましい。しかし，現実には，宅地建物取引士による法35条1項の重要事項説明と契約締結の間に長い時間が取られることはあまりない。それでも，例えば，重要事項説明書の書面を可能な限り早い段階で購入希望者に交付するようにして，検討時間を取れるような工夫を行う宅地建物取引業者も増えている。不十分な検討によって契約を強行しても，紛争になれば双方にとって不幸であることを考えれば，慎重な対応が望まれる。宅地建物取引業者は，威迫により契約を締結させること（法47条の2第2項），正当な理由なく契約を締結するかどうかを判断するために必要な時間を与えることを拒むこと（法47条の2第3項，規16条の12第1号ロ）が禁止されている。また，宅地建物取引業者が手付金を貸し付ける等の信用を供与して契約の締結を誘引する行為も禁止されている（法47条3号）。

契約を締結した売主である宅地建物取引業者は，購入者に対し，契約締結後遅滞なく，法37条に定められた事項を記載した書面を交付しなければならない（法37条）。実務的には売買契約書に法37条所定の事項を記載して，売買契約書を法37条に基づく書面として購入者に交付している。

なお，宅地建物取引業者が自ら売主となる場合で，温泉地に招待して別荘地の契約を締結するなど，宅地建物取引業者の事務所その他省令で定める場所以外の場所で申込みや売買契約を締結した場合には，クーリング・オフの適用があるので，そのための書面を交付しなければならない（法37条の2）。

新築分譲マンションの販売など，未完成物件の売買では，建築確認がなされた後でなければ売買契約を締結することができないなど，契約締結時期に制限がある（法36条）。

⑸ 手付金の授受等

売買契約が締結された場合には，購入者には代金の支払が求められる。もっとも，売買契約と同時に売買代金を全額決済するのではなく，契約締結時には手付金を支払い，後日決済するということも多い。購入者はこの間に住宅ローンの申込みをするなどして売買代金を調達する。

宅地建物取引業者が自ら売主である場合，宅地建物取引業者は，代金の2割を超える手付金を受領してはならない（法39条1項）。また，不当に高額の手付金を要求してはならない（法47条2号）。

宅地建物取引業者が自ら売主として売買契約を締結する場合には，手付金を含め，物件引渡しまでの間に購入者から代金の一部として受領する金額の合計額が宅建業法が定める限度額を超える場合には，当該手付金等を保全する措置を講じなければならない（法41条・41条の2）。

⑹ 決済・物件引渡し

金融機関による住宅ローンが承認されるなど，売買代金の支払に目途がつくと，約定の期日までに残代金の支払と物件引渡しがなされる。

新築分譲マンションや新築戸建て住宅の場合には，完成した物件の内覧が行われ，手直し工事が行われることもある。

宅地建物取引業者は，契約の解除につながる事情や，損害賠償責任につながる事情を認識した場合には，これらを妨げるために故意に事実を告げず，不実のことを告げる行為をしてはならない（法47条1号）。

2. 仲介業者としての宅地建物取引業者

所有している不動産を売却する場合や，新たに不動産を購入する場合，宅地建物取引業者が関与せずに売買契約を締結することもあるが，宅地建物取引業者が仲介という形で関与することが多い。

⑴ 売主側の仲介業者との媒介契約

売却は，売主が宅地建物取引業者に売却の相談をするところから始まる。宅地建物取引業者は価格査定を行う旨のチラシをポスティングしたり，HPで価格査定を宣伝したりして売却物件情報を集める。

売却の相談を受けた宅地建物取引業者は，価格査定を行うなどして売却の媒介の依頼を受けることに注力する。

宅地建物取引業者が売却希望者から売却の媒介の依頼を取り付ける場合には，媒介契約を締結する。売買の媒介契約を締結した宅地建物取引業者は，遅滞なく，法34条の2第1項に定められた事項を記載した書面を作成して記名押印して，媒介依頼者に対して交付しなければならない（法34条の2第1項）。実務的には，媒介契約書に法34条の2第1項に定められた事項を記載して媒介依頼者に交付する。売却予定価格については，その根拠を明らかにしなければならない（法34条の2第2項）。

　媒介契約には媒介依頼者が他の宅地建物取引業者にも媒介を依頼できるのかということや媒介依頼者が自ら購入者を探して契約を締結することが認められるのかということによって，専属専任媒介契約，専任媒介契約，一般媒介契約の3種類がある。媒介契約の締結にあたっては，後日の紛争を防ぐために，宅地建物取引業者は媒介依頼者に対して，契約内容をきちんと説明する必要がある。

　なお，既存住宅の媒介契約の中では，建物状況調査の実施に関する事項として，建物状況調査を実施する者をあっせんするか否か等について定めなければならない（法34条の2第1項4号）

(2)　売主側の仲介業者の販売活動

　売主側の仲介業者は，媒介契約に基づいて購入者を探索して売買契約を成立させるための種々の活動を行う。媒介契約が専属専任媒介契約又は専任媒介契約である場合には，購入者を広く探索するために，指定流通機構に物件を登録しなければならない（法34条の2第5項）。仲介業者は，指定流通機構以外にも，様々な媒体に広告を出すことがある。しかし，これらの広告費用は仲介業者の販売活動費であって媒介依頼者に対して請求することはできないのが原則である。媒介依頼者の特別な依頼に基づく特別な広告を行った場合にのみ，当該広告費用を媒介依頼者に請求することができる（法46条1項，報酬告示）。

　広告については，宅地建物取引業者は誇大広告等が禁止されている（法32条）だけではなく，広告開始時期についても一定の制限を受けている（法33条）。また，広告には，宅地建物取引業者が仲介業者として関与することを明示しなければならない（法34条）。

　さらに，電話・訪問で勧誘をする場合には，勧誘に先立って宅地建物取引業者の名称，勧誘者の氏名・勧誘の目的を告げずに勧誘を行うこと（法47

条の2第3項，規16条の12第1号ハ），勧誘を受けることを希望しない旨の意思表示をしたにもかかわらず勧誘を行うこと（法47条の2第3項，規16条の12第1号ニ），迷惑を覚えさせるような時間に電話をし，又は訪問すること（法47条の2第3項，規16条の12第1号ホ），深夜又は長時間の勧誘その他の私生活又は業務の平穏を害するような方法により困惑させること（法47条の2第3項，規16条の12第1号ヘ）は，いずれも禁止されている。

　仲介業者は，買受けの申込みを受けた場合には遅滞なく（法34条の2第8項），その他の場合にも専任媒介契約を締結している場合には2週間に1回以上，専属専任媒介契約を締結している場合には1週間に1回以上，業務の処理状況を媒介依頼者に報告しなければならない（法34条の2第9項）。

(3) 買主側の仲介業者との媒介契約

　購入希望者は，物件情報サイトなどで様々な物件情報を収集し，気になる物件がある場合には，宅地建物取引業者に連絡を取る。連絡先が売却希望者と既に媒介契約を締結している宅地建物取引業者であることもあれば，別の宅地建物取引業者であることもある。

　購入希望者は，宅地建物取引業者を通じて物件の案内を受ける。物件案内も購入勧誘活動の一環である。したがって，宅地建物取引業者は，勧誘にあたって，購入希望者が契約を締結するか否かを判断するにあたっての重要な事項について，故意に事実を告げず又は不実のことを告げることは禁じられている（法47条1号）ことや，利益を生ずることが確実であると誤解させるような断定的判断を提供する行為をしてはならない（法47条の2第1項）こと，将来の環境又は交通その他の利便について誤解させるような断定的判断を提供することは禁止されていること（法47条の2第3項，規16条の12第1号イ）等に留意して案内をしなければならない。

　購入希望者との間の媒介契約は，物件の見学等を行って，当該物件についての購入意思がある程度固まってからなされることが多い。宅地建物取引業者としては，当該物件についての売買契約成立に向けて種々の交渉・調整を行うことになるので，その段階で媒介契約を締結することになる。

　売買の媒介契約を締結した宅地建物取引業者は，遅滞なく，法34条の2第1項に定められた事項を記載した書面を作成して記名押印して，媒介依頼者に対して交付しなければならない（法34条の2第1項）。実務的には，媒介契約書に法34条の2第1項に定められた事項を記載して媒介依頼者に

交付する。売買予定価格については，その根拠を明らかにしなければならない（法34条の2第2項）。

　なお，既存住宅の媒介契約の中では，建物状況調査の実施に関する事項として，建物状況調査を実施する者をあっせんするか否か等について定めなければならない（法34条の2第1項4号）。

(4) 物件調査と重要事項説明

　宅地建物取引業者は，売買の媒介を行う場合には，購入希望者に対し，その者が取得しようとしている宅地建物に関し，売買契約成立までの間に，宅地建物取引士をして，法35条1項が掲げる事項について，これらの事項を記載した書面を交付して説明させなければならない（法35条1項）。宅地建物取引実務で「重説」といわれる重要事項説明書による説明であり，購入対象物件が決まった後に，契約締結までの間になされる。仲介業者は，売主側の媒介を行う場合も，買主側の媒介を行う場合も，購入希望者に対してこの重説を行わなければならない。

　そこで，仲介業者は，売買契約成立に向けて種々の交渉・調整を行うのと同時に，重要事項説明のために，売買契約の対象となる宅地建物についての調査を行わなければならない。法35条1項が定める重要事項は，いずれも宅地建物取引業者が自ら積極的に調査をしなければならない事項である。また，売主しか知らない事項を確認するために，売主にヒアリングを行い，さらに告知書に記載してもらうことも多い。建物状況調査がなされている場合には，重要事項説明に必要な「建物状況調査の結果の概要」を確認することも必要である。売主側の仲介業者と買主側の仲介業者とで連絡・調整しながら重要事項説明書を作成しなければならない。

(5) 売買契約の締結と手付金の授受

　重要事項説明を受けた購入希望者は，最終的な検討を行った後に売買契約を締結する。購入者の立場では，なるべく検討時間が取れる方が望ましい。しかし，現実には，宅地建物取引士による重要事項説明と契約締結の間に長い時間が取られることはあまりない。それでも，重要事項説明書の書面を可能な限り早い段階で購入希望者に交付するようにして，検討時間を取れるような工夫を行う宅地建物取引業者も増えている。不十分な検討によって契約を強行しても，紛争になれば双方にとって不幸であることを考えれば，慎重

な対応が望まれる。宅地建物取引業者は，威迫により契約を締結させること（法47条の2第2項），正当な理由なく契約を締結するかどうかを判断するために必要な時間を与えることを拒むこと（法47条の2第3項，規16条の12第1号ロ）が禁止されている。また，宅地建物取引業者が手付金を貸し付ける等の信用を供与して契約の締結を誘引する行為も禁止されている（法47条3号）。

　仲介業者は，売主・買主双方に対し，契約締結後遅滞なく，法37条に定められた事項を記載した書面を交付しなければならない（法37条）。実務的には売買契約書に法37条所定の事項を記載して，売買契約書を法37条に基づく書面として売主・買主双方に交付している。

　売買契約が締結された場合には，購入者には代金の支払が求められる。もっとも，売買契約と当時に売買代金を全額決済するのではなく，契約締結時には手付金を支払い，後日決済するということも多い。購入者はこの間に住宅ローンの申込みをするなどして売買代金を調達する。

　売買契約が成立した場合には，媒介依頼者は仲介業者に対して約定の報酬を支払うこととなる。報酬額については，報酬告示による報酬上限額の範囲で定めなければならない（法46条1項・2項）。宅地建物取引業者が不当に高額の報酬を請求することは禁止されている（法47条2号）。

(6) 決済・物件引渡し

　金融機関による住宅ローンが承認されるなど，売買代金の支払に目途がつくと，約定の期日までに残代金の支払と物件引渡しがなされる。

　宅地建物取引業者は，契約の解除につながる事情や，損害賠償責任につながる事情を認識した場合には，これらを妨げるために故意に事実を告げず，不実のことを告げる行為をしてはならない（法47条1号）。

> **実践知！**
>
> 宅地建物取引業者が関与する売買契約では，宅地建物取引業者に対して種々の義務が課せられている。特に，媒介契約，重要事項説明，売買契約という節目節目において，宅建業法は，重要な業務準則を定めている。

Ⅲ. 賃貸借契約実務

<u>宅地建物取引業者は，賃貸借契約にどのように関与するのだろうか。</u>

1. オーナー側・貸主側の仲介業者としての宅地建物取引業者

　賃貸アパート・賃貸マンションのオーナーや地主が建物や土地を賃貸する場合，賃貸人自らが賃借人を探して賃貸借契約を締結することもあるが，宅地建物取引業者に賃借人を探してもらい，契約締結に向けての種々の業務を依頼することもある。このような場合，賃貸人は宅地建物取引業者と媒介契約を締結する。売買の媒介の場合と異なり，賃貸借の媒介契約を締結した宅地建物取引業者には，宅建業法上は，媒介契約に係る書面の作成・交付義務（法34条の2参照）はない。もっとも，賃貸人側の仲介業者は，別途，当該物件についての管理契約を締結することもあるので，これらの管理契約とともに，媒介に係る契約を書面で締結するのが一般的である。

　賃貸人との関係でしばしば問題になるのは媒介報酬であるところ，報酬額については，報酬告示による報酬上限額の範囲で定めなければならない（法46条1項・2項）。宅地建物取引業者が不当に高額の報酬を請求することは禁止されている（法47条2号）。

2. 借主側の仲介業者としての宅地建物取引業者

⑴ 物件案内等

　賃借希望者は，物件情報サイトなどで様々な物件情報を収集し，気になる物件がある場合には，宅地建物取引業者に連絡を取る。連絡先が賃貸人と既に媒介契約を締結している宅地建物取引業者であることもあれば，別の宅地建物取引業者であることもある。

　広告については，宅地建物取引業者は誇大広告等が禁止されている（法32条）だけではなく，広告開始時期についても一定の制限を受けている（法33条）。また，媒介に係る広告には，宅地建物取引業者が仲介業者として関与することを明示しなければならない（法34条）。

　賃借希望者は，宅地建物取引業者を通じて物件の案内を受ける。物件案内も勧誘活動の一環である。したがって，宅地建物取引業者は，勧誘にあたって，賃借希望者が契約を締結するか否かを判断するにあたっての重要な事項について，故意に事実を告げず又は不実のことを告げることは禁じられてい

る（法47条1号）ことや，利益を生ずることが確実であると誤解させるような断定的判断を提供する行為をしてはならない（法47条の2第1項）こと，将来の環境又は交通その他の利便について誤解させるような断定的判断を提供することは禁止されていること（法47条の2第3項，規16条の12第1号イ）等に留意して案内をしなければならない。

さらに，賃借希望者は，宅地建物取引業者にとっては見込み客でもあり，その後も様々な営業活動をすることもある。しかし，電話・訪問で勧誘をする場合には，勧誘に先立って宅地建物取引業者の名称，勧誘者の氏名・勧誘の目的を告げずに勧誘を行うこと（法47条の2第3項，規16条の12第1号ハ），勧誘を受けることを希望しない旨の意思表示をしたにもかかわらず勧誘を行うこと（法47条の2第3項，規16条の12第1号ニ），迷惑を覚えさせるような時間に電話をし，又は訪問すること（法47条の2第3項，規16条の12第1号ホ），深夜又は長時間の勧誘その他の私生活又は業務の平穏を害するような方法により困惑させること（法47条の2第3項，規16条の12第1号ヘ）は，いずれも禁止されている。

(2) 媒介契約の締結と重要事項説明

特定の物件について賃借希望者の賃借の意思がある程度固まると，賃借希望者と宅地建物取引業者との間で媒介契約を締結する。賃貸の媒介契約につき，宅建業法上は，宅地建物取引業者に媒介契約に係る書面の作成・交付義務（法34条の2参照）はない。しかし，報酬の支払についての紛争を避けるため，書面で媒介契約を締結することが多い。

賃貸借契約は，賃借人が一定期間継続して当該物件を使用収益し，賃料を支払うという契約であるので，賃貸人としては，滞りなく賃料の支払がなされることが重要な判断のポイントとなる。そこで，賃貸借契約の締結に先立って，賃貸人による事前審査がなされることも多い。事前審査のために，賃借希望者は収入証明書等とともに入居申込みを行うことが求められることも多い。申込み段階で申込み証拠金等の金銭が賃借希望者から仲介業者に支払われることもある。もっとも，契約が成立していない段階では，手付金としての授受ではなく，預り金ということになり，宅地建物取引業者は，契約の申込みの撤回に際し，受領している預り金の返還を拒むことは禁止されている（法47条の2第3項，規16条の12第2号）。

宅地建物取引業者は，賃貸の媒介を行う場合には，賃借希望者に対し，そ

の者が取得しようとしている宅地建物に関し，賃貸借契約成立までの間に，宅地建物取引士をして，法35条1項が掲げる事項について，これらの事項を記載した書面を交付して説明させなければならない（法35条1項）。そこで，入居申込みと前後して，仲介業者は，法35条1項が定める重要事項説明を賃借希望者に対して行う。法35条1項が定める重要事項は，いずれも宅地建物取引業者が自ら積極的に調査をしなければならない事項である。賃貸人側の仲介業者と賃借人側の仲介業者とで連絡・調整しながら重要事項説明書を作成しなければならない。

(3) 賃貸借契約の締結と決済

　賃貸人側の入居審査の結果，当該賃借希望者との間で賃貸借契約を締結することになると，賃貸借契約締結となる。なお，宅地建物取引業者は，威迫により契約を締結させること（法47条の2第2項），正当な理由なく契約を締結するかどうかを判断するために必要な時間を与えることを拒むこと（法47条の2第3項，規16条の12第1号ロ）が禁止されている。また，宅地建物取引業者が手付金を貸し付ける等の信用を供与して契約の締結を誘引する行為も禁止されている（法47条3号）

　賃貸借契約の締結にあたって賃貸人と賃借人とが一堂に会さないことも多い。賃貸人欄には記名押印等がなされていない賃貸借契約書に賃借人が署名又は記名押印し，その後，当該書面が仲介業者を通じて賃貸人に交付され，賃貸人が署名又は記名押印するということで賃貸借契約が成立することになる。また，実務では，重要事項説明後に入居申込みと同時に賃借人側の賃貸借契約書への署名又は記名押印がなされた，その後に入居審査がなされることもある。この場合，賃貸人側が賃借希望者との間の賃貸借契約は締結しないという意思決定を行うと，賃貸借契約がどの段階で成立したといえるのかということで紛争となることもある。

　いずれにしても，仲介業者は，賃貸人・賃借人双方に対し，契約締結後遅滞なく，法37条に定められた事項を記載した書面を交付しなければならない（法37条）。実務的には賃貸借契約書に法37条所定の事項を記載して，賃貸借契約書を法37条に基づく書面として賃貸人・賃借人双方に交付している。

　最終的には，賃借人が手付金その他約定の金銭（敷金，礼金等）を仲介業者を通じて賃貸人に対して支払うと鍵が渡され，当該物件が引き渡されるこ

とになる。賃借人は，最終決済までに仲介業者に対して媒介報酬を支払う。報酬額については，報酬告示による報酬上限額の範囲で定めなければならない（法46条1項・2項）。宅地建物取引業者が不当に高額の報酬を請求することは禁止されている（法47条2号）。

> **実践知！**　宅地建物取引業者が関与する賃貸借契約では，宅地建物取引業者に対して種々の義務が課せられている。特に，重要事項説明，賃貸借契約という節目節目において，宅建業法は，重要な業務準則を定めている。

プラスα

　宅地建物取引における重要なプレーヤーである宅地建物取引業者は，多くの場合，上記の業務の流れの中で，宅建業法が定める種々の義務や土地・建物に関する規制法令の規定について，適切に意識しながら業務を行っている。

　しかし，宅建業法や土地・建物に関する規制法令の規定以外にも，宅地建物取引業者が不動産取引の中で意識しなければならない法令があり，その法令に対する意識が低い場合がある。

　例えば，宅地建物取引業者は宅建業法上は秘密保持義務を負っており（法45条），その点については意識をしていても，個人情報保護法を失念している宅地建物取引業者も存在する。宅地建物取引業者は個人情報保護法を遵守しなければならない個人情報取扱事業者であり，個人情報保護法上は，宅建業法上の秘密保持義務とは別の形の種々の義務を遵守して業務を行わなければならない。

　また，マネーロンダリング対策として策定されている犯罪収益移転防止法では，宅地建物取引業者が宅地建物の売買契約又はその代理若しくは媒介を行う場合には本人確認を行う義務がある他，確認記録や取引記録を作成・保存する義務があることや疑わしい取引を届け出る義務等があることが定められている。取引にあたり，本人確認等を行うことは通常なされているが，犯罪収益移転防止法をきちんと理解せずに行われている例もある。

　弁護士としては，様々な法令が関与する業務であることを認識して相談業務に当たる必要がある。

CHAPTER

02 売買契約での紛争

Ⅰ. 契約の成立

1. 売買契約の成立について

⑴ 売買契約書

不動産売買契約は，当事者の合意だけで成立するのか。

　売買とは，当事者の一方がある財産権を相手方に移転することを約し，相手方がこれに対してその代金を支払うことを約することによって，その効力を生ずる（民555条）。つまり，売主と買主との間で，申込みと承諾の合意があれば成立するのが売買契約であり，契約書の作成は要件とされていない。民法を勉強している段階では，動産も不動産も区別することなく，「○○円で売りましょう」「○○円で買いましょう」という合意があれば売買契約は成立する，と説明されるし，そのように理解する。しかし，不動産の売買契約の成立は，現実にはそんなに単純ではない。

　仮に，宅地建物の売買契約の成否が紛争の対象となった場合には，当該売買契約についての申込みと承諾の合意があったといえるかという事実認定の問題となる。宅地建物は社会経済活動の基盤となる重要な財産であり，また，その価格も高額である。契約にあたっては，例えば，瑕疵担保責任・契約不適合担保責任についての取決めや解除の要件についての取決めも必要になり，単に代金額の合意があれば足りるというものではないことは明らかである。宅地建物の売買契約の場合には，契約が成立すれば少なくとも何らか（手付金や内金等）の金銭が授受されるのが一般的である。したがって，口頭の合意だけで宅地建物の売買契約が成立したとの事実認定を行うことは，困難であろう。例えば，東京高判昭和50・6・30（判時790号63頁）は，相当高額の土地の売買にあたっては，いわゆる過怠約款を定めた上で契約書を作成し，手付金もしくは内金を授受するのは相当定着した慣行であることは顕著な事実であり，重視されて然るべきであるとの認識を示した上で，「土地の売買の場合，契約当事者が慣行に従うものと認められる限り，右のように売買契約書を作成し，内金を授受することは，売買の成立要件をなすと考えるのが

15

相当である。」と判断した。当該事案では，このような慣行に従わないという明示の意思表示がなく，慣行のように売買契約書を作成し，この時点で内金を授受することに合意していたとして，裁判所は，売買契約書の作成と内金が授受されていない段階では，売買契約は不成立であると判断した。

売買契約の成立は，契約の申込みと承諾の合意があったという事実認定の問題であるので，様々な事情や取引の経緯によっては，「売買契約書」が作成されることなく不動産売買契約が成立したことが認定される可能性があることも否定できない。しかし，不動産取引の慣行等も考慮すれば，一般的には，契約書の作成がなく，口頭だけで不動産売買契約が成立したと事実認定することは難しいと解される。

> **実践知！** 売買契約は諾成契約であるが，現実の不動産売買契約は，口頭だけでは契約が成立したとの事実を認定することは困難である。

(2) 買付証明書・売渡承諾書

実務で授受されることがある買付証明書や売渡承諾書は，売買契約の成立を証する書面と解することができるか。

既存住宅の売買や事業用物件の売買では，購入希望者が「買付証明書」という文書を売主に交付する場合や，売主が「売渡承諾書」という文書を購入希望者に交付する場合がある。これらの書面には，物件の表示と代金額が記載され，購入希望者が購入する意思があること，売主が売り渡す意思があることがそれぞれ記載されている。実務的には，これらの書面が交付された後に，正式に売買契約書を作成して署名押印等を行うこととなる。

問題となるのは，正式な売買契約書への署名や記名押印に至らなかった場合である。当該買付証明書や売渡承諾書等の書面の授受をもって不動産売買契約が成立したといえるか。

この点，例えば，東京地判昭和63・2・29（判タ675号174頁）は，不動産売買の交渉過程を踏まえ，「当事者双方が売買の目的物及び代金等の基本条件の概略について合意に達した段階で当事者双方がその内容を買付証明書及び売渡承諾書として書面化し，それらを取り交わしたとしても，なお未調

整の条件についての交渉を継続し，その後に正式な売買契約書を作成することが予定されている限り，通常，右売買契約書の作成に至るまでは，今なお当事者双方の確定的な意思表示が留保されており，売買契約は成立するに至っていないと解すべき」であるとしている。また，東京地判平成2・12・26（金判888号22頁）は，「もともと，買付証明書又は売却（売渡）証明（承諾）書は，不動産取引業者が不動産取引に介在する場合において，仲介の受託者たる不動産取引業者の交渉を円滑に進めるため，委託者又は相手方が買付若しくは売渡しの意向を有することを明らかにする趣旨で作成されるのが通例であって，一般的にはそれが売買の申込又は承諾の確定的な意思表示であるとは考えられていないこと」等を踏まえ，「本件不動産の売買条件等をめぐる原，被告間の口頭によるやりとりや前記の買付証明書及び売却証明書の授受は，当時における原告又は被告の当該条件による売渡し又は買付の単なる意向の表明であるか，その時点の当事者間における交渉の一応の結果を確認的に書面化したものに過ぎないものと解するのが相当であって，これを本件不動産の売買契約の確定的な申込又は承諾の意思表示であるとすることはできないものというべきである」としている。

　おそらくは，正式な不動産売買契約書を締結することによって確定的に意思表示をしたことになるというのが一般的な法意識であり，また，実務においても買付証明書や売渡承諾書が交付された後にも種々の交渉を行って正式な不動産売買契約書を締結しているという実態がある。したがって，買付証明書や売渡承諾書の授受がなされた段階では，まだ，不動産売買契約は成立していないと解すべきであろう。

買付証明書や売渡承諾書の授受がなされただけでは，まだ，不動産売買契約は成立していない。

(3) 売買契約の成立と宅建業法37条書面

　今日の不動産取引においては，売主として，又は仲介業者・代理業者として宅地建物取引業者が関与して行う取引が極めて多い。宅地建物取引業者が宅地建物の売買契約に関与する場合には，当該宅地建物取引業者は，遅滞なく，宅建業法37条に定められた事項を記載した書面を契約の当事者に交付

しなければならないとされている（法37条1項）。この書面を不動産取引実務では，「37条書面」という。

　宅地建物の取引は，権利関係や取引条件が複雑であることが少なくなく，また，目的物たる宅地建物の価格は高額であるので，契約が成立しても契約内容が不明確であると，契約内容や取引条件に関する当事者の認識の相違が顕在化して紛争が発生する危険性が高い。そこで，取引に係る契約内容を明確にし，買主等に注意を喚起して紛争を防止する観点から，宅建業法は，宅地建物取引業者が関与した宅地建物取引に関しては，宅地建物取引業者に37条書面を作成・交付させる義務を課している（宅地建物取引業法令研究会編著『宅地建物取引業法の解説〔5訂版〕』〔以下「解説」とする〕249頁）。

　この37条書面は，宅地建物取引業者が，①自ら売買又は交換の当事者として契約を締結した場合には，その相手方，②当事者を代理して，売買，交換又は貸借の契約を締結した場合には，その相手方及び代理を依頼した者，③媒介により，売買，交換又は貸借の契約が成立した場合には，その契約の各当事者に対して，法37条所定の事項を記載した書面を交付しなければならないとされている書面である。また，37条書面に記載しなければならない事項は，当事者の氏名及び住所（法37条1項1号），代金の額やその支払時期及び方法（法37条1項3号）その他契約内容のうちの重要なものである。

　37条書面の交付義務は，「契約を締結したとき」に所定の事項を記載した書面を交付することを宅地建物取引業者に義務付けているものであって，契約そのものを書面で締結することを義務付けているものではない。その意味では，諾成契約として定めている民法の売買契約の性質を変えるものではない。ただ，37条書面の交付義務の趣旨が契約内容を明確にして紛争を未然に防止することにあり，当事者の間で明確にしておかなければならない契約内容が37条書面の記載内容として定められているので，宅地建物取引業者が関与する宅地建物取引に係る契約では，法37条が定める事項を契約内容として合意しておかなければならないことになる。

　なお，国交省は，売買契約書等の契約書面の中に法37条所定の事項が全て記載されているのであれば，当該契約書をもって37条書面とすることを認めている（「解釈運用の考え方」第37条関係「書面の交付について」）。37条書面には当該書面の作成に係る宅地建物取引業者に所属する宅地建物取引士の記名押印が必要である（法37条3項）ので，実務では，売買契約書等の契約書面に，関与した宅地建物取引業者の宅地建物取引士の記名押印を行い，

売買契約書等の契約書面を 37 条書面として当事者に交付されている。

　したがって，不動産売買の実務では，宅地建物取引業者が取引に関与する売買契約では，37 条書面の交付という形で，必ず契約書が当事者に交付される。宅地建物取引業者の意識としても，売買契約の成立と 37 条書面の交付は同時であるというものであり，法 37 条所定の事項が記載されていない買付証明書や売渡証明書の授受をもって売買契約が成立したなどという主張はできないのが一般的である。

実践知！

　法 37 条 1 項違反，すなわち 37 条書面の交付義務違反を行った宅地建物取引業者に対しては，監督官庁から，指示処分（法 65 条 1 項・3 項），業務停止処分（法 65 条 2 項・4 項），情状が特に重い場合には免許取消処分（法 66 条 1 項 9 号）が課せられる。さらに，行為者は 50 万円以下の罰金に処せられる（法 83 条 1 項 2 号）ほか，両罰規定として法人も罰金に処せられる（法 84 条 2 号）。

　このように，法 37 条違反には重たい制裁が予定されている。「契約書面は作成されていなくても，口頭の合意だけでも不動産売買契約は成立している」などと主張する宅地建物取引業者が万一現れた場合には，法 37 条違反を指摘することが有効な交渉材料となる。

2．他人物売買等について

民法では他人物売買は有効な契約とされている。宅地建物取引業者の他人物売買にも特段の規制はないのか。

(1)　民法の原則と宅建業法の規制

　民法では，他人の権利を売買の目的としたときは，売主はその権利を取得して買主に移転する義務を負い（民 560 条），他人の権利を取得して買主に移転することができない場合には売主は一定の担保責任を負うこととされている（民 561 条）。つまり，民法では他人物売買も有効である（なお，2020 年 4 月 1 日に施行される改正民法の下では，改正前民法 560 条の規定は改正されるが，改正後の 561 条との関係で，他人物売買が有効であることは変わらない）。しかし，現実に他人物売買がなされて手付金の授受がなされ，その後に売主が

その権利を取得できない場合，民事上は買主が売主に担保責任を追及して契約を解除することができたとしても，現実に手付金を返金してもらえるかは不確実であり，事後的な救済には限界がある。そして，現に，昭和50年代には，売却権限がない他人所有の宅地建物を宅地建物取引業者が売主と称して売却し，その後引き渡すことができず，しかも手付金等を返金することもなく購入者等に損害が生じて社会問題となる事案が発生した。

そこで，不動産取引の中でも，宅地建物取引業者が自ら売主となる宅地建物の売買契約に関しては，自己の所有に属しない宅地又は建物について，転売に係る売買契約を締結することを原則として禁止する旨の規定が，昭和55年の宅建業法改正によって設けられた。即ち，宅地建物取引業者は，法が定める一定の場合を除き，自己の所有に属しない宅地又は建物について，自ら売主となる売買契約（予約を含む。）を締結してはならない（法33条の2）とされている。「自己の所有に属しない」宅地又は建物とは，売主以外の他人に所有権が帰属している場合と，未完成物件のように所有権の帰属が明確ではなく，売主に所有権が帰属しているか不明確である場合を含む（解説161頁，岡本正治＝宇仁美咲『改訂版［逐条解説］宅地建物取引業法』〔以下「岡本宇仁」とする〕297頁）。

(2) 適用除外

法33条の2は，自己の所有に属しない宅地建物の売買等がなされ，当該物件の所有権を売主が取得することができずに買主に不測の損害が発生することを防止するための規定である。したがって，自己の所有に属しない物件であっても，当該所有権を確実に取得することができる場合等，買主に不測の損害が生ずる可能性が少ない場合等まで規制することは円滑な商取引を阻害することになる。そこで，宅建業法は，一定の場合には，本条の適用を除外する旨を定めている。具体的には，次のとおりである。

i 宅地建物取引業者が当該宅地又は建物を取得する契約（予約を含み，その効力の発生が条件に係るものを除く。）を締結しているとき（法33条の2第1号）

「取得する契約」とは，売買契約等，所有権を取得する契約をいう。「取得する契約を締結しているとき」に該当するか否かは事実認定の問題である。法的拘束力がある「所有権を取得する契約」を締結しているのであれば，当該所有権を取得して買主に所有権を移転することができなくなる蓋然性が低

く，買主に不測の損害が生じる蓋然性が低いので，法33条の2が定める禁止から除外されている。

ここで適用除外から除外されている（つまり，禁止されている他人物売買に該当する契約である）「効力の発生が条件に係る契約」とは停止条件が付せられた契約であり，成就するかどうかが不確実であるため適用除外とはされていない（解説163頁）。停止条件には法定条件も含まれるので，例えば，宅地見込みの農地の売買において農地法5条の許可がなされていないうちは，買主はまだ当該農地の所有権は取得しておらず，また，取得できるか否かは不確実であるので，許可がなされる前に宅地建物取引業者が自ら売主として売買契約を締結することは禁止されている。

ii 宅地又は建物を取得できることが明らかな場合であって省令で定める場合

省令としては，宅地建物取引業法施行規則（以下「施行規則」という）15条の6第1号から4号で，「宅地建物取引業者が当該宅地又は建物を取得できることが明らかな場合」を定めている。このうち，1号から3号は，都市計画法，新住宅市街地開発法及び土地区画整理法との関係で「宅地建物取引業者が当該宅地又は建物を取得できることが明らかな場合」を定めている。いずれも特別な行政法規に基づくものであり，テクニカルな規定である。

他方，同4号は，「当該宅地又は建物について，当該宅地建物取引業者が買主となる売買契約その他の契約であって当該宅地又は建物の所有権を当該宅地建物取引業者が指定する者（当該宅地建物取引業者を含む場合に限る。）に移転することを約するものを締結しているとき。」を規定している。このような「約するものを締結しているとき」には，宅地建物取引業者は自己の所有に属しない宅地又は建物の売買契約を締結することができる。これは，いわゆる「中間省略登記」に替わる方法として規制改革の一環で認められるに至った登記方法と密接に関連している。

iii 未完成物件の売買で手付金等の保全措置が講じられている場合（法33条の2第2号）

当該宅地又は建物の売買が法41条1項に規定する売買に該当する場合であって，かつ，当該売買に関して同項1号又は2号に掲げる手付金等の保全措置が講じられている場合には，法33条の2の適用はなく，宅地建物取引業者は売買契約を締結することができる。

法41条1項は，工事が完了していない未完成物件を宅地建物取引業者が自ら売主となる売買契約を締結する場合（このような未完成物件の売買契約を

締結することを，実務では「青田売り」という）に，手付金等の保全措置を必要とする旨の規定である。青田売りの場合も，売買契約締結時には目的物が完成していないために「自己の所有に属しない」宅地又は建物を売却することになり，形式的には法33条の2の「自ら売主となる売買契約を締結してはならない。」に該当する。

　しかし，日本では従来から完成前の広告や契約締結がなされてきたという実態があり，また，売主の分譲資金の早期回収を可能にするとともに設計施工に買主の意向を取り入れることを可能にするメリットもあるので，買主を保護する措置を講じたうえで契約を締結するのであれば，青田売りを認めるという立法政策を採っている。法41条1項は，青田売りの場合の手付金等の保全措置についての条項であり，売主業者が手付金等の保全措置を講じた場合には，買主の利益を害するおそれがないとして，青田売りを認めている。そこで，法41条1項と平仄を合わせ，法41条1項に規定する青田売りの場合であって，法41条1項1号又は2号に定めた手付金等の保全措置が講じられている売買契約については，法33条の2の適用除外として，売買契約の締結が認められている（解説165頁，岡本宇仁301頁）。

(3)　業者間取引

　法33条の2は，宅地建物取引業者間の取引には適用がない（法78条2項）。したがって，宅地建物取引業者が自ら売主である他人物の売買契約であっても，買主が宅地建物取引業者である場合には，法33条の2の規制を受けることなく契約を締結することが認められている。

(4)　法33条の2違反の民事上の効果

　法33条の2は，宅地建物取引業者と取引を行う宅地建物取引業者以外の者の利益を保護する観点から，他人物売買等のうち宅地建物取引業者が自ら売主となる売買契約の締結に制限を加えているだけで，法33条の2に違反した契約を無効にする規定はない。したがって，宅地建物取引業者が適用除外事由なく自己の所有に属しない宅地又は建物について自ら売主となる売買契約を締結したとしても，売買契約は有効である。あとは，売主としての担保責任が民事上は問題になる。

(5) 法33条の2違反に対する監督処分

　自ら売主となる宅地建物取引業者が法33条の2に違反した場合には，監督官庁から，指示処分（法65条1項・3項），業務停止処分（法65条2項・4項），情状が特に重い場合には免許取消処分（法66条1項9号）が課せられる。

| 実践知！ | 宅地建物取引業者が自ら売主である場合の他人物売買は，民事上は有効であるとしても，宅建業法上は違法であり，監督処分の対象となる。このような売買契約を巡って紛争となった場合，買主側としては，売主が宅建業法に違反していることを指摘することが有力な交渉材料となる。 |

3. 契約締結等の時期の制限

まだ物件が完成していないうちに売買契約を締結してもよいのか。

(1) 民法の原則と宅建業法の規制

　民法では，売買契約の締結時期について特段の制約は設けられていない。例えば，建築計画段階の建物であっても，売主と買主が合意するのであれば，売買契約を締結することも可能である。建築された後に引き渡された建物が当初の契約内容と異なっていれば，債務不履行の問題は生ずるものの，契約締結の時期に制約はないし，直ちに当該契約が無効となるものでもない。

　もっとも，不動産には，様々な法令上の制限が課せられており，売主が企画した建物等が当初の企画どおりに完成するかは必ずしも明確ではない。あまりにも計画段階の早い段階で売買契約が締結された場合には，途中で大幅な設計変更がなされるなどして，当初の計画段階の建物と完成した建物との乖離が大きくなり，紛争も深刻なものになりがちである。

　そこで，未完成物件の売買に伴う深刻な紛争を予防するため，宅建業法は，宅地建物取引業者が未完成物件の売買に関与する場合には，建築に係る法令に基づく許可等がなされた後でなければ，売買契約等を締結することができない旨を定めている（法36条）。

(2) 規制の内容

法36条は，宅地の造成工事の完了前又は建物の建築に関する工事の完了前の宅地又は建物について，当該工事に関し必要とされる都市計画法29条1項又は2項の許可，建築基準法6条1項の確認その他法令に基づく許可等があった後でなければ，①宅地建物取引業者が自ら当事者として行う売買又は交換，②宅地建物取引業者が当事者を代理して行う売買又は交換，③宅地建物取引業者が売買又は交換の媒介をすることを禁止している。

これらの工事に関し必要とされる法令に基づく許可等がなされた場合には，一応，宅地造成の計画や建物建築のための計画が行政庁によって承認されたことを意味し，少なくとも，その後，公法上の制限によって大幅な設計変更を余儀なくされるということはないと考えられる（解説245頁）。したがって，完成後に「計画と違う」という紛争が生じることは比較的少なくなることが期待できるので，宅建業法は36条のような規制を設けている。

未完成物件の場合には，許可等がなされない段階で宅地建物取引業者が売買の媒介を行うことが禁止されているので，売主が宅地建物取引業者ではない場合であっても，宅地建物取引業者が媒介という形で取引に関与することも禁止されている。

プラスα

都市計画法29条1項又は2項の許可とは，いわゆる開発許可と言われているものであり，都市計画区域又は準都市計画区域内において開発行為をしようとする者が予め都道府県知事等の許可を受けなければならないとされているものである。また，建築基準法6条1項の確認とは，いわゆる建築確認と言われているものであり，建築物を建築しようとする場合において，当該工事に着手する前に，その計画が建築基準関係規定に適合するものであることについて，確認の申請書を提出して建築主事等の確認を受け，確認済証の交付を受けなければならないとされているものである。建築基準法6条1項の確認には，変更確認も含まれる（「解釈運用の考え方」第36条関係「契約締結等の時期の制限について」）。その他の法令は，宅地建物取引業法施行令（以下「施行令」という）2条の5に定められている。

(3) 法36条違反の民事上の効果

法36条は，宅地建物取引業者が未完成物件に係る許可等がなされる前に取引に関与することを禁止しているだけで，法36条に違反した契約を無効にする旨の規定はない。したがって，未完成物件に係る許可等がなされる前に宅地建物取引業者が関与して成立した売買契約は有効である。契約内容と

異なる物件が引渡しの対象となるのであれば，あとは，債務不履行が民事上は問題になる。

⑷　法36条違反に対する監督処分

　宅地建物取引業者が法36条に違反した場合には，監督官庁から，指示処分（法65条1項・3項），業務停止処分（法65条2項・4項），情状が特に重い場合には免許取消処分（法66条1項9号）が課せられる。

> **実践知！**
>
> 契約締結等の時期に反してなされた売買契約は，民事上は有効であるとしても，宅建業法上は違法であり，当該業務を行った宅地建物取引業者は監督処分の対象となる。このような売買契約を巡って紛争となった場合，買主側としては，売主が宅建業法に違反していることを指摘することが有力な交渉材料となる。

Ⅱ．売主の説明義務

　コンビニエンス・ストアで日用品を買うときは，事前に色々と購入するものを検討することはほとんどなく（人によっては，或いは購入する品物によっては，事前に調査をする場合もあることを否定するものではない），また，価格や条件を売主と交渉することもなく，サッと決めてサッと代金を支払って品物を手に入れている。しかし，不動産売買の場合は，一般的に，物件の紹介から始まって，概要の説明を受け，実際の不動産の案内を受け，金額や取引条件の交渉を行い，物件についての理解を深めた上で購入（売買契約書の締結）に至る。売買契約の締結に至るまでの過程で，買主は売主や不動産業者（宅地建物取引業者）から種々の説明を受ける。しかし，売買契約の目的物である宅地や建物の引渡しを受けた後に，買主が聞かされていた説明と違う事態が発生することや，そもそも聞かされていない事態が発生することがある。このような場合に，買主は，売主や仲介業者には物件等に関する説明義務があり，その説明義務違反があったとして売主や仲介業者に対する損害賠償請求等を行うことがある。仲介業者の説明義務は後述することとして，ここでは，売主の説明義務を検討する。

1. 売主の民事上の説明義務

売主には，買主に対して物件の内容等についてどのような説明義務を負っているのか。

⑴ 信義則上の情報提供義務・売買契約の付随義務としての説明義務

　宅地建物は，権利関係が複雑であることが多く，また，法令上の規制も様々になされているため，取引の関係者が，取引の対象である宅地建物に関する情報を十分に理解していないと，後になって不測の損害を被ることになりかねない。例えば，居住用の建物を建築するつもりで土地を購入しようとしている場合に，その土地に買主が知らない抵当権が設定されていて，後になって抵当権が実行されてその土地が競売に付されることや，その土地が建築基準法所定の接道要件を満たしていないために居住用の建物を建築することができなくなること等，買主が土地の売買契約を締結した目的を達成できなくなることがある。

　また，契約内容についての理解が不十分のまま契約を締結すると，後になって紛争が生じ，当事者が不測の損害を被ることもある。

　このような不測の損害が発生した場合，買主としては，売主には契約締結準備段階等で説明すべき義務があったのにそれを怠ったとして，売主の責任を追及したいところである。

　この点，民法には，契約準備段階における当事者の義務について明示した規定はない。しかし，判例は，契約準備段階において交渉に入った者同士の間では，誠実に交渉を続行し，一定の場合には重要な情報を相手方に提供すべき信義則上の義務を負っていて，この義務に違反して相手方が損害を被った場合には，当該損害を賠償すべき義務があるとしている（不動産売買関係では，例えば，最判平成 16・11・18〔民集 58 巻 8 号 2225 頁〕では譲渡契約締結の価格の適否を検討する上で重要な事実を説明しなかったことが信義誠実に反して慰謝料請求権発生の根拠となるとされている）。

　契約準備段階での一方当事者の信義則上の情報提供義務違反を理由とする損害賠償責任は，学説では「契約締結上の過失」の一類型として議論されているものであり，不動産の売買契約においても認められる。

　この契約締結上の過失としての損害賠償責任が債務不履行責任であるのか，不法行為責任であるのかは，学説上は見解が分かれている。もっとも，最判平成 23・4・22（民集 65 巻 3 号 1405 頁）は，当該契約を締結するか否かを

相手方が意思決定するにあたって必要な判断材料について相手方に対して信義則上の情報提供義務がある一方当事者が適切に情報提供しなかった事案の損害賠償請求について，当該損害賠償責任は不法行為責任であるとした。売買契約締結前に，売主が提供すべき情報を提供しなかったことによって買主が売買契約を締結してしまい，その結果買主が被った損害は，不法行為責任として賠償請求の対象になる。

他方，当該契約を締結するか否かの意思決定には必要な情報ではないが，買主としては提供されていなければ購入した建物等の利用に支障がでる情報もある。例えば，最判平成 17・9・16（判タ 1192 号 256 頁）（60 頁参照）では，マンションの防火設備として極めて重要な室内防火戸のスイッチの位置，操作方法等については，売主は売買契約の付随義務として説明すべき義務があり，マンションの引渡しにあたり，防火戸のスイッチの位置，操作方法等について説明を怠った売主には説明義務違反があるとされた。

いずれにしても，売主には，売買契約の目的物に関して種々の説明義務があるとされている。

> 実践知！
>
> 契約締結にあたっての交渉段階に至ると，特に売主には，売買契約を締結するか否かを検討するために重要な情報を買主に提供すべき信義則上の義務がある。これに違反した場合には，買主は売主に対して，不法行為責任を追及することができる。
> 売買契約を締結するか否かということには関係のない情報であっても，売買契約の付随義務として売主が提供しなければならない情報もある。

(2) 売主が宅地建物取引業者である場合

売主が宅地建物取引業者であると否とを問わず，売主には，売買契約を締結するか否かを検討するために重要な情報を買主に提供すべき信義則上の義務がある。買主に対する損害賠償責任が問題となる場合の民事上の根拠は，売主が宅地建物取引業者である場合も非宅地建物取引業者である場合も同じである。

他方で，宅地建物取引業者の場合には，宅建業法上，契約の相手方たる買

主に対して，種々の説明義務を負っている。そして実務上は，このような宅建業法上の説明義務の内容が民事上の説明義務の内容に大きな影響を与えている。

2. 売主の宅建業法上の説明義務

(1) 説明義務の概要

　不動産は，権利関係が複雑であることが多く，また，法令上の規制も様々になされているため，取引の関係者が，取引の対象である不動産に関する情報を十分に理解していないと，後になって不測の損害を被ることになりかねない。例えば，居住用の建物を建築するつもりで土地を購入しようとしている場合に，その土地に買主が知らない抵当権が設定されていて，後になって抵当権が実行されてその土地が競売に付されることや，その土地が建築基準法所定の接道要件を満たしていないために居住用の建物を建築することができなくなること等，買主が土地の売買契約を締結した目的を達成できなくなることがある。

　また，不動産に関する情報だけではなく，契約内容についての理解が不十分のまま契約を締結すると，後になって紛争が生じ，当事者が不測の損害を被ることもある。

　このような事態を防ぐためには，契約の当事者がしっかりと当該不動産の権利関係や契約条項を理解し，その上で契約を締結することが必要である。しかし，宅地建物取引業者以外の者は，日常的に宅地建物取引に関わっている者ではないので，権利関係や法令上の制限についての調査を行う能力を有していないのが通常である。他方，宅地建物取引業者は，免許を受けて宅地建物取引業を営んでいる者であって，宅地建物取引を行う専門業者である。したがって，権利関係や法令上の制限についての知識経験や調査能力を有しているはずの者である。

　そこで，宅建業法は，宅地建物に関する契約を締結するにあたって重要な事項について，宅地建物取引業者に対して，広範に説明義務や情報提供義務を課している。具体的には，宅建業法35条，47条，65条による義務である。

i 法35条1項

　法35条1項は，宅地建物取引の専門家であって，取引経験や専門知識を有し調査能力を有していると考えられる宅地建物取引業者に対して，一定の

事項を「重要事項」として取引の相手方に対して書面をもって説明する義務（いわゆる「重説」）を課している。

すなわち，宅地建物取引業者は，少なくとも法35条１項が定める事項については，契約成立までに，宅地建物取引士をして，これらの事項を記載した書面を交付して説明をさせなければならない。ここでは，法令上の制限など取引において紛争となりやすい事項を書面に記載して説明すべき「重要事項」として類型化している。紛争になりやすい事項が「重要事項」として列挙されている以上，宅地建物取引業者としては，これらの事項については，確実に説明を実施しなければならない。この「重説」は，宅地建物取引業者が売主として売買契約の当事者となる場合も，交換契約の当事者となる場合も，売買・交換・賃貸借契約の媒介・代理業務を行う場合も行わなければならない。

ii　法47条１号の重要な事項の告知義務の概要

法47条１号は，宅地建物取引業者が，宅地若しくは建物の売買，交換若しくは貸借の契約の締結について勧誘をするに際し，又はその契約の申込みの撤回若しくは解除若しくは宅地建物取引業に関する取引により生じた債権の行使を妨げるため，一定の事項について，故意に事実を告げず，又は不実のことを告げる行為を禁止する。「一定の事項」とは，法35条の重要事項を含み，宅地建物取引業者の相手方等の判断に重要な影響を及ぼすこととなるものである。

すなわち，宅地建物取引業者は，契約の勧誘をする場合や，契約の解除等を妨げるために，相手方の判断に影響を与える重要な事項についての故意の不告知や不実告知をしてはならない（法47条１号）。ここでは，法35条の重要事項よりも広範に，不告知や不実告知が禁止されており，宅地建物取引業者としては広範に告知をしなければならないことになる。告知義務があるということは，宅地建物取引業者には広範に情報提供義務が課されているということである。もっとも，法47条１号の告知義務は「故意に」告知を行わない場合等を禁止するものであり，過失によって告知を行わない場合等には法47条１号違反にはならない。

この法47条１号が定める「重要な事項の不実告知の禁止等」は，宅地建物取引業者が売主として売買契約の当事者となる場合も，交換契約の当事者となる場合も，売買・交換・賃貸借契約の媒介・代理業務を行う場合も遵守しなければならない。

iii 法 65 条

法 65 条は，免許を与えた監督官庁等が宅地建物取引業者に対して指示処分や業務停止処分を行う要件について規定している。例えば，このうち，法 65 条 1 項 1 号や 3 項は，業務に関し取引の関係者に損害を与えたとき，又は与えるおそれが大であるときは，指示処分の対象になることを規定している。したがって，宅地建物取引業者が取引の相手方等の判断に影響を及ぼす重要な事項について，故意ではなく（したがって法 47 条 1 号の適用はない），過失によって告知・説明しないことによって相手方等に損害を与えた場合には，法 65 条 1 項 1 号に該当するとして，指示処分の対象となりうる。換言すれば，宅地建物取引業者が指示処分の対象とならないようにするためには，重要な事項を告知・説明しないことによって相手方に損害を与えることは，過失による不告知等であっても避けなければならないということである。つまり，宅建業法は，重要な事項については，故意の不実告知・不告知は法 47 条 1 号で禁止し，過失による不実告知・不告知は法 65 条を通じて禁止しているといえる。

このように，宅建業法は，宅地建物取引業者に対して，広範に説明義務・告知義務を課している。

⑵ 宅建業法上の説明義務と民事上の注意義務との関係

宅建業法が宅地建物取引業者に対して課している種々の義務は，免許行政の一環として，監督官庁が宅地建物取引業者の業務の適正な運営を確保することを目的として規定されている。したがって，宅建業法が定める義務に反することは，宅建業法違反となって監督処分の対象とはなるものの，当然に民事的な効果を生じさせるものではない。

しかし，宅建業法は，単に業務の適正な運営を図ることだけを目的としているのではなく，取引の公正を確保し，購入者等の利益の保護を図ることも目的としている法律である（法 1 条）。したがって，説明義務に関する法 35 条，47 条及び 65 条の内容は，専門家として注意しなければならない事項であり，民事上の注意義務の内容とも重なる。例えば，法 35 条に定められている重要事項は，専門家たる宅地建物取引業者が自ら調査して説明しなければならない事項である以上，民事上も調査・説明義務の対象となると考えられる。また，例えば，当該物件で自殺があったという情報は買主が購入するか否かを判断するにあたって重要な情報であると考えられるところ，当該事

実を認識している売主たる宅地建物取引業者は，故意に事実を告げなければ法47条1号違反となると同時に，民事上も説明義務違反となると考えられる。

> **プラスα**
>
> 　売主が宅地建物取引業者である場合には，瑕疵担保責任・契約不適合担保責任を全部免責する特約を定めることはできない（法40条）ので，例えば，売買の対象となった建物に契約の内容となっていない何らかの不具合が存在する場合，買主は売主に対して端的に瑕疵担保責任・契約不適合担保責任を追及すればよい。したがって，売主の説明義務違反という形で責任が追及されることは必ずしも多くない。他方，売買の対象となった建物に何らかの不具合が存在する場合に，当該売買契約を媒介した宅地建物取引業者の責任を追及する場合には，仲介業者に対しては瑕疵担保責任・契約不適合担保責任を追及できないため，民事上の説明義務違反，調査義務違反を論点として責任を追及することになる。後述のとおり，媒介契約の中には，宅建業法上の義務を履行する旨の条項が入っているので，宅建業法違反の有無が直接的に問題となる。

(3) **宅建業法を理解しておく重要性**

　宅地建物取引業者は宅建業法を遵守しなければならず，宅建業法に違反した場合には，監督処分が科せられる他，刑事罰に処せられる可能性がある。したがって，宅地建物取引業者の立場からは，「宅建業法違反がないこと」は最重要課題となる。

　例えば，売主が宅地建物取引業者である場合，民事上の説明義務違反が同時に宅建業法上の説明義務違反である場合には，売主側も買主側も，宅建業法違反事実があることを踏まえた上で民事上の紛争の解決を図ることで双方にとって妥当な解決となることがある。したがって，不動産取引に関する紛争の助言を求められる法律家は，宅建業法にも深い知識を有していることが望まれる。

実践知！ 売主が宅地建物取引業者である場合には，宅建業法の規定を踏まえて交渉にあたることで，売主側でも買主側でも妥当な解決に結びつくことがある。

3. 建物に生じている不具合等

売主は，瑕疵・契約不適合となるような不具合等について，契約締結前に買主に対して説明しなければならないのか。

CASE　東京地判平成 28・3・11（判例秘書 L07130827）

● 事案の概要

　　既存のマンションの売買の事案であるところ，間取り図上はリビングに電話線アウトレットがあるにもかかわらず実際には電話線がつながっていなかったこと，配電盤に工作がなされていること，浴室の防水処理が不良で漏水があること等につき，紛争となった。

● 説明義務に関する裁判所の判断骨子

・不動産売買における売主は，その売買の当時，購入希望者に重大な不利益をもたらすおそれがあり，その契約締結の可否の判断に影響を及ぼすことが予想される事項を認識していた場合には，売主は，売買契約に付随する信義則上の義務として，購入希望者に対して当該事項を説明すべき義務がある。

・本件では，電話線アウトレットは他にもあり，当該事情が本件建物の使用や用途を制限するような重大な不利益をもたらすものではないので，電話線アウトレットの断線の説明がなされていないことは説明義務違反に当たらない。

・配電盤に工作は加えられているものの電気機器の使用に障害はなく，当該事情が本件建物の使用や用途を制限するような重大な不利益をもたらすものではないので，配電盤に関する事情を説明していなくても説明義務違反に当たらない。

・売主が行った浴室の改装の際に防水不良のため漏水があり，原因を特定しないまま応急措置しか行わなかったので，漏水の原因がなお存在していたという事情については，売買の当時，購入希望者に重大な不利益をもたらすおそれがあり，契約締結の可否の判断に影響を及ぼすことが予想される事項である。売主は，買主に対して本件建物の浴室が防水不良であり応急措置が行われたに過ぎず，なお漏水のおそれがあるなどの漏水に関する事項について説明すべきであったところ，これを怠った。

　　本件は，売主が売買契約に付随する信義則上の義務として説明すべき義務を負うのは，売主が認識していた「契約締結の可否の判断に影響を及ぼすことが予想される事項」であることを明確にした裁判例である。電話線アウトレットの断線は，瑕疵・契約不適合に該当する不具合であると考えられるが，本件程度の状況であれば，売主が説明義務を負う「契約締結の可否の判断に影響を及ぼすことが予想される事項」とまでは言えない事項であるともいえよう。他方，漏水の事実は，マンションの他の居住者に及ぼす影響や，補修費用が多額に及ぶことが想定されることを考えると，瑕疵・契約不適合であ

ると同時に，「契約締結の可否の判断に影響を及ぼすことが予想される事項」
に該当する。

CASE　東京地判平成 29・3・24（判例秘書 L07231218）

● 事案の概要

　売主が宅地建物取引業者である新築マンションの売買の事案。売買契約は平成
21 年 6 月 26 日になされた。平成 24 年 11 月になって，リビング・ダイニングの一
部に床暖房が設置されていないことが判明したため紛争となった。

● 説明義務に関する裁判所の判断骨子

・①本件マンションのパンフレットではリビングに床暖房が設置されている旨が記
　載されており，範囲に限定があるような記載はない，②標準的な間取りのリビン
　グ・ダイニング部分には全体的に床暖房が設置されているように記載がされてい
　る，③本件建物と同タイプの間取り図はパンフレットには綴られていないこと等
　からすれば，売主は，買主に対し，本件建物の図面上のリビング・ダイニング部
　分の一部には床暖房が設置されていないことを説明しなければならない義務があ
　り，説明義務違反が認められる。

　本件では，売主に対して，瑕疵担保責任による損害賠償請求はなされてい
ない。その事情は必ずしも明らかではないが，宅地建物取引業者が売主であ
る場合，新築マンションであっても，構造耐力上主要な部分等以外の売主の
瑕疵担保責任が引渡しから 2 年間に限定されていることが多いので，本件
でもそのことが関係しているとも考えられる。すなわち，売買契約が平成
21 年 6 月であり，床暖房が一部設置されていないことに買主が気づいたの
が平成 24 年 11 月である本件の場合，売主に対して瑕疵担保責任を追及す
るのではなく，売主の説明義務違反による責任を追及したということも考え
られる。このように，売主に対する瑕疵担保責任・契約不適合担保責任の追
及が困難である場合の受け皿として，売買契約に付随する信義則上の説明義
務違反という法律構成が役立つことがある。

プラスα

　本件では，損害賠償額としては，精神的苦痛として 5 万円が認められた。その意
味では，買主が確保することができた金銭的な利益は，裁判に費やしたコストと比
較すれば，大きなものとはいえないかもしれない。

　しかし，本件では，売買契約の締結を判断するために重要な情報を買主である宅
地建物取引業者が適切に買主に提供せず，そのことによって買主が損害を被ってい
るということを裁判所が事実認定している。これを宅建業法の問題として考えると，
売主が故意に当該情報を買主に告知しなかったということであれば法 47 条 1 号違

反に該当しうるし，故意でなかったとしても，買主に損害を与えている以上，同法65条1項の指示処分の対象となる可能性がある。これは売主である宅地建物取引業者の立場からすれば，監督処分の対象となりうる重大な事態である。したがって，売主の立場で考えると，本件は迅速に解決にあたるべき事案であるといえる。

CASE　東京地判平成28・4・22（判例秘書L07131144）

●事案の概要

築後44年が経過したマンションにつき，宅地建物取引業者である売主がリフォームした上で買主に販売した事案である。売主は「新築同様にフルリフォーム完了！」と表示して販売していたところ，引渡しを受けた本件建物には配水管が詰まり排水不良が発生すると買主が主張して紛争となった。

●説明義務に関する裁判所の判断骨子

・配水管の状況は，台所の流し台に一度に多量の水を流し入れると一時的に水が滞留し排水口から空気が噴出してくる場合もあることが認められるが，短時間のうちに流れ切る程度であり流し台の使用に関して特段支障になるとは認め難い。

・築後44年以上が経過しているので，設備等に関して新築物件に劣る部分があることは当然に想定されるほか，経年劣化により機能面において必ずしも十全とはいえない点も存在することも十分に想定されるので，本件流水の状況が存在しても，44年が経過した中古マンションとして通常有すべき品質又は性能を欠くものであったとは認め難い。

・「新築同様にフルリフォーム完了！」と表示して本件建物を売り出しているとしても，築後44年が経過したマンションであることは売買契約の前提であり，リフォームが行われたとしても，新築同様の品質と性能を備えることはおよそ期待できる状況にはなかったので，「新築同様にフルリフォーム完了！」と表示していても，本件流水の状況が瑕疵となるものではないとした。

・本件物件に瑕疵が存在していない以上，売主はこれに関する説明義務を負う余地はない。

瑕疵・契約不適合のところ（chap. 2, IV）でも検討することになるが（76頁以下参照），取引観念も踏まえて契約の内容に適合しない場合が瑕疵・契約不適合である。築後44年以上の既存建物が売買の目的物である場合には，相応の経年劣化が存在する目的物を引き渡すことが契約の内容になると考えられる。「新築同様にフルリフォーム完了」ということが契約の内容に取り込まれている場合には，「新築同様にフルリフォーム」を行っていない建物を引き渡せば瑕疵・契約不適合となろう。もっとも，「新築同様」といっても，築後44年が経過しているマンションが全く新築と機能面で差異がない状態にはならないことも社会通念上認められる。あとは具体的な機能を判断することになるが，本件での流水状況は，瑕疵・契約不適合とまではいえな

い，というのが裁判所の判断であったということである。瑕疵・契約不適合でなければ，契約締結の可否の判断に影響を及ぼす事情であるとまではいえないので，説明義務違反もない，という判断がなされた。

> **実践知！**
> 売主の説明義務違反という法律構成は，瑕疵担保責任・契約不適合担保責任を追及することが困難である場合の受け皿として機能しうる。
> 売主の説明義務違反となりうる「契約の締結の可否に影響を及ぼす事項」は，売主が宅地建物取引業者である場合には，宅建業法上の告知義務の対象となる事項でもあることが多い。

紛争予防の視点

物理的な不具合については，売主が認識している状況を買主に正確に伝えることによって紛争を予防する。契約書に引き渡す物件の性質・性能として正確に記載することや，告知書（売主から物件の様々な状況を告知する書面）を活用することも重要である。建物状況調査を行うことも有用である。

買主側は，気になることは念押ししておくことが有用である。

4．地中埋設物・土壌汚染

地中埋設物や土壌汚染は，土地の隠れた瑕疵として紛争になることが多い。これらについての売主の説明義務はどのように扱われているのか。

CASE　東京地判平成 15・5・16（判時 1849 号 59 頁）

●事案の概要

土地売買の事案。買主は，本件土地上に木造住宅を建築して分譲販売する目的で本件土地を購入した。買主が本件土地を掘削したところ，本件土地の中に，従前の建物の基礎部分と考えられるコンクリート等の埋設物が存在することが判明し，撤去費用等の負担が生じたため，売主との間で紛争となった。本件売買契約には，売主の申入れにより土地の地中埋設物が存在することが判明した場合には，除去費用は買主が負担する旨の免責特約が定められていたところ，買主は，売買契約当日に，本件免責特約に関して地中埋設物の存在可能性について確認の問いかけを行い，他方売主は，これに対して地中埋設物の存在可能性について全く調査していないのに，本件土地には地中埋設物は存在しないと思うという説明を行っていた。

●説明義務に関する裁判所の判断骨子

・免責特約を含む本件売買契約成立の経緯（本件土地上に木造建物を建築して分譲販売する前提で買主が購入を申し入れたことで交渉が始まり，価格で合意し，売主の申出を受けて免責特約が合意の一内容となって成立したこと）及び本件地中埋設物に関して売主が有していた地位（従前建物は売主が業者に依頼して建築したものであり，従前建物の解体・撤去も売主自身が業者に依頼して行ったものであり，地中埋設物が残置しているか否かは容易に把握できる立場にあったこと）に照らせば，売主は，本件免責特約を含む本件売買契約を締結するにあたり，本件土地を相当対価で購入する買主からの地中埋設物の存否の可能性について問合せがあったときは，誠実にこれに関連する事実関係について説明すべき債務を負っていたものと解するのが相当である。

・本件では，買主からの地中埋設物がない旨の確認の問いかけに対し，売主は地中埋設物の存在可能性について全く調査をしていなかったにもかかわらず，問題はない旨の事実と異なる意見表明をしたものであり，売主には説明義務違反の債務不履行がある。

　除去に相当な費用がかかる地中埋設物が存在しているということは，「契約締結の可否の判断に影響を及ぼすことが予想される事項」であるので，そのような事実を認識している売主が当該事情を説明しなければ，説明義務違反になるということは明らかであろう。

　もっとも，地中埋設物は地中に存在するものであるが故に，「売主は地中埋設物の存在を認識していた」ということを買主側で立証することは難しい。そこで，地中埋設物の存在そのものを売主として認識しているかどうかはともかく，地中埋設物の存在に関する事情について売主が認識しているのであれば，そのような事情も「契約締結の可否の判断に影響を及ぼすことが予想される事項」として売主は買主に情報提供する義務があるのではないか，ということが問題になる。

　本件での裁判所は，売買契約締結に至る具体的な事情を踏まえ，買主からの地中埋設物の存否の可能性について問合せがあったときは，売主には，誠実にこれに関連する事実関係について説明すべき義務があるとの判断を示した。地中埋設物についての免責規定を売買契約で設けるからこそ，売主には買主からの地中埋設物に関する問いかけに対して適切に情報を提供すべき義務があるという判断がなされたものであり，実務上，参考となる。

　また，東京地判平成18・9・5（判タ1248号230頁）では，商人間の土地売買契約で当該土地に土壌汚染が存在することが判明して紛争になった事案で，裁判所は，商法526条によって買主には瑕疵の存否について調査・通

知義務があるとしても，土壌汚染の有無の調査は専門的な技術と多額の費用を要するので，買主が同調査を行うべきかについて適切に判断するためには，「売主において土壌汚染が生じていることの認識がなくとも，土壌汚染を発生せしめる蓋然性のある方法で土地の利用をしていた場合には，土地の来歴や従前からの利用方法について買主に説明すべき信義則上の付随義務を負うべき場合もあると解される。」と判断した。ここでも，商人間の売買における商法526条に基づく瑕疵担保責任の免責にかかる規定との関係で，売主には買主の判断に資するように適切な情報提供義務があると判断されており，実務上，参考になる。

　なお，これらの事例では，売主の説明がなされなかったことを債務不履行責任として構成している。他方で，前述のとおり，売買契約に付随する信義則上の情報提供義務違反を不法行為責任であるとした判例（最判平成23・4・22民集65巻3号1405頁）があることに注意する必要がある。

CASE　岡山地判平成23・5・31（判例秘書 L06650259）

● 事案の概要
　宅地建物取引業者である売主から土地を購入し，当該売主と建物請負契約を締結したところ，本件土地の土壌に汚染物質が存在することが判明したため，買主らが売主に損害賠償を求めた事案である。

● 説明義務に関する裁判所の判断骨子
・宅地建物取引業者は土地建物の購入者等の利益の保護のために，取引の関係者に対し信義誠実を旨として業務を行う責務を負っているものであり，土地建物販売や請負，売買の仲介をするに際しては，信義則上，買主又は注文者が契約を締結するかどうかを決定付けるような重要な事項で知り得た事実については，これを買主や注文者に説明し，告知する義務を負い，この義務に違反して当該事実を告知せず，又は不実のことを告げたような場合には，これによって損害を受けた買主や注文者に対して，不法行為に基づく損害賠償の責めに任ずるものと解するのが相当である。
・売主は環境問題について再三行政指導を受けていた者から本件土地を購入し，また，悪臭が残存している土地を宅地造成している。したがって，売主は他の者よりも本件分譲地の安全性，快適性に疑問を抱きうる立場にあったので，本件分譲地の一部を販売等する場合には，売主は，本件分譲地の安全性，快適性に関する情報を購入者等に説明すべき義務があった。
・売主は，土壌湧出量基準を超えた化学物質の混入の事実を認識しておらず，また，認識することができたとは言えないものの，悪臭や通常の土地と異なる部分があることの認識はあったので，売主には安全性，快適性に関する詳細な情報を調査してその内容を説明するか，そのような調査をしない場合には認識していた事情

が居住者の安全性を害しうる可能性があることや生活に不快感，違和感を生じさせうるものであることについて説明義務があったところ，そのような説明を怠った。

本件の売主は宅地建物取引業者である。そこで裁判所は，売主たる宅地建物取引業者が，信義誠実に業務を行う義務があること（法31条），契約を締結するかどうかを決定付ける重要な事項で知り得た事実については説明・告知義務を負うこと（法47条1号）を指摘した上で，これらの義務は民事上の義務でもあって，説明・告知義務違反があれば不法行為責任に基づく損害賠償責任を負う旨を明らかにしている。その上で，裁判所は，宅地建物取引業者が認識している安全性，快適性に関する情報は，説明・告知義務を負う重要な事項であることを前提に，売主たる宅地建物取引業者に説明義務違反があるとしている。買主が一般消費者であることを考えれば，安全・快適な居住に支障を及ぼす事情であれば，土壌汚染の具体的な湧出量そのものだけではなく，広く様々な事情を買主等に説明すべき義務があるといえよう。実務上参考になる。

プラスα

本件裁判では，売主の民事上の責任が問題になっているだけである。しかし，本件では，民事上の責任とはいえ，裁判所は，売主に法31条や47条1号違反が存在するとも解しうる事実認定を行っている。法47条1号違反は刑事罰も存在する深刻な宅建業法違反である。売主である宅地建物取引業者としては，このような宅建業法違反が発生した原因を把握し，このような事態が再発しないように体制を整えることがコンプライアンス上重要である。

CASE　大阪高判平成25・7・12（判時2200号70頁）

●事案の概要

土地売買の事案。約25年にわたり稼働してきた焼却場が設置されていた土地を地方公共団体が売却し，当該土地を購入した宅地建物取引業者が当該土地を転売したところ，当該土地の地中に産業廃棄物が埋められ，かつ，土壌の一部が環境基準値を大きく上回る鉛で汚染されていることが判明したため，当該土地を転売した買主（転売主）が転買主に損害賠償を支払うこととなり，当該買主である宅地建物取引業者と売主である地方公共団体との間で紛争になった。裁判所は，売主たる地方公共団体に説明義務が認められる前提としては，本件廃棄物等が本件土地の瑕疵といえることが必要とした上で，産業廃棄物と鉛とがそれぞれ瑕疵に該当するかを判断した。

- ●説明義務に関する裁判所の判断骨子
- ・地中に土以外の異物が存在する場合一般が，直ちに土地の瑕疵ということができないことはいうまでもないが，その土地上に建物を建築する場合について支障となる質・量の異物が地中に存在するために，その土地の外見から通常予測され得る地盤の整備・改良の程度を超える特別の異物除去工事等を必要とする場合には，宅地として通常有すべき性状を備えないものとして土地の瑕疵になる。
- ・本件の埋設物は除去のために多額の費用を要する特別の工事をしなければならないものであり，本件廃棄物の存在は土地の瑕疵に当たる。
- ・他方，本件売買契約では土壌汚染について当事者間で特約は定められておらず，また，鉛による土壌汚染は，本件売買契約締結当時には土壌汚染についての環境基準値は策定されていなかったこと，その前に環境庁は公共用地として転換される国有地の暫定指針を定めているものの，本件土地の鉛含有量は，この暫定値を大幅に下回っていること等が認められえる。したがって，売買契約当時の取引観念を斟酌して判断すると，本件鉛による土壌汚染は土地の瑕疵とは認められない。
- ・よって，売主は，本件土地に自ら本件廃棄物を埋設した事実を知りながら，買主に対し，本件廃棄物の存在の点を何ら告知・説明することなく，本件廃棄物の存在を前提としない代金額で本件土地を売却し，そのために買主は損害を被った。売主は，買主に対して不法行為責任を負う。

　目的物に瑕疵・契約不適合が存在する場合であっても，その瑕疵・契約不適合の程度は様々であることからすれば，瑕疵・契約不適合のすべてが「契約締結の可否の判断に影響を及ぼすことが予想される事項」であるとは限らない。しかし，瑕疵・契約不適合に該当しない程度の不具合であれば，契約締結の可否の判断には影響を及ぼさないとも考えられる。したがって，説明義務の有無を検討するにあたり，当該事情が瑕疵・契約不適合に該当するか否かを検討することは妥当なアプローチであろう。取引観念をも踏まえた契約の内容に適合するか否かという観点から瑕疵・契約不適合の有無を判断し，本件では，鉛による土壌汚染は瑕疵に該当せず，したがって，売主に鉛による土壌汚染についての説明義務は存在しないと判断された。

実践知！

　土壌汚染や地中埋設物が存在すると，多額の除去費用や特別の工法が必要となることがある。そのため，売主が土壌汚損や地中埋設物の存在そのものを認識していなくても，土壌汚染や地中埋設物の存在に関する事情について売主が認識しているのであれば，そのような事情も「契約締結の可否の判断に影響

を及ぼすことが予想される事項」として買主に対して説明すべき
義務があると判断される。
　当該問題となっている土壌汚染や地中埋設物が瑕疵・契約不
適合に該当しない場合には，売主の説明義務違反は認定されが
たい。

🔭 紛争予防の視点

　地中埋設物や土壌汚染については，売主が認識している状況を買主に正確に伝え
ることによって紛争を予防する。また，地中埋設物や土壌汚染の存在そのものだけ
ではなく，地中埋設物や土壌汚染の存在を疑わせる事情を買主に正確に伝えること
も紛争予防には重要である。契約書に引き渡す物件の性質・性能として性格に記載
することや，告知書（売主から物件の様々な状況を告知する書面）を活用することも
重要である。
　買主側は，気になることは念押ししておくことが有用である。売主が虚偽の回答
をすることを牽制することにつながる。

5. 法律等の制約

**土地や建物には，様々な公法上の制約がある場合や，行政指導等によって事実
上利活用に制約が加えられる場合がある。また，仮処分がなされている場合や，
担保物権が設定されていて将来の利活用に制約が加えられる場合もある。これら
の制約についての売主の説明義務はどのように考えられるのか。**

(1)　建築基準法等による公法的な制約

CASE　東京地判平成 6・7・25（判時 1533 号 64 頁）

● 事案の概要

　宅地建物取引業者間の土地建物の売買の事案。買主は，本件土地上に新たに建物
を建築して自宅として居住する予定であった。本件土地は袋地状の土地であり，幅
（間口）1.23m で公道に接しているが，路地の隣接地を含めると 1.83m で公道に接
していた。もっとも，建築基準法上，建築物の敷地は道路に 2m 以上接していなけ
ればならないが，ただし，建築物の周囲に広い空地がある場合などの安全上支障が
ないときはその限りではないとされ（同法 43 条 2 項 2 号），東京都は 1.8m 以上の
接道があれば接道義務を充たしていると扱うこともある。しかし，それ以下の幅で
接道する場合に建築確認処分がなされ得るかは明らかではない。
　売主は路地隣接地が売買の目的物でないことを認識していたが，建築事務所でも
ある仲介業者は隣接地も売買の対象となっていると誤信し，間口は 1.83m であるこ

40　　　　　　　　　　CHAPTER 2　売買契約での紛争

と，建物を適法に建てることが可能であることを買主に説明し，他方，買主は現地を仲介業者と一緒に見るなどした上で，本件土地建物を購入した。売買契約の締結の際，仲介業者が作成した重要事項説明書では，「敷地等と道路との関係」欄に記載がなく，図面も添付されていなかった。売主は契約に同席していたが，間口の件は既に仲介業者から説明がなされていると考え，買主に対して説明することはなかった。後日，売買の目的物に隣接地が含まれていないことが判明し，紛争となった。

● **説明義務に関する裁判所の判断骨子**

・売主が仲介業者に依頼をしている場合であっても，本件土地が公道に接する部分はわずか 1.23m であり，本件土地のみを申請敷地とした場合には本件土地上に適法に建物を建てることはほとんど不可能であり，重要事項説明書「敷地等と道路との関係」欄に記載がなく，図面も添付されてなく，仲介業者から説明もなされなかったので，本件売買契約に立ち会った売主の代表者は，本件売買契約の締結に先立ち，このような土地をあえて買おうとする買主に対して認識に誤りがないかどうかを確認する注意義務がある。

・売主代表者は何らの説明及び確認をしなかったので，注意義務違反がある。

　建築基準法上の問題，特に接道関係は，建替えの可否ならびに転売の可否及び転売条件等に大きく影響するので，深刻な争いとなることが多い。接道関係の事情は「契約締結の可否の判断に影響を及ぼすことが予想される事項」であり，売主には売買契約に付随する信義則上の義務としてこれらの事情を説明すべき義務があると判断されるのが一般的である。本件事案では，仲介業者が説明を誤った事案であるが，売主も売買契約に立ち会い，重要事項説明が適切になされていないことを認識しているという具体的な状況が事実認定され，その上で，売主には説明義務違反があると判断された。

プラスα

　建築基準法の規制に限らず，宅地建物は，権利関係が複雑であることが多く，また，法令上の規制も様々になされているため，取引の関係者が，取引の対象である宅地建物に関する情報を十分に理解していないと，後になって不測の損害を被ることになりかねない。

　そこで，前述のとおり，宅建業法は，宅地建物に関する契約を締結するにあたって重要な事項について，宅地建物取引業者に対して，広範に説明義務や情報提供義務を課している。中でも，宅建業法 35 条 1 項の説明義務（「重説」）は，売買契約の場合には，宅地建物取引業者が仲介業者として取引に関与する場合だけでなく，売主として取引に関与する場合にも書面によって説明することが義務付けられている重要な業務上の準則となっている。接道に関する建築基準法 43 条については，宅建業法 35 条 1 項が定める重要事項説明の対象とされている（法 35 条 1 項 2 号，施行令 3 条 1 項 2 号）。

売主が宅地建物取引業者でもある場合，宅建業法 35 条 1 項の説明義務は，売買契約に付随する信義則上の義務となる。後述の東京高判昭和 52・3・31（判時 858 号 69 頁）は，「取締法規に違反するからといって，直ちに私法上の契約の効力に消長を来たすものではない」としつつ，宅建業法が宅地建物取引業者に重要事項説明義務を課したのは，取引の相手方や依頼者等の関係人が安心して取引行為ができるように法律政策上特に配慮したものであり，「宅地建物取引業者が取引の当事者である場合に，重要事項の説明義務は，本件土地売買に附随する売主の当然の義務」であると判断していて，実務上参考となる。

　売主が宅地建物取引業者である場合の説明義務については，例えば千葉地判平成 23・2・17（判タ 1347 号 220 頁）は売主が宅地建物取引業者であることを指摘した上で「売買契約上の付随義務として，本件土地の接道状況について原告に対し説明する義務があった」とした。また，東京地判平成 26・3・26（判タ 1413 号 332 頁）は，宅地建物取引業者は宅建業法 35 条の説明義務を負い，当該説明を果たす前提としての調査義務も負うとした上で，ある事項が売買当事者にとって売買契約を締結するか否かを決定するために重要な事項であることを宅地建物取引業者が認識し，かつ，当該事実の有無を知った場合には，「信義則上，相手方当事者に対し，その事実の有無について調査説明義務を負う場合がある」と判断している。

　公法的な制約については，例えば大阪高判昭和 58・7・19（判時 1099 号 59 頁）は都市計画法に基づく開発工事の完了検査証の交付がなされていないことによる建築規制について民事上の説明義務違反を認め，東京地判昭和 61・10・15（判時 1248 号 73 頁）は河川法による利用の制限について民事上の調査義務違反を認めている。

🔭 紛争予防の視点

　宅地建物取引業者が売主である場合には，法令上の制限については，重要事項説明の対象となっている。したがって，重要事項説明書を正確に作成することが紛争予防には不可欠である。特に接道関係は最も紛争が多い内容であり，重要事項説明書に境界から距離や道路幅，セットバックの長さなどを正確に記載できるよう計測することが重要である。

　買主側は法令上の制限についての知識を有していないことが多い。法令上の制限として説明を受ける内容については，しっかりと内容を確認することが有用である。

(2) 行政指導・指導要綱による制約

CASE　最判平成 5・4・23 (判タ 823 号 137 頁)

●事案の概要

　宅地建物取引業者間の土地売買の事案。買主は，建築基準法が定める容積率一杯にマンションを建設する用地として当該土地を購入し，売主も購入目的は知っていた。しかし，本件売買契約の目的となった土地は，元は売主が所有している隣接地と一筆の土地であり，売主は当該一筆の土地全体を敷地として，容積率の範囲内のマンションの建築確認を得てこれを完成させた後に，一筆の土地を分筆した上で，買主に対して売却したものであった。買主がマンションを建築するために事前に市に相談したところ，市では敷地の二重使用に当たる場合（建築確認を受けて建築した建築物の敷地の一部を分筆した上で別個の建築物の敷地として利用し，一筆の土地としてならば容積率の制限の範囲を超えるような形で建物を建築するという敷地の使用に当たる場合）には，当事者の話し合いで二重使用状態を解消させるよう指導し，その間は建築確認申請を保留させる方針をとっていたので，建築確認申請を保留するようにとの行政指導を受けた。

　そこで買主はマンション建築を断念し，売買契約を解除するとともに，損害賠償を求めて訴えを提起した。しかし，当該訴訟中に本件行政指導にも限界があると認識した買主が改めて建築確認を市に対して申請したところ，建築確認がなされた。買主は，本件建築確認がなされるのが遅延したことによる損害賠償請求に訴えを変更した。

　原審は，買主が建築確認申請を断念したのは自らの判断によるものであるとして買主の損害賠償請求には理由がないと判断した。

●説明義務に関する裁判所の判断骨子

・行政指導が強制力を有するものではないとしても，買主が建築確認をいったん断念したのは，行政指導を受けたことによるものである。
・買主の購入目的を知っていた売主には，売買契約当事者間において信義則上認められる義務として，買主が本件土地を購入してこれを敷地として容積率一般に建築物の建築確認申請をするならば敷地の二重使用に当たるとして行政上の措置が取られて建築確認手続が遅延する可能性があることを説明する義務がある。

→原審に差戻し。

　行政指導は，法令上の制限とは異なり，強制力・法的拘束力を有するものではない。しかし，強制力・法的拘束力がないから無視してもよいということにはならないはずであり，真摯な対応をした者は保護されるべきであろう。したがって，行政指導であっても，売買契約の目的達成の制約となる事情であれば，法令による制約と同様，買主の契約締結の可否の判断に影響を及ぼすことが予想される事項であるといえる。本件事案では，売主が自ら敷地の二重使用状態を作出していることや，そのような二重使用状態となることを

認識している以上，売主には売買契約に付随する信義則上の義務として，二重使用による行政指導がなされることによる建築確認手続の遅延の可能性について説明する義務があると判断された。

　行政指導の関係では，東京高判平成2・1・25（金商845号19頁）も，河川拡幅計画がある土地について建物を建築させない行政指導を行っている場合の土地の宅地建物取引業者間の売買契約において，行政指導に基づく建築制限が存することは買主にとって重要な事柄であり，売主は容易に説明することができた上に，重要性を認識できる職業的立場にあったとして，売主には売買契約の締結にあたって当該行政指導による建築規制の存在について買主に説明すべき信義則上の義務があると判断している。宅地建物取引業者が売主である場合には，行政指導による規制についても，買主に説明すべき信義則上の義務が認められることとなる点に留意する必要がある。

CASE　東京地判平成9・1・28（判時1619号93頁）

●事案の概要

　本件建物は，1つの敷地に棟割式の連棟の建物として3区画が建築されている建物の一区画であった。当時，本件土地が所在する中野区では，宅地細分化防止に関する指導要綱により，本件土地では敷地面積が60㎡以下である場合には事前協議の対象となって建築確認がなされない取扱いとなっていたので，この基準を回避する目的で連棟の建物として建築されていた。本件売買契約の対象となった建物の敷地部分は34.4㎡であり，本件建物を一戸の建物として建て替える際には事前協議が整わず，建築確認がなされないものであった。

　買主は，離婚による財産分与を受け，娘と同居する目的で戸建て住宅を探していた。買主が仲介業者とともに本件建物を見分したところ，本件建物は外見上は一戸の建物に見えたが，裏の方で一部隣家と壁で接続していたため近い将来建て替えるかもしれないが問題ないかを仲介業者に尋ねたところ，切り離して一戸建てが建てられるとのことであった。また，重要事項説明の際にも，買主だけで一戸建ての建物を建築することができるとの説明であったので，売買契約を締結し，手付金を支払った。その後，決済の際にセットバックの中心線が見当たらないということで買主は代金支払を拒絶し，東京都庁と中野区に相談したところ，本件土地が指導要綱に抵触することが判明し，紛争となった。

●説明義務に関する裁判所の判断骨子

・売主も仲介業者も本件指導要綱の存在を熟知していて，売買契約締結に際して買主にその存在を説明することは極めて容易であったことは明らかである。本件指導要綱の存在を全く説明せず，なおかつ，本件建物の建て替えに際し隣家の同意が容易に得られるから建替えは自由にできる旨を説明していたことは，売買契約における信義則から導かれる説明義務違反である。

・売主は素人であるので説明義務はないと売主は反論するが，仲介業者に本件売買契約の成約に向けて委託している以上，仲介業者は売主の履行補助者であり，仲介業者の不履行の責めは売主も負うこととなる。

　指導要綱であっても，建築の制約を受けるのであれば売買契約の目的達成の制約となる事情である。したがって，法令による制約と同様，買主の契約締結の可否の判断に影響を及ぼすことが予想される事項であるといえる。もっとも，本件では売主が非宅地建物取引業者であり，宅地建物取引業者ほど宅地建物取引に係る知識を有している者ではないので，売買契約に付随する信義則上の義務として当該事情について説明義務を負うことになるのかは，問題となる。本件において裁判所は，仲介業者が売主の履行補助者であることを理由に，仲介業者が説明しなかった責めを売主も負うとの判断を示している。この関係では，東京地判昭和54・7・26（判時947号74頁）が，宅地造成規制法の規制がある旨の説明がなされなかったことが問題となった事案につき，仲介業者の説明義務違反は認めた上で，宅地建物取引業者ではない売主が宅地造成法の規制の制限があったものと理解することはできないとして，説明義務違反はないと判断した。したがって，仲介業者に説明義務違反が認められる場合の全てにつき，宅地建物取引業者ではない売主にも説明義務違反が認められるということにはならないと考えられる。本件では，売主が指導要綱の存在を熟知していて，売買契約にも立ち会って指導要綱の存在が何ら説明されていないことを認識していたにもかかわらず，売主が仲介業者の説明に委ねていたことが，売主に説明義務違反が認められる重要な要因であったと考えられる。

🔭 紛争予防の視点

　宅地建物取引業者が売主である場合には，指導要綱や行政指導等の内容についても買主に正確に説明することで，後日の紛争を予防するようにしなければならない。
　非宅地建物取引業者が売主である場合には，仲介業者が指導要綱や行政指導等の内容について正確に説明を行わないと紛争に巻き込まれる。紛争に巻き込まれることを予防するためには，媒介を依頼する宅地建物取引業者が信頼に値するかを見極めることが重要になる。
　買主は，売買目的を具体的に仲介業者や売主に伝え，当該目的を阻害する事情はすべて明らかにしてもらうようにすることが有用である。

(3) 仮処分・抵当権設定登記等

CASE 東京高判昭和 52・3・31（判時 858 号 69 頁）

● 事案の概要

　宅地建物取引業者である買主が宅地建物取引業者である売主から土地を購入した事案である。購入にあたって買主は，売主業者から，本件土地は一筆に見えるが実は三筆あり所有者はいずれも A であり，既に客がついて即日売買契約しなければ他に売れると言われ，また，A ではなく売主業者との間で売買契約を締結したいと言われ，売主業者を信用して売買契約を締結し，手付金を支払った。しかし，翌週になって買主が登記簿を調べてみると，三筆のうち一筆は私道部分であること，もう一筆も A とは別の者が所有しており，しかも根抵当権が設定され，処分禁止の仮処分がなされていることが判明したため紛争となった。

● 説明義務に関する裁判所の判断骨子

・売主が宅建業法上の重要事項説明を行わず，また，虚偽の説明を行っていたことは宅建業法違反である。

・取締法規に違反するからといって，直ちに私法上の効力に消長を来すものではないが，宅建業法が業者に右のような重要事項の説明義務を課しているのは，宅地建物取引業者の関与する宅地建物の取引では，取引の相手方，依頼者等の関係人が安心して取引行為ができるように，法律政策上とくに配慮したのであって，このことは宅建業法全体の趣旨からしても，同法 31 条の規定からみても明白である。

・本件のように宅地建物取引業者が取引の当事者である場合に，重要事項の説明義務は，本件土地売買に付随する売主としての当然の義務であってその義務を尽くすべき時期も本来契約成立前でなければならない。

　宅地建物取引業者が宅建業法上の種々の説明義務に違反した場合に，宅建業法違反として当該宅地建物取引業者が監督処分の対象になるのは当然である。他方，当該宅地建物取引業者が締結した契約の民事上の効力にどのような影響を及ぼすかは，宅建業法の問題ではない。民事上の問題としては，当該違反事実が，同時に売買契約に付随する信義則上の説明義務違反に該当するかを判断することが必要になる。この点，宅建業法が購入者等の利益の保護を目的としており（法 1 条），そのために宅建業法上は種々の説明義務が宅地建物取引業者に課せられているので，宅建業法上宅地建物取引業者に課せられた種々の説明義務は，売買契約に付随する信義則上の説明義務にも該当すると解するのが相当である。売買の目的物である宅地又は建物の上に存する登記された権利の種類及び内容等は，宅建業法 35 条 1 項 1 号が定める重要事項説明の対象である。したがって，この点についての説明を怠った売主は，民事上も説明義務違反となるものと考えられる。

なお，本件では，売主の当該説明義務違反を理由に売買契約を解除することが認められている。ただし，契約締結の前提となる情報提供義務違反については，前述のとおり，不法行為責任であるとした判例（最判平成 23・4・22 民集 65 巻 3 号 1405 頁）があることに注意する必要がある。

 紛争予防の視点

宅地建物取引業者は，契約直近（できれば契約当日）の登記簿謄本を確認して，権利関係の説明に過誤がないようにする必要がある。

買主は，契約当日の登記簿謄本を仲介業者や売主から見せてもらうなどして，重要事項説明での内容と齟齬がないことを確認することが紛争予防には有用である。

> **実践知！**
>
> 公法的な制約だけではなく，行政指導・指導要綱などによる事実上の制約であっても，「契約締結の可否の判断に影響を及ぼすことが予想される事項」として，売主は買主に対して説明すべき義務を負う。
>
> もっとも，売主が非宅地建物取引業者である場合には，当該制約の存在を知らないことがあり，また，宅地建物取引業者とは異なって，知らないとしてもやむを得ない場合もある。売主が非宅地建物取引業者である場合には，当該制約を売主が認識していたことを立証することはハードルが高く，売主の説明義務違反を裁判所に認定させることは困難である場合が多い。
>
> 宅地建物取引業者が売主である場合には，宅建業法上の説明義務違反があれば，民事上も説明義務違反と構成することが可能である。民事上の説明義務違反が認められる場合には，宅建業法違反で処分がなされる可能性があるということに結びつくので，その点も考慮した上で紛争解決にあたる必要がある。

6. 心理的瑕疵

自殺があった建物の売買や，近隣に暴力団関係事務所が存在する場合，心理的瑕疵として売主に対する瑕疵担保責任・契約不適合担保責任が追及されることがある。では，売主には，これらの事情についての説明義務はあるのか。

(1) 自殺

CASE　東京地判平成 20・4・28（判タ 1275 号 329 頁）

●**事案の概要**

　収益目的でのマンションの売買事案。買主は，収益物件として一棟のマンションを宅地建物取引業者から購入した。本件マンションは，売主がその 1 年前に前所有者から購入したものであった。その後買主がリフォーム業者と交渉していたところ，本件マンションで飛び降り自殺があったらしいとの話を聞いた。買主が当該マンションの一室を賃借して居住していた前所有者に確認したところ，前所有者の長女が自殺していたこと，前所有者が売主に売却するにあたっての重要事項説明では，前所有者の長女が転落する死亡事故があったこと，警察ではプライバシー保護の観点から事故原因・種類は解明できなかったことが記載されていたこと，前所有者の売買代金は，長女の自殺を理由に減額されたこと等が判明し，紛争となった。

●**説明義務に関する裁判所の判断骨子**

・本件マンションを前所有者から購入するにあたっての担当者は，前所有者の長女が本件マンションから飛び降り自殺をしていたことを知っていた。販売担当者が具体的な事情を知らなかったとしても，法人たる売主がその認識を否定することはできない。

・飛び降り自殺があった物件であることは，価格にも一定の影響があることは明らかであるから，相手方がこれを購入するか否かを検討する際に告知，説明しておく必要のある事柄であることも明白である。したがって，被告（売主）には，本件売買契約の約 2 年前に本件建物から居住者が飛び降り自殺する本件死亡事故があったことを知っていた以上，不動産を取り扱う専門業者として，当該不動産を売り渡そうとする相手方である原告（買主）に対し，当該事実を告知，説明すべき義務があった。

・説明を怠った売主には説明義務違反がある。

CASE　東京地判平成 25・7・3（判時 2213 号 59 頁）

●**事案の概要**

　賃貸業務を営む法人である買主は，仲介業者の仲介により，売主である宅地建物取引業者から収益物件として一棟のマンションを購入した。購入前に，仲介業者から本件マンションの一室で入居者が死亡したこと，当該死亡は事件性のない自然死であること，管理業者が自殺ではないと調べていること等を買主に説明していた。重要事項説明でも自殺についての説明はなかった。その後，買主代表者がやはり自

48　　CHAPTER 2　売買契約での紛争

殺があったとの噂を聞いたため，買主の従業員に調べさせたところ，警察署の担当部署から死因は自殺であるとの回答を得たため，紛争となった。

●**説明義務に関する裁判所の判断骨子**

・本件建物は収益物件であるところ，本件建物の居室における自殺の有無は心理的瑕疵としてその収益率等に影響を与える事項であると認められるから，本件売買契約の売主が，本件売買契約締結時あるいは代金の決済時に本件自殺について認識していた場合には，本件売買契約上の付随義務として，本件自殺について買主に説明する義務を負うというべきである。

・しかし，本件では売主は管理業者から自殺ではないとの報告を受けていたこと等の事情があり，売主は本件売買契約締結及び決済の当時，本件自殺の存在を知っていたとは認められない。

・売主の説明義務の前提となる調査義務については，売主代表者は管理業者から死因が自殺ではないと聞いていること，本件自殺が新聞等で報道されたことも近隣で噂になっていたとの事情も認められないこと等があり，売主が独自に直接に警察や居住者の親族に死因を確認するまでの調査義務があったとは認められない。

・なお本件では，売主は本件売買契約の締結あるいは代金決済までに本件自殺の存在を知っていたとは認められず，また，これを知らなかったことが売主の調査義務の懈怠によるとも認められないものの，本件自殺は隠れた瑕疵に該当するとして売主は瑕疵担保責任に基づく損害賠償責任を負わなければならないと判断された。

　自殺の事実は，心理的瑕疵として損害賠償の対象となり得ることからも明らかなように，自殺の事実があれば，物件価格に影響を与えることは明らかである。したがって，売買の目的物である建物での自殺の事実を売主が認識しているのであれば，当該事実は「契約締結の可否の判断に影響を及ぼすことが予想される事項」であり，売主には売買契約に付随する信義則上の義務としてこれらの事情を説明すべき義務があると判断される。前掲東京地判平成20・4・28では売主が自殺の事実を認識していたのにも関わらずその旨を買主に説明していないことが信義則上の説明義務違反であると判断された。他方，前掲東京地判平成25・7・3では，売主は自殺の事実は認識していなかったというのが裁判所の事実認定であり，したがって，売主には民事上の説明義務違反もないと判断されている。もっとも，自殺の事実を売主が認識していなければ説明義務違反の問題は生じないとしても，民事上の責任の問題としては，説明の前提として売主に調査義務違反があったのかも問題となりうる。この点，売主としても管理業者に死因を尋ねることは行っており，他方で自殺であるとの報道がなされたものではなくその噂が一般に流れていたという事情がないのであれば，それ以上の調査を売主が行わなければなら

ないというのは酷であるといえる。したがって，本件の場合の売主としては，管理業者に調査を依頼することによって説明義務の前提である調査は尽くしているのであり，他に特段の事情がないのであれば，通常とは異なる調査をしなければならないとまでは言えないであろう。

プラスα

　宅建業法35条に定められている重要事項については，正しい内容の説明を行わなければならない以上，説明の前提として，宅地建物取引業者が自ら積極的に調査をしなければならない。他方，心理的瑕疵・契約不適合については，宅建業法35条では重要事項として定められていない。しかし，売主たる宅地建物取引業者が業務の過程で認識した事実があり，当該事実が売買契約を締結するか否かを買主が判断するにあたって重要な事実であれば，売主たる宅地建物取引業者は，宅建業法47条1号に基づき，故意に事実を告げず，不実のことを告げてはならない。宅建業法が購入者等の利益の確保も目的としている法律であることからすれば，宅建業法47条1号に該当する事実は，民事上も告知義務（説明義務）の対象になる。売主たる宅地建物取引業者が心理的瑕疵が存することを認識したのであれば，当該事実を正確に告知・説明しなければ，宅建業法47条1号に抵触するとともに，民事上も説明義務違反の責任を問われることになる。このことは，心理的瑕疵の事実を認識しながら買主に説明することを怠った宅地建物取引業者は，民事上の責任が問われるとともに，宅建業法47条1号違反で監督処分の対象となりうるということでもあり，対応に注意が必要となる。

🔭 紛争予防の視点

　自殺の事実は，後になってから判明すると深刻な紛争となる事情である。売主としては，認識している事実を正確に買主に告知することが紛争予防には不可欠である。

(2) 死亡事件

CASE　大阪地判平成21・11・26（判タ1348号166頁）

●事案の概要

　宅地建物取引業者間でのマンションの一室の売買である。本件建物は，もともとAとBが所有していたところ，Bの長男及び父が他殺を疑われる態様でその室内で死亡しており，同じ頃，BとBの母が近隣マンションから飛び降り自殺をしたという事件が発生し，Aが単独所有していた。Aはその後破産し，破産管財人を通じて，Yが本件建物を購入した。この購入を破産管財人と交渉したのはYの妻の弟Cであり，Cは「当物件で平成11年2月18日に2人が死亡し近隣マンションにて2人飛び降り自殺有り。（別紙新聞記事のコピー参照）」との記載がある重要事項説明書の交付を受けたほか，本件不動産に関し本件死亡事件が発生した事実を告げられて

知っていたが，Yに対しては本件死亡事件については告げなかった。宅地建物取引業者であるXが本件マンションに購入希望のチラシを配布したため，Cが対応し，売却の話が進んだ。

　買主Xは，本件建物を購入前に本件建物で過去に何か問題はなかったかを尋ねたが，売主YもCも特に問題はなかったと答え，本件死亡事件について何も説明しなかった。その後買主Xが本件建物を販売するために流通機構に登録したところ，死亡事件があった部屋ではないかとの問合せがあり，買主が本件マンションの他の住民に尋ねてみると，一部の住民が本件死亡事件を知っていたため，Yと紛争となった。

● **説明義務に関する裁判所の判断骨子**

・Cは，本件契約締結時に本件死亡事件に関する事実を知っており，本件契約を締結するまでの間に，買主X担当者から，本件不動産について過去に何か問題がなかったかと問われたにもかかわらず，本件死亡事件があった事実を秘匿し告知しなかった。

・Cの地位は本契約においては売主Yと同視すべきであり，売主Yは，売買契約に伴い信義則上負う告知義務に違反する。

　自殺に限らず，売買の目的となった建物内での事件性がある死亡も，当該事情があれば忌避感から市場での価格に影響が生ずることは明らかである。したがって，売買の目的物である建物での死亡事件の事実を売主が認識しているのであれば，当該事実は「契約締結の可否の判断に影響を及ぼすことが予想される事項」であり，売主には売買契約に付随する信義則上の義務としてこれらの事情を説明すべき義務があると判断される。ただ，本件では，売主は当該事情を認識していなかったのに対し，実際に売買の交渉にあたったCが当該事情を認識しながら買主に告げていなかったという事情があり，CはYと同視できる履行補助者に該当するかが問題となる事案であった。この点，本件では，Cは本件物件の購入から転売まで一貫してYの立場で関与しているという事情があった。このような事情に照らせば，CはYの履行補助者であると判断されても不当とはいえないであろう。

🔭 紛争予防の視点

　事件性のある死亡事件は，後になってから判明すると深刻な紛争となる事情である。売主としては，認識している事実を正確に買主に告知することが紛争予防には不可欠である。

Ⅱ．売主の説明義務　　51

(3) 暴力団関係事務所

CASE 東京地判平成 25・8・21（判例秘書 L06830648）

●事案の概要

　宅地建物取引業者である売主が，競売によって取得した本件土地を転売した事案である。この競売では，当初の競売手続での最高価買受人が本件土地の北西側の4m道路を挟んだ土地上のビルが指定暴力団の事務所として使用されているとして売却不許可を求めたため，補充評価がなされて売却基準価格が下方修正されたという経緯があり，その後，競売手続で本件土地を取得したのが本件売主であった。補充評価では，当該ビルが指定暴力団の事務所として使用されているかは必ずしも明確ではないとしながら，減価率を 30％〜40％ とするというものであった。このような経緯を知っていた売主は，競売に先立ち，本件ビルの事務所が暴力団の事務所であるか否かを調査し，指定暴力団○○会系の興行事務所であることを認識していた。しかし，売主は買主に対してこのような事実を説明せずに売買契約を締結したため紛争となった。

●説明義務に関する裁判所の判断骨子

・一般に，契約の一方当事者が，当該契約の締結に先立ち，当該契約を締結するか否かに関する判断に重要な影響を及ぼす情報を知っていたときは，これを説明し，告知する信義則上の義務がある。

・売主自身も当該事務所の存在が気になり，暴力団事務所であるか否かを確認しようとしたのであるから，本件事務所の存在が買主が本件契約を締結するか否かの判断に影響を及ぼす重要な事項になり得ることは売主において容易に認識することができた。また，本件契約の締結に先立ち，買主に対して本件土地の近隣に暴力団が関係する興行事務所があるということを告知することは容易に行うことができる。

・よって，売主が買主に対して本件契約締結に先立ち，本件事務所の存在及びこれについての自己の調査結果を告知しなかったことは信義則上の説明義務違反になる。

　売買の目的物の近隣に暴力団組事務所が存在する場合については，心理的瑕疵として紛争となるだけではなく，売主の説明義務違反として争われることもある。本件事案では，問題となった事務所は暴力団組事務所ではなく，暴力団と関係がある興行事務所であったというものである。しかし，暴力団組事務所そのものではなくても，暴力団と関係がある事務所であるという情報は，通常一般の買主であれば購入の意思決定に影響を与えるものであることは明らかである。しかも，売主は，当該情報を知っていたのであるから，当該情報を説明すべき信義則上の義務がある，という裁判所の判断は妥当であろう。

プラスα

　本件において裁判所は，売買契約に付随する信義則上の説明義務との関係で，近隣に暴力団事務所や暴力団に関係する事務所が存在していることは，買主が売買契約を締結するか否かを判断するために重要な事項であると判断している。他方，宅建業法47条1号では，売主たる宅地建物取引業者は，買主が売買契約を締結するか否かを判断するために重要な事項については，故意に事実を告げず，又は不実のことを告げてはならないと定めている。したがって，売主が宅地建物取引業者である場合には，近隣に暴力団事務所や暴力団に関係する事務所が存在していることを買主に対して故意に告げない場合には，宅建業法47条1号に抵触することになる。近隣に暴力団事務所や暴力団に関係する事務所が存在していることを認識しながら買主に説明することを怠った宅地建物取引業者は，民事上の責任が問われるとともに，宅建業法47条1号違反で監督処分の対象となりうるということでもあり，対応に注意が必要となる。

実践知！

　　心理的瑕疵に該当する事項は，「契約締結の可否の判断に影響を及ぼすことが予想される事項」であり，当該事項を認識している売主は，買主に対して説明すべき義務があるといえる。
　　当該事情を売主が認識していない場合には，特段の事情がない限り，あらゆる調査を行って調査すべき義務がある，とまではいえない。

7. 環境的瑕疵

例えば，マンションを購入して引渡しを受けた後に，南側に新たにマンションが建築されて当該購入者のマンションの日照や眺望が阻害される場合や，完成したマンションに住んでみたら，眺望や騒音などが気になる場合など，環境についての売主の説明が問題となることがある。では，売主には居住環境についての説明義務があるのか。

(1) 日照・眺望等

CASE 東京地判平成 11・2・25（判時 1676号 71頁）

● 事案の概要

　買主らがマンション販売業者からそれぞれマンションの一室を購入し，引渡しを受けて居住していたところ，当該マンションの南側隣接地に建物が完成し，日照，通風，観望が阻害されるようになったため，紛争となった事案である。マンション

販売業者は，当該マンション分譲前に，南側隣接地所有者から建物建築計画があることを告知されており，重要事項説明書にも明記するよう要請を受けていたにもかかわらず，重要事項説明書への明記を行っていなかった。

●**説明義務に関する裁判所の判断骨子**

・新築マンション販売業者は，宅建業法35条，47条等の趣旨や信義則等に照らし，売買契約に付随する債務として，区分所有建物を購入しようとする相手方に対し，購入の意思決定に重要な意義をもつ事項について，事実を知っていながら，故意にこれを秘匿して告げない行為をしてはならないとの義務を負っており，これに違反して相手方に損害を与えたときは，重要事項告知義務の不履行として，これを賠償する責任があると解するのが相当である。

・本件のように新築マンションの南側に隣接する緑地上に将来建物が建築されるか否かという事実は，その区分所有建物を購入する者にとって，大きな関心事であり，売買契約締結の意思決定に重要な意義を有する事項であるというべきである。

・本件では，マンション販売業者がこれらの告知を怠り，それによって買主らは，少なくとも当分の間，隣接地が緑地であり続けるであろうとの期待を裏切られ，日照，通風，観望等を享受することができる利益を失い，相当の精神的苦痛を被った。

　土地には法令の範囲内で様々な建物が建築されうるものであり，隣接地にどのような建物が建築されるかをコントロールすることができない状況の中では，日照，通風，眺望を阻害する建物が新たに建築される可能性は常にある。隣接地にどのような建物が建築するかという情報は，マンションの買主にとって購入意思を決定するにあたり重要な情報であることは間違いないとしても，現在ある日照や通風等が未来永劫続くという保証は誰もできないので，買主の「日照や通風等を享受することができる」という利益がどの程度保護されるべきかは必ずしも簡単には決まらない。しかし，当該情報の重要性に照らせば，売主が隣接地に建物が建築されるという情報を認識している場合には，民事上は売買契約に付随する信義則上の情報提供義務として，当該情報を提供すべきであるといえる。

　同様に隣接地にどのような建物が建築される可能性があるかについて誤った情報を提供したマンション販売業者に説明義務違反を認めた裁判例としては東京高判平成11・9・8（判タ1046号175頁）等があり，また，松山地判平成10・5・11（判タ994号187頁）は，家庭菜園をすることができる土地を探していた買主に対して，南側隣接地に日照等を阻害する高架道路が建設されることを知っていたのに説明せずに土地を販売した売主たる宅地建物取引業者に説明義務違反を認めている。

プラスα

　宅建業法 47 条 1 号は，売買契約締結の勧誘にあたって，宅地建物取引業者の相手方の判断に重要な影響を及ぼすこととなるものについて故意に事実を告げず，又は不実のことを告げる行為を禁止している。マンションの南側隣接地にマンションが建築されるという事実は宅建業法 47 条 1 号の重要な事項に該当するといえる。したがって，故意に事実を告知しなければ宅建業法 47 条 1 号に抵触するとともに，民事上は売買契約に付随する信義則上の情報提供義務違反となる。もっとも，宅地建物取引業者にとって宅建業法 47 条 1 号違反は重大な違反行為である。したがって，このような事態が発生した原因を究明し，再発防止策を講じるとともに，相手方の損害を賠償するようにしなければならない。

CASE　札幌地判昭和 63・6・28（判時 1294 号 110 頁）

● 事案の概要

　買主らがマンション販売業者からそれぞれマンションの一室を購入し，引渡しを受けて居住していたところ，当該マンションの西側隣接地に 10 階建てマンションが完成し，日照，通風，眺望が著しく阻害されるようになったとして，紛争となった事案である。

　西側隣接地に「高層マンション建設予定地」との立て看板が立てられた際には，当該マンション販売業者は，西側隣接地の所有者に空き地利用計画を尋ねたが，その際には，「はっきりした利用計画は立っていない，明確になった時点で改めて挨拶に伺う」との回答を得ていた。

● 説明義務に関する裁判所の判断骨子

・マンション販売業者は，信義則上，本件西側の空き地に本件マンションの日照・眺望・通風に影響を与えるおそれのある高層マンションが建設されることを知っていた場合，あるいは，簡単な調査により右のような高層マンションが建設されることを容易に知りえた場合（すなわち，明らかな認識可能性がある場合）には，これを調査・説明する本件各売買契約上の附随的義務があり，右義務を怠ったことによって，買い主に対して損害を生じさせたときは，その損害を賠償する債務不履行の責任を負う。

・本件については，①隣接地についての建築確認を申請した年月日に照らせば，マンション販売業者が本件西側の空き地に本件マンションの日照・眺望・通風に影響を与えるおそれのある高層マンションが建設されることをあらかじめ知って買主らに販売したと認めることはできず，また，②立て看板が立って 11 階建てのマンションが建つとのうわさがあった時点で，販売業者は隣接地所有者の所長に電話し，本件西側の空き地の利用計画を尋ね，はっきりした計画は立っていない，明確になったら改めて知らせる旨の回答を得ているのであるから，必要な調査を行っていると認められること等により，信義則違反はない。

　日照，眺望，通風等を阻害する建物が建築される旨を販売業者が認識して

いない場合には，マンション販売業者としても説明のしようがない。もっとも，当該事実を認識していない場合には，販売業者としてどの程度の調査義務があるかが問題となる。例えば，マンション販売にあたり，日照や眺望を強くセールスポイントとして打ち出している場合や，日照や眺望を保証するかのような販売手法を採っている場合には，日照や眺望を阻害する建物が建築されるか否かについて徹底的に調査する義務があると判断される余地もあろう。この調査義務の有無は，販売業者が周囲の状況が変化する可能性をどのように説明していたかということや周辺に高層建物が建築されているかということ等を総合的に勘案して判断することになろう。本件では，売主は「簡単な調査」をすれば足り，当該調査は行っているとの判断がなされた。今日では，多くのマンション販売業者が，眺望や日照をセールスポイントとして挙げることを避け，重要事項説明では近隣には法律に基づき建物が建築される可能性があることや将来にわたり日照・眺望・通風が保証されるものではないことを書面に記載してその旨を説明し，さらに，販売勧誘にあたり，隣接地に高層の建物が建築されることがないなどのセールストークがなされないようにマニュアルを整備するなどして対応している。

東京地判昭和49・1・25（判時746号52頁），東京地判昭和58・12・27（判時1124号191頁），東京地判平成5・11・29（判時1498号98頁）等は，同様に，売主が販売時点では隣接地に日照等を阻害する建物が建築される旨を認識していなかった等として売主の説明義務違反を否定している。

また，大阪地判平成24・3・27（判時2159号88頁）は，20階建てのマンションの買主らが隣接する土地に24階建てのマンションが建築されたことについて販売業者と紛争となった事案において，裁判所は，「一般的に，売主が事業者であって買主が消費者であるようなマンションの売買契約締結に際しては，買主の契約締結の自由を実質的に保証するため，売主は，買主に対し，信義則上の義務として，買主が当該契約を締結するか否かの合理的判断をするために必要な適切な情報を提供する義務（説明義務）を負うというべきである。そして，この説明義務には，必要な情報を提供しなければならないという義務と，誤った情報を提供してはならないという義務とが含まれる。」との判断を示した。その上で，「本件重要事項説明書には，将来，本件原告マンションからの眺望が変化する可能性が指摘されており，本件勧誘担当者らは，原告所有者らに対して，本件重要事項説明書の内容を説明していたといえる」とし，「本件売買契約締結時までに，本件原告マンションの眺

望に変化が生じる可能性があることを十分に説明していた」として売主業者には説明義務違反がないと判断している。大阪地判平成20・6・25（判タ1287号192頁）も，重要事項説明や契約書において本件敷地に将来中高層建築物が建築され，眺望に変化が生じる可能性がある旨が具体的に記載されていて，その旨の説明を受けて買主は契約を締結しているとして，売主に説明義務違反はないとされている。

実践知！

　周辺に適法な建物が建築されれば，日照や眺望が変わることはある。したがって，売主としては日照や眺望等の環境が今後も不変であるかのような誤解を与えるような販売は避けるというのが今日では一般的である。しかし，パンフレットやセールストークの内容によっては，買主に日照や眺望が不変であるとの誤解を与えることもあり，そのような事実があったのか否かを十分に検討することが，当事者としては必要となる。
　眺望や日照を阻害するような建物が建築予定となっていることを売主が認識している場合には，当該事実を買主に告知・説明する必要がある。眺望や日照が将来変わる可能性があるということを説明しても，それだけでは不十分である。

CASE　福岡地判平成18・2・2（判タ1224号255頁）

●事案の概要

　新築マンションの売買の事案。販売用パンフレットには「全戸オーシャンビューのリビングが自慢です」と記載され，ベランダから遮るものは何もなく海を見渡せる状況を示した写真が掲載され，完成予想図によれば，「実際とは異なる」旨の注意書きはあったもの，海側には電柱その他何らの障害物も記載されていなかった。

　新居を探していた買主が同一規格の301号室と501号室について，ベランダからの眺望に違いがあるかを担当者に尋ねたところ，担当者は眺望に違いはないと答えたことなどから，買主は301号室の売買契約を締結した。しかし，本件マンションが完成したところ，301号室の海側ベランダの数メートルの位置には電柱が立っており，リビングから窓を眺めると，ベランダのすぐ外に本件電柱，支柱及び送電線が見えたため，紛争となった。買主が残代金を支払わなかったため売主が契約を解除し，買主に対して違約金及び遅延損害金を求める訴えを提起し，これに対して買主は，契約を解除して手付金，オプション工事代金及び慰謝料等を求める反訴を提起した。

II．売主の説明義務　　**57**

●説明義務に関する裁判所の判断骨子

・建築前にマンションを販売する場合においては，購入希望者は現物を見ることができないのであるから，売主は，購入希望者に対し，販売物件に関する重要な事項について可能な限り正確な情報を提供して説明する義務があり，とりわけ，居室からの眺望をセールスポイントとしているマンションにおいては，眺望に関係する情報は重要な事項ということができるから，可能な限り正確な情報を提供して説明する義務があるというべきである。
・売主は海側の眺望をセールスポイントとして販売活動をしていた等からすれば，可能な限り正確な情報を提供して説明すべき義務があったところ，301号室にとって，本件電柱及び送電線による眺望の阻害は小さくない。
・売主は本件電柱及び送電線が301号室の眺望に影響を与えることを具体的に説明すべき義務があったのに，売主はこの義務を怠った。

　分譲マンションの販売にあたっては，まだ建物の建築が完成していない段階から販売活動が行われることがある。不動産取引実務では，このような未完成物件の販売方法を「青田売り」という。青田売りでは，当初の予定通りに建物が完成しなければ当事者間で紛争となる。したがって，宅建業法上は青田売りについては契約締結時期の制限等，種々の規制が加えられている。上記裁判例は青田売りに係る事案である。しかも，建物が完成してから新たに別の建物が建築されて眺望等が阻害されたという事案とは異なり，そもそもマンションが完成した時点で眺望阻害があることが確定しているのにその旨を適切に説明していなかったという事案であり，青田売りについて懸念される紛争の1つであるといえる。裁判所は，青田売りでは，「購入希望者は現物を見ることができないのであるから，売主は，購入希望者に対し，販売物件に関する重要な事項について可能な限り正確な情報を提供して説明する義務」があるとしているが，妥当であろう。

　同様に，大阪高判平成11・9・17（判タ1051号286頁）は，マンションの青田売りの事案で，買主が居室から視界を遮るものはないかを何度も確認し，宅地建物取引業者である売主の担当者から視界を遮るものはないとの回答を受けていたにもかかわらず，完成したマンションの当該居室からの眺望が隣接ビルのクーリングタワーによって阻害されていた事案につき，裁判所は「未だ完成前のマンションの販売においては，購入希望者は現物を見ることができないから，売主は購入希望者に対し，その売買予定物の状況について，その実物を見聞できたのと同程度まで説明する義務がある」として，売主の説明義務違反を認めた。また，京都地判平成12・3・24（判タ1098号184

頁）は，全戸南向き等と表示されていたマンション青田売りの事案で，完成したマンションが真南から 62 度西を向いていたところ，売主の説明義務違反を認めた。いずれも妥当である。

🔭 紛争予防の視点

売主が周辺環境の変化をコントロールすることは不可能である以上，眺望を過度にセールスポイントにすることや，前面に高層建物が建築されないなどということを安易に言うと，後日の紛争を招くので，売主はそのような説明を行わないようにすることが重要である。

後に重要事項説明で将来も周辺環境が変わらないことを保証するものではないということを説明したとしても，営業担当者がこれとは異なる説明をしていると，買主が誤った認識のまま購入することもあり，売主が正確な説明をしたとは評価されないこともあるので注意が必要である。

青田売りについては，売主は完成後の建物の状況について正確な情報を提供するようにしなければならない。

買主としては，周辺環境が変わらないなどという説明がなされたとしたら，そのような説明には疑いを抱くような感度が必要であるし，そのようなセールストークを放置している宅地建物取引業者とは取引を行わないという判断をすることも紛争予防には有用である。

(2)　騒音

CASE　浦和地川越支判平成 9・9・25（判時 1643 号 170 頁）

●**事案の概要**

宅地建物取引業者が売主である土地付き建物の売買契約の事案である。売主は住宅環境良好な場所である旨の物件説明をしつつ顧客を勧誘していた。本件土地付き建物付近ではその程度は別として航空機騒音が存在するが，売主は，本件土地付き建物売買契約締結にあたり，買主に航空機騒音等について告げていなかった。これに対して，買主らが宅地建物取引業者である売主は，本件土地付き建物所在地は騒音，振動，電波障害等が著しい地域である旨を調査して買主に告知する義務があったのにそれを怠ったとして訴えを提起した。

●**説明義務に関する裁判所の判断骨子**

・宅地建物取引業者が売主となる場合，宅地建物取引業者は，取引物件の権利関係ないし法令上の制限や取引条件については，宅建業法 35 条所定の重要事項として，専門的立場から調査し買主に説明ないし告知すべき義務を負っているが，本件のような公害問題については，同条所定の説明義務の対象となっておらず，宅地建物取引業者が専門的知識に基づき説明ないし告知すべき事項とはいえない。

・もっとも，宅地建物取引業者は，事柄によっては，専門的知識に基づき説明ないし告知すべき事項ではなくとも，その職務が誠実性を要求される面からして買主

に告知すべき義務を負う場合もあるといえる。

・航空機騒音は売主からの告知を受けなくても買主が現地を確認する過程で気づくべき事柄であること，本件土地付き建物周辺の騒音の程度は一日のうちのごく限定された時間で受け止め方に個人差があること等に照らせば，売主が本件土地付き建物契約締結にあたり本件航空機騒音の存在を意図的に隠したとか，買主らが購入物件の紹介を依頼するにあたり，その点について特に注文をつけたとかの特段の事情を認めるに足りない本件においては，本件航空機騒音について，売主が買主らに対し告知すべき法律上の義務があったとまではいえない。

・本件では特段の事情もなく，売主には騒音についての告知義務はない。

裁判所の判断は，売主である宅地建物取引業者は買主に対して専門的立場からの説明義務を負っているものの，騒音については，特段の事情がない限り説明義務を負わないというものであった。「特段の事情」は具体的な事実関係によってその有無が判断されることになるので，騒音公害についておよそ売主として説明をする必要がない，ということではないことに留意する必要がある。騒音公害は，当該物件固有の事情ではなく，本来は騒音の原因者との間で利害を調整すべきものであることからすれば，妥当な判断であると考えられる。

8. その他

その他，売主の説明義務が問題となった事例には，様々なものがある。

CASE 最判平成17・9・16 (判タ1192号256頁)

●事案の概要

マンションの売買の事案。売主は宅地建物取引業者であり，販売代理業者である宅地建物取引業者に売買契約の締結手続を委託し，買主との間で売買契約を締結した。本件マンションには防火戸が設置されていて，火災が発生した場合には自動的に防火戸が閉じて，他区画への延焼を防止することができるようになっていた。しかし，本件マンションの引渡しにあたり，販売代理業者は防火戸の電源スイッチの位置及び操作方法，火災発生時の防火戸の動作の仕組み等について全く説明していなかった。しかも，電源スイッチの位置は納戸の壁に設置されていたが，ふたがねじで固定された連動制御器の中にあり，電源スイッチが当該制御器内にあることは一見して明らかとはいえない造りになっていた。

その後，本件マンション内で火災があり，防火戸の電源スイッチが切られて作動しない状態だったため，延焼を食い止めることができず，買主が死亡し，紛争となった。

原審は，本件防火戸の電源スイッチが切られて作動しない状態で本件マンション

が引き渡されたものであることを認定した上で，売主は瑕疵担保責任を負わなければならないとしつつ，販売代理業者にも売主にも，電源スイッチの位置，操作方法等を買主に説明する義務があったとはいえないと判断した。

● 説明義務に関する裁判所の判断骨子

・本件防火戸は防火設備の1つとして極めて重要な役割を果たしうることは明らかであるとし，売主には，少なくとも，売買契約上の付随義務として，電源スイッチの位置，操作方法等について説明すべき義務がある。

・販売代理業者は売主業者の全額出資の下に設立された会社であり，売主業者から委託を受けて売主業者に代わり，又は売主業者と共に勧誘から引渡しに至るまで販売に関する一切の事務を行っていること，当該マンションも販売代理業者が売主業者の委託を受けて販売に関する一切の事務を行っていたこと，さらに買主も当該販売代理業者の専門性を信頼して当該マンションを購入していること等からすれば，販売代理業者についても，売主と同様の義務が信義則上認められる。

→原審に差戻し。

　本件は売主が宅地建物取引業者である事案であり，防火戸が防火設備の1つとして極めて重要な役割を果たしているものであるとすれば，電源スイッチの位置，操作方法等の説明が重要であることは，売主としても十分に認識することができていたといえよう。したがって，売主が売買契約に関する業務を宅地建物取引業者に委ねていたとしても，売主には電源スイッチの位置，操作方法等を説明すべき売買契約に付随する義務があるとされたものであり，妥当であろう。

🔍 紛争予防の視点

　売主が宅地建物取引業者である場合には，販売業務を販売代理業者に委託した場合であっても，売主にも宅建業法35条1項の重要事項説明義務がある。したがって，販売代理業者がどのような説明を行うのかをチェックすることによって，自らの説明義務違反が問われることがないようにする必要がある。宅建業法を遵守することが民事上の紛争を予防するポイントでもある。

CASE　横浜地判平成 9・4・23（判時 1629 号 103 頁）

● 事案の概要

　マンションの売買の事案。パンフレットには駐車場は敷地外に20台確保する旨の記載があり，マンションの各居室を購入した買主らは，販売担当者からは駐車場が20台分あることや申込者が多ければ抽選となること等の説明を受け，本件各居室を購入した。しかし，駐車場は第三者地主が所有している土地にあり，当該第三者地主との賃貸借契約が必要であったところ，買主らがそれを知ったのは，契約締結後の入居説明会での説明によってであった。駐車場が必要な買主は当該第三者地主と賃貸借契約を締結したものの，その後当該第三者地主は賃貸借契約を更新しな

い旨を通知し賃貸借契約が終了したため紛争となった。

●説明義務に関する裁判所の判断骨子

・駐車場の有無とその利用関係の内容（契約上の相手方，場所，期間，賃料等）について正確な情報を受けることは，買主にとって，売買契約締結の動機形成上重要な要素となることが多いということができる。

・区分所有建物の売買契約では，乗用車が日常生活における重要な生活手段となっていることに鑑みれば，売主には駐車場の存否とその利用契約締結の可否について買主に正確に説明すべき付随義務があり，これは契約締結上の過失の問題である。

・本件でも販売担当者には，本件駐車場の所有関係，利用契約の趣旨内容を買主らに説明すべき信義則上の義務があった。

・しかし，売買契約締結前にはこれらの説明がなされていなかったので，売主には説明義務違反がある。

　裁判所が示すとおり，今日では乗用車は日常生活における重要な生活手段である。区分所有建物の売買では，敷地の一部に駐車場としての専用使用権を設定するなどして居住者が利用できるようにすることも少なくない。したがって，駐車場の存否や利用契約の可否は，購入者にとって重要な情報であるといえる。これらの情報について適切に説明を行わなければ，売主として責任を問われるというのは当然であろう。

プラスα

　駐車場を別途確保しなければならないか否かは，区分所有建物の購入者にとっては重要な問題である。駐車場の利用を巡る紛争がたびたび発生したことを受けて，国土交通省は，売買の対象が区分所有建物である場合には，「当該一棟の建物又はその敷地の一部を特定の者にのみ使用を許す旨の規約の定めがあるときは，その内容」を宅建業法35条に定める重要事項説明の対象としている。すなわち，敷地の一部を駐車場として特定の者に専用使用を許す旨を管理規約で定めている場合にはその内容が重要事項となり，売主たる宅地建物取引業者や媒介・代理を行う宅地建物取引業者は買主に説明しなければならないこととされている。国交省は，駐車場の場合には，その内容として，「使用し得る者の範囲，使用料の有無，使用料を徴収している場合にあってはその帰属先等を記載することとする。」としている（「解釈運用の考え方」第35条第1項第6号関係「4　専用使用権について」）。

　売主業者等が区分所有建物の売買において適切に駐車場についての説明を行わない場合には，宅建業法35条の重要事項説明義務違反となり，監督処分の対象となる。単に民事上の損害賠償責任にとどまらない責任が発生しうることに留意する必要がある。

CASE　大分地判平成 17・5・30（判タ 1233 号 267 頁）

●事案の概要

　マンションの売買の事案。買主 A は，売主である宅地建物取引業者の従業員から，当該マンションではペット類の飼育が禁止されるマンションであると説明を受けて購入した。他方，買主 B は，犬を飼育できることを大前提としてマンションを探し，売主である宅地建物取引業者の従業員から，当該マンションでは犬の飼育が可能であるとの説明を受けて購入した。その後，ペットの飼育を巡って入居者の間で紛争となり，結局，管理規約の中には動物飼育は禁止する旨を規定し，飼育細則の中に現に飼育されていた動物は特例として一代限り飼育を認める旨を規定することとなった。A は，ペット類の飼育が禁止されているマンションであるとの説明を受けて購入したのに，その後にペット類の飼育が許容されるマンションとして販売されたことなどによって精神的苦痛を被った等とし，B は，ペット類の飼育が許容されるマンションであると説明を受けて購入したのに従前はペット類の飼育が禁止されるマンションとして販売されていたことなどにより犬の飼育ができなくなって精神的苦痛を被った等として売主業者に対して損害賠償請求を行った。

●説明義務に関する裁判所の判断骨子

A との関係

・マンションの販売業者には，購入希望者との売買契約にあたって，少なくとも当該購入希望者がペット類の飼育禁止，飼育可能のいずれを期待しているのかを把握できるときは，こうした期待に配慮して，将来無用なトラブルを招くことがないよう正確な情報を提供するとともに，当初ペット類の飼育を禁止するとして販売し，後に管理規約案に飼育禁止の条項がないなどとしてペット類の飼育を可能として販売する場合には，先の入居者（非飼育者）と後の入居者（飼育者）との間でトラブルとなることが予測できるのであるから，先の入居者に対してその旨を説明して了解を求めるべき信義則上の義務がある。

・しかし，販売業者の従業員は，飼育禁止である旨を説明しただけで，管理規約案には飼育禁止条項はないこと等を説明せず，また，ペット飼育可能として販売するにあたっては，A に何ら説明していないので，信義則上の義務違反がある。

B との関係

・販売業者としては，マンションを販売するにあたって，従前の購入者との間でトラブルが生じる危険性があることや，管理組合の決議により飼育できなくなる危険性があることを具体的に予見でき，ペット類の飼育を希望している購入予定者に対して，これらの危険性を説明すべき信義則上の義務ある。

・しかし，販売業者の従業員は，漫然と飼育できることを販売の条件とする一方，危険性を何ら説明しなかったので，信義則上の義務違反がある。

　裁判所が指摘しているとおり，ペット類の飼育の可否は，購入者が契約締結するか否かを判断するにあたり，重要な要素となりうる。本件では，販売業者の従業員がペット類の飼育の可否について，購入希望者に対して全く異

なった説明を行っていた事案であり，裁判所の判断は妥当であろう。

プラスα

　区分所有建物が売買契約の対象である場合における宅建業法35条が定める重要事項説明の対象として，「区分所有法第2条第3項に規定する専有部分の用途その他の利用の制限に関する規約の定めがあるときは，その内容」が定められている（規16条の2第3号）。これは，例えば，居住用に限り事業用としての利用の禁止，フローリングへの貼替え工事，ペット飼育，ピアノ利用等の禁止又は制限に関する管理規約上の定めが該当する。管理規約においてペット類の飼育が禁止又は制限されているのであれば，売主業者や販売代理・媒介の委託を受けている宅地建物取引業者は，宅建業法35条の重要事項説明として，購入希望者に誤解が生じないように正確な説明を行わなければならない。宅地建物取引業者が誤った説明を行った場合には，宅建業法35条違反の問題となる。

CASE　大阪高判平成16・12・2（判タ1189号275頁）

●事案の概要

　閑静な住宅地の土地建物の売買の事案。重要事項説明で使用された物件状況報告書には「西側隣接地の住人より，騒音等による苦情がありました」との記載がなされていた。買主がこの点について説明を求めたところ，売主は，子供が庭で遊んでいたら隣人からうるさいといわれた，子供部屋を2階東側にした，今は特に問題ない等と回答した。しかし，買主が本件土地建物を購入して本件建物を訪れたところ，本件隣人からうるさいと言われたり，ステレオの音量を大きくするなどされたり，また，建物目がけてホースで放水され建物内部を水浸しにされるなどして警察を呼ぶ騒ぎになったことが複数回あった。そこで，買主は本件建物に一度も引っ越すことなく本件建物での居住を断念し，売主及び仲介業者と紛争になった。

　本件では，隣人が問題のある言動をする者であることを売主自身が認識しており，また，本件買主とは別の購入希望者が隣人からの苦情を聞いて購入を断念したことも売主自身が認識した事案であった。

●説明義務に関する裁判所の判断骨子

・宅地建物取引業者に仲介を委託する場合には，契約当事者の意思としては重要事項の説明は自らが依頼した宅地建物取引業者が行うものとしてその説明に委ねていて，売主本人は原則として買主に対して説明義務を負わない。

・しかし，売主が買主から直接説明することを求められ，かつ，その事項が購入希望者に重大な不利益をもたらすおそれがあり，その契約締結の可否の判断に影響を及ぼすことが予想される場合には，売主は，信義則上，当該事項につき事実に反する説明をすることが許されないことはもちろん，説明をしなかったり，買主を誤信させるような説明をすることは許されないというべきであり，当該事項について説明義務を負うと解するのが相当である。

・本件では，物件情報報告書の記載について説明を買主から求められた際に必要な説明を行わず，誤信を生じさせ，信義則上，売主に求められる説明義務に違反し

64　CHAPTER 2　売買契約での紛争

た。

　本件では，隣人が問題のある言動をする者であることを売主自身が認識しており，また，購入希望者が隣人からの苦情を聞いて購入を断念したことも売主自身が認識している。したがって，隣人の言動が購入希望者の契約締結の可否の判断に影響を及ぼすことは売主自身も認識していると考えられる。そのような場合に，買主から直接に説明を求められた売主は，宅地建物取引業者ではなくても，買主を誤信させるような説明をすることは許されないとする裁判所の判断は妥当である。なお，本件では，仲介業者にも説明義務違反が認められている。

🔭 紛争予防の視点

　売買契約締結時等，売主と買主とが一堂に会する場合には，買主から売主に対して直接に質疑応答がなされることがある。このような場合にも，売主は，正確な情報を買主に伝えるようにすることが紛争予防には重要である。ネガティブな情報を買主に伝えることの重要性は，取引に関与する宅地建物取引業者が売主に「理解してもらうようにする必要がある。
　買主としては，売主と買主とが一堂に会する機会をとらえて，疑問点等をさらに尋ねる等をして説明漏れ等を防ぐことが紛争予防には有用である。

Ⅲ．手付

　不動産取引に係る紛争の中でも，手付を巡る紛争は，売買契約締結の後，比較的早い段階で発生する。この紛争では，手付金授受の趣旨や，履行の着手の有無が主な論点となる。基本的には事実認定の問題であるが，宅地建物取引業者が売主である場合については，宅建業法が手付についての特別な規定を設けているので，その規定が事実認定に影響を及ぼすこともある。ここでは，手付を巡る紛争を見ていくこととする。

1．手付の意義と種類

(1)　解約手付
　不動産の売買契約では，契約締結の際に，買主から売主に対して「手付」又は「手付金」という金銭が交付されることが多い。例えば，1000万円の不動産の売買契約締結にあたり，買主が売主に対して100万円の手付金を

支払い，残金は不動産の引渡しと引換えに支払うようなことがある。

　このような手付について，民法は，相手方が契約の履行に着手するまでは，買主はその100万円の手付を放棄して契約を解除することができ，売主は手付の倍額たる200万円を買主に提供して契約を解除することができることを定めている（民557条1項）。すなわち，手付を授受することによって，相手方が契約の履行に着手するまでは，解除権を行使することができるという約定解除権の合意があったことになる。このような約定解除権の合意となる手付を解約手付という。民法は，手付を解約手付の性質を有すると規定している。もっとも，手付が解約手付であるということは任意規定であるので，当事者間で別の合意をすることを妨げるものではない。

(2)　手付の種類

　手付は，交付される目的によって，上記の①解約手付の他に，②証約手付，③損害賠償の予定としての手付，④違約罰としての手付があると言われている。

　証約手付とは，契約成立の証拠としての手付である。どの手付にも最低限この機能はある（内田貴『民法Ⅱ債権各論〔第3版〕』119頁）。

　損害賠償の予定としての手付は，手付を交付した買主が債務不履行の場合には手付を損害賠償として没収され，手付を交付された売主が債務不履行の場合には手付の倍額を損害賠償として支払うものとする手付である。損害賠償の予定であるので，原則として，それ以上に損害賠償を請求されない趣旨のものである。最判昭和24・10・4（民集3巻10号437頁）は，損害賠償の予定としての手付の定めがある売買契約において，損害賠償の予定としての手付と解約手付は両立しうるとし，損害賠償の予定としての手付の合意があっても，解約手付を排除する意思表示があったということはできないと判断している。

　違約罰としての手付は，手付を交付した買主が債務不履行の場合には手付を没収され，手付を交付された売主が債務不履行の場合には手付の倍額を支払うものとする手付である。損害については，別途，損害賠償として請求される。

　いずれにしても，手付の交付がなされれば，特段の合意がなければ，解約手付としての性質を有することになる。

⑶ 手付の認定

　買主から売主に対して交付された金銭が手付であるのか，手付であるとしてどの種類の手付であるかは，当事者の意思解釈の問題である。前述のとおり，損害賠償の予定としての手付と解約手付とは両立しうるし，証約手付はすべての手付の最低限の性質でもある。

　実務的には，申込証拠金や内金の授受が手付に該当するかが問題となる。

　申込証拠金とは，マンションや宅地の分譲販売の際に，購入希望者が販売業者に対して支払う5万～10万円程度の金銭である。一般的な不動産売買において授受される手付は売買代金額の1割～2割程度であることが多く，申込証拠金はこのような手付よりもずっと少額である。この申込証拠金は，その後売買契約締結に至った場合には手付や代金の一部に充当することが予定されている。

　一般的な申込証拠金は，当該不動産について優先的に購入しうる権利を確保するためのものであると同時に販売業者が交渉の相手方を絞るまえに交付を要求するものでもあり，契約が成立する前に授受されるものであるので，手付には該当しない。申込証拠金を交付した購入希望者が結局当該不動産についての売買契約締結に至らなかった場合には，購入希望者に返還されるべき性質のものである（内田・前掲119頁，岡本宇仁578頁）。

　内金は，売買契約締結後に，買主が売主に対して支払う代金の一部前払いの金銭である。手付金とは別に授受される場合には内金と手付金が別のものであることはわかりやすいが，手付金の授受がなく内金だけが授受される場合には，当該内金が手付金としての性質を有するものであるかが問題となる。この点については，内金の金額や契約を解除した場合の取扱い等についての合意内容から判断することとなる。

2. 解約手付と履行の着手

⑴ 履行の着手

　解約手付の場合，相手方が契約の履行に着手した場合には契約を解除することができないとされている（民557条1項。改正後は同557条1項ただし書き）。したがって，実務では，買主が手付を放棄して契約の解除を主張しても，売主が既に履行に着手したと主張して売主が残代金を請求する場合や売主が債務不履行による解除を行って違約金を請求する場合があり，また反対に，売主が手付の倍額を提供して契約の解除を主張しても，買主が既に履行

に着手したと主張して買主が売主の手付解約を否定する場合がある。したがって，何をもって「履行の着手」と判断するかが問題となる。

履行の着手については，最判昭和40・11・24（民集19巻8号2019頁）が「債務の内容たる給付の実行に着手すること，すなわち，客観的に外部から認識しうるような形で履行行為の一部をなし又は履行の提供をするために欠くことができない前提行為をした場合を指す」としている。もっとも，どのような行為が「客観的に外部から認識しうるような形で履行行為の一部をなし又は履行の提供をするために欠くことができない前提行為」に該当するのかは，個々の事案ごとに判断しなければならない。当該行為の態様，債務の内容，履行期が定められた趣旨・目的等諸般の事情を総合勘案して決する（最判昭和41・1・21民集20巻1号65頁）。したがって，履行期を定めた場合に，履行期前の行為であっても，履行の着手が認められることもある。

(2) 具体例

売主については，第三者が所有している不動産の売買契約において，売主が当該第三者に代金を支払い，買主に譲渡する前提として売主の名義に所有権移転登記を経たことは，単なる履行の準備行為にとどまらず，特定の売買の調達行為にあたり，履行の着手があったというのが判例である（前掲最判昭和40・11・24）。また，東京地判平成17・1・27（判例秘書L06030316）は，売主が履行期日の4日前に行った司法書士への登記委任，固定資産証明書の取得，領収証の作成は，履行行為の一部でもなければ，履行の提供に不可欠の前提行為にもあたらず，契約の履行の準備行為に該当するに過ぎないとして，履行の着手には該当しないと判断した。他方，東京地判平成21・10・16（判タ1350号199頁）は，売買契約中に，売主が所有権移転までに抵当権等の担保権及び賃借権等の用益権その他買主の完全な所有権の行使を阻害する一切の負担を消除する旨の約定がある売買契約において，売主が本件物件に関する賃貸借契約を解除して賃借人の賃借権を消滅させることが契約の履行に該当するとし，当該解除により賃借人との間で明渡時期及び立退料の合意をした時点で，売主は客観的に外部から認識し得るような形で本件売買契約の一部がなされたか，少なくとも履行の提供をするために欠くことができない前提行為がなされたとして，売主の履行の着手を認めた。

買主については，履行期の後，買主が代金をすぐに支払えるように準備して売主に履行の催告をしていれば，履行の着手があったとされるというのが

判例である（最判昭和 33・6・5 民集 12 巻 9 号 359 頁）。他方，履行期前につ
いては，他に特段の事情がないにもかかわらず，単に支払の用意ありとして
口頭の提供をし相手方の反対債務の履行の催告をするのみで金銭支払債務の
「履行の着手」ありとするのは，履行行為としての客観性に欠けるとして履
行の着手を否定する判例がある（最判平成 5・3・16 民集 47 巻 4 号 3005 頁）。
また，マンションの売買において，買主が住宅ローンの申込み，投資信託の
解約，親族からの資金の調達などを行ったことについては，売主に対する支
払義務との関係では，資金の調達という準備行為がされたにとどまり，不可
欠な前提行為が行われたとはいえないこと，及びオプション工事の申込みや
家具の購入等は，当該マンションへの転居とは関連する行為ではあるものの
売買代金の支払とは直接関係しない行為であり当該支払のために不可欠な前
提行為であると解する余地はないこと等を理由に買主の履行の着手を否定し
た裁判例もある（東京地判平成 29・2・27 判例秘書 L07230989）。

プラスα

　手付に関する改正前民法 557 条 1 項は，手付解除の要件を「当事者の一方が契約
の履行に着手するまで」と規定している。この規定の下では，手付解除をしようと
する者が履行に着手した場合も手付解除をすることができないようにも読める。し
かし，前掲最判昭和 40・11・24 は，履行の着手後の手付解除を制限した趣旨につ
き，履行に着手した解除の相手方を保護することにあるとして，相手方が履行に着
手するまでは履行した当事者による手付解除は可能であるとしている。また，履行
の着手があったことの主張立証責任は，手付解除を争う相手方が負担するというの
が裁判実務である。そこで，これらを明文化するため，改正民法では，手付解除に
ついては，「ただし，その相手方が契約の履行に着手した後はその限りでない。」と
して，履行着手の主張立証責任が相手方にある旨を条文で明らかにした（「民法（債
権関係）部会資料 75A」6 頁〜7 頁）。
　また，売主から手付解除について，改正前民法 557 条 1 項では「売主はその倍額
を償還して」契約を解除することができる旨を定めている。この関係で，売主は，
現実に手付金の倍額の払渡しを行わなくてもよいが，現実の提供を要するというの
が判例である。そこで，改正民法では，「買主が売主に手付を交付したときは，買
主はその手付を放棄し，売主はその倍額を現実に提供して，契約の解除をすること
ができる。」とした。

3. 宅地建物取引業者が売主である場合

宅地建物取引業者が売主である場合，民法が定める手付についてのルールは，どのような影響を受けるのだろうか。

(1) 手付の額の制限

宅地又は建物の売主が宅地建物取引業者である場合には，売主たる宅地建物取引業者は，代金額の2割を超える額の手付を受領することが禁止されている（法39条1項）。手付金が多額になると，買主が手付解除をする場合には多額の手付金が売主に没収される事態となる。そこで，宅建業法は，消費者たる買主を保護する観点から，売主が宅地建物取引業者である場合の手付金の額に制限を加えている。

では，例えば，売主たる宅地建物取引業者が売買代金額の3割に相当する金額を「手付金」として受領した場合，民事上はその全額を手付金として扱うことになるのか，2割だけを手付金として扱うことになるのか，それとも，手付金の交付はすべて無効となるのか。

この点については，民事上は，代金額の2割までが手付金として取り扱われ，その余の部分は，売買代金の一部前払いとして扱うというのが通説である（例えば，解説274頁，岡本宇仁583頁）。法39条が買主の保護であることを考えれば，民事上は3割全額について手付金として扱われるとすることは妥当ではなく，また，宅地建物取引業者である以上手付金の上限額が制限されている法39条1項を遵守すべき義務がある以上，代金額の2割までが手付金となるとしても売主に不都合はないはずである。他方，買主も「手付金」としての支払を行っているので，3割全額が手付金として無効となるということも妥当ではない。したがって，通説が妥当である。

(2) 解約手付性の付与

宅地又は建物の売主が宅地建物取引業者である場合には，手付がいかなる性質のものであっても，解約手付として扱うこととなる（法39条2項）。前述のとおり，手付には様々な性質のものがあり，契約当事者の合意により定めることができるのが原則である。しかし，宅地建物取引業者が自ら売主として手付を受領した場合には，相手方が契約の履行に着手するまでは，買主はその手付を放棄して，当該宅地建物取引業者はその倍額を現実に提供して，契約の解除をすることができる。これに反する特約で，買主に不利なものは

無効となる（法39条3項）。

　解約手付についての民法557条1項は任意規定であり，当事者の合意により内容を変更することが可能である。したがって，手付金の授受があっても買主は契約を解除することができないとする特約や，売主が履行に着手していない段階でも一定の期日が到来した場合には買主は手付金を放棄して契約を解除することはできなくなるとする特約も，民法上は無効となるものではない。

　これに対して宅建業法は，買主を保護する観点から，売主が宅地建物取引業者である場合には手付は解約手付であるとして買主が手付解除をすることを可能とし，また，買主に不利な特約は無効であるとした。

　法39条3項によって無効とされるのは「買主に不利な特約」である。したがって，売主が契約を解除する場合には手付金の3倍の額を現実に提供することとする特約や，売主が契約の履行に着手した後も買主が手付解除をすることができるとする特約は，買主に不利な特約ではないので，有効である。

CASE　名古屋高判平成 13・3・29（判時 1767 号 48 頁）

●事案の概要

　宅地建物取引業者が売主である宅地の売買の事案。手付金の授受があったところ，契約書の手付解除条項が「相手方が契約の履行に着手するまで，又は，平成 12 年 5 月 26 日まで」とされていた。売主が履行に着手した後であっても，平成 12 年 5 月 26 日までは買主は手付解除をすることができるか否かが争点となった。すなわち，当該手付解除条項は，「相手方が契約の履行に着手するまで」と「平成 12 年 5 月 26 日まで」のいずれか早い時期まで手付解除ができるという条項（甲解釈）なのか，「相手方が契約の履行に着手するまで」か「平成 12 年 5 月 26 日まで」かいずれかの時期まで手付解除ができるという条項（乙解釈）なのかが問題となった。

●手付の解釈に関する裁判所の判断骨子

・甲解釈の場合には，売主が履行に着手していなくても平成 12 年 5 月 26 日経過後は買主が手付解除をすることはできなくなり，売主が履行に着手すれば平成 12 年 5 月 26 日を経過するか否かと無関係に買主は手付解除することができなくなる。

・他方，乙解釈の場合には，売主が履行に着手しないまま平成 12 年 5 月 26 日が経過しても買主は売主が履行に着手するまでは手付解除することができ，また，売主が履行に着手していても，平成 12 年 5 月 26 日が経過するまでは買主は手付解除をすることができることになる。

・本件では，売主は宅地建物取引業者であり，甲解釈をとって，売主が履行に着手

していなくても平成 12 年 5 月 26 日経過後は買主が手付解除をすることはできなくなるとする解釈は宅建業法 39 条 3 項によって無効となり，「又は，平成 12 年 5 月 26 日まで」と付加したことは，買主が履行に着手していなくても売主は平成 12 年 5 月 26 日経過後は手付解除できないというだけの意味となる。

・甲解釈は一部無効な解釈を含むのに対し，乙解釈は法 39 条 3 項の趣旨である消費者保護に資する。したがって，乙解釈が相当である。

　売主が履行に着手していない場合であっても一定の期日経過後は買主が手付解除することはできないという特約は，明らかに民法 557 条 1 項の解約手付の規定よりも買主に不利な特約である。したがって，売主が宅地建物取引業者である場合には，そのような特約は法 39 条 3 項により無効となる。売主が宅地建物取引業者でない場合には，相手方の履行の着手の有無にかかわらず，一定期日経過後に手付解除をすることができなくなる旨の特約も無効ではない。しかし，規定が曖昧であると，解釈を巡って紛争となることは想定できるので，明確な規定を定めることが必要であろう。

⑶　法 39 条違反の制裁

　宅地建物取引業者が法 39 条に違反した場合には，監督官庁から，指示処分（法 65 条 1 項・3 項）が課せられる。

実践知！

　売主が宅地建物取引業者である場合には，手付金は代金の 2 割以内に制限され，また，常に解約手付性を有する。
　売主が宅地建物取引業者であり，手付金の額や手付解除を巡って紛争となった場合には，法 39 条違反の有無を検討することが有用である。法 39 条違反があれば，当該違反を指摘することが有力な交渉材料となる。

プラスα

　宅建業法は，宅地建物取引業者が売主である場合の手付金や内金について，保全措置を講ずる義務を宅地建物取引業者に課している（法 41 条・41 条の 2）。
　まず，宅地建物取引業者が宅地の造成又は建築に関する工事の完了前において行う当該工事に係る宅地又は建物の売買で自ら売主となる場合には，手付金等（代金

の全部又は一部として授受される金銭及び手付金その他の名義をもって授受される金銭で代金に充当されるものであって，契約締結の日以後当該宅地又は建物の引渡し前に支払われるものをいう。）についての保全措置を講じた後でなければ，宅地建物取引業者たる売主は手付金等を受領してはならない（法41条1項本文）。ただし，買主に所有権移転登記がなされた場合や，手付金等の額が代金の5%以下であり，かつ1000万円以下である場合には，保全措置は必要ない（法41条1項ただし書き，施行令3条の3）。

また，工事完了後の物件であっても，宅地建物取引業者が自ら売主となる場合についても，同様に手付金等の保全措置を講じた後でなければ，宅地建物取引業者たる売主は手付金等を受領してはならない（法41条の2第1項本文）。ただし，この場合も，買主に所有権移転登記がなされた場合や，手付金等の額が代金の10%以下であり，かつ1000万円以下である場合には，保全措置は必要ない（法41条1項ただし書き，施行令3条の3）。

これらは，いずれも，宅地建物の引渡しまでに売主たる宅地建物取引業者が倒産するなどした場合の買主保護の観点から設けられている規律である。

手付金等の保全措置が必要な売買契約である場合に売主たる宅地建物取引業者が保全措置を講じない場合には，買主は手付金等を支払わないことができる（法41条4項・41条の2第5項）。即ち，買主が手付金等を支払わない場合であっても，売主は買主に対して債務不履行責任を追及したり，違約金を請求したりすることはできない。

4. 手付についての説明

宅地建物取引業者が関与する取引では，手付についての説明はなされるのか。

前述のとおり，民法557条の規定は任意規定であり，売主と買主とで合意すれば，手付の授受があっても，民法557条とは異なった法的な効果を与えることが可能である。宅建業法は，宅地建物取引業者が自ら売主である売買契約における手付は解約手付性を有し，その金額も売買代金の2割を上限とする規律（法39条）を設けている。しかし，売買の売主は宅地建物取引業者である場合に限られないので，手付が授受された場合の手付解除の可否，手付解除が可能であるとする場合の要件も契約ごとに内容を明確にしておく必要がある。紛争予防という観点からは，当事者，特に契約の締結にあたって手付金を交付することになる買主が十分に理解して契約を締結することが重要である。

そこで，宅建業法は，紛争予防という観点から，手付の授受がなされる取引（売買の場合と賃貸借の場合）において宅地建物取引業者が関与する場合について，2つの規律を設けている。

⑴ 重要事項説明の対象としての解約手付

　契約の当事者に不測の損害が発生するという事態を防ぐためには，契約の当事者がしっかりと当該物件の権利関係や契約条項を理解し，その上で契約を締結することが必要である。そこで，前述のとおり，宅建業法は，宅地建物取引業者が関与する売買契約や賃貸借契約を締結するにあたって重要な事項について，宅地建物取引業者に対して，広範な説明義務や情報提供義務を課している。

　特に法35条1項の重要事項説明では，「代金，交換差金及び借賃以外に授受される金銭の額及び当該金銭の授受の目的」を説明しなければならないとされている（法35条1項7号）。手付は「代金，交換差金及び借賃以外に授受される金銭」である。自ら売主である宅地建物取引業者や媒介・代理業務を行う宅地建物取引業者は，売買契約における購入希望者に対して，手付の額及び当該金銭の授受の目的を書面に記載した上で説明しなければならない。この説明によって，手付の額は幾らであるのか，解約手付性を有するのかどうかが明らかにされる。

　また，重要事項説明では，「契約の解除に関する事項」を説明しなければならないとされている（法35条1項8号）。解約手付の合意は，売主と買主による約定解除権の合意である。したがって，手付の性質が解約手付である場合には，自ら売主である宅地建物取引業者や媒介・代理業務を行う宅地建物取引業者は，売買契約における購入希望者に対して，どのような場合に契約を解除できるのか，どのような手続で解除できるのかということを書面に記載した上で説明しなければならない。

⑵ 37条書面の記載事項としての解約手付

　宅地建物取引業者は，自ら売主として売買契約を締結した場合には相手方に，媒介業務・代理業務を行って売買契約を締結させた場合には，各当事者等に，法37条所定の事項を記載した書面を交付しなければならない。これは，契約内容を明確にして紛争を予防する観点から設けられた規律である。

　この37条書面には，「代金及び交換差金以外の金銭の授受に関する定めがあるときは，その額並びに当該金銭の授受の時期及び目的」（法37条1項6号）を記載しなければならない。手付は「代金及び交換差金以外の金銭」であり，売買契約の中で手付に関する約定を設ける場合には，「その額並びに当該金銭の授受の時期及び目的」を37条書面に記載して交付しなければ

ならない。

したがって，宅地建物取引業者が関与する取引であれば，宅建業法の規定により，37条書面に解約手付の内容が明確に記載される。

(3) 監督処分

宅地建物取引業者が法35条に違反して手付についての説明を怠った場合や虚偽の説明を行った場合には，監督官庁から，指示処分（法65条1項・3項），業務停止処分（法65条2項・4項），情状が特に重い場合には免許取消処分（法66条1項9号）が課せられる。宅地建物取引業者が法37条に違反して手付についての記載を怠った場合や虚偽の記載を行った場合も，同様である。

 紛争予防の視点

手付金を巡る紛争を予防するためには，手付の法的性質や内容について一義的に解釈できるような条文を契約書に盛り込むことが重要である。売主が宅地建物取引業者である場合には，解約手付性に疑義が生じるような規定とならないように注意しなければならない。

買主は，手付の効果について十分に説明を受け，疑問があれば疑問が解消するまで確認してから契約書にサインするようにすることが重要である。

> 実践知！
>
> 手付に関する事項や解約手付の内容は法35条の重要事項説明の対象であり，また，37条書面の記載事項となっている。したがって，宅地建物取引業者が関与する売買契約の場合には，重要事項説明書や37条書面の記載内容は，手付の法的な効果を巡って紛争になった場合の解釈の手がかりとなるということでもある。

プラスα

宅地建物取引業者は，手付について貸付けその他信用を供与することにより契約の締結を誘引する行為を行うことが禁止されている（法47条3号）。例えば，多額の金銭を持たずに下見のつもりで物件案内を受けただけの者に対し手付金を貸したり，立替えたりするなどして強引に契約を締結すると，後日，当該買主がやっぱり契約をやめようとしても，手付放棄にあたって貸付金の返済が必要になる場合や，さらに違約金が必要になるなどして紛争となることがある。そこで，このような事

態を防ぐために，宅建業法は，宅地建物取引業者に対し，「手付について貸付けその他信用の供与をすることにより契約の締結を誘引する行為」を行うことを禁止している。これは，宅地建物取引業者が自ら売主の場合だけではなく，媒介や代理を行う場合も適用される。「信用の供与をすること」が禁止されているので，手付金を貸し付ける場合だけではなく，手付金の授受がないのに手付金が支払われたこととして扱うことも禁止されている。また，手付としての約束手形の受領行為，手付予約をした場合における宅地建物取引業者による買主の当該予約債務の保証行為等，手付の分割受領等も「信用の供与」に該当する（「解釈運用の考え方」第47条第3号関係「信用の供与について」）。

「契約の締結を誘引する行為」を行うことが禁止の対象であるので，実際に契約が締結されなかった場合であっても，契約の締結を誘引した場合には，禁止行為に該当する。

法47条3号違反の行為は，6月以下の懲役若しくは100万円以下の罰金に処せられ，又はこれらを併科される（法81条2号）。これは両罰規定である（法84条2号）。

法47条3号違反に対しては，監督官庁から，指示処分（法65条1項・3項），業務停止処分（法65条2項・4項），情状が特に重い場合には免許取消処分（法66条1項9号）が課せられる。

Ⅳ. 瑕疵担保責任・契約不適合担保責任

不動産は高価な財産である。しかし，生活や経済活動の基盤として重要な財産であるので，人々は多額のローンを負担してでも手に入れようとする。当然のことながら，購入者は，購入した不動産に欠陥がないことを期待している。判決の中で「住居は，単に雨露をしのげればよいというものではなく，休息や団欒など人間らしい生活を送るための基本となる場としての側面があり，かつ，それが住居用建物の価値の重要な部分を占めているといえる」と判断したもの（神戸地判平成11・7・30判時1715号64頁）があるように，購入者は，これらの価値を損なうことのない物件であることを期待している。しかし，現実には，瑕疵・契約不適合な物件であるために紛争が発生することが少なくない。以下，瑕疵担保責任・契約不適合担保責任について見ていく。

1. 瑕疵担保から契約不適合担保責任へ

民法の瑕疵担保責任は，2020年4月1日以降，契約不適合担保責任に変わることとなる。では，瑕疵と契約不適合の判断は，異なったものとなるのか。

売買契約の当事者間の紛争では，売買の目的物に物理的・心理的な不具

合・瑕疵があることに起因するものも少なくない。相談を受けた弁護士としては，売買の目的物に不具合・瑕疵があるということであれば，最初に瑕疵担保責任の成否を検討することになるのが通常であろう。なお，この瑕疵担保責任については，2020年4月1日に施行される改正民法のもとでは，いわゆる「契約不適合担保責任」に変わることとなっている。したがって，まずは，知識として，瑕疵担保責任と契約不適合担保責任とを理解しておく必要がある。

(1) 改正前民法の「瑕疵」

便宜上，2020年4月1日に施行される民法を改正民法，それ以前の民法を改正前民法というとすると，改正前民法では，560条から571条までに売主の担保責任についての規定を置いている。このうち，売買の目的物に何らかの不具合・瑕疵があった場合については，「売主の瑕疵担保責任」として570条に規定がある。

改正前民法の瑕疵担保責任は，①売買の目的物に隠れた瑕疵があった場合には，②買主が瑕疵を知らず，かつ，そのために契約をした目的を達することができないときは，契約の解除をすることができ（損害があれば，損害賠償請求もできる），③買主が瑕疵を知らない場合で契約の解除をすることができない場合には，損害賠償請求のみすることができる（改正前民法570条，566条1項），というものである。

改正前民法では，何が「瑕疵」であるかということについての定義規定は設けていない。したがって，売買の目的物に存在する不具合等が「瑕疵」に該当するかは，「瑕疵」を解釈することによって判断する。この点，多くの裁判例が，瑕疵を「売買の目的物が通常有すべき品質・性能を備えていないこと」であるとしてきた。また，最判昭和56・9・8（判時1019号73頁）は，宅地造成を目的とする土地の売買の事案において，対象となる土地が森林法による保安林による保安林指定を受けて伐採等に制限が加えられているため売買目的を達成できない場合について「瑕疵」であると判断している。すなわち，判例は，物理的なものに限らず，法律的な制限も契約目的に応じて「瑕疵」に該当しうるとしている。

(2) 最高裁平成22年6月1日判決

「通常備えるべき品質・性能を欠いていたこと・備えていなかったこと」

が瑕疵であるとしても，「通常備えるべき品質・性能」をどのように判断するのかは，必ずしも明らかではない。

　このような中，最判平成22・6・1（民集64巻4号953頁）は，瑕疵の考え方について重要な判断を示した。事案は，土地売買の事案である。当該売買契約時点では土壌汚染対策法がまだ施行されておらず，取引観念上，ふっ素が土壌に含まれることに起因して人の健康に係る被害を生ずるおそれがあるとは認識されていなかった。しかし，当該売買契約締結後に施行された土壌汚染対策法に照らせば，人の健康を損なう危険がある有害物質であるふっ素が，危険がないと認められる限度を超えて売買契約締結時点で売買の目的物である土地に存在した。このようなふっ素が瑕疵に該当するかが問題となった。

　原審は，新たに法令に基づく規制の対象となった場合であっても，当該物質が法令の限度を超えて土地の土壌に含まれていたことを民法570条にいう瑕疵にあたると判断した。

　他方，最高裁は，「通常備えるべき品質・性能」は「売買契約の当事者間で予定するものである」との考え方を前提に，「売買契約の当事者間において目的物がどのような品質・性能を有することが予定されていたかについては，売買契約締結当時の取引観念をしんしゃくして判断すべき」との判断を示した。その上で，「本件売買契約締結当時，取引観念上，ふっ素が土壌に含まれることに起因して人の健康に係る被害を生ずるおそれがあるとは認識されておらず」，「本件売買契約の当事者間において，本件土地が備えるべき属性として，その土壌に，ふっ素が含まれていないことや，本件売買契約締結当時に有害性が認識されていたか否かにかかわらず，人の健康に係る被害を生ずるおそれのある一切の物質が含まれていないことが，特に予定されていたとみるべき事情もうかがわれない。」として，本件土壌に基準値を超えるふっ素が含まれていたとしても，民法570条の瑕疵には該当しないとした。

　この最判平成22・6・1により，「通常備えるべき品質・性能」を判断するにあたっては，契約当事者が，取引観念も斟酌して契約においてどのような品質・性能を予定しているかが基準となることが明らかになった。

　学説では，「何が欠陥かは，当該目的物が通常備えるべき品質・性能が基準になるほか，契約の趣旨によって決まる。つまり，契約当事者がどのような品質・性能を予定しているかが重要な基準を提供することになる」。内

田・前掲『民法Ⅱ』134頁等，具体的な契約との関係で瑕疵は判断されるという考え方が通説であった。その意味では，最判平成22・6・1は，通説同様の考え方を採用したということがいえる。

したがって，不動産取引実務において「瑕疵」を判断する場合には，具体的な契約との関係で，当事者が合意した「備えるべき品質，性能」を確定し，その品質・性能を有しているか否かを検討するという手順で判断する，ということになる。当事者の合意には，明示的に合意した内容と，取引観念も考慮して当然に合意されていると解される内容とがある。

> **実践知！** 改正前民法の下で「瑕疵」の存否を判断するには，具体的な契約との関係で，契約の趣旨や取引観念を踏まえて当事者が合意した「備えるべき品質・性能」を確定し，その品質・性能を有しているか否かを検討する。

(3) 改正民法での契約不適合担保責任

改正民法では，「売買の目的物に隠れた瑕疵があったときは」という表現そのものがなくなる。改正前民法での瑕疵担保責任の条文に該当する条文は，改正民法では562条から564条で規定されることになる。

まず，改正民法562条1項本文は，「引き渡された目的物が種類，品質又は数量に関して契約の内容に適合しないものであるときは，買主は，売主に対し，目的物の補修，代替物の引渡し又は不足分の引渡しによる履行の追完を請求することができる。」と定める。また，改正民法563条1項は，「前条第1項本文に規定する場合において，買主が相当の期間を定めて履行の追完の催告をし，その期間内に履行の追完がないときは，買主は，その不適合の程度に応じて代金の減額を請求することができる。」と定め，同563条2項は，履行の追完が不能である等の場合には，買主は，「催告をすることなく，直ちに代金の減額を請求することができる。」と定めている。さらに，改正民法564条は，履行の追完請求と代金減額請求とは別に，改正民法415条の規定による損害賠償請求と改正民法541条・542条の規定による解除権の行使をすることができる旨を定めている。

すなわち，改正民法の契約不適合担保責任は，①引き渡された目的物が種

類，品質又は数量に関して契約の内容に適合しないものである場合には，②履行の追完請求，③代金減額請求（履行の追完がなされない場合に限る），④損害賠償請求と契約解除をすることができるというものである。

> **プラスα**
>
> 　瑕疵担保責任の法的性質については，法定責任説と契約責任説との見解の相違があり，通説は法定責任説であるといわれてきた。この点，改正民法の下での契約不適合担保責任は，「契約の内容に適合しないもの」が引き渡された場合の責任と明記されているので，契約責任として位置付けられていると解される。だからこそ，契約の内容どおりのものを引き渡せ，という履行の追完請求があり，履行の追完がなされなければ端的に代金減額請求があり，債務不履行責任としての損害賠償責任の追及や契約の解除は，改正民法の当該規定に基づいてなされるものとされている。

(4) 契約不適合の判断

　改正民法の下では，「引き渡された目的物が種類，品質又は数量に関して契約の内容に適合しないものである」という要件に該当するか否かが問題となる。したがって，引き渡された目的物の種類，品質又は数量に関して，どのような契約内容であったかが問題となる。

　これが改正前民法における「瑕疵」と同じなのか異なるのかは，弁護士としては大いに気になるところである。

　この点，改正の議論における法務省作成の資料では，改正前民法の「瑕疵」について，「瑕疵の存否は，契約の趣旨（取引通念も含まれる）を踏まえて目的物が有するべき性状を確定した上で，目的物が当該あるべき性状に適合しているか否かについて客観的・規範的判断をして決することになると考えられる」（部会資料75A10頁）としている。前掲最判平成22・6・1も同様であるとの評価を行って改正案が提案されている経緯を踏まえれば，民法改正後も，「契約の内容に適合するか否か」についての判断は，具体的な契約との関係で「有すべき品質・性能」を備えているか否かを判断するという枠組みには変更がないものと考えられる。

> 改正民法の「契約不適合」の存否を判断するには，具体的な契約との関係で，契約の趣旨や取引通念を踏まえて当事者が契約内容とした「備えるべき品質・性能」を確定し，その品質・性

| 実践知！ | 能を有しているか否かを検討する。
　このような判断枠組みであるとすれば，改正前民法における「瑕疵」の判断と改正民法における「契約不適合」の判断に相違はないと考えられる。 |

(5) 「隠れた」瑕疵

　「隠れた」瑕疵とは，どのような瑕疵のことをいうのか。瑕疵担保責任から契約不適合担保責任に変わった場合，「隠れた」という要件はどのように考えるのか。

　改正前民法における瑕疵担保責任は，売買の目的物に瑕疵があると同時に，当該瑕疵が「隠れた」瑕疵である場合にのみ，買主は売主に対して瑕疵担保責任を追及することができるとされている。この「隠れた」瑕疵というのは，契約締結の当時，買主が過失なくしてその存在を知らなかった瑕疵をいう（大判大正13・6・23民集3巻9号339頁）。すなわち，「隠れた」瑕疵であるというためには，①買主が瑕疵の存在を知らないこと，②瑕疵の存在を知らないことに過失がないこと，という2つの要件を満たしている必要がある。買主も買主として払うべき注意は払って取引を行う必要があるということである。売買の目的物に崖地が含まれている場合であっても，実地検分によって容易に知りうるときは隠れた瑕疵とはいえないという事例（東京地判昭和40・5・31判タ179号149頁）や，かつて旅館として利用されていた建物と土地の売買につき，買主が旅館営業を再開しようとしたところ，浴室・脱衣室の老朽化が激しくそのままでは使用できない状態であった場合につき，買主は建物を予め検分する程度の注意は払うべきであり，その注意を払って本件建物を検分すれば浴室・脱衣室の状態は知ることができたとして，当該瑕疵は隠れていたものとは認められないとした事例（札幌高判昭和53・8・15判タ374号119頁），転売目的で購入した土地建物のうちの建物東側側面が東隣の建物西側側面と共用の状態（いわゆる一枚壁）となっていた場合につき，注意して見分すれば認識可能であり，宅地建物取引業者である買主は建物を取り壊せるか否かを調査すべきであったのに怠った過失があるとして，「隠れたる」瑕疵ということはできないとした事例（名古屋地判平成3・1・23金判877号32頁）等が参考になる。

　他方，改正民法における契約不適合担保責任では，「引き渡された目的物

Ⅳ．瑕疵担保責任・契約不適合担保責任　　81

が種類，品質又は数量に関して契約の内容に適合しないものである」という要件に該当するか否かが問題となり，当該不適合が「隠れているか否か」は責任の成否とは関係ない。契約不適合担保責任では，例えば，崖地がある土地を引き渡すことが契約の内容とされていたのか，浴室・脱衣室の老朽化が激しい状態の建物を引き渡すことが契約の内容とされていたのか，ということが問題になる。旅館用の土地建物の売買であって，浴室・脱衣室も旅館営業に使用できる状態で引き渡すことが契約の内容であれば，買主が検分したか否かとは関係なく，契約不適合であるといえる。もっとも，契約不適合を理由として買主が売主に対して損害賠償を請求する場合には，買主が検分しなかったことが過失相殺として考慮される可能性はある。

実践知！

　改正前民法における瑕疵担保責任では，買主が瑕疵の存在を知らず，かつ，知らないことに過失がない場合に「隠れた瑕疵」として売主に責任を追及することができる。
　契約不適合担保責任では，契約不適合が隠れているか否かは契約不適合担保責任の成否とは関係がなくなる。契約内容を確認することが重要となる。

---

2. 物理的瑕疵

土地の造成に欠陥がある場合，土地の擁壁が崩壊した場合，軟弱地盤である場合等が土地の物理的瑕疵として問題になる。また，建物の場合には，建物が傾いた場合，漏水や雨漏りがある場合，防火性能に問題がある場合等が物理的瑕疵として問題になる。では，どのような場合に瑕疵・契約不適合と判断されるのか。

(1) 土地の造成等の問題

CASE　広島地判昭和 50・7・18（判タ 332 号 319 頁）

●**事案の概要**

　住宅建築目的での造成地の売買契約につき，集中豪雨によって擁壁が崩れ，宅地として利用できなくなり，土地を原状に復するには費用がかかり，しかも利用可能面積が著しく減少することになったため紛争となった。

● 瑕疵担保責任に関する裁判所の判断骨子
・本件土地の擁壁は，上段，下段とも盛土量高に比して断面が相対的に不足し，背面土の土圧に対する許容支持力を超えていた。
・本件土地には構造上の欠陥があり，当該欠陥は瑕疵である。

　台風や集中豪雨がきっかけとなって擁壁が崩壊した場合には，買主側は「瑕疵が存在した」と主張し，売主側は「不可抗力である，自然現象に伴うものである」と主張することがある。

　通常の建売住宅等では，売買契約において擁壁の品質・性能について明示的に合意することはしないのが通常であろう。したがって，次に，契約の趣旨や取引通念を踏まえて，当事者が契約内容とした擁壁の「備えるべき品質・性能」として，どのような品質・性能が備えられている必要があると合意されていたかが問題となる。居住用の建物を建築する土地の擁壁には施工上の欠陥がないことや予測可能な災害に耐える施工がなされていることは，擁壁の品質・性能について明示的な合意がない場合であっても，契約の趣旨や取引通念上，当然に契約の内容となっていると解されよう。したがって，本件では，構造上の欠陥があるとして，瑕疵があると判断されている。

実践知！　契約書に明示的な記載がない場合であっても，構造上の欠陥がない目的物を引き渡すことは契約の内容となっている。

CASE　横浜地判昭和60・2・27（判タ554号238頁）

● 事案の概要
　宅地造成して建物を建築した宅地建物取引業者から購入した土地建物につき，土地が地盤沈下し，建物が傾斜するに至った。
● 瑕疵担保責任に関する裁判所の判断骨子
・本件土地は軟弱地盤であり，かつて田であることを認識していた売主が基礎工事の工法の選択を誤って地盤沈下を起こし建物が傾斜した。
・本件土地建物には売買契約締結時から瑕疵が存在していた。

　通常の建売住宅等では，売買契約において基礎工事の工法について明示的に合意することはしないのが通常であろう。したがって，次に，契約の趣旨や取引通念を踏まえて，当事者が契約内容とした基礎の「備えるべき品質・

性能」は，どのような品質・性能が備えられている必要があると合意されていたかが問題となる。居住用の建物の基礎であれば，地盤沈下を生じさせない基礎とすることは，契約の趣旨や取引通念上，当然に契約の内容となっていると解されよう。本件では，売主は本件土地が田であったことを認識していたのに，地質調査をすることもなく，短期間の間に誤った工法を選択したことが地盤沈下の原因であるとして，瑕疵があると判断されている。

実践知！

> 当該土地の性状に対する当事者の認識が瑕疵の判断に影響することがある。したがって，単に売買契約書の文言を検討するだけではなく，事前に売主と買主とでどのようなやり取りがなされていたかを確認することも重要である。

CASE 東京地判平成 13・6・27（判タ 1095 号 158 頁）

●事案の概要

宅地建物取引業者が売主である造成地上の新築建物と土地の売買につき，建物が傾斜し，基礎の亀裂，土間床の亀裂，外壁の亀裂，ドアの開閉不能，外壁に固定したガスメーターや配管の歪み等による変形が生じたため紛争となった。

●瑕疵担保責任に関する裁判所の判断骨子

・本件建物に不具合が発生したのは，本件土地が軟弱地盤であり，そのために地盤沈下が発生したことが原因であり，軟弱地盤であることは本件土地の瑕疵である。

前掲横浜地判昭和 60・2・27 と異なり，裁判所は軟弱地盤であること自体を瑕疵であるかのような判断を示しているので，若干違和感がある。地盤が軟弱であっても，様々な施工上の工夫を行えば，建物に不具合が発生しないこともある。もっとも，裁判所は，軟弱地盤であることを瑕疵と表現しているものの，その判断の前に，本件各土地において施工された基礎工事は，工法の選択上又は施工上不相当なものであったという判断を示している。したがって，軟弱地盤の改良をせず，また，建物に不具合をもたらすような施工上不相当な基礎工事を施工した土地建物を引き渡すことが契約内容に適合していないという判断をしたものと解することもできよう。結論としては，裁判所の判断は妥当であると考えられる。

> 実践知！
>
> 抽象的に「通常有すべき品質・性能」を考えるのではなく，具体的に，「備えるべき品質・性能」として，当該契約においてどのような品質・性能の土地建物を引き渡すことと合意していたといえるのか，ということを考えることが有用である。

CASE　大阪地判昭和 60・11・15（判時 1199 号 117 頁）

● 事案の概要

　宅地建物取引業者間の売買で，買主は宅地分譲として転売する目的で土地を購入した。購入にあたっては，買主は本件土地についての土地改良工事についての報告書を受け取り，「圧密沈下は近く終了し，売買契約締結後 4，5 年が経過すれば本件土地を分譲することができる」との内容が本件売買契約の前提とされたものの，売買契約締結後 6 年が経過しても継続的な地盤沈下が認められたため紛争となった。

● 瑕疵担保責任に関する裁判所の判断骨子

・売買契約 6 年以上を経過した時点でも本件土地は現状のままでは宅地として分譲することができなかったのであるから，売買契約の前提に適合しておらず，瑕疵がある。

　本件事案においても，売買契約締結後 4，5 年が経過すれば本件土地を分譲することができる，という明示的な合意が売主と買主との間でなされた，というところまで事実認定がなされたものではない。しかし，報告書のやり取りの経緯を踏まえ，「売買契約締結後 4，5 年が経過すれば本件土地を分譲することができる」性質を有した土地を引渡すことが本件契約の内容とされていたとの判断がなされたものと解することができる。ここでも，事前に売主と買主との間でなされたやり取りが契約の内容を検討するにあたって重要な意味を有している。なお，本件事案の結論としては，売買契約締結後 4，5 年が経過すれば本件土地を分譲することができるという買主の判断には過失があったとして，「隠れたる瑕疵ということができない」というものであった。

> **実践知！**　瑕疵・契約不適合の有無を検討するにあたり，単に売買契約書の文言を検討するだけではなく，事前に売主と買主とでどのようなやり取りがなされていたかを確認することも重要である。

CASE　仙台地判平成 8・6・11（判時 1625 号 85 頁）

●事案の概要

昭和 53 年 6 月 12 日に宮城県沖で発生した震度 6 の地震によって宅地と建物に損害を受けた買主らが，売主である仙台市に対して瑕疵担保責任を追及した事案である。

●瑕疵担保責任に関する裁判所の判断骨子

・①売買契約締結当時，本件各宅地には震度 5 程度の地震に対する耐震性を具備することが求められており，本件各宅地は震度 5 程度の地震に耐えうる強度を有していたこと，②経験的に予測される規模を超える地震に対する耐震性を具備する宅地の調査や工法についての明確な基準や一般的な経験則は存在していなかったこと，③当時の技術水準に達する施工がなされていないとはいえないこと等からすれば，本件宅地に瑕疵があったとはいえない。

CASE　東京地判平成 27・1・30（判例秘書 L07030145）

●事案の概要

平成 23 年 3 月 11 日に発生した東日本大震災の地震によって土地が液状化して建物や塀が傾く等の被害が発生したとして買主が売主に対して瑕疵担保責任等を追及した事案である。

●瑕疵担保責任に関する裁判所の判断骨子

・本件はべた基礎が採用されていたところ，本件売買契約の締結された平成 13 年当時の小規模建築物に係る液状化対策工法に関する知見として，べた基礎は，杭基礎による対策や地盤改良による対策と並ぶ液状化対策とされており，べた基礎による対策で必要にして十分な対策であるとされていたことが認められる。
・本件売買契約当時の知見を前提とする取引通念上，鉄筋コンクリートべた基礎による基礎が施された本件建物の基礎は，通常有すべき品質・性能を備えており，本件建物の基礎に瑕疵はない。

　通常の建売住宅等では，売買契約において耐震性との関係で，例えば「震度 7 でも倒壊しないこと」という合意や，「地震動が 2 分以上継続する場合でも液状化を起こさないこと」という合意を明示的に行うことはないのが通常である。したがって，次に，契約の趣旨や取引通念を踏まえて，当該契約

における耐震性や液状化対策についての「備えるべき品質・性能」は，どのような品質・性能が備えられている必要があると合意されていたかが問題となる。

この点，耐震性でいえば，建築基準法が定める耐震基準を満たしている建物を引き渡すことが取引通念上求められていると考えられる。また，液状化対策については，べた基礎であることが，少なくとも東日本大震災までは取引通念上求められていたということがいえよう。もっとも，このような取引通念は，災害の発生により知見がより深まっていくので，当該地域でどのような施工がなされることが標準的であるのかということは，適切に判断する必要がある。

| 実践知！ | 大地震の際の液状化で売主の責任を認めさせることはハードルが高い。しかし，基準以下の手抜き工事がなされている可能性は常にあるので，契約当時に求められている施工がなされていたかを調査することが重要である。 |

CASE　名古屋地判平成 25・4・26（判時 2205 号 74 頁）

● 事案の概要

購入した土地の周囲に川や田等がなく，地下水位が浅いことが想定されていない土地であるにもかかわらず，地下 0.5m の位置に地下水脈がある土地であったため，重機を置くと地中から水が湧出し，建物（動物病院）を建築するにあたり，透水管の設置が必要になる等したため紛争となった。

● 瑕疵担保責任に関する裁判所の判断骨子

・地下 0.5m の位置に地下水脈があること自体特異であり，宅地として本件土地を利用するためには地盤改良工事では足りず通常設置されることがない透水管の設置が必要であるので，透水管の設置等が必要な瑕疵がある。

通常の宅地の売買契約では，地下水脈がどの位置にあるものを許容するかということを明文で合意することはない。したがって，地下 0.5m の位置に地下水脈があることが瑕疵に該当するかは，契約の趣旨や取引通念を踏まえて，当事者が契約内容とした宅地の「備えるべき品質・性能」として，どのような地下水脈の存在が許されていると合意されていたかが問題となる。建

物を建設することを前提としている宅地の売買契約であれば，取引通念上は，通常行わないような透水管設置工事まで必要となる位置・程度の地下水脈は存在しないことが契約の内容となっていたと考えられる。したがって，通常は行わないような透水管工事を必要とするような地下水脈の存在は，契約の内容とはなっていないので，自然現象ではあっても，瑕疵・契約不適合に該当する。契約で明示的に地下水脈がどこにあってもよいとすることを合意している場合や，透水管工事を行う前提で土地の売買価格が決定されていて，透水管工事が必要な土地を引き渡すことが合意されている場合には，透水管工事が必要な地下水脈の存在は，瑕疵・契約不適合には該当しないことになる。

実践知！

自然の状態であるからといって，当然に瑕疵・契約不適合に該当しないということではない。瑕疵・契約不適合に該当するかは，当該自然の状態を許容することが契約の内容となっているか否かによって決まる。

CASE 東京高判平成 15・9・25（判タ 1153 号 167 頁）

●事案の概要

買主が購入した土地を含む付近一体の土地の道路は，多量の降雨があると雨水を貯水しやすい状態となる道路であった。買主が本件土地を購入した後，大雨洪水警報が発令される降雨により本件土地の駐車場部分が冠水した（ただし，建物には浸水していない）。その 1 年後にも，同様に駐車場部分が冠水したため紛争となった。

●瑕疵担保責任に関する裁判所の判断骨子

・瑕疵担保責任については，冠水しやすいという土地の性状は，排水事業の進展具合など土地以外の要因に左右されることも多く，また，当該土地だけではなく付近一帯に生じるので，付近一帯の土地の価格評価に冠水被害の生じることが織り込まれるのが通常である。

・冠水被害があることを独立して土地の瑕疵と判断することは困難である。

売買契約の目的である土地の性状について，およそ冠水しないような土地であることは売買契約書上に明記されていないのが通常であろう。したがって，当該契約の趣旨や取引通念を踏まえて，当事者が契約の内容とした土地の「備えるべき品質・性能」として，冠水しない土地であることが当事者の

合意とされていたかが問題となる。この場合の考え方は必ずしも一義的に定まるものではないと解されるものの，例えば，近隣の売買代金相場での売買契約であれば，当該土地だけはなく付近一帯全体に及ぶような冠水であって，建物に浸水しない程度の冠水は，売買代金で評価されているので許容されていると解するということも不合理な解釈とはいえないであろう。

> **実践知！**
>
> 瑕疵担保責任・契約不適合担保責任は，瑕疵・契約不適合があることによって売買代金と当該目的物の対価関係に不均衡が生じるので問題となる。当該地域の相場に反映されている地域全体の土地の性状の問題なのか，個別具体的な価格判断に影響を与える性状の問題なのかを検討することが必要となる。

🔭 紛争予防の視点

一般的な戸建て住宅や宅地の売買において，土地の造成にあたっての工法や基礎の工法等について明示的に合意することは多くない。そのような明示的な合意がない場合には，当該契約の趣旨や取引通念によって合意内容を解釈することになる。しかし，可能であれば契約書に当該契約の趣旨や取引通念を反映させた工法を記載することが紛争予防には有用である。

(2) 建物に生じた不具合

CASE 札幌高判昭和53・8・15（判タ374号119頁）

● 事案の概要

かつて旅館として利用されていた建物と土地の売買であり，建物の浴室，脱衣室はその天井が落ちそうになる等破損，老朽が甚だしく，旅館営業を再開しようとしても，そのままでは使用不可能な状態であったために紛争となった事案である。

● 瑕疵担保責任に関する裁判所の判断骨子

・建物の浴室，脱衣室はその天井が落ちそうになる等破損，老朽が甚だしく，旅館営業を再開しようとしても，そのままでは使用不可能な状態であり，このような状態は建物の瑕疵である。

なお，本件については，買主が本件建物において旅館を営業する予定であり，買主は本件建物を予め検分する程度の注意は払うべきであり，買主がそのような注意を払って本件建物を検分すれば，直ちに浴室，脱衣室の状態を知ることができたと認められるので，本件建物の浴室，脱衣室の瑕疵は隠れたものとは認められないとして，売主の瑕疵担保責任を否定した。

CASE 名古屋地判平成 3・1・23（金判 877 号 32 頁）

●事案の概要

買主は宅地建物取引業者であり，建物を取り壊して土地を転売する目的での土地建物の売買である。本件建物の 1 つの東側壁面が東隣の建物西側壁面と共用の状態（いわゆる一枚壁）となっており，買主は建物を取り壊すことができないとして紛争となった。

●瑕疵担保責任に関する裁判所の判断骨子

・本件建物を東側建物から分離して独立させることは，技術的には不可能ではないものの，費用や東隣建物への影響等を考慮すると，社会的には取り壊しは困難であると認められるので，一枚壁の事実は，当事者間では瑕疵になりうる。

・本件については，本件建物図面を検討し，現地で外観を注意して検分すれば，本件建物が一枚壁の構造になっていることは認識可能であり，建物を取り壊す予定であり宅地建物取引の専門家である買主は，取壊しが可能か否かの調査を怠った過失があるので，隠れた瑕疵には当たらないとして，売主の瑕疵担保責任を否定した。

これらの事例では，いずれも，「旅館として営業する目的」，「建物を取り壊して土地を転売する目的」との関係で，当該不具合が当該目的に適合しない状態であるか否かを判断している。また，一枚壁の前掲名古屋地判平成3・1・23 は，物理的に取り壊すことができるものであっても，社会的に取壊しが困難であることも瑕疵であるとしている。いずれも，瑕疵が契約の内容との関係で判断する必要があるということを明確に示している事例であり，改正民法の下でも同様に契約不適合が認められると考えられる。

もっとも，これらの事例は，当該不具合が瑕疵であるという判断をしたことよりも，当該不具合が「隠れた瑕疵」とはいえない，という判断をしたことに特徴がある。買主の不注意を認定して当該瑕疵が「隠れたものとはいえない」という判断をしている。前述のとおり（79 頁参照），改正民法の契約不適合担保責任では，契約不適合につき買主に過失があったか否かは関係無くなる。単に買主が検分を怠ったことをもって売主に責任がない，という結論にはならない。契約締結までの売主と買主との間の交渉過程も含めて，浴室・脱衣室が使用できないような建物を引き渡すことが契約の内容であったのか，一枚壁で建物取壊しが困難な建物を引き渡すことが契約の内容であったのか，ということを判断する必要がある。

| 実践知！ | 改正民法の下では，買主に過失があっても，それだけでは契約不適合担保責任が否定されることにならない。売買契約の交渉過程も含めて，どのような目的物を引き渡すことが売買契約の内容として定められていたのかを，丁寧に主張・立証する必要がある。|

CASE　大阪地判平成3・6・28（判時1400号95頁）

● 事案の概要

　宅地建物取引業者である売主が土地建物を販売した事案。買主が引渡しを受けて入居したところ本件建物の不具合に気づき，買主が建物を調査した結果，本件に構造上の安全性能が備わっていないことを判明したため紛争となった。

● 瑕疵担保責任に関する裁判所の判断骨子

・本件建物の構造上の安全性能の有無を判断するにあたっては，最低限の基準を定める建築基準法及び同施行令等に規定する建物の構造に関する基準を用いて，本件程度の一般的な小規模木造住宅に通常備わるべき構造上の安全性能が備わっているか否かにより判断するのが相当である。

・本件建物の基礎構造，軸組構造が建築基準法施行令に反して構造体力上の安全性能を欠く欠陥があるので，瑕疵がある。

・なお，買主からの売主に対する損害賠償請求については，瑕疵担保責任に基づく損害賠償請求は信頼利益に限られるところ，買主の主張する損害のうち，信頼利益はないとして，認められなかった。

　建売住宅の売買契約において，構造体力上の安全性能について明示的に契約条項として記載して合意することはない。したがって，契約の趣旨や取引通念を踏まえ，当事者が契約内容とした建物の「備えるべき品質・性能」として，どの程度の構造体力上の安全性能を備えている建物を引き渡すことと合意されていたかが問題になる。通常の小規模木造住宅では，最低限の基準を定める建築基準法及び同施行令等に規定する建物の構造に関する基準を満たす建物を引き渡すことが取引通念であり，契約の内容となって合意されていると考えられる。このような基準を満たしていない建物であれば，瑕疵がある，契約不適合がある，と判断することになる。

CASE 東京高判平成 6・5・25（判時 1458 号 87 頁）

●事案の概要

　建築後 2 年 7 か月が経過した鉄骨造り共同住宅の売買契約である。外壁にはクラックが存在し、また、天井・壁にはしみも存在していた。引渡し後、買主は建物全体にわたる大規模な雨漏りが発生していることを発見したため、紛争となった。

●瑕疵担保責任に関する裁判所判断骨子

・本件建物には防水工事が不完全であり、建物全体にわたる雨漏りと、水道管の破裂・出水事故の危険性及び浄化槽からの汚水漏れ等の瑕疵がある。

・クラックの存在が直ちに雨漏り、ことに建物全体にわたる大規模な雨漏りと結びつくものではなく、本件建物が建築後 2 年 7 か月の鉄骨造り共同住宅であったことからすれば、このような建物を買受けるにあたり、買主において、このような大規模な雨漏りが存在する可能性を予期し、建物全体の状況を調査、確認すべきであるとはいえない。本件建物に建物全体にわたる大規模な雨漏りが存在することは通常容易に発見しえない性質のものというべきであり、雨漏りは隠れた瑕疵に該当する。

　共同住宅の売買契約において、建物の性能として、建物全体にわたる雨漏りが存在しないことや水道管の破裂・出水事項の危険性がないことを明示的に合意していた場合には、建物全体にわたる雨漏りや水道管の破裂・出水事項の危険性があれば、当該合意に反する瑕疵・契約不適合になる。しかし、そのような明示的な合意がないのであれば、契約の趣旨や取引通念を踏まえて、当事者が契約内容とした建物の「備えるべき品質・性能」として、どのような品質・性能が備えられている必要があると合意されていたかが問題となる。

　この点、既存建物の場合には、経年変化に伴う損傷があることは一般的であり、クラック等が存在していることも多々ある。したがって、既存建物の売買契約の場合、経年変化を修繕して引き渡すことと合意されていれば別であるが、そのような合意がないのであれば、経年変化に伴う劣化事象が存在する程度の性能のものを引き渡すことが合意されていると解すべきであろう。他方、契約の趣旨・取引通念からは、経年変化を超える建物全体にわたる雨漏りが存在しないことや、水道管の破裂・出水事項の危険性がないことが備えるべき品質・性能として合意されていたと解される。したがって、このような劣化事象がある建物の場合には、瑕疵がある、契約不適合が存在するということになる。

> **実践知！** 経年変化や通常損耗に該当する程度の損傷と，それを超える損傷とは分けて考える必要がある。当該売買契約において問題となっている不具合が，どのようなものであるかを検討することが重要である。

CASE　神戸地判平成 9・9・8（判時 1652 号 114 頁）

● 事案の概要

新築の鉄筋コンクリート造りの建物及び土地の売買契約であり，買主は，転売目的で売買契約を締結した。本件地下1階の玄関ホールから階段下に設置された物置付近にかけて，床面に水が浮き出て，拭い去ってもまた水が浮き出してくるという浸水現象が現れたため紛争となった。

● 瑕疵担保責任に関する裁判所の判断骨子

・水抜き空間及び排水パイプは，地下壁を有する建物の構造上，最終的排水手段として極めて重要な設備であり，また，本件売買契約上，本件建物が具備すべき設備として合意されていた事項であると言うべきである。
・当該設備が存在しないために浸水現象が発生したものである以上，これら排水設備が存在しないことは瑕疵である。
・なお，本件については，瑕疵を根本的に補修するには新築に等しい工事が必要であって転売することができず，売買契約の目的を達成することができなくなったとして，契約解除が認められる。

　本件では，裁判所は，本件売買契約上，最終的排水手段としての水抜き空間及び排水パイプを具備すべきことが合意されていたというべきである，としている。つまり，売買契約書に明示的にそのような合意事項が記載されていなくても，地下壁を有する建物の売買契約である以上，当該排水設備を具備することが合意されていたと判断している。当該合意に反する構造である以上，瑕疵・契約不適合に該当する。

CASE　大阪地判平成 12・9・27（判タ 1053 号 137 頁）

● 事案の概要

新築木造3階建ての建物及び土地の売買契約を締結して引渡しを受けた買主が居住していたところ，市から当該建物が建築基準法の定める構造基準を満たしていないようなので調査するようにとの通知を受けた。買主が調査したところ，建築基準法の構造基準，防火性能を満たしていないことが判明したため，紛争となった。

● 瑕疵担保責任に関する裁判所の判断骨子
・本件建物には，構造性能及び防火性能のいずれにも著しい欠陥があり，重大な瑕疵がある。

　木造３階建ての建物がどのような構造性能，防火性能を有すべきであるかということについて，通常は売買契約に明示的に定めることはない。しかし，居住用の建物であれば，建築基準法が定める構造基準，防火性能を満たした性能の建物が引渡しの対象となることは取引通念上認められるところであり，売買契約で合意されていると解される。したがって，建築基準法が定める構造基準，防火性能を満たしていない建物であれば，瑕疵・契約不適合があると解することになる。

CASE　東京地判平成 17・12・5（判時 1914 号 107 頁）

● 事案の概要
　分譲マンションの売買契約の事案であり，売主は，折込みチラシやパンフレットにホルムアルデヒドの発生を抑えるために JIS の Fc0 基準及び JIS の E0・E1 基準を満たしたフローリング材や建具を採用している旨を記載していた。しかし，本件建物の引渡しを受けた買主が保健所に依頼して室内空気環境調査を行ったところ，当時の厚生省が定めた室内濃度指針値を超えたホルムアルデヒドが検出されたため紛争となった。

● 瑕疵担保責任に関する裁判所の判断骨子
・本件売買契約においては，室内環境物質の放散については，契約当時の行政レベルの各種取組みで推奨されていた水準の室内濃度に抑制されていたものであることが前提とされることが売主と買主の合理的な意思であった。
・本件のホルムアルデヒド濃度は推奨されていた水準を相当程度超える水準であり，本件建物には，本件建物の品質についての当事者の水準に達していない瑕疵がある。

CASE　東京地判平成 22・5・27（判タ 1340 号 177 頁）

● 事案の概要
　分譲マンションの売買契約の事案。マンション建築時には法律上使用が許されていた基準に基づく建築材料が使われていた。法改正により化学物質過敏症を防止する観点から当該レベルの建築材料の使用が禁止された後に，買主が本件マンションのリビングの補修工事を行ったところ，買主の体調が不良となり，本件マンションにその時点では使用が禁止されている基準の建築材料が使われていたことが発覚し，紛争となった。

● 瑕疵担保責任に関する裁判所の判断骨子
・本件マンション建築時点では当該建築材料はごく一般的に使用されていて法令上使用が禁止されていなかった。

> ・本件基準の建築材料を使用することを禁止することが本件売買契約では規定されておらず，本件基準の建築材料を用いることはマンションの通常有すべき性能に欠けることを意味するものではない。本件建築材料を用いたことは瑕疵に該当しない。

　新築マンション等において，建築材料に含まれるホルムアルデヒドが化学物質過敏症の原因となりうることは，今日では広く知られている。そのため，化学物質過敏症を惹起するような建築材料の使用は禁止されている。もっとも，マンションの売買契約において，化学物質についてどのような基準を満たす建築材料を使用しなければならないか，又はどのような基準の建築材料の場合には使用してはならないか，ということを明示的合意することはないのが一般的である。上記2つの事案は，いずれも，明確な合意はなされていない。したがって，次に，契約の趣旨や取引通念を踏まえて，当事者が契約内容とした建物の「備えるべき品質・性能」として，環境物質につきどのような品質・性能が備えられている必要があると合意されていたかが問題となる。

　この点，前掲東京地判平成17・12・5では，パンフレットやチラシの記載等も踏まえて，当該マンションの売買契約においては，契約当時の行政レベルの各種取組みで推奨されていた水準の室内濃度に抑制されていたものであることが前提とされることが売主と買主の合理的な意思であったと解した。したがって，当該水準を超過する濃度のホルムアルデヒドが放散されていることは瑕疵であるとした。他方，前掲東京地判平成22・5・27では，契約締結当時の一般的な建築材料を用いることが売主と買主の合意であったと解し，そのような建築材料が用いられている当該マンションには瑕疵がないとした。

| 実践知！ | 瑕疵・契約不適合の判断の前提となる「契約の内容」は，契約締結前のパンフレットやチラシなど契約を勧誘するための各種の営業ツールも踏まえて判断される。 |

CASE　東京地判平成 25・3・11（判例秘書 L06830310）

●事案の概要

　売買の目的物は 9 階建て全 15 戸のマンションの 6 階部分であり，ルーフバルコニーが附属している。ルーフバルコニーは，本件マンションの共用部分であるが，玄関扉や窓ガラス同様，区分所有者が専用使用権を有することが管理規約上承認されていた。買主が引渡しを受けたところ，ルーフバルコニーに，上階のルーフバルコニーからアルミ手摺りが落下し，上階のルーフバルコニーには，落下する危険があるアルミ手摺りの部材が他にもあったため，紛争となった。

●瑕疵担保責任に関する裁判所の判断骨子

・本件部材は長さ 145 cm，幅 3.5 cm のアルミ製の棒であり，コンクリートの破片の落下も伴った落下であってルーフバルコニーに人がいた場合には身体への危険が及ぶものであった。本件ルーフバルコニーは，通常有すべき品質・性能を欠いたものであり，瑕疵がある。

　本件のような部材が落下する危険が存在するルーフバルコニーに瑕疵がある，契約不適合がある，という結論自体は異論のないところであろう。本件事案で注目すべきなのは，ルーフバルコニーは区分所有建物の共用部分であるということである。つまり，売買の目的物は区分所有建物の専有部分であり，共用部分の瑕疵が区分所有建物の売買の目的物の瑕疵といえるかという点が問題になる。裁判所は，「規約上，玄関扉，窓ガラス等と同様に，区分所有者である本件建物所有者がその専用使用権を有することが承認されていることに照らせば，本件建物に付随するものとして，本件売買の目的物に含まれるというべきである。」として，ルーフバルコニーの瑕疵について，本件建物の売主が瑕疵担保責任を負うとした。参考になる事案である。

> **実践知！**
>
> 　区分所有建物の売買の場合，共用部分であっても，専用使用権の対象となっている部分については，売買の目的物に含まれるものとして瑕疵担保責任・契約不適合担保責任を考えることも有用である。

🔭 紛争予防の視点

　建物の物理的瑕疵・物理的契約不適合については，事前に認識していながらその内容を買主に伝えないことは論外として，売主にそのような認識がないまま契約を

締結し，後日紛争となることも多い。「思わぬ不具合」が存在しない取引を行うのが最高の紛争予防であり，十分に物件調査した上で売却することが有用である。建物状況調査を利用することや，瑕疵保険を利用することも検討すべきである。

⑶　瑕疵なき物件を引き渡す義務を認めた事例

　民法の債権法分野が改正される前の土地建物の売買の事案で，売主には瑕疵のないものを引き渡す義務があることを認めた事案もある。例えば，神戸地判昭和 61・9・3（判時 1238 号 118 頁）は，新築の建売住宅の売買において，引渡し後に裏庭の陥没，建具の不具合，建物の傾斜等が発生した事案において，裁判所は，「宅地建物取引業者が一般消費者に対し新築住宅として建物を売却する場合，明示の特約がなくとも瑕疵なき，即ち通常有すべき品質性能を備えた建物を給付すべき債務，また，給付した当該建物に瑕疵がある場合にはこれを補修すべき債務を負うと解するのが相当である。」としている。

　福岡地判平成 3・12・26（判時 1411 号 101 頁）は，新築マンションの売買において，販売業者はパンフレットに高性能サッシ，快適な暮らしのために遮音性，機密性に優れた高性能防音サッシを使用しているなどと記載して販売活動を行っていたものの，完成したマンションでは室内騒音が 60 ホンを超える状態であったために紛争となった事案において，裁判所は，売主は購入者らに対し，通常人が騒音を気にしない程度の防音性能を有するマンションを提供する債務を負っていたというべきであるとして，本件では債務の本旨に従った履行をしたものとはいえないとしている。

　千葉地判昭和 59・8・7（判タ 542 号 245 頁）は，既存物件の売買の事案で，買主はそば・うどん等の食堂を経営する目的で土地建物を購入することとし，当該地域は下水道が敷設されていなかったので，排水施設を設置して本件土地建物を売却することとしたところ，排水施設がそば・うどん等の食堂の営業に適合するものではなく，一般居住用のものであったために紛争となった事案である。裁判所は，売主は買主がそば・うどん等の食堂を経営する目的であることを知っていたとして，営業に適合する排水施設を設置すべき義務があったのにそれを怠った過失があると判断した。

　これらは，民法改正後の契約不適合の考え方を先取りしたような裁判例である。どのような性質・性能を有する宅地建物を引き渡すという合意がなされていたかという観点から売主が引き渡した宅地建物が契約内容に適合しているかが問題となっている。改正後の契約不適合担保責任を検討する上で参

考になる事案である。

3. 地中埋設物・土壌汚染・埋蔵物

地中には様々な物が混在している。どのような物が土地の瑕疵・契約不適合に該当するのか。

　売買の目的である土地の中には，様々なものが混在している。この地中の物が問題になるケースは大きく分けると2つの類型がある。1つは地中に廃材やコンクリート塊が埋設されている場合や汚染物質が存在する場合であり，もう1つは文化財が埋蔵されている場合である。前者は当該埋設物や汚染物質があるために撤去費用がかかることや建物の工法の変更が必要になって建築費用が予定以上に増大することによって問題となる。後者は文化財が埋蔵されているために文化財保護法の適用を受けて建築に規制が及ぶことによって問題となる。

　これらの埋設物・埋蔵物が瑕疵・契約不適合に該当するかは，契約の内容として当事者がどのような品質・性能の土地を引き渡すことを合意していたかによって判断することになる。

(1) 埋設物

> **CASE**　札幌地判平成17・4・22（判タ1203号189頁）
>
> ●事案の概要
> 　住宅用地として土地の売買契約を締結したところ，本件土地の地中に，売主の前所有者が設置していたガソリンスタンドのコンクリート構造物が残置されていることが判明したため紛争となった。
> ●瑕疵担保責任に関する裁判所の判断骨子
> ・土地上に建物を建築するにあたり支障となる質・量の異物が地中に存するために，その土地の外見から通常予測され得る地盤の整備・改良の程度を超える特別の異物除去工事等を必要とする場合には，宅地として通常有すべき性状を備えないものとして土地の瑕疵になるというべきである。
> ・本件埋設物は瑕疵に該当する。

> **CASE**　名古屋地判平成17・8・26（判時1928号98頁）
>
> ●事案の概要
> 　陶器の製造が有力な産業となっている地方公共団体が，再開発事業に際して土地を取得し，代替地として売却（転売）をした土地の地中に，コンクリート塊，陶器片，製陶窯の一部又は本体，煙道とみられる煉瓦造り構造物等の破棄物が埋没され

98　　CHAPTER 2　売買契約での紛争

ていたために紛争となった。

●**瑕疵担保責任に関する裁判所の判断骨子**

・裁判所は，本件廃棄物の存在を瑕疵であると判断した。

・土地が通常有すべき性質を有しているか否かは，その土地が属する地域性に照らして判断すべきという売主の主張に対しては，「本件は地中に僅少の陶器片が埋没されていたような場合ではなく，廃棄物が大量に埋没されていた事案であり，かような大量の廃棄物が存することが本件土地の属する地域の一般的性状であるとは認められない。」との判断を示した。

CASE　東京地判平成 19・7・23（判時 1995 号 91 頁）

●**事案の概要**

被相続人が資材置き場として使っていた土地を相続人が購入し，その後本件土地を売却することとして土壌汚染調査をしたところ，本件土地の地中に建築資材，ガラ，ビニール紐等の大量の廃棄物が存在することが判明したため紛争となった。

●**瑕疵担保責任に関する裁判所の判断骨子**

・本件土地は，本件廃棄物の存在によりその使途が限定され，通常の土地取引の対象とすることも困難となることが明らかであり，土地として通常有するべき一般的性質を備えていないものというべきであるから，本件廃棄物の存在は本件土地の瑕疵にあたる。

　土地の売買契約においては，土地の品質・性能として，地中に混入する異物の許容限度等を明示的に契約書に記載して合意することはないのが通常である。したがって，次に，契約の趣旨や取引通念を踏まえて，当事者が契約内容とした土地の「備えるべき品質・性能」として，どのような異物の混入がある（又はどの程度の異物の混入であれば許容される）品質・性能が備えられているべきと合意されていたかが問題になる。

　この点，通常の土地の売買契約の目的となる土地の場合，地中に何らかの異物があることは許容されるとしても，異物の混入により土地の使途が限定され，契約締結時には想定されていない特別な異物除去工事を必要とする程度の異物の混入は許容していないと解される。上記裁判例は，いずれも，売買契約締結時には当事者が想定していない異物除去工事が必要となる程度の埋設物が地中に存在しているものであるので，瑕疵・契約不適合に該当するとの判断がなされた。同様に，東京地判平成 4・10・28（判時 1467 号 124頁）は地中の木材片等の産業廃棄物と土間コンクリート等を，東京地判平成21・2・6（判タ 1312 号 274 頁）は地中の井戸をそれぞれ瑕疵であると判断している。

CASE　東京地判平成 7・12・8（判時 1578 号 83 頁）

●事案の概要

　買主は，もともと所有していた土地を東京都に売却し，東京都から当該土地の代替地として本件土地を購入し，買主はレストランを建築して営業していた。その後，レストランを解体して地上 11 階建ての建物の建築を開始したところ，コンクリート等及びその下部に埋め込まれた相当数の松杭があり，それが土地全面にわたっていたため紛争になった。買主は代替地においてレストランの建物を建築できていたため，これらの埋設物が瑕疵に該当するかが問題となった。

●瑕疵担保責任に関する裁判所の判断骨子

・本件土地は高層建築物が建築されることが客観的に予想される土地であり，本件土地に中高層建物を建築するには本件埋設物を除去しなければ基礎工事ができず，その除去工事の費用は，通常の高層建物を建築するに際して要する基礎工事の費用よりも相当高額になる。そのような地中埋設物が存在する土地は，高層建物が建築される可能性のある土地として通常有すべき性状を備えていないものといえるので，本件埋設物は瑕疵にあたる。

CASE　東京地判平成 10・11・26（判時 1682 号 60 頁）

●事案の概要

　買主は宅地建物取引業者であり，中高層マンションを建築する目的で本件土地建物を購入した。マンション建設のために買主が本件建物解体と基礎工事を始めたところ，地中から杭や埋設基礎が発見されたため紛争となった。

●瑕疵担保責任に関する裁判所の判断骨子

・契約締結までの経緯に照らせば売主は本件土地で買主が中高層マンションを建築する予定であることを知悉していたこと，本件障害物は買主が受け取っていた図面には記載がなかったものであること，中高層マンションを建築しようとすれば基礎工事のために本件地中障害物を撤去する必要があること等が認められる。

・本件地中障害物が存在する土地は，中高層マンションが建築される予定の土地として通常有すべき性状を備えていない瑕疵がある。

CASE　福岡地小倉支判平成 21・7・14 判夕 1322 号 188 頁

●事案の概要

　買主は，12 階建てマンションを建築する目的で，売主である地方公共団体による一般競争入札に参加し，本件土地を購入した。建設業者がマンション建築に着工したところ，岩塊，コンクリート埋設物，スラグ，アセチレンボンベ及び鉄屑等の本件埋設物が見つかったため，当初予定していた工法では基礎工事の施工ができなくなり，工法を変更してマンションを完成させたため，増大した費用等を巡って紛争になった。

●瑕疵担保責任に関する裁判所の判断骨子

・瑕疵の有無は，売買契約において目的物の用途がどのようなものと想定されてい

るかという点と，売買代金額その他の売買契約の内容に目的物の性状（品質）がそのように反映されているかという点とに照らして判断されるべきものであるということができる。
・中高層建物の建築用地の売買においては，通常一般人が合理的に選択する工法によっては中高層建物を建築できないほどの異物が地中に存在する場合には，価格を含めた売買契約の内容がそのような事態を反映したものとなっていないときは，土地の瑕疵が存するというべきである。本件埋設物の存在は瑕疵に該当する。

　土地上に建築する建物やその工法によって，地中埋設物の除去の要否は変わってくる。平屋建てであれば建築の支障とならない地中深いところに存在する埋設物が，高層建物であれば基礎工事の支障となって問題となることがある。この場合，地中埋設物が瑕疵・契約不適合に該当するかは，売買契約において，支障なく中高層建物を建築することができる品質・性能を有する土地を引き渡すことが合意されていたか否かによって判断することになる。
　上記の裁判例は，いずれも，当事者の間では，当該土地中には通常の合理的な工法によって中高層建物の建築に支障がない程度の異物の混在が認められている売買契約であるという判断がなされているということになる。参考になる裁判例である。
　例えば，駐車場用地としてしか使用しない前提で売買することを売主と買主とで合意して売買契約を締結した場合には，駐車場としての使用に影響しない地中埋設物が存在しても，当事者が合意した品質・性能を欠くことはないとも考えられる。しかし，そのような特別の合意がないのであれば，当該土地で許容されている建物を通常の工法で建築することに支障を来す地中埋設物の存在は，瑕疵・契約不適合に該当するといえる。

> 地中埋設物が瑕疵・契約不適合に該当するかは，契約の内容によって当事者が合意した土地の性状との関係で判断する。特段の合意がないのであれば，関係法令によって当該土地で許容されている建物を通常の工法で建築することに支障を来す地中埋設物の存在は，瑕疵・契約不適合に該当すると考えられる。合意内容を検討することが重要である。

Ⅳ．瑕疵担保責任・契約不適合担保責任

紛争予防の視点

　地中埋設物は，「地中」に存在するので存否の判断は簡単ではない。契約締結前に調査を行った上で契約締結に至ることが望ましい。しかし事前に調査を行わない場合であっても，例えば契約締結後一定の期間内に買主（決済前であれば売主）が調査を行うことを売買契約の中で合意し，その調査費用の負担や埋設物が判明した場合の被害額の算定方法やその賠償方法についても売買契約で合意しておくことが望ましい。

(2)　土壌汚染

CASE　最判平成 22・6・1（民集 64 巻 4 号 953 頁）

●事案の概要

　土地の売買契約の事案。売買契約締結時点では土壌汚染対策法がまだ制定されておらず，取引観念上，ふっ素が土壌に含まれることに起因して人の健康に係る被害を生ずるおそれがあるとは認識されていなかった。しかし，当該売買契約締結後に施行された土壌汚染対策法等に照らすと，人の健康を損なう危険があるふっ素が，危険がないと認められる限度を超えて売買契約締結時点で当該土地に存在していることが土壌汚染対策法が施行された後に判明したため紛争となった。

●瑕疵担保責任に関する裁判所の判断骨子

・売買契約の当事者間において目的物がどのような品質・性能を有することが予定されていたかについては，売買契約締結当時の取引観念を斟酌して判断すべきである。

・本件売買契約締結当時，取引観念上，ふっ素が土壌に含まれることに起因して人の健康に係る被害を生ずるおそれがあることは認識されていない。

・本件売買契約の当事者間において，本件土地が備えるべき属性として，その土壌にふっ素が含まれていないことや，本件売買契約締結当時に有害性が認識されていたか否かにかかわらず，人の健康に係る被害を生ずるおそれのある一切の物質が含まれていないことが特に予定されていたと見るべき事情もうかがわれない。

・本件土壌に基準値を超えるふっ素が含まれていたとしても民法 570 条の瑕疵には該当しない。

　最高裁は，売買契約の当事者間で特に予定した品質・性能と，契約締結当時の取引観念を斟酌した品質・性能とが，売買契約の当事者間において予定された品質・性能であり，当事者間で予定された品質・性能を備えていない場合が民法 570 条の瑕疵に該当するということを明らかにした。したがって，不動産取引実務においても，「瑕疵」の判断にあたっては，具体的な契約との関係で，当事者が合意した「通常備えるべき品質・性能」を，当事者

が特に合意した品質・性能と取引観念・取引通念を斟酌して備えるべきとされる品質・性能とで確定し，その品質・性能を有しているか否かで判断するという手順をとる。民法改正後の「契約不適合」の判断も同様であり，契約の内容は，当事者が特に合意した品質・性能と取引観念・取引通念を斟酌して備えるべきとされる品質によって定まるものであり，その契約内容に適当しているか否かを判断する。

　土壌汚染等を瑕疵として認めた裁判例には，例えば，ふっ素等を瑕疵と認めた東京地判平成 18・9・5（判タ 1248 号 230 頁），ヒ素等を瑕疵と認めた東京地判平成 20・7・8（判時 2025 号 54 頁），油分を瑕疵と認めたものの，買主は油分の存在を知っていたとして隠れた瑕疵にあたらないとした東京地判平成 23・1・27（判タ 1365 号 124 頁），環境基準値以上の六価クロム等について瑕疵と認めた東京地判平成 23・1・20（判タ 1365 号 124 頁），環境基準値以上の六価クロム等について瑕疵と認めた東京地判平成 25・11・21（判例秘書 L06830892），ダイオキシンについて瑕疵と認めた東京地判平成 25・11・11（判例秘書 L06830896）等がある。

　他方，東京地判平成 24・9・27（判時 2170 号 50 頁）では，裁判所は，土壌に含まれたアスベスト（石綿）について，①石綿を含有する土壌あるいは建設発生土それ自体については，本件売買契約締結当時，法令上の規制はなく，②本件売買契約において求められていた性能は，土壌汚染対策法及び環境確保条例が定める有害物質が基準値以下であることであり，③本件売買契約当時の実務的取扱いとしても，石綿含有量を問わずに，石綿を含有する土壌あるいは建設発生土を廃石綿等に準じた処理をするという扱いが確立していたとはいえず，さらに，そもそも本件土地に含有されていた石綿が「土壌に含まれることに起因して人の健康に係る被害を生ずるおそれがある」限度を超えて含まれていたとも認められないとして，本件土地には瑕疵があったとはいえない，と判断した。本件契約締結当時は建設発生土に含有されている石綿についての法令上の規制がなく，当事者間で特別の合意をしていないのであれば，石綿が含有されていたとしても当事者が合意した品質・性能や契約の内容に適合していないとはいうことができないので，瑕疵・契約不適合には該当しない。同様に，例えば，大阪高判平成 25・7・12（判時 2200 号 70 頁）は土壌中に契約締結当時基準が存在しなかった鉛が含まれていた場合について瑕疵に該当しないとされている。また，東京地判平成 23・7・11（判時 2161 号 69 頁）は，契約の内容として，自然由来のヒ素は土壌汚染と扱

わない合意があったとの事実認定のもと，土壌に含まれる自然由来のヒ素は
瑕疵に該当しないとしている。

> 実践知！
>
> **土壌を汚染している物質が瑕疵・契約不適合に該当するかは，契約の内容によって当事者が合意した土地の性状との関係で判断する。特段の合意があればその合意が基準となるほか，法令の規制があれば当該規制が当事者の合意内容に反映される。**

紛争予防の視点

　土壌汚染は，「地中」に存在するうえ，その調査を行わなければその存否の判断ができないので，契約締結前に存否を判断することは簡単ではない。しかし，土壌汚染の除去費用は膨大であり，土壌汚染が判明すると紛争が深刻になる。したがって，契約締結前に調査を行ったうえで契約締結に至ることが望ましい。事前に調査を行わない場合であっても，例えば契約締結後一定の期間内に買主（決済前であれば売主）が調査を行うことを売買契約の中で合意し，その調査費用の負担や埋設物が判明した場合の被害額の算定方法やその賠償方法についても売買契約で合意しておくことが望ましい。

　買主としては，当該目的となる土地の従前の利用履歴を調査するなどして，土壌汚染のリスクの程度について検討しておくことが望ましい。

(3) 埋蔵物

CASE　東京地判昭和 57・1・21（判時 1061 号 55 頁）

● 事案の概要

　宅地建物取引業者間の土地売買であり，買主は，ビル建設を目的として本件土地を購入した。しかし，当該土地には埋蔵文化財が存在していて，所有者の費用負担で発掘調査を行わなければならなくなったため紛争となった。

● 瑕疵担保責任に関する裁判所の判断骨子

・本件土地には，売買契約当時，既に発掘調査費用の支出を必要とする文化財が埋蔵されていたのであるから，本件土地が文化財包蔵地として周知であったか否かに関わりなく，本件土地には隠れた瑕疵がある。

CASE　京都地判昭和 59・2・29（判時 1125 号 156 頁）

● 事案の概要

　宅地建物取引業者である買主は，宅地造成工事を行って分譲住宅を建築販売することを目的として土地を購入した。しかし，当該土地は，文化財保護法によって規

制を受ける土地であったため紛争となった。買主は，本件土地を第三者に売却した。

●瑕疵担保責任に関する裁判所の判断骨子

・当該土地を買主から購入した第三者が文化財保護法に基づいて届出を行ったところ，京都市が直ちに試掘調査を行って埋蔵文化財がないことを確認し，当該第三者は文化財保護法による条件や規制を受けずに倉庫を建築することができた。買主も同様の過程を経たであろうことが推認される。

・文化財保護法の「周知の埋蔵文化財包蔵地」として受ける規制は，都市計画法の市街化調整区域などの規制とは異なり，当該土地上に建物を建築する場合に常に障碍となるものではないことからすると，本件土地が文化財保護法による規制を受ける対象地であったとしても，本件売買契約は目的を達することができたので，瑕疵にはあたらない。

　売買の目的物である土地に文化財が埋蔵されている場合には，当事者間で売買契約の内容として文化財が埋蔵されている性状のものを引き渡すこととされていたかが問題となる。一般的には売買契約書に文化財の埋蔵の可否について明文で記載することはないであろう。したがって，次に，契約の趣旨や取引通念を踏まえて，土地の埋蔵物について当事者が契約内容とした「備えるべき品質・性能」として，どのような品質・性能が備えられている必要があると合意されていたかが問題となる。この点については，土地上に建物を建築する目的の売買である場合には，建築に先立って発掘費用を負担しなければならないような文化財が埋蔵していない性状の土地を引き渡すことが契約の趣旨や取引通念を踏まえて当事者が合意した契約の内容としての「備えるべき品質・性能」となっていると考えられる。したがって，発掘費用を負担しなければならない文化財が埋蔵されている場合には，瑕疵・契約不適合に該当すると考えられる。

　他方，文化財保護法上の「周知の埋蔵文化財包蔵地」の土地というだけで瑕疵・契約不適合に該当するかどうかは，別途検討する必要があろう。売買契約で当事者が明示的に「周知の文化財包蔵地」ではない土地を引き渡す旨合意している場合には，当該土地が「周知の埋蔵文化財包蔵地」である場合には，瑕疵・契約不適合に該当する。しかし，そのような明示的な合意がなされていない場合には，契約の趣旨や取引通念を踏まえた取引観念を斟酌して，土地の「備えるべき品質・性能」として，「周知の文化財包蔵地」ではない土地を引き渡す旨の合意がなされているかが問題となる。この点，文化財保護法の「周知の埋蔵文化財包蔵地」は，都市計画法の市街化調整区域などとは異なり，当該土地上に建物を建築する場合に常に規制対象となるもの

ではなく，実際に文化財が埋蔵されている場合に規制対象となる。したがって，「実際に文化財が埋蔵されていない土地」が当該土地の品質・性能として備えられるべきであるという取引通念は存在するものの，「周知の文化財包蔵地にない土地」が当該土地の品質・性能として備えられるべきであるという取引観念は存在しないと考えられる。その結果，文化財が埋蔵されていない「周知の文化財包蔵地」であることは，瑕疵・契約不適合に該当しないと考えられる。

> 実践知！
>
> 　売買の目的物である土地に文化財が埋蔵されていて，買主が発掘調査の費用を負担しなければならない場合には，文化財が埋蔵されている土地を引き渡すことが明示的に売買契約で合意されていない限り，瑕疵・契約不適合に該当すると考えられる。他方で，「周知の文化財包蔵地」の土地であっても，実際に埋蔵文化財が存在しない限り買主に大きな負担が生じるものではないので，当事者で明示的な合意をしない限り，「周知の文化財包蔵地」の土地を引き渡すことが許容されないという当事者の合意があるとは考えられず，瑕疵・契約不適合には該当しない。

🔭 紛争予防の視点

　文化財等が埋蔵されている可能性が高い地域での土地売買では，後日文化財の埋蔵が判明した場合の取扱いについて，被害額の算定方法やその賠償方法についても売買契約で合意しておくことが望ましい。

　買主としては，歴史的な来歴を踏まえ，文化財埋蔵のリスクの程度について検討しておくことが望ましい。

4. 法令上の制限その他法律的な瑕疵・契約不適合

法令上の制限が瑕疵・契約不適合として争われる事案には，どのようなものがあるのだろうか。

　土地や建物には様々な公法上の制限が課せられていることがあり，これらの制限を知らないまま買主が土地や建物を購入すると，契約の目的を達成できないなどの不測の損害を被ることがある。また，売買契約の目的となっている土地や建物に抵当権が設定されている場合や賃借権を主張する者がいる

などした場合も同様である。このような場合，買主からは，当該制限が課せられていない性状の土地や建物の引渡しを受けることが契約の内容であったとして，当該制限が課せられている土地・建物には瑕疵があると主張されることがある。特に，建築基準法の関係では，瑕疵担保責任が問題となっている事案が少なくない。

(1) 建築基準法

CASE 東京高判昭和 53・9・21（判時 914 号 66 頁）

● 事案の概要

　従業員の保養施設を建築するために土地売買契約を締結したところ，当該土地には公道（県道）に通ずる道路がなかったために紛争となった。

● 瑕疵担保責任に関する裁判所の判断骨子

・民法 570 条にいう瑕疵とは，売買の目的物に存する欠陥をいい，その存否は，一般的抽象的に定まるものではなく，売買契約の内容，当事者が意図した契約の目的，売買価格，目的物の特性，当該契約に関し売主が目的物について指示又は保証した内容などを総合考慮し，当該具体的取引においてその物が保有すべき品質，性能を具備しているか否かを判断して決すべきものである。

・保養施設建設のためには，結局多額の費用を投じて新たに道路を開設する必要があり，ただちに利用することができる出入り路が存在していないことは売買の目的物である本件土地の瑕疵である。

CASE 東京高判昭和 62・6・30（判時 1240 号 66 頁）

● 事案の概要

　買主は，作業所兼居宅として使用できる建物の建築を目的として，宅地建物取引業者である売主から建物建築ができる旨の説明を受けたうえで本件土地を購入した。売主は買主から建物建築を請け負ったところ，建築確認を事前に受けないまま本件土地上に建物を建築し，建物完成後に本件建物の建築確認を受けようとしたところ，本件土地に接している道路は，建築基準法上の位置指定がなされていないことが判明し，建築確認を受けることができなかった。その後，最終的に（7 年後）所轄の土木事務所から回答があり，建築確認を受けることができないことが確定したため紛争となった。

● 瑕疵担保責任に関する裁判所の判断骨子

・本件土地に接している現況道路は位置指定を受けていないため本件土地上に適法な建物を建築することは許されず，位置指定道路がないため本件土地で建築確認を受けることは目下絶望的であるので，売買の目的物である本件土地につき瑕疵がある。

　土地上に居住を目的とする建物を建築するためには，当該土地が建築基準

法上の道路に法定の要件を備えて接していなければならない。地中に埋設物や汚染物質が存在するものではなく，土地としては全く問題ない更地であったとしても，当該土地が建築基準法上の道路に接していなければ建物を建築することができない。したがって，土地の売買においては，接道要件を満たしていることが重要なポイントとなることが多い。

接道要件を満たしていない土地が瑕疵ある土地であるか否かは，契約の趣旨や取引通念も考慮した契約の内容によって判断することになる。売買契約において明示的に接道要件を満たしていない土地を引き渡す旨を合意している場合には，接道要件を満たしていない土地を引き渡しても，瑕疵・契約不適合である土地を引き渡したことにはならない。しかし，そのような明示的な合意がない場合には，取引通念上は建物を建築するにあたり物理的にも法的にも支障がない土地を引き渡すことが契約の内容として合意されていると解すべきであろう。したがって，売買の目的である土地が接道要件を満たしていない場合には，瑕疵・契約不適合があるということとなる。

同様に，東京地判昭和32・3・12（判時112号35頁），大阪地判昭和44・8・28（判時585号67頁）は，病院建設目的で購入した土地が建築基準法上の道路に接していない場合について瑕疵と判断し，大阪高判平成11・9・30（判時1724号60頁）は接道要件を満たしていない土地建物の売買につき，当該土地には瑕疵があると判断している。また，東京地判昭和56・11・10（判タ467号122頁）は，売買の目的土地に接している通路は公道には接していたものの，私道であったため自動車の通行が認められなかった事案について，自動車で通行できないことは瑕疵と判断し，ただし，車両進入禁止等の立て札があったこと等を認定して「隠れた」瑕疵には該当しないと判断している。

プラスα

接道要件は重要なので，ごく簡単にまとめておく。なお，ここに記載するものはあくまでも原則的なものであり，例外もあるので，その点については法令で確認されたい。

まず，建築物の敷地は，建築基準法上の道路に2m以上接していなければならないのが原則である（建基43条1項本文）。

建築基準法上の道路は，幅員4m以上であって，次のいずれかに該当するものである。

① 道路法による道路（建基42条1項1号）

② 都市計画法，土地区画整理法等の法律による道路（建基42条1項2号）

③ 建築基準法が適用されるに至った際（昭和25年11月23日）に現に存在している道（建基42条1項3号）

④ 道路法，都市計画法等の法律により新設又は変更の事業計画がある道路で，2年以内に事業が執行される予定のものとして特定行政庁が指定したもの（建基42条1項4号）

⑤ 土地を建築物の敷地として利用するために，道路法，都市計画法等の法律によらずに築造する道路であって，政令で定める基準に適合する道路として築造しようとする者が特定行政庁からその位置の指定を受けたもの（建基42条1項5号）。

さらに，⑥ 建築基準法が適用された際に現に建築物が建ち並んでいる幅員4m未満の道で特定行政庁が指定したものは，道路とみなされる（建基42条2項）。この道路は，その中心線からの水平距離2mの線を道路の境界とみなす。

⑤は，実務で「位置指定道路」と言われている。分譲住宅地内に分譲業者が道路を作る場合には，この位置指定道路としての指定を受ける。

⑥は，実務で「2項道路」と言われている。当該道路に接している土地に新たに建物を建築する場合には，いわゆる「セットバック」を行い，中心線から水平距離2mの道路境界までの土地には建築することができないという制約を受ける。

位置指定を受けていないことによる紛争や，セットバックの中心線についての説明を誤ることによる紛争等がしばしば発生する。

CASE 東京地判昭和58・2・14（判時1091号106頁）

● 事案の概要

宅地建物取引業者である買主は，借地権者から借地上の建物と借地権を購入して更地にしてビルを建築する目的で，土地（底地）所有者から借地権が設定されている土地を購入した。本件土地上には1本の私道があり，買主は売主から当該私道部分には借地権の設定も公的規制もないという説明を受けて土地全体を更地価格で購入したところ，当該私道部分は建築基準法42条2項による指定を受けている道路であることが判明したため，紛争となった。

● 瑕疵担保責任に関する裁判所の判断骨子

・本件土地は隣地土地に通じる指定道路の一部であり，本件私道部分を何らの負担のないものにするには，売主と買主との合意に基づく買主の責任の範囲を著しく超えるものとなり，実現が困難であるので，瑕疵に該当すると判断した。

道路が問題となる場合の多くは，建物を建築する予定の土地に建築基準法上道路が接道していない場合である。反対に，単なる私道たる通路だという前提で売買の対象としたところ，当該通路が建築基準法上の道路である場合も紛争となる。道路内には建築等できず（建基44条1項），また，私道があるので法令上建築が認められている建築物があると，勝手に私道を廃止することはできない（建基45条1項）からである。本件事案は，売買の目的物

に2項道路が存在していた事案である。このような道路の存在が瑕疵・契約不適合に該当するかは，契約の趣旨や取引通念も考慮した契約の内容とした「備えるべき品質・性能」としてどのような品質，性能が備えられている必要があると合意されていたかによって判断することになる。法的規制がない前提で売買契約が締結されている本件事案では，2項道路の存在は，契約の内容に適合しないものであり，瑕疵・契約不適合に該当するといえよう。

　類似の事例としては，例えば，最判昭和41・4・14（民集20巻4号649頁）があり，永住する居宅の敷地とする目的で売買した土地の8割が都市計画事業として施行される道路敷地に該当していた場合につき，同土地上に建物を建築しても早晩建物の全部又は一部を撤去しなければならない事情があり契約の目的を達成することができない瑕疵があるとの判断がなされている。

　また，道路の問題としては，「隅切り」によって敷地面積が減少することが紛争となることがある。「隅切り」というのは，角敷地で接している道路の幅員に応じて角敷地の隅を二等辺三角形の形に切って道路部分とする措置である。2項道路の場合の道路基準として定められている場合や，条例で定められている場合もある。隅切りの部分には建物を建築することができなくなるので，隅切りが必要である角敷地を売買の対象とした場合には，買主に不測の損害（隅切りによって敷地部分が減少するという損害）が発生して紛争となる。東京地判昭和49・9・6（判時770号61頁）や東京地判昭和56・6・15（判時1020号70頁）は，売買の目的物である土地の一部が隅切りの対象となることが土地引渡し後に判明した事案につき，それぞれ瑕疵であるとの判断がなされている。

実践知！

　道路に関しては，接道要件を満たしていない土地が売買されることによって建物を建築することができないということと，売買の目的物である土地の中に私道ではあっても勝手に廃止できない建築基準法上の道路が存在することによって予定していた建物を建築することができないということとで問題が発覚することが少なくない。土地の売買に関する助言を求められた場合には，この点について注意喚起する必要がある。

紛争予防の視点

　宅地建物取引業者が売主や仲介業者である場合には，法令上の制限については，重要事項説明の対象となっている。したがって，重要事項説明書を正確に作成することが紛争予防には不可欠である。特に接道関係は最も紛争が多い内容であり，重要事項説明書に境界からの距離や道路幅，セットバックの長さなどを正確に記載できるよう計測することが重要である。

　買主側は，重要事項説明書の道路についての記載がきちんと記載されているか，すなわち，売買の目的物との位置関係や距離・長さ等がきちんと記載されているものであるかを確認することが有用である。きちんと記載されていない場合には，計測するように促すだけで契約前に問題が発覚することもある。

(2)　森林法

CASE　最判昭和 56・9・8（判時 1019 号 73 頁）

●事案の概要

　宅地建物取引業者間の売買の事案であり，買主は分譲宅地の造成を目的として山林を購入した。しかし，引渡しを受けた後，買い受けた山林の約半分が保安林の指定を受けていたことが判明したため，紛争となった。

●瑕疵担保責任に関する裁判所の判断骨子

・保安林指定のある本件山林の売買につき上告人に売主の瑕疵担保責任があるものとした原審の判断は正当である。

→原審（名古屋高判昭和 54・12・11 金商 633 号 6 頁）は，宅地造成を目的とした土地の売買取引にあたって，対象土地が森林法等宅地造成目的を阻害する公法上の制限区域であったことは，法律的障害事由たる重大な瑕疵である，と判断した。

　宅地造成を目的とした土地売買契約では，契約書に明示的に「宅地造成を阻害する公法上の制限がない土地であること」という文言が記載されていなくても，宅地造成を阻害する公法上の制限がない土地であることは契約の内容になっていると考えられる。公法上の制限は，建築基準法に限られない。本件事案は，前述の最判昭和 41・4・14 同様，最高裁が物理的な欠陥（障碍）だけではなく法令上の欠陥（障碍）も民法 570 条の瑕疵に該当するということを明らかにしたものである。

(3) がけ条例

CASE　千葉地判昭和62・7・17（判時1268号126頁）

●事案の概要

　買主が住宅建築目的で土地を購入し引渡しを受けたところ，本件土地北側部分のがけには当該地域のがけ条例が適用され，本件土地の北側約半分弱に及ぶ部分には建物が建築できないことが判明したため紛争となった。

●瑕疵担保責任に関する裁判所の判断骨子

・（最判昭和41・4・14を引用して），民法570条の瑕疵には，法令上の欠陥（障碍）が存する場合も含まれる。

・がけ条例で本件北側約半分弱に及ぶ部分に建物を建築できないという大きな制約となることは，本件契約が住宅建築目的であり，建ぺい率・容積率以外の建築制限のない土地として売買されたという当事者の意思に照らして看過できない障碍であり，民法570条にいう瑕疵にあたる。

　条例による制約であっても，契約の趣旨や社会通念等の取引観念も踏まえた契約の内容に適合しなければ瑕疵・契約不適合となる。本件事案では，契約の内容が「建ぺい率・容積率以外の建築制限のない土地を引き渡すこと」であるとして，がけ条例による制約を瑕疵としている。

> **実践知！**　法律・条例を問わず，売買の目的物に対する規制がある場合には，当該規制がある土地・建物を引き渡すことが契約の内容となっているかを検討する。

🔭 紛争予防の視点

　宅地建物取引業者は，売買の目的物が存在する地域の条例や指導要綱等についても，宅地建物取引の専門家として研究しておく必要がある。業界団体の講習会等で知識を常にアップデートすることが有用である。

(4) 土地区画整理法

CASE　最判平成25・3・22（判タ1389号91頁）

●事案の概要

　買主は，土地区画整理組合が施行する区画整理事業の施行地区内の土地を購入した。その後，同組合が保留地の分譲を行ったところ，販売状況が芳しくなかったこ

とから，事業に要する経費に充てるため，総額24億円の賦課金を組合員に課する旨を総代会において決議する等したため，組合員となっていた本件土地の買主との間で紛争となった。

● **瑕疵担保責任に関する裁判所の判断骨子**
・本件売買の当時は，組合において賦課金を課することが具体的に予定されていたことは全くうかがわれない。
・賦課金の決議が売買から数年経過後であることも考慮すると，土地区画整理事業の施行区域内の土地の売買においては，買主が売買後に土地区画整理組合から賦課金を課される一般的・抽象的可能性は常に存在しているものであり，その可能性が存在していたことをもって本件土地に民法570条の瑕疵があるとはいえない。

　本件は，土地区画整理法によって土地の利用そのものに制限が課せられていたものではなく，後日賦課金が課せられて買主に金銭的な負担が生じたことで紛争となった。売買契約において明確に「将来何らかの負担金が一切生じない土地」を引き渡すことが定められている場合には，土地区画整理事業施行区域内の土地であって負担金が生ずる可能性がある土地である場合には，瑕疵・契約不適合の存在する土地ということになるであろう。しかし，そのような明示的な合意がない場合には，契約の趣旨や取引通念も踏まえた契約の内容を検討する必要がある。この点，土地区画整理事業施行区域内の土地は，保留地処分の関係で，一般的・抽象的には，所有者に賦課金が徴収される可能性もあれば，剰余金が交付される可能性もある。したがって，土地区画整理事業施行区域内の土地の売買においては，特段の合意がない限り，「将来何らかの負担金が一切生じない土地」や「負担金が生じる可能性のない土地」を引き渡すことが契約の内容になっていたものではないといえよう。したがって，瑕疵・契約不適合はない，ということになろう。

> 実践知！
>
> 　何らかの法令の規制に該当することが直ちに瑕疵・契約不適合に該当するのではない。当該契約において「契約の内容」に適合していない場合が瑕疵・契約不適合に該当する。したがって，契約の趣旨，目的，代金額，売主の指示，品質についての保証等を総合し，契約慣行をも踏まえて「契約の内容」を検討する必要がある。

🔭 紛争予防の視点

　土地区画整理事業施行区域内の土地は，保留地処分の関係で，一般的・抽象的には，所有者に賦課金が徴収される可能性もあれば，剰余金が交付される可能性もある。したがって，当該土地の売買においては，売主たる宅地建物取引業者や仲介業者は，後日，それぞれの可能性があることを予め説明しておくことが紛争予防につながる。

5.　心理的瑕疵・契約不適合

心理的瑕疵・契約不適合として問題になるのは，どのような事象か。

　「平穏に居住することができる土地・建物」や「価格に応じた住み心地の良さがある土地・建物」を引き渡すことが契約の内容となっているのであれば，その契約の内容に適合しない土地・建物には，瑕疵・契約不適合があることになる。このような瑕疵を「心理的瑕疵」といい，物理的な欠陥にとどまらず，民法 570 条の瑕疵に該当すると判断されている。裁判では，様々な事象が心理的瑕疵として争われている。

(1)　自殺，殺人等の事件事故

CASE　横浜地判平成元・9・7（判時 1352 号 126 頁）

●事案の概要

　居住のためのマンションの売買の事案。買主が引渡しを受けた後，約 6 年前，本件マンションベランダにおいて売主の当時の妻が縊首自殺をしていたことが判明したため紛争となった。

●瑕疵担保責任に関する裁判所の判断骨子

・売買の目的物に瑕疵があるというのは，その物が通常保有する性質を欠いていることをいうのであって，目的物が建物である場合，建物として通常有すべき設備を有しないという物理的欠陥としての瑕疵のほか，建物は継続的に生活する場であるから，建物にまつわる嫌悪すべき歴史的背景等に原因する心理的欠陥も瑕疵と解することができる。

・家族での永続的な居住の用に供する目的での建物の売買において，約 6 年前のベランダでの縊首は瑕疵に該当する。

　売買の目的物が通常保有する性質は，取引通念も踏まえた売買契約の内容によって定まる。居住用の土地建物の売買において，通常は，わざわざ「自殺がなされた物件ではないこと」ということを契約書に明示することはない。しかし，居住用のマンションの売買では，当該マンションのベランダ部分で

自殺がなされていることは購入希望者に嫌悪感情を与えるものであり，当該事情の有無が購入判断に影響を与えるので，当該事情があれば売買価格が低廉となるのが一般的であるといえる。したがって，継続的に居住の用に供する目的の土地建物の売買の場合には，売買の目的物である区分所有建物や専有部分とつながっているベランダ部分で自殺がなされていない区分所有建物を引き渡すことが売買契約の内容になっていると考えられる。本件では，ベランダ部分で自殺がなされており，売買の目的物に瑕疵・契約不適合があることになる。

　自殺がなされた物件は，心理的瑕疵としてしばしば争われている。浦和地川越支判平成9・8・19（判タ960号189頁）は売主の家族が当該建物内で自殺していて，土地価格だけで土地建物を売却した事案であるが，自殺の事実はさらなる価格の低下が予想されるとして瑕疵であると判断している。東京地判平成25・7・3（判時2213号59頁）は，収益物件としての一棟のマンションの売買において，その一室での自殺の事実が瑕疵に該当することを当事者が認めている。また，東京地判平成7・5・31（判時1556号107頁）は，自殺が図られたのは建物に附属する物置内で，亡くなったのは病院であった事案につき，裁判所は瑕疵であるとの判断をした。当該事案では，当該事情を知らないまま購入した買主が，当該事情を知った後に転売しようとし，その際に購入希望者に自殺の事実を告知すると売買取引が不成立に終わったという具体的な事情があったので，当該自殺の事実を瑕疵と認定しやすかったものといえる。

> **実践知！** 現時点では，自殺があった物件や殺人事件があった物件には住みたくない，というのが我が国の人々の社会通念のようである。したがって，居住用の建物を建築する土地や，居住用の建物の売買においては，明示的に契約書に記載がなくても，自殺や殺人事件等の住み心地の良さを欠くこととなる事情がない物件を引き渡すことが契約の内容になっていると考えられる。

　既に自殺がなされた場所が取り壊されている場合には，例えば大阪高判昭和37・6・21（判時309号15頁）や大阪地判平成11・2・18（判タ1003号

218頁）等は，もはや瑕疵には該当しないと判断している。他方で，大阪高判平成18・12・19（判タ1246号203頁）は，既に撤去されている建物内で8年前に殺人事件があった事案において，裁判所は，大きく新聞にも報道され，残虐性も大きく嫌悪の度合いも大きいため周辺の人々の記憶に残っていて，当該土地に建物を建築して居住する者に居住の用に適さないと感じさせる心理的な欠陥があるとして，瑕疵であることを認めた。

> **実践知！**
>
> 　既に取り壊されている建物内での自殺は，土地の売買において瑕疵と判断されない傾向がある。しかし，殺人事件のように，当該地域社会に大きな影響を与えた事情の場合には，周囲の人々の記憶を通じて買主の嫌悪感に結びつくことがあり，事件のあった建物が取り壊されていても，瑕疵と判断されることがある。

CASE　東京地判平成25・3・29（判例秘書L06830291）

●事案の概要

　買主は戸建て住宅の建築及び販売等を行う宅地建物取引業者であり，約1800㎡の土地を購入した。買主は当該土地を9区画に分け，9棟の建物を建築した上で販売準備を行っている段階で，本件土地上に置かれた自動車内で2年前に売主の夫が練炭自殺をしていたことを知った。買主は，分譲地内の協定道路部分において自殺があったこと等を説明して販売することとなり，紛争となった。

●瑕疵担保責任に関する裁判所の判断骨子

・本件売買契約の特約として「目的物上（解体済建物含む）での過去の嫌悪すべき事件・事故（殺人事件，自殺，変死等）が発覚した場合」には買主は契約を解除することができることが明記されているので，本件自殺の事実は瑕疵に該当する。

　土地や建物の売買契約において，自殺等がなされていない物件を引き渡さなければならない旨を契約書上に明記することは多くない。しかし，契約書に明記されていれば当該合意に適合しない土地や建物を引き渡すことは瑕疵・契約不適合がある物件を引き渡すことになる。上記東京地判平成25・3・29は，まさに契約書に撤去された建物内も含み，売買の目的物である土地上での殺人事件，自殺，変死等がない土地を引き渡す旨を規定していたものである。実務上参考になる。

> 実践知！　買主にとって心理的に嫌悪すべき事情があり，そのような事情のない物件を売買の対象にしたいということであれば，当該事情がない物件を引き渡すことを契約に明記して，契約の内容として疑義のないものとすることが重要である。

紛争予防の視点

自殺・事件があった宅地建物であることを忌避する感情が強い人々が多いという現状では，そのような事態が後日判明した場合には紛争となることは避けられない。取引通念として自殺・事件があった宅地建物でないことが求められる以上，事前にその旨を説明することしか紛争を防止することはできない。仲介業者としては，売主に対して紛争予防の重要性を説明し，正しく情報提供してもらうことが必要である。

(2) 暴力団関係事務所

暴力団組事務所が近隣にある場合等，暴力団の関係も，しばしば心理的瑕疵として争われることがある。

CASE　東京地判平成 7・8・29（判時 1560 号 107 頁）

● 事案の概要

宅地建物取引業者間の土地売買の事案。買主は事務所兼賃貸マンションを建設するために本件土地を購入した。しかし，本件土地が面する交差点の対角線上の建物には，指定暴力団の事務所があり，本件売買契約締結までに何らの説明もされていなかったために紛争となった。

● 瑕疵担保責任に関する裁判所の判断骨子

・小規模店舗，事務所，低層共同住宅が点在する地域に所在する本件土地の交差点を隔てた対角線の位置に本件暴力団事務所が存在することが宅地としての用途に支障を来し，その価値を減ずることは，社会通念に照らして容易に推測される。裁判所の鑑定意見では減価割合が 20％〜25％ であり，暴力団事務所の存在は瑕疵である。

自殺の場合と同様，土地建物の売買契約において，通常は，わざわざ「近隣に指定暴力団の組事務所がないこと」ということを契約書に明示することはない。しかし，当該物件の隣や向かい側に指定暴力団の組事務所があることは購入希望者に嫌悪感情を与えるものであり，当該事情の有無が購入判断

に影響を与えるので，当該事情があれば売買価格が低廉となるのが一般的であるといえる。したがって，通常の土地建物の売買の場合には，近隣に指定暴力団の組事務所が存在しない土地建物を引き渡すことが売買契約の内容になっていると考えられる。本件はまさにそのような事案であり，また，裁判所による鑑定結果においても 20%～25% の減価が生じる指定暴力団組事務所が存在しているので，当該組事務所の存在は，瑕疵・契約不適合となると判断された。

CASE　東京地判平成 25・8・21（判例秘書 L06830648）

●事案の概要

　都内繁華街の土地の売買の事案。買主が引渡しを受けた後，本件土地と道路を隔てた向かい側のビルの中の一室が，指定暴力団の組事務所ではないものの，指定暴力団と密接な関係があると推認できる団体が使用している事務所であることが判明して紛争となった。

●瑕疵担保責任に関する裁判所の判断骨子

・本件事務所の存在によって近隣住民の生活の平穏が害されるような事態が発生したわけではないので，本件土地は一般の宅地が通常有する品質や性能を欠いているということはできない。

→なお，売主の説明義務については 52 頁を参照されたい。

　土地建物の品質について契約の内容になっている事情は，換言すれば，当該事情が契約締結時点で買主に明らかになっていたとしても，契約の内容どおりのものであるから買主が取引を中止することや，代金を減額するように交渉することはないはずである。反対に，当時事情が契約締結時点で買主に明らかになっていた場合に買主が取引を躊躇する事情や代金減額交渉を行う事情は，契約の内容になっていない事情である。暴力団組事務所の存在や，暴力団関係団体・企業の事務所の存在が瑕疵・契約不適合に該当するかは，そのような観点から考えるとわかりやすい。

実践知！　指定暴力団組事務所は，存在しているだけで社会の平穏を害し，売買価格に影響するので，瑕疵・契約不適合となり易い。他方，暴力団関係団体の事務所の場合には，具体的に社会の平穏を害しているか，価格に影響あるか，ということを検討して，

当該事務所が近隣にある土地建物であることが契約の内容に適合しているかを判断する必要がある。

🔭 紛争予防の視点

　売主自身が気になる事象は，一般の買主も気になる事象であり，当該事象の存在は契約を締結するか否かに影響を与える。したがって，売主自身が気になる事象こそ，きちんと情報として提供することが紛争予防につながる。

⑶　生物の生息

CASE　神戸地判平成 11・7・30（判時 1715 号 64 頁）

●事案の概要

　売主が居住していた土地建物を 3000 万円以上で購入して引渡しを受けて住み始めたところ，コウモリを発見し，調査を進めると，天井裏に大量のコウモリの糞があり，断熱材や天井ボードまで大きく染みができており，柱にもカビが発生していることが判明したため紛争となった。

●瑕疵担保責任に関する裁判所の判断骨子

・生物が棲息したからといって当然に起居に支障をきたすわけではない。
・しかし，住居は単に雨露をしのげればよいというものではなく，その建物としてのグレードや価格に応じた程度に快適に（清潔さ，美観など）起居することができることも備えるべき性状として考慮すべきである。
・巣くった生物の特性や棲息する個体数によっては，一般人の立場からしても，通常甘受すべき限度を超え，そのグレードや価格に応じた快適さを欠き，そこでの起居自体に支障を来すこともあるので，その場合には当該生物の棲息自体が建物としての瑕疵になり得る。
・本件では，価格に見合う清潔さや快適さを備えていないので，瑕疵がある。

　居住を目的とする建物と土地の売買契約であれば，契約書に明示的に定めていなくても，一般の居住者が価格やグレードに応じて快適に起居できることが「備えるべき性質・性能」として契約の内容となっていると考えられる。問題となっている事象が，快適に起居することができない程度の生物の棲息であれば，当該建物には，瑕疵・契約不適合が存在することになる。

| 実践知！ | 建物の価格やグレードとの関係での快適な起居に支障を生じさせるような生物の棲息は、瑕疵・契約不適合となりうる。 |

(4) 過去の損傷

CASE　東京地判平成 16・4・23（判時 1866 号 65 頁）

● 事案の概要

　居住用の建物と土地の売買の事案。買主に引き渡された後に、過去において本件建物の台所の一部が焼損する火災が発生していたことが判明し、紛争となった。本件火災による焼損は、建物全体の耐久性や安全性に影響を及ぼすものではなく、建物の物理的な価値には影響を与えない程度のものであった。また、当該火災は売主の妻が消し止め、消防車が出動した時点では鎮火していた。

● 瑕疵担保責任に関する裁判所の判断骨子

・通常の経年変化を超える特別の損傷等がある場合には、代金設定において考慮されていなかった事情であり、本件建物の瑕疵にあたる。
・建物の客観的な交換価値は、物理的な価値のみによって構成されるものではなく、買い手側の購買意欲を増進又は減退させる物理的価値以外の建物に係る事情によっても左右される。
・本件では、火災の具体的痕跡（建物の一部の炭化）が残存しており、消防車の出動によって火災の事実が近隣に知れ渡ったという事情は、買い手側の購買意欲を減退させ、その結果、本件建物の客観的価値を低下させる。本件損傷は、通常の経年変化を超える無視し得ない特別の損傷であって瑕疵に該当する。

CASE　福岡高判平成 18・3・9（判タ 1223 号 205 頁）

● 事案の概要

　マンションの各室の売買の事案。本件マンションの外壁タイルは高級感や意匠性を重視した重量感がある特注タイルが使われていたが、外壁タイルの剥離・剥落が発生し、大規模な修繕が必要になった。売主は修繕を行い、管理組合は、外壁タイル剥離・剥落による補償については売主と和解した。しかし、買主らの一部は、心理的不快感がマンションの財産的価値に影響していることに加え、工事中の騒音・粉塵等による生活被害についての精神的損害も施工不良による通常生ずべき損害であるとして売主と紛争になった。

● 瑕疵担保責任に関する裁判所の判断骨子

・外壁タイル以外にも施工不良が存在するのではないかという不安感や大規模修繕工事から一般的に受ける相当な心理的不快感、ひいてはこれに基づく経済的価値の低下分は本件補修工事でも払拭できていない。
・補修工事から受ける騒音、粉塵等による生活被害については、買主が補修工事に

よって負担を強いられるものではなく，外壁タイルの剝離・剝落という被害に基づく損害に通常含まれるものである。したがって，これらの損害は瑕疵担保責任によって売主が負担すべきである。

　物理的な不具合が軽微である場合や当該不具合が修繕された場合には，建物の安全性としては問題なく，建物の安全性としての価格への悪影響は払拭される。しかし，具体的な事情によっては，心理的な不快感が建物の交換価値に影響を及ぼすことがある。契約の内容となっている「建物の価格やグレードに応じた快適さを有する品質，性能を有すること」に適合しなければ瑕疵・契約不適合となりうる。

実践知！　建物の価値は物理的な価値だけで決まるのではないので，契約の内容として，どのような快適な起居が可能となる状態の建物を引き渡すことと合意されていたかを検討することが重要である。

(5) 性風俗営業

CASE　福岡高判平成23・3・8（判時2126号70頁）

●事案の概要
　買主が居住目的でマンションの一室を購入したところ，当該マンションの一室は前所有者の賃借人によって実質的な店舗型又は無店舗型の性風俗特殊営業がなされていたことを管理組合の総会で知るに至ったため紛争となった。買主は，当該事実を知って心因反応となり，長期間にわたり心療内科の治療を受けるに至った。

●瑕疵担保責任に関する裁判所の判断骨子
・建物を買った者がこれを使用することにより通常人として耐えがたい程度の心理的負担を負うべき事情があり，これがその建物の財産的価値（取引価格）を減少させるときも，当該建物の価値と代金額とが対価的均衡を欠いているので，民法570条にいう瑕疵があるものと解するのが相当である。
・本件については，本件居室が前入居者によって相当長期間にわたり性風俗特殊営業に使用されていたことは，本件居室を買った者がこれを使用することにより通常人として耐え難い程度の心理的負担を負うべき事情にあたる。
・本件居室が前居住者によって相当長期間にわたり性風俗特殊営業に使用されていたことは，そのような事実がない場合に比して本件居室の売買代金を低下させる（財産的価値を減少させる）事情というべきであり，民法570条にいう瑕疵にあた

る。

　居住を目的とするマンションの一室の売買契約においては，契約書に明示的に定められていなくても，財産的価値を減少させるような心理的負担を負うべき事情がない住居であることが「備えるべき性質・性能」として契約の内容となっていると考えられる。性風俗特殊営業のために長期間使用されていたことは，心理的負担を負うべき事情であり財産的価値を低下される要因となるものであるので，当該事情は瑕疵・契約不適合に該当することになろう。

(6) 隣人の言動

CASE　東京地判平成 19・12・25（判例秘書 L06235803）

●事案の概要

　土地売買の事案。買主が自ら居住する住宅を建築する目的で土地を購入し，引渡しを受けて地鎮祭を行った後に近隣に挨拶回りに行ったところ，隣地の住人から，事前に図面を持って説明に来るのが筋だと脅迫的に言われた。そこで買主と建設会社とで説明に行くと，隣地の住人は日陰が縁側に届くなどとして怒り，「ばか野郎」などと繰り返し怒鳴りながら脅迫的で威圧的な暴言を並べ立て，設計の変更を強く迫ってきた。警察署や近隣住民からの情報によると，当該隣人は暴力団関係者である可能性があるとのことで，意向を無視して建物の建築を強行すれば，どのような危害を加えられるかも知れないと考えて畏怖し，買主は建築を中断したため売主との間で紛争となった。

●瑕疵担保責任に関する裁判所の判断骨子

・売買の目的物に民法 570 条の瑕疵があるというのは，その目的物が通常保有すべき品質・性能を欠いていることをいい，目的物に物理的欠陥がある場合だけでなく，目的物に経済的・法律的な欠陥がある場合を含む。

・本件では，脅迫罪や強要罪等の犯罪にも該当し得る行為を厭わず行う者が本件私道のみを隔てた隣地に居住していることが，その上に建物を建築，所有して平穏な生活を営むという本件売買土地の宅地としての効用を物理的又は心理的に著しく減退させ，その価値を減ずるであろうことは，社会通念に照らして容易に推測されるところであり，しかも今後も継続することが予想される。

・本件売買土地には，脅迫的言辞をもって本件敷地部分における建物の建築を妨害する者が本件隣地に居住しているという瑕疵がある。

　本件は土地の売買であり，隣人がどのような言動をする者であるかは，当該土地の物理的な価値とは関係ない。しかし，建物を建築，所有して平穏な生活を営むことが目的である土地売買契約においては，契約書で明示的に規

定しなくても，平穏な生活を営むことを困難にする事情が物理的な事情であれ心理的な事情であれ存在しないことが契約の内容であると考えられる。脅迫的言辞をもって本件敷地部分における建物の建築を妨害する者が本件隣地に居住している土地は，平穏な生活を困難にする品質・性能の土地であるので，瑕疵・契約不適合に該当しうる。

(7) 騒音・眺望阻害等

CASE 大阪地判昭和 61・12・12（判タ 668 号 178 頁）

● 事案の概要

　栽培用温室を設置できる物件を探していた買主が，分譲業者から本件隣地の所有者との間で木造 2 階建てよりも高い建物は建てない旨の約定があり，専用庭に温室が設置できる旨説明され，本件分譲マンションの一室を購入した。しかし，当該約定は第三者に対抗できるものではなく，隣地売却により新たな所有者が鉄筋コンクリート造 4 階建ての建物を建築し，日照が大きく阻害されるに至ったため，買主と分譲業者との間で紛争となった。

● 瑕疵担保責任に関する裁判所の判断骨子

・分譲業者は買主に対して日照が確保される旨説明し，買主はこれを信じた。
・本件隣地が第三者に売却されれば，当時の所有者と分譲業者との間に木造 2 階建ての建物しか建てない旨の約定があったとしても，その債務が第三者に引き受けられない限り，第三者が本件のような鉄筋コンクリート造 4 階建ての建物を建てる可能性は本件売買契約締結当時から存在していた。したがって，日照阻害の要因の存在は本件契約の隠れた瑕疵にあたる。

CASE 東京地判平成 2・6・26（判タ 743 号 190 頁）

● 事案の概要

　リゾートマンションの売買の事案。分譲業者は眺望及び日照の良さを強調するなどして販売を行っていたところ，マンション引渡しの後に，本件マンションの東南方向に地上 14 階建てのリゾートマンションが建築され，本件マンションの眺望と日照が損なわれるに至ったため，紛争となった。

● 瑕疵担保責任に関する裁判所の判断骨子

・売主にはマンションの眺望及び日照についての法的性状に関して保証しうる能力がない（日照はともかく，こと眺望に関しては，私人が私人に対して不変の眺望の利益を将来にわたって保証することを確約することは，物理的にも経済的にも不可能であることは誰の目にも明らかであると解される）し，このことは買主自身十分に認識していたはずであるので，特段の事情がない限り売主がこのような保証をすることは認めがたい。
・本件には特段の事情にあたるものは認められないので，隠れた瑕疵は存在しない。

IV．瑕疵担保責任・契約不適合担保責任　　123

当事者が契約の内容で定めた「通常有すべき品質・性能」に適合しないものが瑕疵・契約不適合であるとすると，一定の環境が備わっている品質・性能を当事者が合意したのであれば，その環境が備わっていなければ瑕疵・契約不適合に該当しうることになる。前掲大阪地判昭和61・12・12は，契約に至る個別の事情を事実認定した上で，当該契約では，日照が阻害されないマンションを引き渡すことが合意されていたというのが裁判所の事実認定であり，他方，前掲東京地判平成2・6・26は，そのような個別のやり取りは事実認定されず，したがって，売主がコントロールできない事情については当事者の合意はなされておらず，日照・眺望が不変であるマンションを引き渡すことまでは合意されていないというのが裁判所の事実認定であったということになる。類似の事案としては，例えば，大阪地判昭和60・4・26（判時1195号115頁）は，土地建物の売買における隣地工場からの騒音・振動につき通常有すべき品質・性能に欠けていると認めることはできないとしている。

なお，眺望阻害や日照阻害は，瑕疵担保責任で争われる場合もあるが，むしろ，前述のとおり，眺望や日照について正確な情報を説明しなかったとして，売主の説明義務違反の問題として争われることが多い。特に新築マンションの場合は，売主は宅地建物取引業者であるので，宅建業法上の重要事項説明義務との関係も問題となりうる。

> **実践知！**　売主が宅地建物取引業者である場合には，瑕疵の問題を説明義務違反の問題で構成し直すことができるかを検討することも，重要である。

🔍 紛争予防の視点

売主が周辺環境の変化をコントロールすることは不可能である以上，眺望を過度にセールスポイントにすることや，前面に高層建物が建築されないなどということを安易に言うと，後日の紛争を招くので，売主はそのような説明を行わないようにすることが重要である。

後に重要事項説明で将来も周辺環境が変わらないことを保証するものではないということを説明したとしても，営業担当者がこれとは異なる説明をしていると，契約の内容として，周辺環境が変わらない性質性能の合意がなされたと判断されるリ

スクがあるので注意が必要である。

　買主としては，周辺環境が変わらないなどいう説明がなされたとしたら，そのような説明には疑いを抱くような感度が必要であるし，そのようなセールストークを放置している宅地建物取引業者とは取引を行わないという判断をすることも紛争予防には有用である。

6. 契約の解除

瑕疵・契約不適合が存在することによって売買契約を解除できる場合というのは，どのような場合か。

　改正前民法 570 条の瑕疵担保責任では，瑕疵の存在を理由に売買契約を解除することができるのは，瑕疵の存在を知らなかったために契約の目的を達することができない場合である（改正前民法 566 条 1 項本文）。

　例えば，建物を建築する目的での土地売買において，当該土地が接道要件を満たしていない場合には，当事者が当該瑕疵を修復することはできず，契約の目的を達することができないことは明らかである。このような場合には，買主は，瑕疵の存在を理由に売買契約を解除することができる。

　もっとも，「契約の目的を達することができない場合」についての裁判所の判断は，物理的に当該瑕疵を修復できないという場合に限られない。

　例えば，前掲東京地判平成 13・6・27（判タ 1095 号 158 頁）は，宅地建物取引業者が売主である造成地上の新築建物と土地の売買につき，建物が傾斜し，基礎の亀裂，土間床の亀裂，外壁の亀裂，ドアの開閉不能，外壁に固定したガスメーターや配管の歪み等による変形が生じたという事案については，裁判所は「何よりも生活の本拠である家を購入したにもかかわらず，住居に著しい困難をもたらす多数の不具合が発生しており，それが土地の性状に起因する地盤沈下によるものであって，さらに，本件各建物の補修に要する金員は多額で，建物新築に匹敵するものであること等を考慮すれば，結局，原告は本件売買契約の目的を達することができない。」として，瑕疵担保責任を理由とする売買契約の解除を認めている。瑕疵の修復のために売買代金と同程度の費用がかかる場合には，もはや法的には「契約の目的を達成できない場合」に該当する，ということであろう。

　また，居住を目的とする土地建物の売買契約において，自殺が瑕疵に該当すると判断される事例の場合には，当該瑕疵は契約の目的を達成できない場合にあたるとして売買契約の解除が認められ易い。例えば，前掲横浜地判平

成元・9・7は，買主は家族4人で永続的な居住の用に供するために本件建物を購入したのであり，6年前に縊首自殺があってその家族が住み続けていた本件建物を他のこれら類歴ない建物と同様に買い受けることは通常考えられないことであり，自殺の事実を知った上で買い受けたのであればともかく，知らずに購入したのであるから，はなはだ妥当性を欠くことは明らかであり，損害賠償でまかなえるというものではない，との判断の下，裁判所は瑕疵担保責任による契約の解除を認めている。前掲東京地判平成7・5・31も，建物に付属する物置内で自殺行為がなされ，その結果死亡したようないわくつきの建物を，そのような歴史的背景を有しない建物と同様に買い受けるということは，通常人には考えられないことであり，買主も，そのようないわくつきのものであることを知っていれば絶対に購入しなかったとして，裁判所は契約の目的を達成できない瑕疵があるとの判断を示している。自殺があった物件は「縁起が悪い」とか「祟りがあるかも知れない」というような意識が広く共有されていることが裁判所のこのような判断につながっているものと考えられる。

　他方で，心理的瑕疵としてしばしば争われる暴力団組事務所が近隣にある場合には，当該暴力団組事務所の存在が土地建物の減価要因となっている場合には，裁判所は，瑕疵にあたるという判断は行う。しかし，裁判所は，「契約の目的を達成することができない瑕疵」とは認定しないのが通常である。これは，暴力団組事務所が近隣に存在しても，当該地域において平穏に居住している者やビジネスを行っている者は存在するので，暴力団組事務所が近隣に存在するだけで「売買契約の目的を達成することができない」とは判断しがたいことが理由であろう。

実践知！

　改正前民法の下では，法令上の制限により瑕疵の修復ができない場合，瑕疵の修復が可能であっても売買代金相当額の費用がかかる場合，自殺がなされた物件など心理的瑕疵によって通常一般人が契約を絶対にしないと判断できる場合等に「契約の目的を達成できない」として売買契約を解除することが認められる。

瑕疵担保責任に基づく解除が「契約の目的を達成することができない場合」に限られている改正前民法の場合と異なり，改正民法の契約不適合担保責任に基づく契約の解除は，他の契約同様に改正民法 541 条及び 542 条に基づき解除できるようになる（改正民法 564 条）。したがって，契約を解除することができるのは，契約の目的を達成することができない場合に限られない。相当の期間を定めて履行を催告し，その期間内に履行がなされなければ買主は売買契約を解除することができるようになる（改正民法 541 条本文）。改正前民法の下では解除が認められないのが一般的であった暴力団組事務所が近隣に存在する場合も，改正後民法の契約不適合責任の場合には，催告した上で売買契約を解除することが認められる可能性もある。

7. 責任追及期間と免責規定 (改正前民法の場合)

宅地建物の売買において，買主はいつまで瑕疵担保責任を追及することができるのか。民法とは異なる特別法の規定はあるのか。

(1) 改正前民法

　改正前民法の下では，瑕疵担保責任に基づく契約の解除又は損害賠償請求は，買主が事実を知った時から 1 年以内にしなければならない（改正前民法 566 条 3 項）。この「1 年」という期間は除斥期間であり，瑕疵担保責任に基づく損害賠償請求権については，この期間内に売主の担保責任を問う意思を裁判外で明確に告げれば，裁判上の権利行使までしなくても権利が保存されるというのが判例（最判平成 4・10・20 民集 46 巻 7 号 1129 頁）である。

　また，買主が瑕疵の事実を知らない場合であっても，瑕疵担保責任に基づく損害賠償請求権は民法 167 条 1 項にいう債権であって，消滅時効の規定の適用があり，この消滅時効は，買主が売買の目的物の引渡しを受けた時から進行すると解するのが相当であるというのが判例（最判平成 13・11・27 民集 55 巻 6 号 1311 頁）である。

　したがって，改正前民法の下では，瑕疵担保責任に基づく損害賠償請求権は，買主が瑕疵の事実を知ってから 1 年以内に売主の瑕疵担保責任を問う旨を明確に告げなければ除斥期間にかかり，買主が瑕疵の事実を知らない場合であっても，買主が売買の目的物の引渡しを受けた時から 10 年間が経過すると消滅時効にかかることになる。

　他方，売主と買主が合意すれば，瑕疵担保責任を制限する特約や売主が瑕疵担保責任を負わないとする特約を定めることもできる（改正前民法 572 条）。

⑵　改正前宅建業法による修正

　改正前民法時代の宅建業法40条は，宅地建物取引業者が自ら売主となる宅地建物の売買契約における瑕疵担保責任について，民法の規定を修正する定めを設けている。すなわち，宅地建物取引業者は，自ら売主となる宅地又は建物の売買契約において，その目的物の瑕疵担保責任に関し，改正前民法570条が準用する同法566条3項に規定する期間について，その目的物の引渡しの日から2年以上となる特約をする場合を除き，同条に規定するものより買主に不利な特約をしてはならない（法40条1項）。不利な特約をした場合には当該特約は無効となる（法40条2項）。

　したがって，宅地建物取引業者が自ら売主となる宅地又は建物の売買（新築マンション，新築戸建て住宅又は分譲地の販売や既存住宅の買取転売等が典型的なものとして想定される）においては，瑕疵担保責任に基づく損害賠償請求や解除権の行使を引渡しから3年間とするという規定や同2年間とするという特約であれば有効に合意することができるものの，引渡しから1年間とするという規定や，売主は瑕疵担保責任を負わないものとするという規定は，「その目的物の引渡しの日から2年以上となる特約をする場合を除き，同条に規定するものより買主に不利な特約」となるので無効である。

　宅地建物取引業者が自ら売主となる宅地建物の売買契約において瑕疵担保責任を追及する際には，瑕疵担保責任の追及期間について宅建業法40条違反がなされていないかを検討することが重要である。また，宅建業法40条1項違反は監督官庁による指示処分の対象となる（法65条1項）。さらに，当該規定は無効であるにもかかわらず，買主からの瑕疵担保責任に基づく損害賠償請求権の行使を妨げるために，売主が故意に当該規定は有効である旨説明した場合には，宅建業法47条1項1号に抵触し，業務停止処分（法65条2項）の対象となるほか，刑事罰（法79条の2・84条1号）の対象となる。

> **実践知！** 宅地建物取引業者が自ら売主となっている売買契約における瑕疵担保責任の検討においては，まずは，宅建業法40条違反がないかを検討することが有用である。

プラスα

　宅建業法は，購入者等の利益の保護と宅地建物の流通の円滑化を図ることを目的として，宅地建物取引業を営む者について免許制を実施し，その事業に対して必要な規制を行う法律である（法1条）。宅地建物取引業者が宅建業法に違反した場合には，免許を与えた監督官庁が監督処分等を行うことを予定している。宅建業法は，そのような監督処分を背景に規制の実効性を担保している法律である。ただ，宅建業法は，宅建業法違反がなされた場合に監督処分がなされるという法律にとどまらず，民事上の契約の効力に影響を及ぼす規定も設けている点に特徴がある。宅建業法40条もそのような規定の1つであり，瑕疵担保責任を制限する特約については，宅建業法40条1項に抵触して買主に不利な特約を設けても，私法上の効力が無効となる（法40条2項）。

(3)　住宅の品質確保の促進等に関する法律

　住宅の品質確保の促進等に関する法律（以下「品確法」という）95条は，新築住宅の売主の瑕疵担保責任についての特例を定めている。すなわち，新築住宅の売買契約においては，売主は，買主に引き渡した時（当該新築住宅が住宅新築請負契約に基づき請負人から当該売主に引き渡されたものである場合にあっては，その引渡しの時）から10年間，住宅の構造耐力上主要な部分又は雨水の浸入を防ぐ部分として政令で定めるものの隠れた瑕疵について，改正前民法570条が準用する同法566条1項に規定する担保の責任（損害賠償請求，契約解除）と改正前民法634条1項及び2項前段に規定する担保の責任（瑕疵修補請求，損害賠償請求）を負うこととされている（品確法95条1項）。この規定に反する特約で買主に不利な特約は無効である（品確法95条2項）。

プラスα

　品確法での「住宅」とは，人の居住の用に供する家屋又は家屋の部分（人の居住の用以外の用に供する家屋の部分との共用に供する部分を含む。）をいう（品確法2条1項）。また，同「新築住宅」とは，新たに建設された住宅で，まだ人の居住の用に供したことのないもの（建設工事の完了の日から起算して1年を経過したものを除く。）をいう（品確法2条2項）。

　新築住宅の売主は，多くの場合は宅地建物取引業者である。品確法95条がない場合には，宅地建物取引業者が自ら売主となる場合の瑕疵担保責任に関する宅建業法40条が適用されても，売主たる宅地建物取引業者は，瑕疵

担保責任を負う期間について引渡しから2年間に制限することが可能となる（なお，2020年4月1日以降については，134頁を参照されたい）。しかし，構造耐力上主要な部分や雨水の浸入を防ぐ部分の瑕疵・不具合は，売買契約時点で瑕疵が存在していても，それが具体的に明らかになるまで時間がかかることがあり，その場合に買主が売主に対して瑕疵担保責任を追及することができないという問題があった。そこで品確法は，新築住宅の売買の場合には，引渡しの時（当該新築住宅が住宅新築請負契約に基づき請負人から当該売主に引き渡されたものである場合にあっては，その引渡しの時）から10年間は売主が瑕疵担保責任を負うこととし，特約によって責任を回避することができないようにするために，当該瑕疵担保責任についての買主に不利な特約は無効とされた。さらに，この瑕疵担保責任に関する期間は，当事者の合意により20年まで伸長させることができることとされている（品確法97条）。

したがって，宅地建物取引業者が自ら売主として新築住宅を販売する場合には，構造耐力上主要な部分と雨水の浸入を防ぐ部分についての瑕疵担保責任は，特約を設けても引渡しから10年間以上の責任を負い，その他の部分については，特約を設けても引渡しから2年間以上の責任を負うことになる。

なお，新築住宅の構造耐力上主要な部分と雨水の浸入を防ぐ部分であっても，買主が瑕疵・不具合の事実を知った時から1年以内に損害賠償等の請求をしなければ，除斥期間にかかる（品確法95条3項）ので，注意する必要がある。

> 実践知！　新築住宅の構造耐力上主要な部分や雨水の浸入を防ぐ部分については，引渡し等から10年間は瑕疵担保責任を追及することができる。

(4) 消費者契約法

前述のとおり，宅地建物の売主が宅地建物取引業者である場合には，宅建業法40条の適用により，例えば，売主の瑕疵担保責任を免責する旨の特約を設けても無効となる。では，売主が宅地建物取引業者でなければ，瑕疵担保責任を免責する旨の特約を当事者の合意により任意に設けることができる

かというと，そうではない。売買契約が消費者契約に該当する場合には，当該消費者契約の目的物に瑕疵があるときに当該契約により消費者に生じた損害を賠償する事業者の責任を全部免責する条項は，瑕疵修補責任等を定めない場合には無効であり（消費契約8条1項5号），消費者の解除権を放棄させる条項は無効である（同法8条の2第2号）。

消費者契約法は，個人（事業として又は事業のために契約の当事者となる場合におけるものを除く）を「消費者」と定義し（同法2条1項），法人その他の団体及び事業として又は事業のために契約の当事者となる場合における個人を「事業者」と定義し（同条2項）たうえで，消費者と事業者との間で締結される契約を「消費者契約」と定義している（同条3項）。

したがって，例えば，売主が社宅用に有していたマンションの一室を売却することとした法人であり，居住を目的とする個人が買主となって売買契約を締結する場合には，当該売買契約は消費者契約に該当する。このような場合，売主が宅地建物取引業者でなくても，売主の瑕疵担保責任を一切免責するような規定を設けた場合には，当該特約は無効となる。土地の売買においては，地中埋設物や土壌汚染に関する瑕疵担保責任を免れるために瑕疵担保責任を一切負わない旨の特約が売買契約に設けられることがあるが，当該売買契約が消費者契約である場合には，当該特約は無効となる。

消費者契約の場合には，この他にも，消費者契約法によって，消費者を保護する規定が定められている。消費者の立場でも，事業者の立場でも，消費者契約法の規定に対する検討を忘れないようにする必要がある。

> **実践知！** 売買契約が消費者契約に該当する場合には，事業者の瑕疵担保責任を全部免責する旨の特約は無効になることに留意する必要がある。

(5) 商法526条

商人間の売買契約の瑕疵担保責任を検討する場合には，商法526条も考慮しておく必要がある。すなわち，商人間の売買では，買主は売買の目的物を受領したときには，遅滞なく検査すべき義務があり（商526条1項），この検査により目的物に瑕疵があること又は数量に不足があることを発見した

ときには，直ちに売主に対してその旨を通知すべき義務を負う（同条2項前段）。これに反すると，買主は瑕疵担保責任を追及することができなくなる。直ちに発見することができない瑕疵があった場合には，直ちに通知することは要求されないものの，6か月以内に瑕疵を発見して通知しなければならず（同条2項後段），この通知義務に違反するとやはり買主は瑕疵担保責任を追及することができなくなる。

　例えば，法人間で宅地建物が売買される場合に瑕疵担保責任の制約について何も規定を設けない場合には，売主の瑕疵担保責任は商法526条が適用され，その結果，買主は，目的物の受領から6か月以内に瑕疵を検査・通知しなければ瑕疵担保責任を追及できないということになる。もっとも，実務では，法人間の売買では，売主の瑕疵担保責任の追及期間につき，そもそも免責する特約や，引渡しから3～6か月程度に限定する特約を定める場合が多いので，商法526条が直接に問題となる場面は多くない。

　しかし，例えば，法人が遊休資産を処分する一環で土地を売却することとし，それを転売目的で宅地建物取引業者が購入する場合に，商法526条が問題になることがある。旧知の売主である場合には，買主たる宅地建物取引業者は，ごく簡単な売買契約書で契約を締結することがあり，瑕疵担保責任について特に定めを設けないこともある。その後，宅地建物取引業者である買主はしばらく時期を見計らい，そろそろ宅地を造成しようと思って工事を始めた際に地中から埋設物が発見されることや，土壌汚染が見つかることがある。買主である宅地建物取引業者は，瑕疵担保責任について特約が定められていない以上，民法が適用されると思って売主に話をすると，ここで，「引渡しから6か月以上が経過しているので，瑕疵担保責任に応じることはできません」と言われ，初めて自らの誤りに気づくことがある。商人間の売買において，瑕疵担保責任において特約がなければ，当事者間では民法が適用されるのではなく，商法が適用されるということを知らないと，大きな損失を被ることがある。また，宅地建物取引業者は，自ら売主となる売買については，宅建業法40条が適用されることにより，引渡しから2年以上の瑕疵担保責任を負う。したがって，宅地建物取引業者が仕入れを行った際の売買契約に瑕疵担保責任についての特約が設けられていない場合には，自らは買主（転買主）に瑕疵担保責任を負うものの，自らは商法526条の適用によって売主に対して瑕疵担保責任を追及できないという事態が生ずることもある。

CASE 東京地判平成 18・9・5（判タ 1248 号 230 頁）

● 事案の概要
　買主が宅地建物取引業者である土地の売買の事案。買主が引渡しを受けてから 3 年経過後に転売するにあたって土壌汚染が発見されたため，紛争となった。

● 裁判所の判断骨子
・買主が宅地建物取引業者であっても当然に土壌汚染の有無について専門的な調査を行うという取引慣行は存在していたとは認められず，外観上も明らかでは無かった等により，当該土壌汚染は「隠れた瑕疵」である。
・しかし，商法 526 条にいう直ちに発見することが困難な瑕疵については，引渡し後 6 か月が経過した後は買主は瑕疵担保責任に基づく請求を行うことはできない。本件土壌汚染にも商法 526 条の適用があり，特段の事情がない限り，引渡し後 6 か月の経過により瑕疵担保責任の主張をなしえない。
→なお，結論としては，売主の説明義務違反による損害賠償責任が認められた。

　商法 526 条は，ベテランの弁護士でも失念していることがある。しかし，商人間の売買において商法 526 条は必須の知識であり，弁護過誤とならないよう，しっかり理解しておく必要がある。

| 実践知！ | 特に，宅地建物取引業者が買主である売買契約の瑕疵担保責任が問題となる場合には，商法 526 条の適用の有無についての検討を忘れないようにしなければならない。 |

紛争予防の視点

　買主が宅地建物取引業者であって転売を行う場合には，自らが転売の買主に対して瑕疵担保責任・契約不適合担保責任を負う期間に対応する期間は，自らが売主に対して瑕疵担保責任・契約不適合担保責任を追及できるように契約書の条項を定めるようにしておく必要がある。

8. 責任追及期間と免責規定（民法が改正された場合）

(1) 改正民法

　改正民法の下では，買主が契約不適合を知った時から 1 年以内にその旨を売主に通知しない場合には，契約不適合担保責任に基づく履行の追完請求，代金減額請求，損害賠償請求及び契約解除をすることができなくなる（改正

民法 566 条本文）。改正前民法では，瑕疵の事実を知ってから 1 年以内に売主の瑕疵担保責任を問う意思を明確に告げる必要があるのに対し，改正民法では，契約不適合を知ってから 1 年以内に不適合の事実を売主に通知すれば，契約不適合担保責任を問う意思を通知しなくても，契約不適合担保責任を追及することができるという点で異なる。買主は，不適合の事実を売主に通知すれば，あとは，契約不適合担保責任に基づく請求権が消滅時効にかかるまで，契約不適合担保責任に基づく請求権をいわば保全することができる。

改正民法の下での消滅時効は，原則として，改正前民法 167 条 1 項の「権利を行使することができる時から 10 年間行使しないとき」（改正民法 166 条 1 項 2 号）という客観的起算点から 10 年が経過した場合に加え，「債権者が権利を行使することができることを知った時から 5 年間行使しないとき」（改正民法 166 条 1 項 1 号）という主観的起算点から 5 年が経過した場合に完成する。不適合の事実を売主に通知した買主は，契約不適合担保責任に基づく請求権を行使することができることを知っているので，当該不適合を知った時から 5 年が経過するまで，保全した契約不適合担保責任に基づく請求権を行使することができることになる。

改正民法の下でも，売主と買主が合意すれば，契約不適合担保責任を制限する特約や売主が契約不適合担保責任を負わないとする特約を定めることもできる（改正民法 572 条）。

(2)　改正宅建業法

民法改正の施行に合わせて，宅地建物取引業者が自ら売主である場合の瑕疵担保責任について定めた宅建業法 40 条も改正されたものが施行される。

改正宅建業法 40 条によれば，宅地建物取引業者は，自ら売主となる宅地又は建物の売買契約において，その目的物の契約不適合担保責任に関して，民法 566 条に規定する期間（即ち，契約不適合の事実を知った時から売主に通知すべき期間）について，その目的物の引渡しの日から 2 年以上となる特約をする場合を除き，同条に規定するよりも買主に不利な特約をしてはならない（法 40 条 1 項）。不利な特約をした場合には当該特約は無効になる（同条 2 項）。

改正後の宅建業法 40 条 1 項の文言は，一見すると，従前と何ら変わらないように見える。しかし，「民法 566 条に規定する期間」の内容が，改正前は瑕疵担保責任に基づく権利行使の期間であったのに対し，改正後は契約不適

適合の事実の通知期間に変わったことによって，改正後の宅建業法40条1項の内容が全く異なったものになっていることに留意しなければならない。改正後は，宅地建物取引業者が契約不適合担保責任を制限する特約として有効に締結することができるのは，契約不適合の事実を知った時の売主に対する通知期間を引渡しから最短2年間とすることができるだけである。この通知をした買主は，不適合の事実を知った時から消滅時効に係る5年間は，契約不適合担保責任に基づく権利を行使することができる。したがって，改正宅建業法の下では，改正前と同様の「契約不適合担保責任は引渡しから2年間に限り行使することができる」という特約を設けた場合には，宅建業法40条2項により無効となる。

紛争予防の視点

　改正された宅建業法40条に対応して契約不適合担保責任を制限する旨の約定を設けたい売主たる宅地建物取引業者は，例えば，「買主は，引渡しの時から2年以内に契約不適合が存在する旨を売主に通知した場合に限り，売主に対して契約不適合担保責任を追及することができる」という形の文面にしなければならない。

(3) その他

　品確法，消費者契約法及び商法も改正民法の施行に合わせて改正法が施行されることとされている。しかし，契約不適合担保責任との関係では，実質的な内容変更はない。

> **実践知！** 民法566条が改正されることにより，改正前の除斥期間の定めが権利を保全するための通知期間に変更となることは不動産取引にも大きな影響がある。

9. 現状有姿売買

現状有姿売買の場合，売主は目的物に隠れた瑕疵があっても瑕疵担保責任・契約不適合担保責任を負うことがないのか。

　売買契約の目的物が既存住宅の場合には，売買契約の中で，「売主は，本件物件を現状有姿のまま引き渡す」とする特約が設けられることがある。こ

のような特約が設けられている売買契約を実務では現状有姿売買という。この現状有姿売買の対象となった建物に不具合が見つかった場合に，しばしば，売主側から「現状有姿売買であるから瑕疵担保責任を負わない」という主張がなされることがある。そこで，「現状有姿のまま引き渡す」という合意に，売主の瑕疵担保責任・契約不適合担保責任を免責する合意が含まれているといえるのかということが問題になる。

　まず，売買契約で，現状有姿売買である旨の特約とともに，瑕疵担保責任・契約不適合担保責任を免責する旨の特約も定められている場合には，引渡し後に何らかの隠れた瑕疵・契約不適合が発見された場合であっても，瑕疵担保責任・契約不適合の免責規定が適用されるので，現状有姿売買であることが判断の決定的要素となることはない。他方，売買契約で，現状有姿売買である旨の特約は定められているものの，瑕疵担保責任・契約不適合担保責任を免責する旨の特約が定められていない場合で，引渡し後に何らかの隠れた瑕疵・契約不適合が発見された場合には，当該瑕疵・契約不適合担保責任について売主が責任を負わなければならないかどうかということが論点になり，「現状有姿売買だから瑕疵担保責任を負わない」という主張がなされることがある。

　しかし，裁判事例を検討しても，「現状有姿で引き渡す旨の特約があるので売主は瑕疵担保責任を負わない」という判断をする裁判所は見あたらない。東京地判平成28・1・20（判例秘書L07130123）での判断が典型的な判断であり，裁判所は「一般に現状有姿売買とは，契約後引渡しまでに目的物の状況に変動があったとしても，売主は引渡し時の状況のまま引き渡す債務を負担しているにすぎないという売買であると解される」と判断している。即ち，目的物に隠れた瑕疵があっても現状有姿特約があれば売主は現状のまま引き渡せばよく，しかし，当該瑕疵については売主が瑕疵担保責任を負うのかは，瑕疵担保責任を免責する旨の特約があるか否かによって判断することになる。

　結局のところ，「現状有姿で引き渡す」という合意自体は，引渡しの対象となる目的物の性質・性能についての合意ではなく，契約後引渡しまでに目的物の状況に変動があっても修繕等行わず引渡し時の現状のまま引き渡す，瑕疵が存在していても修繕等行わず引渡し時の現状のまま引き渡す，という合意であるということである。当該目的物をどのような性質・性能で引き渡すと合意していたかは，当該契約の内容から判断することになる。既存住宅の売買であれば，通常は，築年数に応じた経年変化や通常損耗が存在するこ

とはやむを得ないものの，安全に居住することが可能であることが建物の性質，性能として契約で合意されていると解されるであろう。

したがって，既存住宅で現状有姿売買であると合意されていても，当該建物に安全に居住することに支障を来す不具合が存在する場合には，瑕疵・契約不適合が存在することになる。売主が瑕疵担保責任・契約不適合担保責任を負わなければならないかは，売買契約において当該瑕疵・契約不適合に関して売主の責任を免責する旨の特約が定められているかによって決まる。東京地判平成18・1・20（判時1957号67頁）では，「中古住宅につき現況有姿売買とする」旨の特約があった築21年の既存建物が白アリにより土台を侵食されていて建物の構造耐力上危険性を有するものであったことが判明した事案について，「本件売買契約は居住用建物をその目的物の一部とする土地付き建物売買契約であり，取引通念上，目的物たる土地上の建物は安全に居住することが可能であることが要求されるものと考えられるから，本件建物が本件売買契約締結当時既に建築後21年を経過していた中古建物であり，現況有姿売買とされていたことを考慮しても，本件欠陥に関しては瑕疵があったといわざるを得ない。」と判断している。この判断も，売買契約では「安全に居住することが可能である建物」を引き渡すことが契約の内容として合意されていたことを前提に，現状有姿売買との合意があってもそれは単にそのまま引き渡せばよいということを意味するだけであって，当該合意内容に適合しない建物を引き渡すことは認められず，瑕疵・契約不適合に該当することを明確にしたものと解することができる。

現状有姿売買であっても，瑕疵・契約不適合であるかは，契約の趣旨や取引通念をも考慮して，どのような性質・性能の目的物を引き渡すことが合意されていたかを検討する作業が重要になる。

> **実践知！** 現状有姿売買であることと，売主の瑕疵担保責任・契約不適合担保責任を免責するということは別の問題である。売主の立場でも，買主の立場でも，まずは，問題となっている不具合が瑕疵・契約不適合に該当するのかを検討する必要がある。

V. 契約解除を巡るトラブル

債務不履行によって契約が解除され，紛争が生じることは，様々な契約類型でしばしば見られる。しかし，不動産取引の場合には，不動産取引独特の契約解除の問題がある。手付解除は既に説明したところであり，ここでは，ローン特約解除，建築条件付き売買契約，クーリング・オフの問題を見ていく。

1. ローン特約

ローン特約とはどのような特約なのか。ローン特約による解除が認められる場合と認められない場合とでは，どのような点に違いがあるのか。

(1) ローン特約とは

宅地建物は高価であり，購入者が金融機関から住宅ローンなどの金銭を借り入れて購入代金に充てることも一般的に行われている。金融機関の与信審査には一定の時間がかかるうえ，金融機関が金銭を貸し付けるにあたっては，対象物件に抵当権を設定するため，対象物件の担保価値を判断するにも時間が必要となる。金融機関の立場では，購入の見込みがない物件に関する与信審査をすることはできないので，売買契約締結後，最終決済までに与信審査を行うことが多い。しかし，この場合，買主は住宅ローンの審査に通らなければ売買代金を支払うことができなくなる。ローンの審査に通らなかった場合に買主が違約金を支払わなければならないとなると買主には酷であり，買主がそのようなリスクがある取引を行うことは難しくなる。そこで，住宅ローンによって売買代金を支払う契約では，住宅ローンの審査に通らなかった場合には，買主は違約金を支払わなくても売買契約の拘束から免れるようにする特約を設けるのが一般的である。このような特約をローン特約という。

(2) ローン特約の種類

ローン特約には，大きく分けると，①ローン借入が不可能な場合には売買契約が当然に解除されて効力を失う「解除条件付特約」，②ローン借入が可能な場合には売買契約の効力を生じる「停止条件付特約」，③ローン借入が不可能な場合には売主又は買主が契約を解除することができる「解除権留保型特約」の3種類がある。

ローン特約の内容については宅建業法その他の法律による規制がないため，

138　　　　　　　　　　　　CHAPTER 2　売買契約での紛争

実務上も様々な規定で約定されている。したがって，ローン特約がどのような内容を定めているかは，ローン特約の解釈の問題となる。もともとローン特約は，買主が住宅ローンによる融資を受けることができない場合において，通常の債務不履行と同様に手付金没収や損害賠償義務の負担を強いられることになると買主に酷であるので，その結果を回避することが買主保護の見地から重要であるとともに，結果的に不動産流通活性化という観点からも重要であるために取り入れられるようになった。しかし，ローンが不成立となった場合の規定の中には，「売主と買主との間の協議によって契約を解除することができる」とする合意解除について明記するだけのものや，「売主が解除することができる」として売主が解除しなければ買主に代金支払義務が残るような規定としているものもある。買主としてはローン不成立の場合にどのような義務が残るのかを十分に理解して契約を締結するようにしなければならないといえよう。

(3) ローン特約の解釈

実務では，特約の解釈を巡って紛争となることがある。以下，いくつかの裁判例を見てみる。

i 売主が解除権を有するとする特約

CASE 福岡高判平成 11・8・31（判時 1723 号 60 頁）

● 事案の概要

　土地売買の事案。ローン特約は，「買主は，銀行，公庫のローンの借入れをして（ローン申込額 1700 万円，関係書類提出日平成 7 年 5 月 29 日），売買代金を支払うこととし，ローン借入れ不可能の場合には，売主は，受領した金員を買主に返還して売買契約を解除するものとする。ただし，買主が契約締結後，勤務先を変更したり，必要書類等の提出を遅滞したりした場合はその限りでない」というものであった。ローン融資の期限は同年 7 月 22 日と定められ，その後，最終的にローン期限は 10 月末日まで猶予されたものの，買主は複数の金融機関にローンの申込みをしながら，結果的には期限内にローン融資を得ることができなかった。売主は，11 月 8 日到達の内容証明郵便で，買主に対して 5 日以内に売買代金を支払うように催告し，支払がなされない場合には売買契約を解除する旨を通知した。他方，買主は融資希望額を下げてローンの申込みをしているとの通知を売主に対して行ったが，売主は 11 月 27 日到達の内容証明郵便で，既に売買契約は解除されている旨を通知した。買主は，売主による債務不履行があるとして紛争となった。

● ローン特約に関する裁判所の判断骨子

・本件ローン特約の趣旨は，ローン融資を受けることができない場合において買主

が通常の債務不履行と同様に，手付金没収や損害賠償債務の負担を強いられることになると，買主に酷となるため，買主が通常の手続どおり金融機関にローンの申込みをしたにもかかわらず，ローンが実行されない場合には，無条件（無賠償）の解除を認めるとともに，他方，ローンの実行の成否が，無期限に留保されて判明しないことになると，売買契約が確定しないまま，売主が対象物件を他の第三者に売却することもできないといった不利益を負担し続けることになりかねないため，ローンが実行されるべき期限を設け，右期限経過後は，その後のローンの成否の見込みにかかわらず，売買契約に拘束されないことを定めたものと解される。

・本件ローン特約は，買主が遅滞なく必要書類等を提出してローンの申込みをしたにもかかわらず，期限内にローンが実行されない場合には，改めて期限の猶予等の合意がされない限り，右期限の経過をもって当然に本件売買契約が解除となる旨を定めたというべきである。

・したがって，売主が解除するまでもなく，平成7年10月末日において当然に本件売買契約は解除となった。

　本件事案では，買主がローンの承認がなされない状況の中で契約の効力を維持したいと希望し，他方，売主は売買契約を解除することを希望した事案である。買主の利益と売主の利益を考えれば，売主の解除の主張が認められるべき事案であろう。このような状況の中で，裁判所は，本件ローン条項は，期限の経過をもって当然に売買契約が解除となるとの解除条件付特約であるとの判断を示した。

CASE　東京地判平成15・3・25（判例秘書 L05831279）

●事案の概要

　土地売買の事案。ローン特約は，「本契約は買主が金融機関（都市銀行・信用金庫）のローン借入を条件として締結するものであって，万一ローン借入不可能の場合には売主は受領せる金員を全額買主に返還して本契約を解除するものとする。」というものであって，ローン申込額は2700万円，本件ローン特約の適用は平成13年7月27日までとの約定であった。買主は，本件売買契約はローン特約によって解除されたとして手付金等の返還を求め，他方，売主は，買主は自らの都合でローンの申込みを中止したものであってローン特約は適用されないとして紛争となった。

●ローン特約に関する裁判所の判断骨子

・本件ローン特約の趣旨は，融資を受けることができなくなった買主が手付金没収の負担を強いられると買主に酷であるので，売主が契約を解除した場合であっても，買主が手付金全額の返還を求め得る旨定める一方，売主にとっては，買主の融資の方策が尽きるまでの期間が無制限に留保されると，この間，売買契約に拘束され続けることになり，対象物件を第三者に売却する手段も講じ得ないという

不利益を被ることになりかねないため，一定の期限を設け，同期限までに買主が
融資を得る目途が立たない場合には，契約解除によりその拘束から免れる方途を
付与したものと解するのが相当である。

・しかし，融資の内諾が得られている場合に期間内に融資が実行されなかったとい
うだけで当然に契約が解除されたものと解することは本件ローン特約の趣旨に悖
り，期間内に買主が融資内諾の目途が立たない事態に至った場合に，売主の解除
権行使を待って契約解除の効果が発生するとの事理を定めたものと解するのが相
当である。

・本件は，本件ローン特約の期限内に買主に対する金融機関の融資が内諾済みであ
り，融資金が交付されることが確実といえる状況であったにもかかわらず，買主
は感情的対立から取引続行の意思を喪失するに至ったものであって，本件ローン
特約の適用はない。したがって，買主は売主に対して既払いの手付金の返還を求
めることはできない。

　本件事案のローン特約は，「万一ローン借入不可能の場合には売主は受領
せる金員を全額買主に返還して本契約を解除するものとする。」というもの
であったところ，裁判所の判断は，融資内諾がある場合には，ローン期日経
過によって当然に解除となるというものではなく，売主の解除権行使をもっ
て契約解除の効果が発生するとの判断がなされた。前掲福岡高判平成11・
8・31では，買主は融資内諾に至っていない事案であり，そのような場合に
は売主が解除権を行使するまでもなく融資期限の経過により当然に売買契約
は解除されるというのが裁判所の判断であり，他方，本事案では買主が融資
内諾に至っている場合には売主の解除権行使によって売買契約は解除の効果
を生じるというものであった。実務の参考となる裁判例であるといえよう。

ii　買主が解除権を有するとする特約

CASE　東京地判平成28・11・22（金法2062号74頁）

●事案の概要

　マンションの一室の売買の事案。ローン特約は，

第18条　買主は，この契約締結後すみやかに，標記の融資 (G)—1 のために必要な
書類を揃え，その申込手続をしなければならない。

2　前項の融資の全部又は一部について承認を得られないとき，買主は標記の融資
未承認の場合の契約解除期限 (G)—1 までであれば本契約を解除することができる。

3　前項によってこの契約が解除された場合，売主は，受領済の金員を無利息で遅
滞なく買主に返還しなければならない。

4　買主自主ローンの場合，買主は，融資利用に必要な書類を標記 (G)—2 までに金
融機関等に提出し，その提出書類の写しを売主に提出しなければならない。買主が，

V．契約解除を巡るトラブル　　141

必要な手続をせず提出期間が経過し，売主が必要な催告をしたのち標記の融資未承認の場合の契約解除期限 (G)—1 が過ぎた場合，あるいは故意に虚偽の証明書等を提出した結果，融資の全部又は一部について承認が得られなかった場合には，第2項の規定は適用されないものとする。

というものであった。買主は所定の期限までに融資の承認を得られなかったとして売買契約を解除して手付金の返還を求めたところ，売主は，買主が虚偽の証明書を提出した等として第18条4項によりローン特約は適用されないとして争ったため紛争となった。

●ローン特約に関する裁判所の判断骨子

- ・買主は，3つの金融機関から融資の承認を得られなかったところ，売主は，ローン特約条項が定めた返還拒絶事由やそれ以外に法的に支払を拒否し得る事情がない限り，原告（買主）に対して手付金を返還する義務を負う。
- ・売主は，携帯電話の割賦代金債務があることを融資承認の書類に記載しなかったことが契約書18条4項の虚偽の証明書等に該当する旨主張するが，割賦代金の金額を考慮すると，当該申告しなかったことを理由に融資の全部の承認が得られなかったとは認めがたいので，18条4項に該当する事情とは認められない。
- ・その他，法的に支払を拒否し得る事情があるとはいえず，売主の主張は採用できない。

買主に解除権が留保されているローン特約では，買主側が適切にローン手続を行わない場合にはローン特約が適用されない旨を定めることが多い。この場合には，買主がローン特約による解除を主張して手付金の返還を売主に求め，他方，売主がローン特約は適用されないとして手付金の没収を主張して紛争になることがある。本件では，携帯電話の割賦代金の不申告はローン特約を排除する事情にあたらないとして，また，当初予定していた融資申込金よりも多少多額の融資を申し込んでも，手付金の返還を拒否する事情には該当しないと判断したものである。

CASE　東京地判平成 8・8・23（判時 1604 号 115 頁）

●事案の概要

土地建物の売買の事案。ローン特約は，「買主は，本件契約締結後，遅滞なくローンの申込み手続をとるものとする。前項の申込みにかかわらず，万一融資が否認された場合，あるいは金融機関との金銭消費貸借契約に関する保証委託契約が成立しないとき，買主は無条件にて本件契約を解除することができる。この場合，売主は既に受領済みの金員を遅滞なく買主に返還するものとする。」というものであった。

買主が当初予定していた銀行から住宅ローンの融資を受けることができなかった

のでローン条項に基づいて契約を解除したとして手付金，中間金の返還を求めたのに対し，売主は，買主が根拠のない理由を付けてローンを実行する意思がない金融機関に融資の申込みをしてもローン特約による解除はできないとして争ったため紛争となった。

●ローン特約に関する裁判所の判断骨子

・買主はＡ銀行から住宅ローンの貸付が受けることを予定し，その申込みをしたにもかかわらず，保証委託会社から支払保証委託契約の締結を拒まれ，そのためＡ銀行からの住宅ローンの貸付も拒まれたことが認められ，本件ローン特約により，本件契約を解除することができる。

・買主は勤務先等で取引関係があるＡ銀行に住宅ローンの申込みをしているのであり，貸付の拒否が正当であったか否かとは関係なく，買主はローン特約の申込み義務を果たしているので，売主の主張には理由がない。

　ローン特約でどの金融機関に申し込むかを特定できるのであれば，その旨を契約書に明記しないと，後日の紛争を招きやすい。しかし，契約書に具体的な金融機関の名称が記載されていない場合であっても，契約交渉の経緯の中から買主がローンの申込みを想定していた金融機関を特定することは可能であり，本件では，Ａ銀行への申込みが当初から予定されていたとして，買主は融資申込み義務を果たしているとの判断がなされた。

　東京地判平成 16・7・30（判時 1887 号 55 頁）は，ローン特約において「金融機関」への融資申込みがなされなければならないと定められていたところ，都市銀行からの融資承認が得られなかったとして買主がローン特約による解除を主張したのに対し，売主はノンバンクであれば融資が承認されたとしてローン特約の適用を争った事案である。裁判所は，売買契約の過程の事実を認定したうえで，ノンバンクから融資を受ける前提で売買契約を締結したものではないとして，買主はローン特約による契約解除をすることができると判断している。

iii　解除条件か解約権の留保かが問題となった特約

　その他，事案によっては，記載されたローン条項の記載があいまいであるために，解除条件なのか，解約権の留保なのかが問題になることもある。東京地判平成 17・10・26（判例秘書 L06033972）は，「買主が，平成 15 年 6 月 13 日迄に位置指定道路の許可取得前の融資実行について金融機関より承認を得られなかった場合は，本契約を白紙解約するものとします。」という規定について，裁判所は，本件売買においては売主が位置指定道路の許可を取得することが本件売買の大前提であったということを認定した上で，売主が

位置指定道路の許可を得ないままに融資期日を経過しただけで当然に売買契約が白紙撤回されることは当事者の合理的意思ではないとして，買主のみに解約権の留保を定めた規定であると判断した。

ローン特約の内容が明らかではない場合には，当事者の意思を合理的に解釈することが必要となる。契約締結に至るまでの売主と買主との間のやりとりも含めて，どのような意思で当該条項を定めたかを解釈することになる。買主側・売主側，それぞれが自らの解釈を裏付ける事実をひとつひとつ拾い上げることが重要である。

(4) 宅建業法の規定

ローン条項の内容は買主の購入意思決定に重要な影響を与えるものであり，また，売買契約で明確に定めておく必要があるものである。したがって，宅地建物取引業者が関与する売買契約の場合については，ローン条項についても宅建業法上の説明義務等が定められている。

i 宅建業法 35 条 1 項 8 号

宅建業法 35 条は，宅地建物取引の専門家であって，取引経験や専門知識を有し調査能力を有していると考えられる宅地建物取引業者に対して，一定の事項を「重要事項」として取引の相手方に対して書面をもって説明する義務を課している。この中では，「契約の解除に関する事項」が重要事項として定められている。ローン特約は契約の解除に関する事項であるので，重要事項説明の対象とされている。

ii 宅建業法 35 条 1 項 12 号

宅建業法 35 条 1 項 12 号は，「代金又は交換差金に関する金銭の貸借のあっせんの内容及び当該あっせんに係る金銭の貸借が成立しないときの措置」を重要事項説明の対象として定めている。宅地建物取引業者が関与する取引において，提携ローン等で住宅ローン等をあっせんする場合について，国交省は，「金融機関との金銭消費貸借に関する保証委託契約が成立しないとき又は金融機関の融資が認められないときは売主又は買主は売買契約を解除することができる旨，及び解除権の行使が認められる期限を設定する場合にはその旨を説明する。」とするとともに，「また，売買契約を解除したときは，売主は手付又は代金の一部として受領した金銭を無利息で買主に返還することとする。」としている（「解釈運用の考え方」第 35 条 1 項 12 号関係「2　ローン不成立等の場合について」）。

iii 宅建業法 37 条 1 項 9 号

　宅地建物取引業者は，自ら売主として売買契約を締結した場合には相手方に，媒介業務・代理業務を行って売買契約を締結させた場合には，各当事者等に，法 37 条所定の事項を記載した書面を交付しなければならない。この 37 条書面の中には，「契約の解除に関する定めがあるときは，その内容」（法 37 条 1 項 7 号），「代金又は交換差金についての金銭の貸借のあっせんに関する定めがある場合においては，当該あっせんに係る金銭の貸借が成立しないときの措置」（法 37 条 1 項 9 号）を記載しなければならない。法 35 条の重要事項説明と同様である。

　ローン特約の内容についての解釈にあたっては，重要事項説明に至るまでの経緯，重要事項説明の内容，37 条書面の内容を総合的に勘案して売主と買主との間の合理的意思を検討することになる。

実践知！

　「ローン特約」というだけで内容が定まるものではないが，ローン特約がない場合には，住宅ローンの承認を受けることができなかった買主は，手付金を放棄して契約を解除することとなる。ローン特約があっても，契約書に記載された表現から一義的に特約内容が定まらない場合には，契約に至るまでの間の交渉状況も含めて，当事者間でどのような合意がなされたのかが検討される。宅地建物取引業者が取引に関与している場合には，重要事項説明でどのような説明がなされたかということも重要である。

紛争予防の視点

　住宅ローンを使う取引では，ローン特約を設けることが紛争予防の第一歩である。その上で，「解除条件付特約」なのか，「停止条件付特約」なのか，「解除権留保型特約」なのかという点について疑義が生じない形の約定を設ける必要がある。

　解除条件でも停止条件でも解約権留保でも，重要なのは，どのような事情が発生した場合にいわゆる白紙解約となるかということである。したがって，その点につき疑義が生じないように明確に定めておくことが紛争予防には有用である。

　買主の立場では，「ローン特約」という表題の下，売主の判断によってしか契約の解除が認められないような規定が設けられていることもあるので，十分に内容を理解した上で契約を締結しなければならない。

2. 建築条件付土地売買

建築条件付土地売買にはどのような問題があるのか。

(1) 建築条件付土地売買契約とは

　建築条件付土地売買とは，土地の売買契約において，売主又は売主の指定する建設業者との間で当該土地に建築する建物について建築請負契約が成立することを条件とする土地売買契約をいう。建物請負契約が成立した場合に土地売買契約が成立するとする停止条件付土地売買契約と，建物請負契約が成立しなかった場合には土地売買契約が解除されるとする解除条件付土地売買契約とがある。売買契約の対象となるのはあくまでも土地であり，建物は売買契約の対象ではなく，請負契約の対象となる。建物については土地買主と建設業者（売主が建設業者である場合もある）との間で設計プランを検討し，設計について合意に至れば建築請負契約を締結することとなる。建築請負契約が成立しなければ，土地売買契約は停止条件が成就しないか，又は解除条件が成就するので，売買契約は効力を失い，買主は手付金等を支払う必要がなくなり，既に支払っている場合には売主から返還を受けることができる。他方，建築請負契約が成立した場合には，その後に買主が土地売買契約を解除する場合には，手付放棄等を行わなければならなくなる。

　いわゆる「青田売り住宅」の場合には，建物が完成していない段階で売主が建物と土地を売買契約の対象とするので，建築条件付売買とは異なる。

　買主からすれば，建物について自分の希望を反映させることができ，希望の建物を建築できない場合には土地売買契約が白紙解約となるので，手付金等を失うことなく契約関係から離脱できるというメリットがある。他方，売主が宅地建物取引業者である場合（そのような場合が多い）には，青田売りの場合の前述の契約締結時期の制約（前述 23 頁参照）や手付金等の保全措置（前述 72 頁参照）を講ずる必要がなくなるというメリットがある。

　しかし，建築請負契約を締結してしまえば土地売買契約の白紙撤回はできなくなるので，土地売買契約からほとんど期間を置かずに（場合によっては土地売買契約に続けて），売主が予め用意している建築プランでの建物建築契約を締結することがなされることもある。このような場合には，青田売り規制の脱法を狙った建築条件付土地売買契約であるとして紛争になることもあり，又，買主からすれば希望に沿わない建築請負契約を締結してしまったとして請負契約の内容を巡って紛争となることも少なくない。

プラスα

　建築条件付土地売買は，土地の売買契約に建物の請負契約がセットになっているものであり，しかも，「売主又は売主が指定する建設業者」との間で請負契約を締結することが条件となっていて，買主が自由に建物の建設業者を選ぶことができないものとなっている点で，独占禁止法上の不公正な取引方法（独禁19条）としての抱き合わせ販売に該当するのではないかということが問題となりうる。

　この点，建築条件付土地取引についての独占禁止法上の考え方については，平成15年3月18日に，不動産公正取引協議会連合会が公正取引委員会に次のような照会を行っている。

　「宅地建物取引業者が土地を販売するに当たり，当該土地に建物を建築すること又は当該土地に建築する建物について，自己若しくは自己が指定する第三者との間に一定期間内に建築請負契約が成立することを条件とすることは，それ自体が直ちに独占禁止法上問題となるものではなく，当該宅地建物取引業者の市場における地位，宅地建物の需給の状況等を踏まえて，公正な競争を阻害するおそれがあるかどうかで判断されるものである。

　他方，このような条件があらかじめ明示され，かつ，十分に説明されることが適切な土地購入の判断には欠かせないものであり，建築条件付土地取引においてどのような期間を設定するかを含め，これらの条件があらかじめ具体的かつ適切に表示されていない場合には，景品表示法上の不当表示に該当するおそれがある。」

　この照会に対し，公正取引委員会は，宅地市場の現状に照らしてみて独占禁止法上の問題はない旨を回答している。

　したがって，この照会回答に従う限り，建築条件付土地売買はそれだけでは独占禁止法上の不公正な取引方法に該当することはなく，「建築条件付土地取引においてどのような期間を設定するかを含め，これらの条件があらかじめ具体的かつ適切に表示」されている場合には，景品表示法上の不当表示には該当しないことになる。後述のとおり，建築条件付土地売買については，景品表示法上の不当表示に該当しないよう，業界団体において自主ルールが定められている。

CASE　名古屋高判平成15・2・5（判例秘書 L05820284）

●事案の概要

　建築条件付土地売買契約の事案であり，土地売買契約締結と同時に売主が用意していた標準プランでの建物請負契約（工事価格2000万円）を締結していたところ，結局建物建築に至らなかった。本件広告中には「この宅地は，土地売買契約後3か月以内にAと住宅の建築請負契約を締結していただくことを条件に販売します。この期間中に建築しないことが確定したとき，あるいは建築請負契約が成立しない場合，土地売買契約は白紙となり受領した金銭は全額無利息にて返却いたします」と記載があった。しかし，売買契約では「買主は本契約締結後3か月以内にAとの住宅建築請負契約を締結するものとする」と記載されているだけで，広告文言の条項は記載されていなかった。

買主は，本件売買契約は建築条件付売買契約であって広告文言の内容も合意されていること，及び売買契約と同時に締結した建物請負契約は建築条件の対象となる建物請負契約ではないので，売買契約は白紙撤回されたとして，売主に対して手付金の返還を求めた。

●**建築条件に関する裁判所の判断骨子**

・本件は建築条件付き宅地分譲であるところ，本件広告文言は，独占禁止法に抵触しないために顧客を保護する重要な意義を有するものであり，本件土地売買契約の契約書に明記されていないとしても，本件土地売買契約の契約内容となっているとみるべきである。

・買主は5000万円ないし6000万円の建物請負契約を予定していて，売主もグレードを上げた設備にして建坪も増加していたため，本件請負契約は売主も買主も契約としての拘束力を予定していなかったものであり，設計契約の点を除き，本件建物契約は意味のないものであって，もし仮に控訴人（売主）が本件広告文言の適用を避けることを意図して本件建物契約締結に至ったのであれば，詐欺的行為と言わざるを得ない。

→手付金の返還を認めた原審の判断を維持し，売主の控訴を棄却。

　3か月以内に締結するとされている建築請負契約を土地売買契約と同時に締結した事例の1つであり，裁判所は，もともと売主も買主も標準プランでの請負契約を締結する意図はなかったとして，買主を保護した。売主側が用意した設計内容での建物請負契約しかできないとすれば，「抱き合わせ販売」に極めて近いものになる。また，抱き合わせ販売でないとすれば，実態としては違法な青田売りとも考えられる。裁判所の判断は妥当であろう。土地売買契約と同時に買主と売主との間で建築請負契約が締結された事案について，大阪高判平成10・3・24（RETIO40号82頁）では，広告では「新築一戸建て」等となっていること，建築確認が買主名義でなされていないこと，建物建築についての話し合いが行われていないこと等を認定して，本件契約は土地付戸建住宅の売買契約であると判断されている（全体についてローン特約による解除が認められた）。

⑵　建築条件付土地売買契約についての宅建業法の規制

ⅰ　宅建業法35条1項8号

　宅建業法35条1項8号は，「契約の解除に関する事項」を重要事項説明の対象として定めている。宅地建物取引業者が関与する取引において，建築条件付土地売買契約を締結しようとする場合について，国交省は，「宅地建物取引業者が，いわゆる建築条件付土地売買契約を締結しようとする場合は，

建物の工事請負契約の成否が土地の売買契約の成立又は解除条件である旨を説明するとともに，工事請負契約が締結された後に土地売買契約を解除する際は，買主は手付金を放棄することになる旨を説明することとする。」としている。さらに，国交省は「なお，買主と建設業者等の間で予算，設計内容，期間等の協議が十分に行われていないまま，建築条件付土地売買契約の締結と工事請負契約の締結が同日又は短期間のうちに行われることは，買主の希望等特段の事由がある場合を除き，適当でない。」としている（「解釈運用の考え方」第35条1項8号関係「建築条件付土地売買契約について」）。

　すなわち，宅地建物取引業者は，重要事項説明において建築条件付土地売買であることを十分に買主に説明する必要がある。土地売買契約と建物請負契約が同日又は短期間に行われると紛争になりやすく，また，青田売り規制の脱法行為となるリスクがあるので，宅地建物取引業者としては，原則としてそのような契約を行うべきではないといえよう。

ii　宅建業法37条1項9号

　宅地建物取引業者は，自ら売主として売買契約を締結した場合には相手方に，媒介業務・代理業務を行って売買契約を締結させた場合には，各当事者等に，法37条所定の事項を記載した書面を交付しなければならない。この37条書面の中には，「契約の解除に関する定めがあるときは，その内容」（法37条1項7号）を記載しなければならない。法35条の重要事項説明と同様，契約の解除に関する定めとして，建築条件付土地売買契約の約定を法37条に基づく書面に記載しなければならない。

(3)　景品表示法と不動産公正競争規約

i　不動産公正競争規約と不動産業における景品規約

　景品表示法とは，商品及び役務の取引に関連する不当な景品類及び表示による顧客の誘引を防止するため，一般消費者による自主的かつ合理的な選択を阻害するおそれのある行為の制限及び禁止について定めることにより，一般消費者の利益を保護することを目的とする法律である（同法1条）。景品表示法は，この目的を達成するために，不当表示の禁止や課徴金制度等についての規定を定めている。さらに同法31条は，事業者又は事業者団体は，内閣府令で定めるところにより，景品類又は表示に関する事項について，内閣総理大臣及び公正取引委員会の認定を受けて，不当な顧客の誘引を防止し，一般消費者による自主的かつ合理的な選択及び事業者間の公正な競争を確保

するための協定又は規約を締結し，又は設定することができる旨を定めている。この31条に基づき，不動産取引の関係では，「不動産の表示に関する公正競争規約」（以下「表示規約」という）と「不動産業における景品類の提供の制限に関する公正競争規約」（以下「景品規約」という）が作成されている。

表示規約と景品規約は，全国9ブロックの不動産公正取引協議会が運用している。これらの規約は，不動産公正取引協議会に所属している事業者に適用される自主規制である。しかし，不動産公正取引協議会には様々な不動産業に係る業界団体が会員として所属しており，これらの業界団体に参加している宅地建物取引業者は表示規約と景品規約を遵守しなければならないので，ほぼすべての宅地建物取引業者に表示規約と景品規約が適用される。

ii 表示規約と建築条件付土地売買

表示規約は，建築条件付土地売買を「自己の所有する土地を販売するに当たり，自己と土地購入者との間において，自己又は自己の指定する建設業を営む者（建設業者）との間に，当該土地に建築する建物について一定期間内に建築請負契約が成立することを条件として売買される土地をいう（建築請負契約の相手方となる者を制限しない場合を含む。）。」と定義する（同規約4条6項1号）。

表示規約は，建売住宅（未完成の建物と土地）の売買契約との誤認を防止する観点から建築条件付土地売買契約の表示についての規律を定めている。すなわち，未完成物件については，建築確認等を受けた後でなければ広告することが認められていない（法33条，表示規約5条）ところ，建築条件付土地売買については，表示規約6条に定める表示であれば建物について広告することができる。具体的には，次のとおりである。

第6条　前条の規定は，建築条件付土地取引に関する広告表示中に表示される当該土地に建築すべき建物に関する表示については，次に掲げるすべての要件を満たすものに限り，適用しない。

一　次の事項について，見やすい場所に，見やすい大きさ，見やすい色彩の文字により，分かりやすい表現で表示していること。

ア　取引の対象が建築条件付土地である旨

イ　建築請負契約を締結すべき期限（土地購入者が表示された建物の設計プランを採用するか否かを問わず，土地購入者が自己の希望する建物

の設計協議をするために必要な相当の期間を経過した日以降に設定される期限）
　ウ　建築条件が成就しない場合においては，土地売買契約は，解除され，かつ，土地購入者から受領した金銭は，名目のいかんにかかわらず，すべて遅滞なく返還する旨
　エ　表示に係る建物の設計プランについて，次に掲げる事項
（ア）当該プランは，土地の購入者の設計プランの参考に資するための一例であって，当該プランを採用するか否かは土地購入者の自由な判断に委ねられている旨
（イ）当該プランに係る建物の建築代金並びにこれ以外に必要となる費用の内容及びその額
　二　土地取引に係る第8条に規定する必要な表示事項を満たしていること。

　表示規約を遵守した建築条件付土地売買の広告は，不当表示に該当することはない。しかし，表示規約が遵守されていない建築条件付土地売買の広告は，景品表示法上の不当な表示に該当するとともに，宅建業法上は誇大広告（法32条）に該当することとなる。また，建物設計プランの採否が土地購入者の自由な判断に委ねられないような場合（売主が用意した標準プランでしか建築請負契約を締結しない場合等）には，実態としては建売住宅の売買であり，未完成物件の広告開始時期の制限（法33条）や契約締結時期の制限（法36条）に違反することとなるので注意が必要である。

　　　建築条件付土地売買契約は，直ちに独占禁止法に違反するものではない。しかし，青田売り規制を逃れるために，形式上，建物を請負契約の対象としていることがあるので注意が必要である。
　　　売買契約と同日又は短期間のうちに売主側が用意した建物請負契約が締結されている場合で紛争になった場合には，売主側も買主側も，違法な青田売りの脱法に該当していないかを検討することが有用である。その際，表示規約通りに広告がなされていたかを検討することも有用である。

紛争予防の視点

建築条件付き土地売買契約は，うまく利用すれば，土地を入手するとともに買主の意向を反映させた建物の建築を可能とする契約であるので，買主にもメリットがある。

紛争は，土地売買契約の後，短期間で建物請負契約が締結され，買主の意向が反映されない請負契約である場合や，買主の意向を反映させようとすると請負代金が大きく増額となる変更契約が必要となる場合に発生する。したがって，設計についての話し合いをしっかり行ったうえで，建物請負契約締結をすることが紛争予防には不可欠である。そのような対応ができない売主業者は，青田売りを行い，宅建業法の規制を遵守するべきであろう。

買主としては，建築条件の内容を理解することは当然のことであり，さらに，売主側が用意したプランの請負契約しか認めないというような宅地建物取引業者との取引には十分注意を払わなければならない。当該プランの中に気に入るものがあればよいが，気に入ったものがなければ後日の紛争につながるリスクがある。

3. クーリング・オフ

不動産の売買契約でクーリング・オフにより契約を解除することは認められているのか。

(1) 趣旨

宅建業法37条の2は，宅地建物取引業者が自ら売主となる宅地建物の売買契約について，宅地建物取引業者の事務所又はそれに準ずる省令で定める場所以外の場所でなされた宅地建物の買受けの申込み又は売買契約について，8日間は買受けの申込みの撤回や契約の解除をすることができる旨を定めている。いわゆる「クーリング・オフ制度」である。これは，訪問販売，旅行招待販売等の方法によって，強引に土地や建物を売り，のちに苦情や紛争が発生した事案が発生したことを受けて，消費者を保護する観点から，購入者の購入意思が不安定な状況のもとで行われた契約の申込み等を白紙で撤回できるようにした制度である（解説256頁）。特定商取引法でもクーリング・オフ制度が設けられているが，宅建業法に定める宅地建物取引業者が行う宅地建物の売買については，特定商取引法は適用されない（特定商取引26条1項8号ロ）。

(2) 要件

申込者・買主がクーリング・オフ制度を利用することができる要件は，次のとおりである（法37条の2第1項）。

152　　CHAPTER 2　売買契約での紛争

① 宅地建物取引業者が売主であること

宅地建物取引業者以外の者が売主である場合には，クーリング・オフ制度の対象とはされていない。

② 宅地建物取引業者の事務所又はそれに準ずる場所以外の場所で，宅地建物の買受けの申込み又は売買契約の締結をしたこと

クーリング・オフ制度は，購入者の購入意思が不安定な状況で行われた契約の申込み等を消費者保護の観点から撤回等することを認める制度であるので，購入者の購入意思が明確で安定していると定型的に判断できる場合には，クーリング・オフ制度の対象から外した。事務所以外にクーリング・オフの適用が除外されている場所は，施行規則16条の5に定められている。

③ 書面により買受けの申込みの撤回又は売買契約の解除をすること

申込みの撤回等は書面で行わなければならない。この意思表示は，申込みの撤回等の書面を発した時にその効力を生ずる（法37条の2第2項）。買受けの申込みがなされ，まだ売主が承諾していない段階では買受けの申込みの撤回が可能であり，売主が承諾して売買契約が成立している場合には契約の解除が可能である。

(3) 買受けの申込みの撤回等ができない場合

i 法37条の2第1項を満たしていない場合

法37条の2第1項が定める売買契約ではない場合には，買受けの申込みの撤回等を行うことができない。したがって，例えば，宅地建物取引業者の事務所で買受けの申込みをした場合や売買契約を締結した場合には，クーリング・オフ制度は適用されない。買主の自宅や勤務する場所で買受けの申込み等がなされた場合には，原則として申込みの撤回等が可能である。しかし，買主が自宅や勤務する場所で宅地建物の売買契約に関する説明を受ける旨を申し出た場合には，当該自宅や勤務する場所で買受けの申込み等を行ってもクーリング・オフ制度は適用されない。このような場所は，クーリング・オフ制度が適用除外される場所として省令で定められているからである（規16条の5第2号）。

ii クーリング・オフに関する一定の事項を告げられた日から起算して8日を経過したとき

買受けの申込み等を行った者に対して，売主がクーリング・オフに関して省令（規16条の6）に定められた事項を書面に記載し，当該書面を交付して

説明を行った場合には，買受けの申込み等を行った者は，当該告げられた日から起算して8日を経過すると，買受けの申込みの撤回等を行うことができなくなる（法37条の2第1項1号）。したがって，当該起算日から8日以内に申込みの撤回等を行わなければならない。消費者の保護の要請と取引の安定確保の要請とのバランスを考慮し，「8日間」という期間制限が設けられている。なお，クーリング・オフ制度の適用を受けられなくなった場合であっても，民法や消費者契約法に基づいて契約の解除や契約の取消しを主張することができる場合がある。

書面による説明がなされていない場合には，「8日間」という期間制限が適用されないので，申込者等は，次の③に該当するまでは買受けの申込みの撤回等をすることができる。

iii 宅地建物の引渡しを受け，かつ，代金の全部を支払ったとき

売買契約締結の後，買主が目的物の引渡しを受け，かつ，代金の全部を支払った場合のように，売買契約の履行関係がすべて終了した場合には，もはやクーリング・オフ制度は適用されない（法37条の2第1項2号）。履行関係が終了した場合にまで契約の白紙撤回を認めると，法的安定性が損なわれるからである。この場合も，民法や消費者契約法に基づいて契約の解除や契約の取消しを主張することができる場合がある。

(4) 申込みの撤回等の効果

申込みの撤回等が行われた場合においては，宅地建物取引業者は，申込みの撤回等に伴う損害賠償又は違約金の支払を請求することができない（法37条の2第1項後段）。契約意思が不安定な条項で申込み等がなされた場合の申込みの撤回や契約の解除は，無条件にできるようにして消費者保護を徹底している。

また，申込みの撤回等が行われた場合においては，宅地建物取引業者は，申込者等に対し，速やかに，買受けの申込み又は売買契約の締結に際し受領した手付金その他の金銭を返還しなければならない（法37条の2第3項）。

(5) 法37条の2違反があった場合

法37条の2第1項〜3項に定めるクーリング・オフ制度の規定に反する特約で，申込者等に不利なものは無効とされる（法37条の2第4項）。したがって，例えば，クーリング・オフの適用除外となる場所を拡大する特約，

申込みの撤回等が行われても損害賠償請求の対象となるとする特約，クーリング・オフに関する書面による説明の有無に関係なく契約締結から8日が経過するとクーリング・オフの適用除外となるとする特約等は，いずれも申込者等に不利な特約であるので，無効となる。無効となるのは申込者等に不利な特約であるので，申込者等に有利な特約は有効である。例えば，クーリング・オフの説明を受けた日から2週間を経過するまで買受けの申込みの撤回等を行うことができるとする特約は，申込者等に有利な特約であるので，有効である。

　宅地建物取引業者が法37条の2に違反した場合には，監督官庁から，指示処分（法65条1項・3項）が課せられる。クーリング・オフの妨害についての情状によっては，業務停止処分（法65条2項5号）が課せられる（「解釈運用の考え方」第37条の2第1項関係「2　クーリング・オフ妨害等について」）。

> 実践知！
>
> 　不動産売買契約でもクーリング・オフ制度が適用できる場合がある。
> 　宅地建物取引業者が売主であり，例えば買主の自宅や勤務先に宅地建物取引業者が押しかけて売買契約がなされた場合等には，クーリング・オフの適用の可否を検討する必要がある。クーリング・オフ制度が適用できるのにそれを看過した場合には，弁護過誤となる可能性もあるので，注意が必要である。

紛争予防の視点

　クーリング・オフ制度が適用される場所での契約は，そもそも，一般的に行われている売買契約と比較すれば，極めて異例のものである。売主たる宅地建物取引業者としては，買主が冷静に検討した上で，改めてクーリング・オフ制度が適用されない場所において契約を締結するようにすることが紛争予防にとって重要である。

CHAPTER

03 賃貸借契約での紛争

賃貸借契約での紛争にも様々なものがある。もっとも，本書では，不動産「取引」に関する問題として，賃貸借契約締結に関連する問題を扱う。

したがって，まずは，賃貸借契約成立に関係する論点を取り上げる。そのため賃貸借契約成立後に発生する賃貸人と賃借人との間の問題，例えば賃貸人の修繕義務，賃料増減額請求，賃料不払と解除，更新拒絶と正当事由等については，本書では取り上げない。これらの論点については，既に様々な解説書があるので，それらを参照されたい。

他方，賃貸借契約終了時に問題になる論点であっても，賃貸借契約締結時の賃貸借契約内容に関係する，賃借人の原状回復義務や敷引特約に関する論点は，本書でも取り上げる。また，賃貸借契約期間中に賃借人が自殺した場合には，次の賃貸借契約に影響を与えるので，本書で検討する。最後に，賃貸借契約時に書面による説明が必要とされている定期借家契約について取り上げる。

I. 契約締結時の問題

1. 賃貸借契約の成立

(1) 賃貸借契約書
賃貸借契約は，当事者の合意だけで成立するのか。

賃貸借は，当事者の一方がある物の使用及び収益を相手方にさせることを約し，相手方がこれに対してその賃料を支払うことを約することによって，その効力を生ずる（改正前民法601条）。改正後の民法では，「賃貸借は，当事者の一方がある物の使用及び収益を相手方にさせることを約し，相手方がこれに対してその賃料を支払うこと及び引渡しを受けた者を契約が終了したときに返還することを約することによって，その効力を生ずる」（改正民法601条）となるが，いずれにしても，賃貸借契約は，貸主と借主との間で申込みと承諾の合意があれば成立する諾成契約である。

したがって，賃貸借契約の成立に賃貸借契約書は必要とされていない。

156

もっとも，賃貸借契約が諾成契約として民法上定められているということと，賃貸借契約書が作成されていない段階で賃貸借契約に係る申込みと承諾があったと事実認定できるかは別の問題である。

　不動産取引実務では，居住用不動産であれば物件を内覧等した「借主となろうとする者」が申込書で当該物件の申込みを行う旨を明らかにし，申込金を仲介業者に支払った後に，家に帰って改めて考えてみて「やっぱり契約を止めます」と申し出ることが少なからずある。この場合，申込金が返還されない場合には紛争となる。さらに，借主となろうとする者が，仲介業者の事務所で貸主ブランクの契約書に署名し，手付金まで支払った後に，貸主欄に記名捺印された契約書が送られてくる前に翻意することもある。この場合も，手付金が返還されない場合には紛争となる。

　事業用不動産でも同様の事態が生ずる。事業用不動産の場合には，貸主と「借主となろうとする者」との間で契約成立に向けて様々な交渉がなされることがあり，そのような交渉を行っている途中で，いずれか一方から契約交渉を拒絶するようになることがあり，居住用不動産の場合と比べて，金銭面で紛争が深刻になることもある。

　これらの場合，賃貸借契約が既に成立しているのであれば，あとは手付放棄（又は手付金の倍額支払）による解除の問題となる。他方，賃貸借契約が成立していないのであれば，賃貸人は既に受領した金銭は返還しなければならないことになる。また，賃貸借契約が成立していない場合には，契約交渉の不当破棄が問題となることもある。

　これらの場合，賃貸借契約が成立しているか否かは重要な論点になる。しかし，実務では，賃貸借契約書を作成することによって賃貸借契約を成立させるという当事者の意思があるのであれば，事実認定の問題として，賃貸借契約書が作成されていることが賃貸借契約成立という事実を認定するにあたり，重要な要素になる。「賃貸借契約書は作成されていないが，当事者の合意があるので賃貸借契約は成立している」という単純な話ではない。

CASE　大阪地判平成 5・6・18（判タ 844 号 183 頁）

● 事案の概要

　賃貸マンションにおける居住用の賃貸借契約の事案。A が情報誌を見て仲介業者から物件の案内を受け，「外国籍でも入居可能か」を仲介業者に尋ねたところ，外国籍の居住者が既に入居しているので問題ないと言われ，仲介業者から「入居申込ご案内」と題する書面と入居申込書の交付を受けた。「入居申込ご案内」に

は「原則として日本国籍であること」と住民票を提出することが申込み条件に記載されていたので、Aが再度確認し、また、外国人登録証で代替できるかを尋ねたところ、仲介業者はそれでよいとの回答であった。そこで、Aは申込書に記載するとともに、手付金名目で5万円を仲介業者に対して支払った。仲介業者は重要事項説明書と題した書面をAに交付した。なお、当該重要事項説明書と題した書面では、「物件引渡」の欄には「契約終了後」の記載があり、「取引の態様」欄では「賃貸」「仲介」の部分に丸が付けられ、「特約事項」欄には「家主受理後手付金とします」との記載があり、Aは押印をしている。また、5万円について仲介業者の「預り・領収証」には、「家主確認後本手付金とする」旨の書込みがなされていた。

Aは仲介業者から日割り家賃や保証金その他諸費用と必要書類を準備するよう指示され、引っ越しの準備を開始した。しかし、家主が契約の締結を拒絶し、仲介業者が5万円を返還するとAに伝えたがAが受領を拒否し、紛争となった。

● 契約の成否に関する裁判所の判断骨子

・右重要事項説明書の「物件引渡」、「取引の態様」、「特約事項」の各欄の記載や、右手付金名目の5万円の預り・領収証は仲介業者名義となっており、貸主の代理人である趣旨を示す記載はないことや、敢えて「家主確認後本手付金とする」旨の書込みがなされていることを併せ考えると、仲介業者は仲介人としてAと交渉したものであって、貸主との賃貸借契約は後になされることを前提として行動していたものというべく、このことはAも認識することができたものと考えられる。したがって、仲介業者が貸主の代理人となって契約し、本件賃貸借契約が成立したものとは認められない。

（なお、契約交渉の不当破棄については、後述）

CASE 京都地判平成 19・10・2（判例秘書 L06250293）

● 事案の概要

賃貸マンションにおける居住用の賃貸借契約の事案。外国籍のAが仲介業者のHPで建設中の本件マンションで入居者を募集していることを知り、仲介業者から建設現場の案内を受け、入居を希望する旨を伝えた上で、平成17年1月24日、本件入居カードに記入をした。同月29日、Aは仲介業者の事務所で申込金6万2000円を支払い、その他指示されていた本件必要書類（ただし、住民票ではなく、外国人登録原票記載事項証明書）を預けた。

一次審査が通った旨の電話連絡を受けたAは3月25日又は28日、仲介業者の事務所で賃貸借契約書と敷金・礼金等の請求書を受け取り、本書所定欄に記名押印等をして同月30日までに提出することと、本件請求書に記載された合計47万6190円から申込金を控除した残額41万4190円を同月30日までに支払うよう求められ、同月30日、Aは当該金額を仲介業者に支払った。

しかし、貸主は賃貸借契約を締結しないとして、賃貸借契約書への記名押印を行わなかったため紛争となった。なお、貸主は、Aから受領した金銭をAに返金した。

●契約の成否に関する裁判所の判断骨子

・賃貸人は，賃貸借契約を締結するにあたっては，入居希望者から必要事項を記載した入居カードの提出を受け，賃借人となる者の資力，保証人となる者の保証意思確認等の調査を行い，この一次審査で問題がなければ賃貸人欄に賃貸人名が印字された賃貸借契約書を交付し，署名押印してもらうとともに，住民票等の必要書類の提出を受けて最終審査を行い，問題がなければ賃貸人が賃貸借契約書に押印して賃貸借契約書を完成させるという取扱いを行っている。

・本件は最終審査の段階で，賃貸人が A に賃貸しないこととして本件契約書の賃貸人の名下に押印しなかったため本件契約書が完成していないのであるから，本件賃貸借契約が成立していないことは明らかである。

・A は，賃貸人が敷金，礼金，賃料，共益費等を受け取っていることを指摘するが，賃貸借契約が成立する前にこのような金員の授受が行われ，契約が成立しなかった場合に全額返金されることは，世情まま見受けられることであるから，A 指摘の事実は，上記認定・判断を左右しない。

（なお，契約交渉の不当破棄については，後述）

　居住目的の賃貸借契約において，宅地建物取引業者が関与する契約の場合，宅地建物取引業者が賃貸人から代理権を授与されている場合には，賃貸借契約に賃借人が記名捺印して宅地建物取引業者に渡すと，当該宅地建物取引業者が代理人として賃貸人の欄に押印をして，賃貸借契約書を完成させることがある。このような場合には，賃貸借契約は宅地建物取引業者が代理人として押印した段階で賃貸借契約が成立したと認定することもできよう。他方，宅地建物取引業者が賃貸人から媒介を依頼されているだけである場合には，実務では，宅地建物取引業者の事務所で賃借人が賃貸借契約書に記名捺印した後に，当該賃貸借契約を宅地建物取引業者が預かって，改めて賃貸人に契約の諾否を確認してもらった上で賃貸借契約書に賃貸人に押印してもらい，完成した賃貸借契約書を賃借人に仲介業者から送付するという手順が取られることが多い。この場合に，賃借人が賃貸借契約書に記名押印しただけで賃貸借契約が成立したといえるかは，難しいところである。

　上記 2 つの裁判例は，いずれも宅地建物取引業者が媒介業務を行っている事例であり，賃貸借契約書に賃借人の記名押印と賃貸人の記名押印がなされた段階で賃貸借契約の合意があったと解することができ，賃借人が賃貸借契約書に記名押印しただけでは賃貸人の承諾があったとは解することができないとの判断を示している。実務でなされている手続の流れからすれば，妥当な考え方であろう。

CASE　東京高判平成 14・3・13 (判タ 1136 号 195 頁)

●事案の概要

事務所の賃貸借契約の事案。貸主は事務所などとして賃貸する目的で本件建物を建築することを計画し，宅地建物取引業者に対して賃借人の募集と賃貸借契約締結の仲介を依頼した。仲介業者からの勧誘を受けて，学習塾の経営等を行っている A が事務所として賃借したいとの意向を示した。

建物の建築工事が始まることとなり，仲介業者と A とで賃貸借契約の内容について交渉を行い，A は賃貸人に対して賃貸借契約の内容についての要望を出した。賃貸人は賃料額が希望する額より低いとは考えたが，そのことを仲介業者や A に伝えることをしなかったので，A は要望どおりに本件貸室を賃借できると考え，人員の採用等の準備を進行させた。

仲介業者はこれまでの交渉結果に基づき賃貸借契約の案を作成し，賃貸人と A の双方に届けた。賃貸人は賃料が低いという不満を述べたものの，協議等は行わず，契約案の可否についての明確な意思を表示しなかった。

A は要望通りに賃借できると考え，コンセントの位置の指示を行い，A の負担で看板取付け位置変更工事等を行ったが，賃貸人は格別異議を述べなかった。

その後，賃貸人に対して他の団体から本件建物の全ての部屋を一括して賃借したいとの申入れがあり，賃貸人がこれに応じたため，A との間で紛争になった。

●契約の成否に関する裁判所の判断骨子

・双方は，いずれも，賃貸借契約書を作成して本件賃貸借契約を締結するとの認識の下に，A の要望を記載した書面の授受，本件賃貸借契約の案の検討などにより契約内容を順次詰めていたものと認められるが，結局，賃貸借契約の作成までに至らなかったものであり，また，A が要望する坪単価 5000 円の賃料額についても，貸主が仲介業者に不満を述べていることからすれば，貸主がこれに同意したと認めることも困難である。そうすると，貸主が A の書面による要望や本件賃貸借契約の案の許否について明確な意思を表示しなかったり，A の本件賃貸借の準備行為に異議を述べなかったりしたことから，A と貸主との間に本件賃貸借契約が締結されたものと推認するには足りず，他に，これを認めるに足りる証拠は存在しない。

（なお，契約交渉の不当破棄については，後述）

CASE　東京高判平成 20・1・31 (金商 1287 号 28 頁)

●事案の概要

事務所（テナント）の賃貸借契約の事案。本件建物は 42 階建てオフィスビルであり，貸主は，オフィスの統合を検討していた A グループに対して，本件建物への移転を勧誘した。平成 15 年 4 月 22 日，A は貸主に対して賃貸借条件検討申込書（本件検討書）を交付した。同年 6 月 25 日，貸主は A に対して賃貸借契約書の案を送付した。双方の交渉で賃料据え置き期間等に合意がないまま，貸主は賃貸借契約がないままいつまでも対象フロアの賃借人募集を停止しておくことは

できないとして，A に対して貸室申込書を提出するように求め，A は同年 8 月 21 日，貸室申込書を提出した。本件申込書には，階数については追って決定すること，面積は約 1090 坪，敷金，賃料月額等の記載があり，賃貸借契約の諸条件について 9 月末日までに双方が完全な合意に達することが本件成約のための条件となること等の記載があった。

貸主は，同年 9 月 1 日，貸付階を 8 階及び 9 階とし，貸室申込書の通りの条件で賃貸することを承諾する旨の承諾書を A に交付した。しかし，A は貸付階に不服で受領書に押印しなかった。

その後，中層階の賃借を求める A と貸主との交渉は膠着状態となったが，同年 11 月 19 日，契約内容が合意に至り，同年 12 月 16 日には，契約書の調印を平成 16 年 1 月 16 日とすることで合意した。しかし，平成 16 年 1 月 29 日，A は本件建物を賃借しない旨決定した旨の通知を行い，紛争となった。

● **契約の成否に関する裁判所の判断骨子**

・A は貸主に対し平成 15 年 8 月 21 日に本件申込書を交付し，貸主は A に同年 9 月 1 日に承諾書を交付した。しかし，本件申込書には，賃貸借契約書中の諸条件について同年 9 月末日までに双方が完全な合意に達することが成約のための条件となる旨の記載があるところ，成約されるには，本件申込書記載の事項についての合意に加えてなお，①賃借目的部分の具体的な特定，②契約更新，期間内解約，賃料・共益費の改定，内装工事等に関する合意に至ること，③賃貸借契約書への調印が予定されていたことが明らかである。

・しかし，平成 15 年 9 月中には賃借目的部分の具体的な特定がされることがなかったし，賃貸借契約の賃借人たるべき者が A 証券から A 投信に変更したのも同年 10 月 14 日以降のことであり，しかも，同月を過ぎても，賃貸借契約書の案文について交渉を重ねていたというのであるから，平成 15 年 9 月 1 日に賃貸借契約が締結されていたとする貸主の主張を採用することはできない。

（なお，契約交渉の不当破棄については，後述）

上記 2 つの裁判例は，いずれも，居住目的ではなく，営業目的での賃貸借契約である。これらの事例でも，どの段階で，賃貸借契約に係る申込みと，それに対する承諾があったと解すべきかが問題となっている。前掲東京高判平成 20・1・31 では，形式的には申込書と承諾書があるが，この時点では契約内容の重要な点について合意がなされていない上に，契約書への調印が予定されていたことから，契約の成立を認めていない。前掲東京高判平成 14・3・13 では，賃貸借契約書の案文が双方に提供されていて，端的に，賃貸借契約書を作成して賃貸借契約を締結するという認識があったという事実認定がなされている。

店舗や事務所など，営業目的での賃貸借契約の場合には，契約条件が様々であり，その内容を明確にする必要がある。したがって，書面を作成しない

という特段の合意や事情があればともかく，そうでなければ，契約内容を確認した上で調印がなされて初めて申込みや承諾の意思表示がなされたとの事実認定が可能になると考えられる。

> **実践知！**　賃貸借契約は，当事者の合意だけで成立する諾成契約であるが，現実の賃貸借契約は，賃貸借契約書に調印がなされたことによって当事者の合意があったと判断され，特別な事情がない限り，口頭だけで賃貸借契約の成立を認めるのは困難である。

🔭 紛争予防の視点

契約の交渉過程では，書面への調印をもって賃貸借契約が成立する旨を確認するなどして，紛争予防に努めるべきであろう。

(2) 賃貸借契約の成立と宅建業法37条書面

今日の賃貸借取引では，仲介業者・代理業者として宅地建物取引業者が関与して行う取引が極めて多い。宅地建物取引業者が宅地建物の賃貸借契約に仲介業者・代理業者として関与する場合には，当該宅地建物取引業者は，宅建業法37条に定められた事項を記載した書面を契約の当事者に交付しなければならないとされている（法37条2項）。趣旨等は，売買契約実務のところで説明したことと同様である（18頁参照）。

賃貸借契約が成立した場合に宅地建物取引業者が当事者に交付しなければならない37条書面に記載しなければならない事項は，当事者の氏名及び住所（法37条2項1号が準用する37条1項1号），当該宅地建物を特定するために必要な表示（法37条2項1号が準用する37条1項2号），宅地建物の引渡しの時期（法37条2項1号が準用する37条1項4号），契約の解除に関する定めがあるときはその内容（法37条2項1号が準用する37条1項7号），損害賠償の予定又は違約金の定めがあるときはその内容（法37条2項1号が準用する37条1項8号），不可抗力による損害の負担に関する定めがあるときはその内容（法37条2項1号が準用する37条1項10号），借賃の額ならびにその支払の時期及び方法（法37条2項2号），借賃以外の金銭の授受に関する定めがあるときは，その額ならびに当該金銭の授受の時期及び目的（法

162　　CHAPTER 3　賃貸借契約での紛争

37 条 2 項 3 号）である。

　37 条書面は，「契約を締結したとき」に宅地建物取引業者が交付しなければならないとされているものである。実務的には，賃貸借契約書に法 37 条 2 項所定の事項を記載した上で，賃貸人と賃借人の双方が調印し，「契約を締結したとき」という状態になってから，当該賃貸借契約書を 37 条書面として当事者に交付することが行われている。このような実務の流れからすれば，宅地建物取引業者が関与する取引では，賃貸借契約の成立には，賃貸借契約書に当事者が調印することが予定されていると解すべきであろう。

> **実践知！**
>
> 　法 37 条 1 項違反，すなわち 37 条書面の交付義務違反を行った宅地建物取引業者に対しては，監督官庁から，指示処分（法 65 条 1 項，3 項），業務停止処分（法 65 条 2 項，4 項），情状が特に重い場合には免許取消処分（法 66 条 1 項 9 号）が課せられる。さらに，行為者は 50 万円以下の罰金に処せられる（法 83 条 1 項 2 号）ほか，両罰規定として法人も罰金に処せられる（法 84 条 2 号）。
>
> 　このように，法 37 条違反には重たい制裁が予定されている。「契約書面は作成されていなくても，口頭の合意だけでも賃貸借契約は成立している」などと主張する宅地建物取引業者が万一現れた場合には，法 37 条違反を指摘することが有効な交渉材料となる。

2．契約交渉の不当破棄

賃貸借契約の場合にも，契約交渉の不当破棄による損害賠償請求は認められるのか。

　契約交渉過程であっても，相手方に契約の成立に対する強い信頼を与え，その結果相手が費用の支出等をしている場合に，その信頼を裏切って契約交渉を打ち切った当事者は，相手が被った損害を賠償する責任を負うと解されている（最判昭和 59・9・18 判時 1137 号 51 頁等）。

　これは「契約締結上の過失」という概念で整理されている法理であり，契約交渉の不当破棄は，契約準備段階における信義則上の注意義務違反として損害賠償責任の問題となる。

I．契約締結時の問題　　163

CASE　大阪地判平成5・6・18（判タ844号183頁）

●事案の概要
157頁記載のとおり。

●契約交渉の不当破棄に関する裁判所の判断骨子
・当事者間において契約締結の準備が進展し，相手方において契約の成立が確実な
ものと期待するに至った場合には，その一方当事者としては相手方の右期待を侵
害しないよう誠実に契約の成立に努めるべき信義則上の義務があるというべきで
ある。したがって，契約締結の中止を正当視すべき特段の事情がない限り，右締
結を一方的に無条件で中止することは許されず，あえて中止することによって損
害を被らせた場合には，相手方に対する違法行為として，その損害について賠償
の責を負うべきものと解するのが相当である。
・貸主が仲介業者を用いて賃貸借契約の申込みの誘引行為を開始し，仲介業者とA
との間で契約交渉が相当程度進行し，Aが契約の成立を確実なものと期待するに
至った以上，貸主が合理的理由なく契約締結を拒絶することは許されないと解す
るのが相当である。
・貸主は，Aが外国籍であることを主たる理由として契約の締結を拒否したものと
認められ，右締結の拒否には，何ら合理的な理由が存しないものというべきであ
る。したがって，貸主は，前記信義則上の義務に違反したものと認められ，Aが
本件賃貸借契約の締結を期待したことによって被った損害につき，これを賠償す
べき義務があるというべきである。

CASE　京都地判平成19・10・2（判例秘書L06250293）

●事案の概要
158頁記載のとおり。

●契約交渉の不当破棄に関する裁判所の判断骨子
・貸主は，入居者が日本国籍ではなかったことを理由に本件物件をAに賃貸しなか
ったものと認められる。
・貸主は，本件契約書を完成させて本件賃貸借契約を締結する段階に至って，Aに
対して十分な説明を行うことなく，一方的に本件賃貸借契約の締結を拒み，しか
も，本件賃貸借契約の締結を拒むについて何ら合理的な理由がなかったのである
から，貸主は，本件賃貸借契約の成立に向けて準備を行ってきたAに対し，本件
賃貸借契約の成立についての強い信頼を与え，客観的にみて，本件賃貸借契約の
成立が合理的に期待される段階まで両者の準備が進んでいたにもかかわらず，し
かも，合理的な理由がないにもかかわらず，本件賃貸借契約の締結を一方的に拒
んだものであって，信義則上，Aが被った損害を賠償する責任を負うものと解す
るのが相当である。

CASE　東京高判平成 14・3・13（判タ 1136 号 195 頁）

●事案の概要

160 頁記載のとおり。

●契約交渉の不当破棄に関する裁判所の判断骨子

・契約は，成立しなければ，当事者間に何らの債権債務関係も生じないものであるが，契約成立に向けた交渉の結果，当事者の一方が相手方に対し契約の成立についての強い信頼を与えたにもかかわらず，この信頼を裏切って契約交渉を一方的に打ち切った場合は，信義則上，一種の契約上の責任として，相手方が被った信頼利益の侵害による損害を賠償するのが公平に適するものというべきである。

・A は，A の要望どおりの内容で本件貸室を賃借できるものと信じ，本件賃貸借契約締結の具体的な準備を進行させていた。ところが，貸主は，他により有利な条件で契約できる賃借希望者が出現したことから，本件建物が完成する直前に至って，突然，本件賃貸借契約締結に向けての A との交渉を一方的に打ち切ったものである。

・このような事実関係からすれば，貸主には，信義則上，一種の契約責任として，A が本件賃貸借契約が締結されるものと信じたために被った信頼利益の侵害による損害を賠償すべき責任があるものというべきである。

以上は，いずれも，貸主側が契約交渉を一方的に打ち切ったものである。賃貸借契約は成立しないものの，契約交渉の不当破棄に該当するとして貸主は借主となろうとする者に対して損害賠償責任があるものと判断された。

前掲大阪地判平成 5・6・18 と前掲京都地判平成 19・10・2 は，外国籍であること，日本国籍ではないことを理由として，既に契約締結直前に至っていた交渉を一方的に打ち切ったことが契約交渉の不当破棄であると判断された。国際化の流れの中で，外国籍の借主が増えることは必然であり，実務上，示唆に富む判断であるといえる。

前掲東京高判平成 14・3・13 は，より有利な条件で賃借を希望する者が現れたために，賃貸人が従前の交渉を一方的に打ち切った事案である。契約交渉の「不当破棄」に該当するかは，当事者間の具体的な事情で判断されることになる。賃借人側としては，「契約の成立についての強い信頼を与えた」と評価できる事情を丁寧に積み上げることが必要になる。

CASE　東京高判平成 20・1・31（金商 1287 号 28 頁）

●事案の概要

160 頁記載のとおり。

I. 契約締結時の問題　　165

●契約交渉の不当破棄に関する裁判所の判断骨子

・当事者双方とも，平成15年11月19日の合意によって賃貸借契約締結にあたっての重要な課題がクリアされたと考えていた等の事情に照らすと，少なくとも平成15年11月19日の本件合意後においては，貸主が本件建物に係る賃貸借契約が成立することについて強い期待を抱いたことには相当の理由があり，Aとしては，信義則上，貸主のこの期待を故なく侵害することがないよう行動する義務があるというべきである。

・Aは，結局，賃貸借契約を締結せず，これを締結しなかったことについて正当な理由をうかがい知る証拠はない。したがって，Aには契約準備段階における信義則上の注意義務違反があり，これによって貸主に生じた損害を賠償する責任があるということができる（最判平成19・2・27判タ1237号170頁）。

　本件は，借主側による契約交渉の不当破棄が認められた事案である。本件では当事者間で10か月に及ぶ交渉期間があるものの，裁判所は，この期間すべてを契約締結の準備期間と判断したものではない点には留意する必要がある。交渉を経て，双方が賃貸借契約締結にあたっての重要な課題がクリアされたと考えて合意がなされた段階に至った時点を相手方に対し契約の成立についての強い信頼を与えた時点と判断し，この時点から契約締結の準備期間が始まることを前提に，その後の理由のない交渉破棄を不当な交渉破棄として損害賠償の対象としている。実務で参考となる事案である。

プラスα

　契約交渉の不当破棄によって，どこまでの損害賠償責任が認められるかということについては，信頼利益の賠償であるとする説，履行利益の賠償も認められるとする説等がある。

　前述の裁判例での損害賠償が認められた範囲は次のとおりである。

　大阪地判平成5・6・18では，「Aが本件賃貸借契約の締結を期待したことによって被った損害につき，これを賠償すべき義務がある」として，引っ越し準備の違約金1万7000円，慰謝料20万円，弁護士費用5万円が損害額として認定されている。

　京都地判平成19・10・2では，慰謝料100万円，弁護士費用10万円が損害額として認定されている。

　東京高判平成14・3・13では，「信頼利益の侵害による損害を賠償すべき責任がある」として，Aの従業員らが協議や打ち合わせ等を行うための労務費が信頼利益の侵害による損害と認めた上で，民事訴訟法248条に基づき，口頭弁論の全趣旨及び証拠調べの結果に基づいて50万円が損害額として認定されている。

　東京高判平成20・1・31では，平成15年11月20日（本件合意の翌日）から平成16年1月29日（賃貸借契約締結拒絶の日）までの間の約定予定賃料及び共益費

相当額として，控えめに見積もっても 9900 万円を下らないと判断している。

> **実践知！**
>
> 　　賃貸借契約の場合にも，契約交渉の不当破棄による損害賠償請求は認められる。
> 　　契約交渉の「不当破棄」に該当するかは，破棄に至る事情によるので，丁寧に事実を積み上げる必要がある。

紛争予防の視点

　貸主側としては，不合理な理由による交渉打切りを行わないようにすることが紛争予防には必要である。
　また，交渉が長期化することが予想されるテナントの契約では，一定の交渉段階に入ったところで，交渉打切り条件を書面化することも紛争予防には有用である。

3．説明義務

売買契約の売主の場合と同様に，賃貸借契約締結にあたり，賃貸人にも契約締結前に賃借人に対して情報を提供すべき義務はあるのか。

　賃貸借契約の場合でも，賃借人が賃貸借契約の対象となる宅地建物に関する情報を十分に理解していないと，後になってから不測の損害を被ることはある。したがって，契約準備段階において交渉に入った者同士の間では，誠実に交渉を続行し，一定の場合には重要な情報を相手方に提供すべき信義則上の義務を負うという法理は，賃貸借契約の場合にも認められると考えられる。売買契約の場合と同様，賃貸借契約を締結するか否かを相手方が意思決定するにあたって必要な判断材料については相手方に対する信義則上の情報提供義務があり，情報提供がなされなかったことによって賃貸借契約を締結してしまい，それによって被った損害は，不法行為責任として損害賠償請求の対象になると考えられる。
　また，契約締結するか否かの意思決定には必ずしも必要としない情報であっても，例えば，当該物件を賃借するためには必要な情報もある。このような情報は，賃貸人は賃貸借契約の付随義務として説明義務を負い，適切な情報提供がなされなければ，付随義務としての説明義務違反による損害賠償請求の対象になると考えられる。

CASE 東京地判平成 8・12・19（判時 1616 号 75 頁）

● **事案の概要**

　掲載されている内容からは必ずしも明らかではないが，報道関係者等からオウム真理教の関係のアジトであったと目されていた建物であることを認識していた貸主が賃貸借契約前に当該事実を借主となろうとする者に対して説明しなかったことが争点となった事案。

● **賃貸人の情報提供義務に関する裁判所の判断骨子**

・平成 7 年 3 月の地下鉄サリン事件以降，社会不安が解消されていないという状況下においては，本件建物が，報道関係者等から，オウム真理教の関係者が多数出入りし，種々の活動の拠点である「アジト」であると目されていたことは，同年 5 月ないし 8 月当時貸主提示の賃貸条件で賃借するか否かを判断する上で重要な要素であったというべきであるから，貸主としては本件建物が報道関係者等から右のようなものと目されていたことを認識していた以上，その当時本件建物について賃貸借契約締結の申込みの意思表示をする者に対し，右認識内容を告げるべき信義則上の義務を負っていたものと解するのが相当である。

・したがって，貸主には賃貸借契約の締結に際し，賃借人に対して前記のとおり認識していた事実を告げるべき義務があったものと解するのが相当である。

　貸主が右義務を尽くしたといえる事実は認められない。

　地下鉄サリン事件直後という時期において，オウム真理教のアジトと目されていた建物の賃貸借契約において貸主の説明義務が問題となったという意味では，特殊な事案でもある。貸主は，仲介業者を通じてオウム真理教の信徒が従前の賃借人であったことは告知していたのもの，裁判所は，当該告知だけでは信義則上の義務を尽くしたことにはならないと判断した。単なる信徒が前賃借人であったということと，アジトと目される建物であって報道陣が取材に来たり警察の監視対象になったりするということは大きく異なると考えられるので，裁判所の判断は妥当であろう。

CASE 大阪地判平成 20・3・18（判時 2015 号 73 頁）

● **事案の概要**

　平成 3 年 3 月 26 日，大阪市は信託銀行との間で土地信託契約を締結した。信託銀行は，受託者として，遊園施設・飲食店・物販店を主要な施設とする「フェスティバルゲート」と称する複合施設を建設し，管理運営会社を設立して施設管理を委託し，本件施設のテナント募集及び運営管理に携わってきた。

　A は飲食店営業を目的とする会社であり，本件施設開業日の前日，信託銀行との間で本件 4 階店舗と本件 5 階店舗につき，賃貸借契約を締結した。

　本件施設は 2 年目から来場者が激減し，大阪市と信託銀行とは調停を経て，平

成 16 年 9 月 30 日，土地信託契約を合意解除するに至った。大阪市が A に対して明渡しを求め，これに対して A が損害賠償請求を求めて，大阪市や信託銀行に対して訴えを提起した。

● **賃貸人の情報提供義務に関する裁判所の判断骨子**

・契約関係に入ろうとする者は，信義則上，互いに相手方に不測の損害を生ぜしめることのないように配慮すべき義務を負い，賃貸借契約に際しては，賃貸人になろうとする者は，賃借人になろうとする者が当該物件を賃借するか否かを判断する上で重要な考慮要素であって，賃貸人になろうとする者が知っていたか，又は容易に知り得た事実については，賃借人になろうとする者に対し説明・告知すべき義務を負うと解するのが相当である。

・本件施設の目的や性質，構造，運営実態，当事者の能力の格差等に照らせば，受託銀行らには，出店希望者に対し，本件事業の計画や実績など受託銀行らが有する情報であって，出店者の収支予測に重大な影響を与えるものを十分に説明・告知し，出店希望者が出店の可否の判断を誤ることのないように配慮すべき信義則上の義務があるというべきである。

・本件施設は，開業前から，計画どおりの賃料収入が見込めないばかりか，B ゾーンの売却利益も当初の予想を大幅に下回っていた一方で，収入計画を上回る多額の警備費の支出が予定されていたのであって，これらの事情に鑑みれば，受託銀行らは，本件施設内の賃貸区画を賃借しようとする者に対し，本件施設の収支予測に関する重大な事項としてこれらの事情を説明・告知すべき義務を負っていたということができるところ，そのような説明・告知がなされた事実を認めるに足りる証拠はない。

テナントの賃貸借契約において，どの程度の収益をあげることができるのかは，本来的には，当該賃借人の営業努力の問題である。しかし，本件のような複合施設の場合には，目的や性質，構造，運営実態，当事者の能力の格差等に照らせば，複合施設の運営者である貸主しか有していない情報であって，借主の収支予測に大きな影響を及ぼす情報もあり，それらの情報は賃貸借契約を締結するか否かを判断するにあたり重要な情報である。裁判所は，賃貸人にはこれらの情報を賃借人に説明・告知する信義則上の義務があると判断した。賃借人の立場であれば，賃貸人の説明義務を基礎付ける事情を丁寧に挙げることが重要である。

CASE 　神戸地尼崎支判平成 25・10・28（判例秘書 L06850609）

● **事案の概要**

居住用の建物の居室の賃貸借契約の事案。貸主は競売により本件建物を取得し，平成 24 年 8 月に賃借人 A との間で賃貸借契約を締結した。その後，競売開始決

定後の平成 23 年 5 月 5 日頃に本件建物内で前居住者が自殺していたことが判明
し，A は当該自殺の事実の説明を受けることなく賃貸借契約を締結していたため，
紛争となった。貸主は，自殺の事実は知らなかったとして争った。

●**賃貸人の情報提供義務に関する裁判所の判断骨子**

・本件マンション居住者の間では，本件建物内で居住者が自殺したと認識されてお
り，1 年 4 か月しか経過していない本件賃貸借契約締結時においても記憶に残っ
ていたことが認められるから，このような事情の下では，一般人においても，本
件建物が居住の用に適さないと考え，賃貸借契約締結を避けることがやむを得な
いというべきであり，本件建物には，嫌悪すべき歴史的背景に起因する心理的な
欠陥があるものとして，瑕疵があると認められる。

・本件建物には，賃貸借契約の締結を避けることがやむを得ない心理的な瑕疵があ
り，賃貸人には，信義則上，これを告知すべき義務があるというべきであるから，
貸主においては，A に対し，故意又は過失によって本件心理的瑕疵があることの
説明をしなかった場合には，貸主は，A に対し，本件賃貸借契約の締結によって
被った損害を賠償する責任を負うことになる。

・貸主は，前居住者の死亡に先立って，本件建物を競売によって取得した所有者で
あり，前居住者の死後に建物の改装（リフォーム）を指示した者であることに争
いはないから，本件建物の心理的な瑕疵の存在を知らないことはあり得ず，これ
を意図的に A に告知しなかったことは明らかであって，損害賠償責任を負うもの
と認められる。

　対象となる建物内で自殺があったことは，売買契約においては心理的瑕疵
としてしばしば紛争となる。本件は賃貸借契約の事案であるが，当該建物内
での居住者の自殺の事実は，賃貸借契約前に賃貸人が信義則上告知すべき義
務があると判断された。自殺物件に対する現在の取引通念を前提とすれば，
妥当な判断である。

　建物の瑕疵の関係では，例えば，東京地判平成 21・4・30（判例秘書
L06430159）が，建物にアスベストが用いられていることについて，「アスベ
ストが人の健康に重大な影響を及ぼす可能性のあることが社会常識となって
いる昨今，貸主としては，アスベストの存在や調査等により知り得た情報が
あるのであれば，それを事前に借主に情報提供すべき信義則上の義務を有す
るというべきであ」るとの判断がなされている（ただし，具体的な事案として
は，貸主は信義則上の情報提供義務を尽くしたと判断された）。

CASE　名古屋地判平成 28・1・21（判時 2304 号 83 頁）

●**事案の概要**

　地下駐車場の賃貸借契約の事案。当該地下駐車場では複数回の浸水被害があり，

平成 20 年豪雨の際には本件駐車場に駐車されていた車両に被害が発生していたが，貸主は当該事実を賃借人 A に告げることなく賃貸借契約を締結していた。契約締結後半年経過した後の集中豪雨で本件駐車場が浸水し，A 所有の普通乗用自動車が水没したため紛争となった。

● **賃貸人の情報提供義務に関する裁判所の判断骨子**

・本件駐車場は平成 20 年豪雨のために浸水し駐車車両に被害が生じていることを賃貸人は認識していた。地下駐車場において比較的近い過去に浸水被害が生じ，駐車されていた車両に被害が発生したことがあるか否かは，当該地下駐車場を賃借しようとする者にとって，契約を締結するか否かを決定する上で重要な事実であるということができる。また，地下駐車場については，その構造等から一般的に集中豪雨等による浸水が生ずる可能性があること事態は認識し得るものといえるが，当該地下駐車場における具体的な浸水被害の発生状況等については，これを賃借しようとする者には容易に認識し得ないのが通常である。

・消費者契約法 3 条 1 項も考慮すると，貸主は，A において当該事実を容易に認識することができた等の特段の事情がない限り，信義則上，A に対し，本件駐車場が近い過去に集中豪雨のために浸水し，駐車されていた車両にも実際に被害が生じた事実を，A 又は仲介業者に告知，説明する義務を負うというべきである。本件賃貸借契約について，上記特段の事情を認めるに足りる証拠はない。

　本件において，賃貸人は，A は浸水リスクを予見可能であったので説明義務を負わないと主張して争った。しかし，裁判所は，特定の地下駐車場において，比較的近い過去に具体的な浸水被害が発生した事実は，一般的な浸水可能性とはレベルの異なる重要な事実であるとして，一般的な浸水のリスクが予見可能であるとしても当該事実を説明・告知する義務が否定されるものではない，との判断をした。実務において参考となろう。

プラスα

　宅地建物を業として売買することは宅地建物取引業に該当し，宅地建物取引業を営むためには，宅建業免許を必要とする。宅地建物取引業者が売主として売買契約を締結する場合には，法 35 条 1 項が適用され，売買契約締結前に法 35 条 1 項が定める事項を重要事項として書面で買主に説明しなければならない。他方，宅地建物を業として貸借することは宅地建物取引業には該当しない。すなわち，賃貸業を営むにあたり，宅建業の免許を取得する必要はない。したがって，賃貸業を営む貸主には，賃貸借契約締結前に宅建業法が定める重要事項を説明すべき義務はない。しかし，民事上は，賃貸業を営むか否かにかかわらず，貸主には，借主となろうとする者が賃貸借契約を締結するか否かを判断するにあたって重要な情報を予め提供すべき信義則上の義務が認められる。

| 実践知！ | 賃貸借契約の場合にも，賃貸借契約を締結するか否かを判断するにあたって重要な情報については，賃貸人には信義則上の説明義務がある。 |

紛争予防の視点

　賃貸借契約においては，媒介業務を行う仲介業者が行う説明が重要である。仲介業者は，賃貸人に対して，賃貸借契約を締結するか否かを判断するにあたって重要な情報については，賃貸人には信義則上の説明義務がある旨を説明し，重要な情報を仲介業者に伝えてもらうように努力することが紛争予防につながる。

Ⅱ．契約終了時の問題

1．原状回復義務

賃貸借契約が終了して賃借人が退去する場合に紛争となることが多いのが，賃借人の原状回復義務を巡る問題である。原状回復義務とはどのような回復義務なのか。

(1) 問題の所在

　建物の賃貸借契約では，通常，「賃借人は，本件賃貸借契約終了時には，本物件を原状回復しなければならない。」という原状回復に係る条項を設けているので，賃貸借契約終了時に賃借人がどの程度の修繕を行うべきか，修繕費用を負担すべきか，ということが問題となることが多い。また，改正前民法616条は使用貸借契約における「借主は，借用物を原状に復して，これに附属させた物を収去することができる。」とする同598条を準用しているところ，これを根拠に，賃貸借契約における賃借人は，賃貸借契約終了時には原状回復義務を負うと解されてきた。

　賃貸借契約終了時には目的物を返還する義務を負う賃借人としては，賃借物を善良な管理者の注意をもってその物を管理しなければならない（改正前民法400条）ので，賃借人の善管注意義務違反となるような管理がなされて賃借物が毀損されている場合には，賃借人は当該毀損部分を修繕した上で賃借物を賃貸人に返還することや，毀損部分の修繕費用を賃借人が負担することで賃借物を賃貸人に返還することになることについては特に争いはない。

では，賃借人の使用・管理に善管注意義務違反がないような場合はどのように考えるべきであるのか。例えば，賃借している建物の壁のクロスが色あせるなど時間の経過とともに変化することや，例えば賃借人が契約に定められた用法どおりの使用をしていても絨毯に凹み跡がつくなどの損耗が生じることがある。このような場合，賃貸人としては，「貸した時には新品だったので，賃借人に賃貸借契約開始時点の状態まで回復させてもらいたい。」と考えたいところであるのに対し，賃借人としては，「善管注意義務違反に当たるような損傷を与えていないのだから，特に修繕が必要ということはないはずである。」と考えたいところである。

　居住用不動産を巡っては，このような原状回復義務を巡る紛争が増えてきたことを受け，平成8〜9年度に，当時の建設省（現国土交通省）が「賃貸住宅リフォームの促進方策」の検討について財団法人不動産適正取引推進機構（現一般財団法人不動産適正取引推進機構）に委託し，その中で原状回復にかかる契約関係や費用負担等のルールのあり方を明確にして，賃貸住宅契約の適正化を図ることを目的とした「賃貸住宅リフォームの促進方策検討調査委員会（ソフト部会）」において，「原状回復をめぐるトラブルとガイドライン」（以下「原状回復ガイドライン」という）が平成10年3月にとりまとめられ，公表された（なお，その後，平成16年2月と平成23年8月に改訂されている）。

　原状回復ガイドラインでは，「原状回復とは，賃借人の居住，使用により発生した建物価値の減少のうち，賃借人の故意・過失，善管注意義務違反，その他通常の使用を超えるような使用による損耗・毀損を復旧すること。」と定義し，建物・設備等の自然的な劣化・損耗等の経年変化や，賃借人の通常の使用による生ずる損耗等の通常損耗は，原状回復義務の対象ではないことを示した。これは当時の通説的な見解を踏まえての定義であった。

(2)　最高裁の判断

　原状回復ガイドラインは建設省・国交省が賃貸住宅契約の適正化を図ることを目的として定めたものであるが，様々な解釈の1つに過ぎないということもあり，実務では「原状回復義務」を巡っての紛争も少なくなかった。

　このような中，最判平成17・12・16（判タ1200号127頁）は，特定優良賃貸借住宅の賃貸借契約における退去時の修繕費負担を巡る紛争の中で，原状回復の意義について，次のとおりの判断を示した。

　「賃借人は，賃貸借契約が終了した場合には，賃借物件を原状に回復して

賃貸人に返還する義務があるところ，賃貸借契約は，賃借人による賃借物件の使用とその対価としての賃料の支払を内容とするものであり，賃借物件の損耗の発生は，賃貸借という契約の本質上当然に予定されているものである。それゆえ，建物の賃貸借においては，賃借人が社会通念上通常の使用をした場合に生ずる賃借物件の劣化又は価値の減少を意味する通常損耗に係る投下資本の減価の回収は，通常，減価償却費や修繕費等の必要経費分を賃料の中に含ませてその支払を受けることにより行われている。」

　すなわち，最高裁は，経年劣化分や通常損耗分は，通常は賃料の中に含まれているので，賃借人は賃料の形で当該費用を支払ってきていて，退去時に原状回復のための費用として改めて負担する必要はない，ということを明らかにした。

　このような最高裁の判断を受け，改正民法では新たに賃借人の原状回復義務について規定を設けることとしていて，「賃借人は，賃借物を受け取った後にこれに生じた損傷（通常の使用及び収益によって生じた賃借物の損耗並びに賃借物の経年変化を除く。以下この条において同じ。）がある場合において，賃貸借が終了したときは，その損傷を原状に復する義務を負う。ただし，その損傷が賃借人の責めに帰することができない事由によるものであるときは，この限りではない。」という規定を設けることとした（改正民法621条）。改正民法では，通常損耗・経年変化は原状回復の対象とはならず，また，賃借人に帰責事由がない損傷も原状回復の対象ではないことを明確にされている。

> **実践知！** 賃借人の原状回復義務とは，賃借物に生じた損傷のうち，通常損耗や経年変化による損傷以外の損傷であって，賃借人の責めに帰すべき事由がある損傷を復旧させる義務をいう。

(3) 原状回復ガイドライン

　「原状回復」の定義に従うと，概念的には，退去時の賃借人負担部分は次のような図で示されることになる。

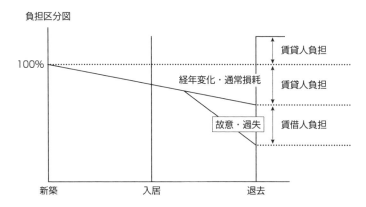

　もっとも，実際の退去の際には，どのような損傷が通常損耗や経年変化に該当し，どのような損傷が賃借人に帰責事由がある損傷なのかということを区別することは簡単ではない。そこで，原状回復ガイドラインでは，具体例を示しながら，賃借人負担部分の考え方等を明らかにしている。

i　賃借人負担の考え方

　◆賃借人が通常の住まい方，使い方をしていても発生すると考えられる損傷が通常損耗・経年変化であり，これらは賃貸借契約の性質上，賃料の中に含まれている。したがって，これらの修繕費用を賃借人が退去時に負担する必要はない。

　例：家具の設置による床・カーペットの凹み，クロスの変色，下地ボードの取替えが不要な程度の壁等の画鋲穴，破損や紛失がない場合の鍵の交換等

　◆賃借物の価値を増大させるような修繕は，賃借人が費用を負担する必要はない。

　例：古くなった設備を最新の物に取り替える場合や，新築同様の状態に戻すためにルームクリーニングを行う場合等

　◆賃借人の住まい方，使い方次第で発生したり発生しなかったりする損傷は，通常の使用により生ずる損耗とはいえず，賃借人に帰責事由がある損傷として修繕費用は賃借人が退去時に負担する。

　例：引っ越し作業で生じた傷，キャスター付きの椅子によるフローリングの傷・凹み，下地ボードの取替えが必要な程度の壁の穴，用法違反による設備の毀損等

　◆通常の住まい方，使い方をしていても発生するものではあるが，その後の手入れ等賃借人の管理が悪くて損傷が発生，拡大したと考えられるものは，

損傷の拡大に係る修繕費用を賃借人が負担する。

　例：結露は建物の構造上の問題であるが，賃借人が拭き取ることができる場所の結露であるのに放置して壁等を腐食させた場合，風呂・トイレ等の水垢，カビを賃借人が適切な清掃等を怠っていた場合等

ⅱ　経過年数の考慮

　賃借人が退去時に修繕費用を負担しなければならない場合であっても，当該箇所の通常損耗・経年変化は必ず発生していて，当該通常損耗・経年変化に対応する修繕費用は，賃料に含まれていて回収されているはずである。このような通常損耗・経年変化に対応する修繕費用を退去時に賃借人が支払わなければならないとすると，賃借人は当該修繕費用を二重に負担することになり妥当ではない。例えば，賃借人の不注意によってクロスを損傷させてしまい，退去時に修繕費用を負担しなければならない場合を想定する。この場合，賃借期間1年で退去する賃借人と賃借期間10年で退去する賃借人とでは，後者の場合には前者の場合よりも大きな通常損耗・経年変化があり，その修繕費用は後者の方は長期にわたり賃料とともに支払ってきている。したがって，退去にあたり支払うべき修繕費用が両者とも同額であるということは妥当ではない。

　そこで，原状回復ガイドラインでは，賃借人の負担については，建物や設備等の経過年数を考慮し，年数が多いほど負担割合を減少させることとしている。この経過年数による減価割合については，「減価償却資産の耐用年数等に関する省令」（昭和40年大蔵省令第15号）を参考にしている。例えば，クロスであれば6年で残存価値1円となるような直線又は曲線を描いて，経過年数により賃借人の負担を決定することとする。

プラスα

　原状回復ガイドラインでは，経過年数を考慮しない修繕費用があることも示している。例えば，建物本体と同様に長期間の使用に耐えられる部位であって，部分補修が可能な部位（フローリング等）の部分補修については，経過年数を考慮せず，部分補修の修繕費用は全面的に賃借人が負担することとしている。これは，部分補修をしても，部分補修をした部位を含めて将来貼替えを行うことになるので，部分補修をしてもその時点でフローリング全体の価値が高まることにならず，賃借人が修繕費用を二重に負担していることにならないからである。

　また，襖紙，障子，畳表等は，消耗品としての性格が強く，減価償却資産の考え方を取り入れることはなじまない一方で，損傷がなければ長期にわたり使用することも可能である。そこで，この場合も経過年数を考慮せず，貼替え等の費用につい

ては毀損等を発生させた賃借人の負担とするのが妥当であると考えられている。

iii 負担対象範囲

　原状回復としての修繕では，賃借人がどの範囲で修繕費用・補修費用を負担すべきかが問題となることがある。基本的な考え方としては，原状回復は毀損部分の復旧であるので，可能な限り毀損部分に限定し，毀損部分の補修工事が可能な最低限度を施工単位とする。したがって，賃借人に原状回復義務がある場合の費用負担も，補修工事が最低限可能な施工単位に基づく補修費用相当分が負担対象範囲の基本となる。

　他方で，例えば，壁のクロスの毀損の場合，色や模様合わせを実施して賃貸建物としての商品価値を維持するために，賃貸人としては毀損部分だけではなく広範囲でクロスの貼替えを実施したい場合があり，その場合に賃借人がどの範囲で費用を負担すべきかが問題となる。この点，部屋全体のクロスの色や模様を一致させることは，いわゆるグレードアップに相当する部分が含まれ，その修繕費用全額を賃借人の負担とすることは，原状回復以上の利益を賃貸人が得ることになり妥当ではない。しかし，毀損部分だけの補修が技術的には可能であっても，その貼替えが明確に判別できる状態では，建物価値の減少分を復旧できていないとも考えられ，賃借人としての原状回復義務が尽くされたとは言い難い。このような点を踏まえ，原状回復ガイドラインでは，クロス貼替えの場合，毀損箇所を含む一面分の貼替え費用を賃借人の負担とする旨を示している。クロスの場合には，上記 ii の経過年数を考慮すれば，賃借人が過大な負担を強いられるということにはならない。同様に，原状回復ガイドラインでは，畳の場合には最低 1 枚単位，フローリングの場合には最低平米単位，鍵の紛失の場合にはシリンダーの交換等，賃借人が負担すべき最低限の対象範囲についての考え方を示している。

プラスα

　実務では「通常損耗や経年変化による毀損の修繕費用は賃貸人負担，賃借人に帰責事由がある毀損の修繕費用は賃借人負担」という表現がしばしば使われる。この表現は，誤りではないが，あくまでも退去時の負担について妥当する表現であることには留意が必要である。すなわち，「通常損耗や経年変化による毀損の修繕費用は賃貸人負担」というのは，あくまでも，これらの修繕に係る費用は，賃貸人が既に賃料に含ませて回収してきているので，退去時に賃借人が別途負担する必要がない，という意味である。賃貸人はボランティアで建物を賃貸しているのではなく，

賃貸業を営む事業者である。通常損耗や経年変化に係る修繕費用は賃借人に負担させることによって事業を営んでいるので，退去時に当該費用を賃借人に負担せることができないのであれば，しかも，通常損耗や経年変化に係る修繕費用を賃貸人が支出すると収益をうまく上げることができないということであれば，賃貸人としてはきちんと利益を上げることができるように賃料を調整するはずであるし，調整しなければならない。退去時につじつまを合わせるのではなく，契約開始時に事業性を検討しておく必要があるという意味では，賃貸人側にアドバイスをする場合には，賃貸人にも経営マインドが必要であることを念頭に置いておくことが重要である。

2. 原状回復義務の特約

通常損耗や経年変化による損傷を賃借人の原状回復義務の対象とするような特約を賃貸借契約で定めた場合，当該特約は有効なのか。無効となる場合もあるのか。

(1) 問題の所在

　原状回復ガイドラインによれば，例えば，自然現象によるクロスの変色は，通常の住まい方，使い方をしていても発生するものであり，退去時に賃借人が原状回復のための修繕等をする義務を負わない。破損や紛失がないのであれば，賃借人は退去時に当該鍵の返却を行えば足り，鍵の交換費用を負担する義務を負わない。

　もっとも，通常損耗や経年変化による損傷についての修繕費用を退去時に賃借人が負担する必要がないという原状回復についての解釈は，強行法規とはいえないので，賃貸人と賃借人との間でこれと異なる合意をすることも可能である（民91条）。そこで，原状回復義務の特約は，どのような合意であっても有効な特約と解することができるのかが問題となる。

(2) 最高裁平成17年12月16日判決

　前掲最判平成17・12・16は，原状回復義務の対象について判示するとともに，特約が有効となる要件についても判示した。

CASE　最判平成17・12・16（判タ1200号127頁）

●事案の概要

　　賃貸借契約書22条2項は，賃借人が住宅を明け渡すときは，住宅内外に存する賃借人又は同居者の所有するすべての物件を撤去してこれを原状に復するものとし，本件負担区分表に基づき補修費用を賃貸人の指示により負担しなければならない旨を定めている。

また，本件負担区分表は，補修の対象物を記載する「項目」欄，当該対象物についての補修を要する状況等を記載する「基準になる状況」欄，補修方法等を記載する「負担基準欄」から成る一覧表によって補修費用の負担基準を定めている。「襖紙・障子紙」の項目について補修を要する状況としては「汚損（手垢の汚れ，タバコの煤けなど生活することによる変色を含む。）・汚れ」，「各種壁・天井等仕上材」の項目について補修を要する状況としては「生活することによる変色・汚損・破損」というものであり，いずれも退去者が補修費用を負担するものとしている。

　賃貸人は，入居説明会において契約条項の主なものを説明したほか，退去時の補修費用について，本件負担区分表に基づいて負担することになる旨を説明したが，本件負担区分表の個々の項目については説明していなかった（紛争としては，賃借人の退去に伴い，賃貸人が敷金から修繕費用を差し引いた残額を返還したところ，賃借人は，通常損耗分に係る費用を賃借人が負担することとなる特約は無効であるとして争った）。

● 原状回復義務に関する裁判所の判断骨子

・（経年劣化や通常損耗分の回収は，賃料の中に含ませて支払を受けることにより行われている旨を判断した後，）建物の賃借人にその賃貸借において生ずる通常損耗についての原状回復義務を負わせるのは，賃借人に予期しない特別の負担を課すことになるから，賃借人に同義務が認められるためには，少なくとも，賃借人が補修費用を負担することになる通常損耗の範囲が賃貸借契約書の条項自体に具体的に明記されているか，仮に賃貸借契約書では明らかでない場合には，賃貸人が口頭により説明し，賃借人がその旨を明確に認識し，それを合意の内容としたものと認められるなど，その旨の特約（以下「通常損耗補修特約」という）が明確に合意されていることが必要である。

・本件では，①本件契約書22条2項自体においては通常損耗補修特約の内容が具体的に明記されているということはできない，②本件負担区分表の「基準になる状況」欄の文言自体からは，通常損耗を含む趣旨であることが一義的に明確であるとはいえない，③説明会でも通常損耗補修特約の内容を明らかにする説明はなかったので，上告人（賃借人）は，本件契約を締結するにあたり，通常損耗補修特約を認識し，これを合意の内容としたものということはできないから，本件契約において通常損耗補修特約の合意が成立しているということはできないというべきである。

→ 原審に差戻し。

　本件事案では，負担区分表で，例えば「襖紙・障子紙」の項目について補修を要する状況としては「汚損（手垢の汚れ，タバコの煤けなど生活することによる変色を含む。）・汚れ」として，退去者が補修費用を負担する旨が記載されている。もっとも，生活の中で善管注意義務に違反するような形で手垢の汚れを襖紙に付けた場合に退去時に補修費用を賃借人が負担するのは当

然のことであり，また，タバコの煤けが襖紙に付いた場合に退去時に補修費用を賃借人が負担する旨は原状回復ガイドラインでも定めている。つまり，負担区分表は，賃借人が負担しなければならない補修費用は賃借人が負担するという当然のことを示しているだけで，通常損耗での汚損部分の補修費用まで賃借人が負担しなければならない旨を明記しているとまではいえない。もちろん，「この負担区分表は通常損耗での汚損部分の補修費用を賃借人が負担する旨の記載である」と解釈する余地もある（現に，高裁段階ではそのように判断された）。しかし，最高裁は，「建物の賃借人にその賃貸借において生ずる通常損耗についての原状回復義務を負わせるのは，賃借人に予期しない特別の負担を課すことになる」として「明確な合意」が必要との解釈を示し，「少なくとも，賃借人が補修費用を負担することになる通常損耗の範囲が賃貸借契約書の条項自体に具体的に明記されているか，仮に賃貸借契約書では明らかでない場合には，賃貸人が口頭により説明し，賃借人がその旨を明確に認識し，それを合意の内容としたものと認められる」ことが必要であるとした。その上で，最高裁は，本件負担区分表では，賃借人が負担すべき通常損耗の範囲が明確ではないと判断した。

　以上の判例を前提とすると，通常損耗分・経年変化分の修繕費用を賃借人が負担する旨の特約が有効であるというためには，

　①　賃借人が通常の原状回復義務を超えた修繕等の義務を負うことを認識していること（通常の原状回復義務の範囲の認識と，それとは異なる範囲の修繕義務を負うとの認識とを有していること）

　②　当該特約に基づく義務負担の意思表示をしていること

　が必要であると解することができる。

(3)　消費者契約法

　例えば，個人が賃借する居住用の建物の賃貸借契約の場合，賃貸人は賃貸業を営む者であるので消費者契約法上の事業者であるのに対し，賃借人は消費者契約法上の消費者に該当する。したがって，このような場合の賃貸借契約には，消費者契約法が適用される。そうだとすれば，通常損耗や経年変化に係る修繕費用を退去時に賃借人が負担する旨の特約の有効性を考えるにあたり，実務では，前掲最判平成 17・12・16 に加え，消費者契約法 10 条についても検討する必要がある。なぜなら，消費者契約法 10 条は，「法令中の公の秩序に関しない規定の適用による場合に比して消費者の権利を制限し

又は消費者の義務を加重する消費者契約の条項であって，民法第1条第2項に規定する基本原則に反して消費者の利益を一方的に害するものは，無効とする」旨を規定しているので，通常損耗や経年変化に係る修繕費用を退去時に賃借人が負担する旨の特約が前掲最高裁の基準に従って有効であるとしても，消費者契約法10条に抵触している場合には，やはり無効となるからである。

　通常損耗や経年変化に係る修繕費用は退去時に賃借人が負担する必要はないというのが賃貸借契約における賃借物返還時の法理であることを前提とすれば，これらの費用を退去時に賃借人が負担する旨の特約は，このような法理を適用する場合に比して，消費者の義務を加重する消費者契約の条項である。したがって，あとは，これらの条項が「民法第1条第2項に規定する基本原則に反して消費者の利益を一方的に害するもの」に該当するかが問題となる。

　この点については，例えば，東京地判平成21・1・16（原状回復ガイドライン再改訂版事例30）は，入居期間の長短を問わず，居室の襖等の張替え，畳表替え及びルームクリーニングを賃借人の費用負担で実施する旨の特約が定められた賃貸借契約について，本件特約は通常損耗及び経年変化分まで賃借人が負担する旨の特約が成立したと解することはできず，仮に当該特約が存するとしても，当該特約は賃借人に必要な情報が与えられず，自己に不利であることが認識されないまま定められたものであり，しかも賃借期間8か月で特段の債務不履行がない賃借人に一方的に酷な結果となっており，信義則に反し賃借人の利益を一方的に害しており，消費者契約法10条に該当して無効であるとした。

　他方，例えば，京都地判平成24・2・29（判例秘書L06750090）は，賃借人が退去時に基本清掃料2万6250円を退去時に支払うものとする特約につき，「本件基本清掃料特約は，本件物件に生ずる通常損耗に含まれる汚損の原状回復費用として通常想定される額，賃料の額，礼金等他の一時金の授受の有無及びその額に照らし，基本清掃料の額が高額に過ぎると評価すべきものである場合には，本件契約による賃料が近傍同種の建物の賃料相場に比して大幅に低額であるなど特段の事情のない限り，信義則に反して消費者である賃借人の利益を一方的に害するものであって，消費者契約法10条により無効となると解するのが相当である。」との基準を示した。その上で，本件2万6250円という金額は通常想定される金額を大きく超えるものとまで言

えないこと，賃料・共益費の2分の1にとどまっていること，敷引金の定めがないこと等を挙げて，本件基本清掃料特約は消費者契約法10条により無効であるとはいえないとしている。

(4) 東京ルール

　平成16年，東京都は，住宅の賃貸借契約を巡る紛争を防止するために，「賃貸住宅紛争防止条例」を制定した。この賃貸住宅紛争防止条例は，賃借人の原状回復義務に関する判例等により定着した考え方を宅地建物取引業者が賃貸借契約締結前に当該住宅を借りようとする者に対して説明することを義務付けること等を定めた条例であり，実務では「東京ルール」と呼ばれている。

　東京ルールは，東京都内にある専ら居住を目的とする建物の賃貸借契約について適用される（同条例1条）。したがって，店舗や事務所等の事業用の建物の賃貸借契約は対象外である。

　また，説明等が義務付けられるのは，宅地建物取引業者が当該賃貸住宅の賃貸借の代理又は媒介をする場合であり（同条例2条），賃貸人に対して説明等が義務付けられるものではない。しかし，東京都内の賃貸住宅の賃貸借契約の代理又は媒介をする宅地建物取引業者は，東京都内の宅地建物取引業者に限られず，全てこの東京ルールを遵守しなければならない。

　通常損耗等についての原状回復費用を賃借人が負担するという特約は，重要事項説明における「敷金その他いかなる名義をもって授受されるかを問わず，契約終了時において精算されることとされている金銭の精算に関する事項」として説明がなされていなければならない。したがって，東京都内の賃貸住宅の賃貸借契約の代理又は媒介をする宅地建物取引業者には，①借りようとする者が宅地建物取引業者以外の者である場合には，借りようとする者に対して，法35条が定める重要事項説明を行うと同時に，東京ルールとして同条例所定の事項を記載した書面を交付して説明を行うこと，②借りようとする者が宅地建物取引業者である場合には，当該借りようとする宅地建物取引業者に対して，法35条が定める重要事項説明書の交付に併せて，東京ルールとして同条例所定の事項を記載した書面を交付すること，が義務付けられている。

　書面に記載し，説明しなければならない事項は，退去時における住宅の損耗等の復旧について，住宅の使用及び収益に必要な修繕について，及び賃借

人の入居期間中の設備等の修繕及び維持管理等に関する連絡先であり，具体的には次のとおりである。

ⅰ　退去時における住宅の損耗等の復旧

　費用負担の一般原則は，「経年変化及び通常の使用による住宅の損耗等の復旧については，賃貸人の費用負担で行い，賃借人はその費用を負担しないとされていること」，「賃借人の故意・過失や通常の使用方法に反する使用など賃借人の責めに帰すべき事由による住宅の損耗等があれば，賃借人は，その復旧費用を負担とされていること」であり，例外としての特約は，「賃貸人と賃借人は，両者の合意により，退去時における住宅の損耗等の復旧について，一般原則とは異なる特約を定めることができるとされていること。ただし，特約はすべて認められる訳ではなく，内容によっては無効とされることがあること」をそれぞれ書面に記載して交付・説明しなければならない。その上で，当該賃貸借契約に原状回復についての特約がない場合には一般原則に基づく費用のみを賃借人が負担すること，原状回復についての特約がある場合には，一般原則に基づく費用のほか，当該特約により賃借人が負担する具体的な内容を書面に記載して交付・説明しなければならない。

ⅱ　住宅の使用及び収益に必要な修繕

　費用負担の一般原則は，「住宅の使用及び収益に必要な修繕については，賃貸人の費用負担で行うとされていること」，「住居期間中，賃借人の故意・過失や通常の使用方法に反する使用など賃借人の責めに帰すべき事由により，修繕の必要が生じた場合は，賃借人がその費用を負担するとされていること」であり，例外としての特約は，「一般原則にもかかわらず，賃貸人と賃借人の合意により，入居期間中の小規模な修繕については，賃貸人の修繕義務を免除するとともに，賃借人が自らの費用負担で行うことができる旨の特約を定めることができるとされていること」をそれぞれ書面に記載して交付・説明しなければならない。その上で，入居期間中の費用負担の特約がない場合には一般原則に基づく費用のみを賃借人が負担すること，入居期間中の費用負担の特約がある場合には，一般原則に基づく費用のほか，当該特約により賃借人が負担する具体的な内容を書面に記載して交付・説明しなければならない。

ⅲ　設備等の修繕及び維持管理等に関する連絡先

　共用部分の設備等の修繕及び維持管理等を行う者の氏名・名称及び住所・所在地等，専用部分の設備等の修繕及び維持管理等を行う者の氏名・名称及

び住所・所在地等を書面に記載して交付・説明しなければならない。

　このような東京ルールは，賃貸借契約締結前に，宅地建物取引業者が借りようとする者に対して通常の原状回復義務の範囲を説明し，それとは異なる範囲の修繕義務を負うことになるということを事前に説明することによって，内容を認識して特約を含む賃貸借契約を締結できるようにし，退去時の原状回復義務を巡る紛争を防止しようとするものである。

　前述のとおり，最高裁は，「建物の賃借人にその賃貸借において生ずる通常損耗についての原状回復義務を負わせるのは，賃借人に予期しない特別の負担を課すことになる」として「明確な合意」が必要との解釈を示し，「少なくとも，賃借人が補修費用を負担することになる通常損耗の範囲が賃貸借契約書の条項自体に具体的に明記されているか，仮に賃貸借契約書では明らかでない場合には，賃貸人が口頭により説明し，賃借人がその旨を明確に認識し，それを合意の内容としたものと認められる」ことが必要であるとした。東京ルールは，賃貸借契約締結前に，通常損耗についての原状回復義務が賃借人にはないのが原則であることを示しつつ，しかし，当該契約において賃借人が負担することとなる通常損耗の範囲を明確に賃借人に示し，賃借人がその旨を明確に認識し，合意の内容とすることができるようにしている制度であるといえる。

プラスα

　国交省は，賃貸住宅に関する契約書のひな型を「賃貸住宅標準契約書」として公表している。現在は平成30年3月に改訂されたものが最新版となっている。この標準契約書第15条は次のとおり定めている。

（明渡し時の原状回復）
第15条　乙は，通常の使用に伴い生じた本物件の損耗及び本物件の経年変化を除き，本物件を原状回復しなければならない。ただし，乙の責めに帰することができない事由により生じたものについては，現状回復を要しない。
2　甲及び乙は，本物件の明渡し時において，契約時に特約を定めた場合は当該特約を含め，別表第5の規定に基づき乙が行う原状回復の内容及び方法について協議するものとする。

　15条1項で原状回復義務には通常損耗と経年変化が含まれないことを明確にしつつ，2項で特約を定めることも可能であることを前提として，原状回復の内容は別表5の規定に基づき賃借人が行う内容及び方法を当事者で協議する旨を定めている。

この15条を受けた別表5は，かなり詳細な規定となっている。通常損耗・経年変化は貸主負担，善管注意義務違反・用法違反等は借主負担という原則を明確にしつつ，その具体例を「1　貸主・借主の修繕分担表」として示し，次に「2　借主の負担単位」として借主が原状回復義務を負う場合の負担単位と経過年数を考慮するか否かを記載するものとなっている。さらに「3　原状回復工事項目目安単価」を記載することとして，原状回復費用がどのくらいかかるものであるかが借主にわかるようにしている。これらのあとに，「例外としての特約」として「原状回復に関する費用の一般原則は上記のとおりですが，借主は，例外として，下記の費用については，借主の負担とすることに合意します（ただし，民法第90条並びに消費者契約法第8条，第8条の2，第9条及び第10条に反しない内容に限ります）。」として，具体的な特約内容を記載するものとなっている。

　この標準契約書も，通常損耗についての原状回復義務が賃借人にはないのが原則であることを示しつつ，しかし，当該契約において賃借人が負担することとなる通常損耗の範囲を明確に賃借人に示し，賃借人がその旨を明確に認識し，合意の内容とすることができるようにしているという点では，最高裁の判例を意識した契約書となっている。

(5)　重要事項説明での取扱い

　宅地建物取引業者が宅地又は建物の賃貸借契約について代理し，又は媒介する場合には，当該宅地建物取引業者は，賃貸借契約の締結に先立ち，法35条1項が定める重要事項説明を行わなければならない。

　この説明事項の中には，「敷金その他いかなる名義をもって授受されるかを問わず，契約終了時において精算されることとされている金銭の精算に関する事項」が含まれている（規16条の4の3第11号）。

　賃貸借契約では，敷金や保証金等の名称で，賃貸借に基づいて生じた賃借人の賃貸人に対する金銭の給付を目的とする債務を担保する目的で賃借人が賃貸人に金銭を交付することが多い。この敷金等は，賃貸借契約終了時に，賃貸借に基づいて生じた賃借人の賃貸人に対する金銭の給付を目的とする債務の額を控除した残額を返還する。そこで，宅地又は建物の賃貸借契約では，敷金その他いかなる名義をもって授受されるかを問わず，契約終了時において精算されることとされている金銭がある場合には，それらの金銭の精算に関する事項が重要事項説明の対象とされている。例えば，通常損耗や経年変化に関する修繕費用を原状回復の対象として賃借人が負担する旨の特約を設ける場合には，通常は，この費用につき敷金から充当することになる。通常損耗等についての原状回復費用を賃借人が負担するという特約は，重要事項説明における「敷金その他いかなる名義をもって授受されるかを問わず，契

約終了時において精算されることとされている金銭の精算に関する事項」として説明がなされなければならない。

> **実践知！**
>
> 　賃借人が退去時に修繕費を負担する必要がない通常損耗・経年変化の具体的内容は，原状回復ガイドラインが参考となるほか，原状回復ガイドラインには経過年数や負担単位など詳細な記載がなされているので，原状回復に関する紛争時にはうまく利用するとよい。
>
> 　賃借人が退去時に通常損耗や経年変化に関する修繕費を負担する旨の特約の有効性が問題となる場合には，当該特約に関する費用は賃借人負担ではないことが原則であることと，当該契約ではその原則とは異なる特約があるということを賃借人が理解しているかがポイントとなることに留意が必要である。

🔭 紛争予防の視点

　賃借人の原状回復義務の範囲に関する紛争は，実務的には賃貸人が敷金から原状回復費用を控除して賃借人に返還する，という形の中で発生する。もっとも，敷金は，本来，賃貸借契約から発生した債務が存在しない限りは全額を返還すべきものとして合意されている。最高裁が通常損耗分・経年変化に係る修繕費用を賃借人が負担する特約の成立に厳格や要件を要求しているのは，敷金につき「全額返還」の約束をしているにもかかわらず，本来負担する必要がない通常損耗・経年変化に係る修繕費用を控除することになるので，その債務負担については明確な合意が必要となるという考え方を取っているからである。

　したがって，原状回復義務の特約に関する紛争を予防するには，最高裁の判断を踏まえ，通常の原状回復義務の範囲を明確にするとともに，それとは異なる範囲の修繕義務を負うことを明確にした契約書とすることが重要である。国交省の標準契約書の活用も有用である。

3. 敷引特約

敷引特約とはどのような特約か。この特約はどのような問題があるのか。

(1) 問題の所在

　敷金とは，改正民法の表現を使えば，「いかなる名目によるかを問わず，賃料債務その他の賃貸借に基づいて生ずる賃借人の賃貸人に対する金銭の給

付を目的とする債務を担保する目的で，賃借人が賃貸人に交付する金銭」を
いう（改正民法 622 条の 2 第 1 項括弧書き）。賃貸借契約が終了して，賃借人
が当該物件を賃貸人に返還した場合には，賃貸人は受け取った敷金の額から
賃貸借に基づいて生じた賃借人の賃貸人に対する金銭の給付を目的とする債
務の額を控除した残額を返還しなければならない。賃借人の未払賃料や，賃
借人が修繕すべき毀損がある場合には，賃貸人はこれらの額を控除した上で
賃借人に対して敷金を返還する。

　しかし，敷金として授受される金銭のうち，一定金額や一定割合を返還し
ない旨の特約が付されることがある。これを「敷引き」と表現したり，「償
却」と表現したりする。このような特約がいわゆる「敷引特約」である。

　敷引特約は，居住用の建物賃貸借契約終了時に，賃借人に返還される金額
を巡って紛争となることがある。消費者契約法 10 条は「法令中の公の秩序
に関しない規定の適用による場合に比して消費者の権利を制限し又は消費者
の義務を加重する消費者契約の条項であって，民法第 1 条第 2 項に規定す
る基本原則に反して消費者の利益を一方的に害するものは，無効とする」旨
を規定している。居住用の建物賃貸借契約は一般的には消費者契約であり，
具体的な修繕費用や未払賃料とは別に敷金の一定金額等を返還しない旨の特
約である敷引特約は，「信義則に反して消費者の利益を一方的に害するもの」
として無効かが問題となることがある。敷引特約が具体的に問題になるのは
賃貸借契約終了時であるが，「特約」として契約条項の問題であるので，不
動産取引である賃貸借契約締結時に十分に検討すべき問題でもある。

(2)　最高裁平成 23 年 3 月 24 日判決

　敷引特約を巡っては，下級審では消費者契約法 10 条により無効となると
する判断と，有効であるとする判断とに分かれていた。このような状況下で，
最判平成 23・3・24（民集 65 巻 2 号 703 頁）は，消費者契約である居住用建
物の賃貸借契約に付されたいわゆる敷引特約が消費者契約法 10 条により無
効となる場合を明らかにした上で，具体的な事案の判断としては，当該敷引
特約は消費者契約法 10 条により無効ということはできないとされた。

CASE　最判平成 23・3・24（民集 65 巻 2 号 903 頁）

● 賃貸借契約の概要

　京都のマンションの一室につき，契約期間 2 年，賃料月額 9 万 6000 円とする

賃貸借契約であり，当該賃貸借契約は消費者契約である。

　賃借人は賃貸人に対して金40万円を保証金として支払った。保証金は本件賃貸借契約から生ずる賃借人の債務を担保することが定められた。また，賃借人が本件建物を明け渡した場合には，賃貸人は，契約締結から明渡しまでの経過年数に応じた額（1年未満の18万円から5年以上の34万円まで）を取得し（賃貸人が取得する金員を「本件敷引金」という），当該金額を控除した残額を賃借人に返還すること，賃借人に未納家賃，損害金等の債務がある場合には，上記残額から同債務相当額を控除した残額を返還する旨が定められていた。

● **敷引特約に関する裁判所の判断骨子**

・消費者契約である居住用建物の賃貸借契約に付された敷引特約は，当該建物に生ずる通常損耗等の補修費用として通常想定される額，賃料の額，礼金等他の一時金の授受の有無及びその額等に照らし，敷引金の額が高額に過ぎると評価すべきものである場合には，当該賃料が近傍同種の建物の賃料相場に比して大幅に低額であるなど特段の事情のない限り，信義則に反して消費者である賃借人の利益を一方的に害するものであって，消費者契約法10条により無効となると解するのが相当である。

・これを本件についてみると，本件特約は，契約締結から明渡しまでの経過年数に応じて18万円ないし34万円を本件保証金から控除するというものであって，本件敷引金の額が，契約の経過年数や本件建物の場所，専有面積等に照らし，本件建物に生ずる通常損耗等の補修費用として通常想定される額を大きく超えるものとまではいえない。また，本件契約における賃料は月額9万6000円であって，本件敷引金の額は，上記経過年数に応じて上記金額の2倍弱ないし3.5倍強にとどまっていることに加えて，上告人（賃借人）は，本件契約が更新される場合に1か月分の賃料相当額の更新料の支払義務を負うほかには，礼金等他の一時金を支払う義務を負っていない。

・本件敷引金の額が高額に過ぎると評価することはできず，本件特約が消費者契約法10条により無効であるということはできない。

　以上のとおり，最高裁の判断は，敷引特約につき，直ちに消費者契約法10条によって無効であると判断するというものではない。最高裁は，①賃貸借契約に敷引特約が付され，賃貸人が取得することになる金員（いわゆる敷引金）の額について契約書に明示されている場合には，賃借人は，賃料の額に加え，敷引金の額についても明確に認識した上で契約を締結するのであって，通常損耗等の補修費用に充てるべき金員を敷引金として授受する旨の合意が成立している場合には，補修費用が含まれないものとして賃料の額が合意されているとみるのが相当であって，敷引特約によって賃借人が上記補修費用を二重に負担するということはできないこと，②上記補修費用に充てるために賃貸人が取得する金員を具体的な一定の額とすることは，通常損耗

等の補修の要否やその費用の額をめぐる紛争を防止するといった観点から，あながち不合理なものとはいえないこと等を挙げ，敷引特約が信義則に反して賃借人の利益を一方的に害するものであると直ちにいうことはできないとした。

　他方で，最高裁は，敷引金の額が敷引特約の趣旨からみて高額に過ぎる場合には，賃貸人と賃借人との間に存する情報の質及び量ならびに交渉力の格差を背景に，賃借人が一方的に不利益な負担を余儀なくされたものとみるべき場合が多いといえるとした上で，「敷引金の額が高額に過ぎると評価すべきものである場合には，当該賃料が近傍同種の建物の賃料相場に比して大幅に低額であるなど特段の事情のない限り，信義則に反して消費者である賃借人の利益を一方的に害するものであって，消費者契約法10条により無効となる」としている。

　敷引特約と通常損耗に係る修繕費用を賃借人が退去時に負担する特約とは，賃貸借契約時点において，賃借人が退去時に負担することとなる金額の明確性という点に大きな違いがある。敷引特約は，賃貸借契約締結時点において，賃貸借終了時点でどの程度の金額が控除されるかが明確であり，賃借人もその旨を理解して契約を締結している。他方，通常損耗に係る修繕費用を賃借人が退去時に負担する特約は，賃料に通常損耗にかかる修繕費用が含まれているという原則との関係でどの程度の負担が退去時に発生するかが不明確である上，通常損耗に係る修繕費用が退去時点で具体的にどのくらいの金額になるのかが賃貸借契約時点では明確ではないまま契約締結を余儀なくされる。通常損耗に係る修繕費用を賃借人が退去時に負担する旨の特約について最高裁が厳しい判断を行っているのは，賃貸借契約締結時点において，賃借人がどの程度の債務負担になるかが明確ではない点が大きく影響しているものと考えられる。他方，敷引特約は，一定の合理性がある上で，賃貸借契約締結時点で控除される金額は明確であるので，あとは，当該控除される金額が高額に過ぎるか否かが問題となる。

> **実践知！** 　敷引特約については，敷引金額が高額にすぎるか否かが問題になる。高額にすぎるか否かは，当該建物に生ずる通常損耗等の補修費用として通常想定される額，賃料の額，礼金等他の一時金の授受の有無及びその額等によって総合的に判断すること

> となる。

(3) 重要事項説明での取扱い

　宅地建物取引業者が宅地又は建物の賃貸借契約について代理し，又は媒介する場合には，当該宅地建物取引業者は，賃貸借契約の締結に先立ち，法35条1項が定める重要事項説明を行わなければならない。

　この説明事項の中には，「敷金その他いかなる名義をもって授受されるかを問わず，契約終了時において精算されることとされている金銭の精算に関する事項」が含まれている（規16条の4の3第11号）。

　したがって，敷引に係る特約が定められる賃貸借契約の場合には，媒介等を行う宅地建物取引業者は，契約終了時において清算されることとされている金銭の精算に関する事項として，敷引に関する説明を行わなければならない。

🔭 紛争予防の視点

　敷引特約そのものは直ちに無効となるものではない。しかし，高額にすぎる場合には無効となる可能性があるので，金額について十分に吟味することが紛争予防には重要である。

4. 更新料条項

更新料条項とはどのような条項か。この条項にはどのような問題があるのか。

(1) 問題の所在

　更新料とは，賃貸借契約期間が満了し，賃貸借契約を更新する際に，賃借人と賃貸人との間で授受される金員である（新田孝二「賃貸借契約における更新料の支払義務(1)」判時825号137頁）。

　更新料の性質については種々の見解があるものの，賃貸借契約に定められた更新料は，法令等に根拠を有しない賃貸人と賃借人との間の合意に基づく金員であるので，その法的性質も諸般の事情を総合考慮し当事者の意思を解釈して定めるべきものである（最判昭和59・4・20民集38巻6号610頁）。

　もっとも，賃貸借契約に定められた更新料が法令等に根拠を有しない賃貸人と賃借人との間の合意に基づく金員であるということは，更新料に係る特

約は，一般的には賃貸借契約の要素を構成しない債務を特約により賃借人に負担させる特約であるといえそうである。そうだとすると，このような更新料条項は，消費者契約に付せられている場合には，消費者契約法10条が定める「法令中の公の秩序に関しない規定の適用による場合に比して消費者の権利を制限し又は消費者の義務を加重する消費者契約の条項であって，民法第1条第2項に規定する基本原則に反して消費者の利益を一方的に害するものは，無効とする」旨の規定により無効となるのかが問題となる。更新料特約が具体的に問題になるのは賃貸借契約の期間満了時であるが，特約として契約条項の問題であるので，不動産取引である賃貸借契約締結時に十分に検討すべき問題でもある。

CASE　最判平成23・7・15（民集65巻5号2269頁）

●賃貸借契約の概要

　京都のマンションの一室につき，契約期間1年，賃料月額3万8000円，更新料を2か月分，定額補修分担金12万円とする賃貸借契約であり，当該賃貸借契約は消費者契約である。更新に関する条項は，賃借人は本件賃貸借契約を更新するときは法定更新であるか合意更新であるかにかかわりなく1年経過するごとに更新料として賃料の2か月分を支払うこと，及び賃貸人は入居期間にかかわりなく，更新料の返還，精算等には応じないというものであった。なお，原審は，更新料条項も定額補修分担金特約も消費者契約法10条により無効であるとの判断だったため，賃貸人側が上告した。

●更新料条項に関する裁判所の判断骨子

・更新料は，一般に，賃料の補充ないし前払，賃貸借契約を継続するための対価等の趣旨を含む複合的な性質を有するものと解するのが相当である。

・賃貸借契約は，賃貸人が物件を賃借人に使用させることを約し，賃借人がこれに対して賃料を支払うことを約することによって効力を生ずるのであるから，更新料条項は，一般的には賃貸借契約の要素を構成しない債務を特約により賃借人に負わせるという意味において，任意規定の適用による場合に比し，消費者である賃借人の義務を加重するものにあたるというべきである。

・また，当該条項が信義則に反して消費者の利益を一方的に害するか否かは，消費者契約法の趣旨，目的に照らし，諸般の事情を総合考量して判断されるべきである。

・更新料条項についてみると，賃貸借契約書に一義的かつ具体的に記載された更新料条項は，更新料の額が賃料の額，賃貸借契約が更新される期間等に照らして高額にすぎるなどの特段の事情がない限り，消費者契約法10条にいう「民法第1条第2項に規定する基本原則に反して消費者の利益を一方的に害するもの」にはあたらないと解するのが相当である。

Ⅱ．契約終了時の問題　　191

・本件条項は本件契約書に一義的かつ明確に記載されているところ，その内容は，更新料の額を賃料の2か月分とし，本件賃貸借契約が更新される期間を1年間とするものであって，上記特段の事情が存するとはいえず，これを消費者契約法10条により無効とすることはできない（なお，定額補修分担金についての消費者契約法10条により無効との原審の判断は維持された）。

　最高裁は，更新料の性質について「賃料の補充ないし前払，賃貸借契約を継続するための対価等の趣旨を含む複合的な性質を有するもの」と解し，このような複合的な性質のものを支払う旨の合意が必ずしも経済的合理性がないなどということはできないこと，一定の地域において，期間満了の際，賃借人が賃貸人に対し更新料の支払をする例が少なからず存することは公知であること，さらには，従前，裁判上の和解手続等においても，更新料条項は公序良俗に反するなどとして，これを当然に無効とする取扱いがなされてこなかったことなどを根拠に，賃貸借契約書に一義的かつ具体的に記載された更新料条項は，それだけでは，賃貸人と賃借人との間に更新料条項に関する情報の質，量，交渉力の格差の結果合意されたものとは言いがたいと判断している。しかし，更新料の額が高額に過ぎるなどの特段の事情がある場合には，賃貸人と賃借人との間に更新料条項に関する情報の質，量，交渉力の格差の結果，民法1条2項に規定する基本原則に反して消費者の利益を一方的に害するものに該当し，消費者契約法10条により無効となる，というのが最高裁の判断である。実務的には，「更新料の額が高額に過ぎるなどの特段の事情」を積み上げることができるかが更新料条項の有効性を争う場合の勝負を左右することになる。

> **実践知！** 　更新料条項については，更新料が高額にすぎるか否かが問題になる。高額にすぎるか否かは，賃料の額，賃貸借契約が更新される期間等に照らし総合的に判断することとなる。

(2)　重要事項説明での取扱い

　宅地建物取引業者が宅地又は建物の賃貸借契約について代理し，又は媒介する場合には，当該宅地建物取引業者は，賃貸借契約の締結に先立ち，法35条1項が定める重要事項説明を行わなければならない。

貸借の場合，この説明事項の中には，「契約期間及び契約の更新に関する事項」が含まれている（規 16 条の 4 の 3 第 8 号）。

したがって，更新料条項が定められる賃貸借契約の場合には，媒介等を行う宅地建物取引業者は，契約の更新に関する事項として，更新料に関する説明を行わなければならない。

🔭 紛争予防の視点

更新料条項そのものは直ちに無効となるものではない。しかし，高額にすぎる場合には無効となる可能性があるので，金額について十分に吟味することが紛争予防には重要である。

Ⅲ．賃借人の自殺

賃借人には，賃借物件の中で自殺しないようにすべき注意義務があるのだろうか。

例えば，賃借人が賃貸借契約の目的たる建物内で自殺した場合，当該自殺の事実を明らかにして次の賃貸借契約を締結しようとしても，当該物件につき従前の賃料で賃貸借契約を締結することができなくなるのが一般的である。しかし，賃貸人が当該自殺の事実を告知せずに賃貸借契約を締結すれば，賃貸人が信義則上負っている告知義務違反となる（前掲神戸地尼崎支判平成 25・10・28 参照）。また，当該物件を売却する場合においても，自殺の事実を告知すれば，いわゆる「心理的瑕疵」として売買代金が減額されることとなる。

そこで，実務では，賃借人が自殺した場合に，賃貸人が賃借人の相続人や連帯保証人らに対し，将来の賃料収入の減収分や売買代金の減額分について損害賠償請求することがある。このような訴訟においては，賃借人の自殺が何らかの義務違反に該当するのかが問題となる。

(1) 注意義務違反はないとするもの

CASE　東京地判平成 16・11・10（判例秘書 L05934532）

●事案の概要

賃借人はタクシー会社を経営している会社であり，従業員の寮として賃貸人から建物を賃借していた。賃貸人が本件建物を解体して更地にして本件土地を売却することを告げて解約の申入れを行ったところ，賃借人はこれに応じた。しかし，明渡し予定日の前日に，当該建物内で従業員が自殺をした。賃貸人は，本件建物

内での自殺によって本件土地が「事故物件」となり，低額で売却せざるを得なくなったとして，賃借人に対して損害賠償請求を行った。

● **注意義務についての裁判所の判断骨子**

・そもそも，建物の賃貸借契約における賃借人は，賃貸借契約終了時に賃貸物である本件貸室を返還すべき義務を負うが，賃貸物を返還するのに付随して，本件貸室や本件建物の価値を下げないように，その建物に入居させていた従業員が本件貸室内で自殺しないように配慮すべき義務まで負うと認められるかは疑問が残る。基本的には，物理的に賃借物の返還があれば賃借人の債務の履行としては十分であり，心理的あるいは価値的に影響を与えるような事由についてまで付随義務として認めることは加重な債務を負担させることになるからである。

・本件では，本件自殺のあった本件貸室が存在しなくなった状態でその敷地が売却されていることや，Ｂ（従業員）に自殺の兆候が見られなかったこと等からして，被告（賃借人）において，Ｂが本件貸室内で死亡すること，本件自殺により本件土地の価格が低下することまで予見可能であったとは解されず，本件貸室の賃借人である被告において，土地の価格が低下することまで予見可能であったものとは解されず，本件貸室の賃借人である被告において，土地の価格が下落しないように，その従業員が本件貸室内で自殺しないようにすべき注意義務があるとまで考えることは相当ではない。

・よって，被告には，本件賃貸借契約に基づく返還債務に付随義務として従業員が本件貸室内で自殺しないように配慮する義務を負わない。

　本件では，裁判所は賃借人には「従業員が本件貸室内で自殺しないようにすべき注意義務はない」と判断している。もっとも，これは賃貸借契約において一般的にそのような注意義務はないと判断しているのではなく，「取壊し予定の建物内」での自殺について判断したものである点に留意する必要がある。土地の売買において，かつて存在していた建物内で自殺があったとしても必ずしも心理的瑕疵には該当しないという裁判例もあり（大阪地判平成11・2・18判タ1003号218頁等），取壊し予定の建物内で自殺があったとしても，土地代金が当然に減額されるとは限らない。これらの事情を踏まえて，裁判所は，本件の具体的な事情の下では，賃借人は従業員が本件貸室内で自殺しないようにすべき注意義務はないと判断したものと考えられる。

(2)　**注意義務違反があるとするもの**

CASE　東京地判平成19・8・10（判例秘書 L06233508）

● **事案の概要**

　賃料月額6万円で本件建物内の本件○号室について賃貸借契約を締結していた賃借人が本件○号室内で自殺した。賃貸人は本件○号室や本件建物内の他の部屋

についても賃料を減額して賃貸することになるとして，賃借人の相続人である母親と連帯保証人に対して損害賠償請求等を行った。

● **注意義務についての裁判所の判断骨子**

・賃貸借契約における賃借人は，賃貸目的物の引渡しを受けてからこれを返還するまでの間，賃貸目的物を善良な管理者と同様の注意義務をもって使用収益する義務がある（民400条）。そして，賃借人の善管注意義務の対象には，賃貸目的物を物理的に損傷しないようにすることが含まれることはもちろんのこと，賃借人が賃貸目的物内において自殺をすれば，これにより心理的な嫌悪感が生じ，一定期間，賃貸に供することができなくなり，賃貸できたとしても相当賃料での賃貸ができなくなることは，常識的に考えて明らかであり，かつ，賃借人に賃貸目的物内で自殺をしないように求めることが加重な負担を強いるものとも考えられないから，賃貸目的物で自殺しないようにすることも賃借人の善管注意義務の対象に含まれるというべきである。

CASE　東京地判平成 27・9・28 (判例秘書 L07031101)

● **事案の概要**

　賃料月額7万2000円で本件建物2階○号室について賃貸借契約を締結していた賃借人が本件○号室内で自殺した。賃貸人は，連帯保証人に対して損害についての支払を請求した。

● **注意義務についての裁判所の判断骨子**

・賃借人は，賃貸借契約に基づき，賃貸借の目的物の引渡しを受けてからこれを返還するまでの間，善良な管理者の注意をもって当該目的物を使用収益すべき義務を負う。

・そして，賃貸借の目的物である建物の内部において賃借人が自殺をした場合，通常人であれば，当該建物の使用につき心理的な嫌悪感が生じるものであることは明らかであり，かかる事情が知らされれば，当該建物につき賃借人となる者が一定期間現れなかったり，適正賃料よりも相当低額でなければ賃貸できなくなるものといえるから，当該賃借人が当該建物内において自殺することは，当該目的物の価値を毀損する行為にあたることは明らかであり，賃借人の善管注意義務に違反するものというべきである。

　これらの裁判例は，いずれも，賃借している建物内で自殺がなされると，心理的な嫌悪感によって財産的な価値が毀損されるので，賃借人には賃貸目的物内で自殺しないようにすべき善管注意義務があると判断している。多くの賃借人に「自殺物件には住みたくない」という感情があることが一般的である状況の下では，このような判断もやむを得ないところであろう。

　損害額の判断については，「自殺事故による嫌悪感も，もともと時の経過により希釈する類のものであると考えられることに加え，一般的に，自殺事故の後に新たな賃借人が居住をすれば，当該賃借人が極短期間で退去したと

Ⅲ．賃借人の自殺　　**195**

いった特段の事情がない限り，新たな居住者である当該賃借人が当該物件で一定期間生活すること自体により，その前の賃借人が自殺したという心理的な嫌悪感の影響もかなりの程度薄れるものと考えられる」こと（前掲東京地判平成19・8・10）や「賃料額を低額にせざるを得ないのは，建物内での自殺という事情について通常人が抱く心理的嫌悪感に起因するものであるから，心理的嫌悪感は，時間の経過とともに自ずと減少し，やがて消滅するものである」こと（前掲東京地判平成27・9・28）や，都市部の利便性が高い目的物であることなどによって，賃料を減額しなければならない期間を検討して判断がなされている。具体的には前者の裁判例では，自殺事故から1年間は賃貸できず，その後2年間は従前の半額での賃貸となり，3年後には従前の賃料で契約を締結することができると判断された。また，後者の裁判例も同様に，自殺事故から1年間は賃貸できず，その後2年間は従前の半額での賃貸となり，3年後には従前の賃料で契約を締結することができると判断された。また，前者の裁判例では，当該自殺事故があった部屋と別の部屋については，賃料の毀損はないと判断されている。

　賃借人自身の自殺ではない場合について，東京地判平成26・8・5（判例秘書L06930546）は，賃借人の妻の自殺について「賃借人は，賃貸借契約上の義務として，少なくとも賃借人においてその生活状況を容易に認識し得る居住者が建物内で自殺するような自体を生じないように配慮しなければならない」善管注意義務があるとし，東京地判平成22・9・2（判時2093号87頁）は，賃借人が無断転貸した占有者の自殺について「賃借人が無断転貸等賃貸人の承諾なく第三者を当該物件に居住させていたような場合，賃借人に対し居住者の自殺といった事態の生じないように配慮すべきことを求めたとしても，必ずしも過重な負担を強いるものとはいえない。」とし，「無断転貸等を伴う建物賃貸借においては，……その内容として，目的物を物理的に損傷等することのないようにすべきことにとどまらず，居住者が当該物件内部において自殺しないように配慮することも内容に含まれるものと見るのが相当である。」としている。

CASE　東京地判平成28・8・8（判例秘書L07131836）

●事案の概要

　賃料月額17万7905円でオフィスビルの7階部分について賃貸借契約を締結していた賃借人である会社の従業員が非常階段から転落して死亡した。賃貸人は，

当該死亡以前から本件建物及び敷地を売り出していたところ，本件従業員の自殺により売却額が低下したとして，賃借人に対して損害賠償を請求した。

● **注意義務についての裁判所の判断骨子**

　　裁判所は，本件従業員の転落は，自殺であると認定した上で，善管注意義務の内容に自殺をしない義務が含まれるかという点については，次のように判断した。

・本件建物はいわゆるオフィスビルであり，居住用物件のように寝泊りするものではないが，日常的に人が出入りし，一定時間滞在して使用する建物であることに変わりはない。また，本件事故が起きた非常階段は貸室には含まれないものの，本件建物の一部ではあり，共用部分として他の使用者が立ち入ることもあるから，程度の差こそあれ，非常階段から飛び降り自殺があったという事情は，やはり心理的嫌悪感を抱かせるものといえる。

・そうすると，本件貸室及び共用部分を善良なる管理者の注意義務をもって使用しなければならない義務を負う被告としては，本件貸室及び共用部分を，自然損耗や経年変化を超えて物理的に損傷しないようにすることはもとより，心理的に嫌悪される事情を生じさせて目的物の価値を低下させないようにする義務，具体的には，本件貸室を使用する被告の従業員をして，本件貸室及び共用部分において自殺するような事態を生じさせないよう配慮する注意義務を負うというべきであり，その対象は，本件建物の非常階段部分に及ぶというべきである。

・Aは上記のとおり本件建物の非常階段から飛び降り自殺を図り，被告の履行補助者として，故意又は過失により上記注意義務に違反して本件事故を発生させたことは明らかであるから，被告も注意義務違反の責めを免れない。

　裁判所は，オフィスビルの賃貸借契約の場合においても，賃借人の従業員の自殺は賃借人の善管注意義務違反となりうるという判断を示した。オフィスビルであっても，自殺があったビルを敬遠する取引観念があり，賃料価格等に影響を及ぼす実態がある以上，自殺が目的物の価値を毀損するということは居住用の建物と同様である。したがって，このような判断もやむを得ないところであろう。もっとも，本件の損害額については，当初の売出し価格が妥当であったか否かが不明確であることもあり，裁判所は，売却価格の減額を損害とは判断せず，当該7階部分の賃料減額分を前提にした判断を行った。なお，本件は，控訴審では，そもそも従業員の転落は自殺ではないとの事実認定となったため，賃借人の善管注意義務違反は認められなかった（東京高判平成29・1・25判例秘書L07220075）。

賃借物件内での自殺は，賃借人とは全く無関係な者が勝手に侵入して行ったような場合でない限り，賃借人の善管注意義務

実践知！

違反となりうる。

損害賠償額については，人の入替わりがあるような物件であれば，1年間は賃料ゼロ，その後2年間は50%の賃料しか受領できないとの前提で計算される事案が多い。

賃借人の相続人が相続を放棄する可能性もあることを考えると，賃貸物件のオーナーとしては，損害保険契約によって賃借人の自殺による損害をカバーできるようにしておくことが望ましい。

🔭 紛争予防の視点

自殺・事故から3年程度は賃料に影響があるというのが裁判実務である以上，3年から5年程度は，自殺があったという事実を説明した上で賃貸借契約を締結することが紛争予防にとっては重要であるといえる。

Ⅳ. 定期借家契約

定期借家契約の締結時に，将来の紛争を防止するという観点から留意しておくべきことにはどのようなことがあるのか。

1. 定期建物賃貸借契約

建物の賃貸借契約については借地借家法が適用され，賃貸借契約の期間を定めた場合であって賃貸人が期間満了により賃貸借契約を終了させたいと考えた場合であっても，期間満了の1年前から6か月前までの間に更新をしない旨の通知をしなければ，従前の契約と同一の条件で契約を更新したものとみなされる（借地借家26条1項）。更新をしない旨の通知をするにあたっては，正当の事由が必要とされている（同法28条）ので，正当事由がないまま更新をしない旨の通知を行っても，やはり，従前の契約と同一の条件で契約を更新したものとみなされる。このような法定更新を認めない契約条項は，賃借人に不利なものとして無効となる（同法30条）。

このような賃貸借契約を，実務では「普通建物賃貸借契約」ということがある。

この普通建物賃貸借契約に対し，期間の定めがある建物の賃貸借契約を締

結するにあたり，公正証書等書面によって契約を締結する等の所定の要件の下で契約の更新がないこととする旨の契約を締結することが認められている（同法 38 条 1 項）。このような建物賃貸借契約を定期建物賃貸借契約という。

　定期建物賃貸借契約は，法定更新がなく，契約期間満了の都度，再契約という形で当該賃借人との間で賃貸借契約を締結するか否かを賃貸人側で判断することができるので，賃貸人からすれば契約の自由度が高い契約であるということができる。他方，賃借人は，賃貸人側の正当事由の有無とは関係なく，期間が満了した場合には当該賃借物件を明け渡さなければならなくなるので，普通賃貸借契約と比較すれば，定期建物賃貸借契約は賃借人の負担が大きい契約ということになる。そこで，定期建物賃貸借契約について定めた借地借家法 38 条は，普通建物賃貸借契約締結の場合とは異なった要件を設けている。すなわち，①定期建物賃貸借契約は公正証書等書面によって契約を締結しなければならないこと（同法 38 条 1 項），②定期建物賃貸借契約を締結しようとする賃貸人は，あらかじめ，建物の賃借人に対し，建物の賃貸借は契約の更新がなく，期間の満了により当該建物の賃貸借は終了することについて，その旨を記載した書面を交付して説明しなければならないこと（同法 38 条 1 項）等が定められている。

　また，期間満了で終了させる場合であっても，賃貸人は期間満了の 1 年前から 6 か月前までの間（「通知期間」という）に賃借人に対して期間満了により建物の賃貸借が終了する旨を通知しなければ終了を賃借人に対抗することができず（同法 38 条 4 項本文），通知期間経過後に賃貸人が賃借人に対して期間満了に通知した場合には 6 か月を経過した後でなければ賃貸借の終了を賃借人に対抗することができない（同法 38 条 4 項ただし書き）と定められている。

2. 定期建物賃貸借契約である旨の事前説明

　建物の賃貸借契約が親族の間で締結されるような場合には，口頭だけで契約が合意され，書面を作成しないということもある。しかし，一般的には，建物賃貸借契約であっても書面で作成されることが実務上通常であり，定期建物賃貸借契約を「公正証書等の書面によって」締結するということは，実務的には負担とはならない。

　しかし，定期建物賃貸借契約の締結に先立って，賃貸借契約の更新がないものであって，期間の満了によって建物の賃貸借は終了することについて，

賃貸人が賃借人に対してその旨を記載した書面を別に交付して説明しなければならない，ということ（借地借家38条2項）は，実務的には大きな負担である。この説明がなされなかった場合には，契約の更新がないこととする旨の定めは無効となる（同条3項）ので，法定更新の可否にかかわる問題となり，実務上もしばしば争われることがある。

CASE　最判平成22・7・16（判タ1333号111頁）

●事案の概要

賃貸人と賃借人は，平成15年10月29日に「定期建物賃貸借契約書」と題する契約書を取り交わし，期間を同年11月16日から平成18年3月31日まで，賃料月額20万円として賃貸借契約を締結した。

本件賃貸借契約については，平成15年10月31日，定期建物賃貸借契約公正証書が作成され，公正証書の中には，賃貸人が賃借人に対し，本件賃貸借は契約の更新がなく，期間の満了により終了することについて，あらかじめその旨を記載した書面を交付して説明したことを相互に確認する旨の記載があった。

その後，賃貸人が期間満了によって本件賃貸借契約が終了したと通知したのに対し，賃借人が借地借家法38条2項所定の説明書面の交付・説明がなかったとして紛争となった。

●書面の交付・説明に関する裁判所の判断骨子

・記録によれば，現実に説明書面の交付があったことをうかがわせる証拠は，本件公正証書以外，何ら提出されていないし，被上告人（賃貸人）は，本件賃貸借の締結に先立ち説明書面の交付があったことについて，具体的な主張をせず，単に，上告人（賃借人）において，本件賃貸借の締結時に，本件賃貸借契約が定期建物賃貸借契約であり，契約の更新がなく，期間の満了につき説明を受け，また，本件公正証書作成時にも，公証人から本件公正証書を読み聞かされ，本件公正証書を閲覧することによって，上記と同様の説明を受けているから，借地借家法38条2項所定の説明義務は履行されたといえる旨の主張をするにとどまる。

・これらの事情に照らすと，被上告人は，本件賃貸借の締結に先立ち説明書面の交付があったことにつき主張立証していないに等しく，それにもかかわらず，単に，本件公正証書に上記条項があり，上告人において本件公正証書の内容を承認していることのみから，法38条2項において賃貸借契約の締結に先立ち契約書とは別に交付するものとされている説明書面の交付があったとした原審の認定は，経験則又は採証法則に反するものといわざるをえない。

→破棄・差し戻し。

裁判所は，公正証書の中に「本件賃貸借は契約の更新がなく，期間の満了により終了することについて，あらかじめその旨を記載した書面を交付して説明したことを相互に確認する旨の記載」があっても，それだけでは借地借

家法 38 条 2 項の説明書面が交付されたとの認定を行うことができないと判断した。この判断自体は事実認定の問題であり，同法 38 条 2 項の書面としてどのような書面が必要とされるかということを判断したものではない。しかし，最高裁は，契約書と公正証書が作成され，更新がなく期間満了で賃貸借が終了することについて賃借人が理解している場合であっても，同法 38 条 2 項が定める書面が契約書とは別に交付されて説明されなければならないということを明らかにしたものであり，実務の参考となる。

CASE　最判平成 24・9・13（民集 66 巻 9 号 3263 頁）

●事案の概要

　　賃貸人と賃借人は，平成 15 年 7 月 18 日，定期建物賃貸借契約と題する書面を取り交わし，期間を同日から平成 20 年 7 月 17 日まで，賃料月額 90 万円として賃貸借契約を締結した。本件契約書には，契約の更新がなく，期間の満了により終了する旨の本件定期借家条項があった。

　　賃貸人は，本件賃貸借の締結に先立つ平成 15 年 7 月上旬頃，賃借人に対し，賃貸借契約の期間を 5 年とし，本件定期借家条項と同内容の記載をした本件契約書の原案を送付し，賃借人は同原案を検討していた。

　　賃貸人は平成 19 年 7 月 24 日，賃借人に対して，本件賃貸借は期間の満了により終了する旨を通知した。これに対し，賃借人は，借地借家法 38 条 2 項の書面が交付されていないとして争った。賃借人が本件契約書には更新がない旨明記されていることを認識しており，契約書の原案が送付されている場合，本件契約書とは別個独立の書面の交付が必要であるかが争点となった。

●書面の交付・説明に関する裁判所の判断骨子

・借地借家法 38 条 1 項の規定に加えて同条 2 項の規定が置かれた趣旨は，定期建物賃貸借に係る契約の締結に先立って，賃借人になろうとする者に対し，定期建物賃貸借は契約の更新がなく期間の満了により終了することを理解させ，当該契約を締結するか否かの意思決定のために十分な情報を提供することのみならず，説明においても更に書面の交付を要求することで契約の更新の有無に関する紛争の発生を未然に防止することにあるものと解される。

・以上のような借地借家法 38 条の規定の構造及び趣旨に照らすと，同条 2 項は，定期建物賃貸借にかかる契約の締結に先立って，賃貸人において，契約書とは別個に，定期建物賃貸借は契約の更新がなく，期間の満了により終了することについて記載した書面を交付した上，その旨を説明すべきものとしたことが明らかである。そして，紛争の発生を未然に防止しようとする同項の趣旨を考慮すると，上記書面の交付を要するか否かについては，当該契約の締結に至る経緯，当該契約の内容についての賃借人の認識の有無及び程度等といった個別具体的事情を考慮することなく，形式的，画一的に取扱うのが相当である。

・したがって，借地借家法 38 条 2 項所定の書面は，賃借人が，当該契約に係る賃

貸借は契約の更新がなく，期間の満了により終了すると認識しているか否かにかかわらず，契約書とは別個独立の書面であることを要するというべきである。
・本件では，本件契約書の原案が本件契約書とは別個独立の書面であるということはできず，他に被上告人（賃貸人）が上告人（賃借人）に書面を交付して説明したことはうかがわれない。
・本件定期借家条項は無効である。

　借地借家法38条2項の書面は，契約内容についての賃借人の認識等とは関係なく，形式的，画一的に取り扱うということが最高裁の判断により明確になった。しかも，契約書とは別個の書面である必要があり，契約書の原案はこの「別個の書面」ではないとされる。実務的には，契約書や契約書原案とは別の書面を作成し，その書面を交付した上で説明するということになろう。

実践知！

　定期建物賃貸借契約では，借地借家法38条2項の書面の交付・説明が適切になされていることが更新の有無にとって重要なポイントとなる。
　「定期建物賃貸借契約書」に書面捺印しただけで「更新がなされない賃貸借契約」になるものではないということを賃貸人・賃借人いずれの立場でも理解してもらうことが重要である。

---

3. 重要事項説明での取扱い

　宅地建物取引業者が宅地又は建物の賃貸借契約について代理し，又は媒介する場合には，当該宅地建物取引業者は，賃貸借契約の締結に先立ち，法35条1項が定める重要事項説明を行わなければならない。
　貸借の場合，この説明事項の中には，「建物の賃貸借で同法〔借地借家法〕第38条第1項……の規定の適用を受けるものをしようとするときは，その旨」が含まれている（規16条の4の3第9号）。したがって，定期建物賃貸借契約の締結を媒介・代理する場合の宅地建物取引業者は，法35条1項が定める重要事項説明において，建物賃貸借契約が期間の定めがあるものであり，契約の更新がないこととする旨を定めたものであることについて，説明しなければならない。

プラスα

重要事項説明において，期間満了で賃貸借契約が終了し，更新がない旨の定めがある定期建物賃貸借契約である旨を，書面に記載して宅地建物取引士が説明した場合に，当該重要事項説明書は，借地借家法 38 条 2 項が定める説明書面として扱うことは可能か。

国交省は，重要事項説明書に記載して宅地建物取引士が説明を行う重要事項説明での説明は，借地借家法 38 条 2 項に規定する賃貸人の説明義務とは別個のものであると解している（「解釈運用の考え方」第 35 条第 1 項第 14 号関係「9 定期借地権，定期建物賃貸借及び終身建物賃貸借について」）。

もともと，賃貸人と媒介契約を締結しているだけの宅地建物取引業者は，借地借家法 38 条 2 項が定めている賃貸人の義務を履行することはできないので，このような重要事項説明書は同法 38 条 2 項の説明書面ではないということで差し支えないであろう。

もっとも，宅地建物取引業者が貸主から賃貸借契約締結についての代理権を与えられている場合や，借地借家法 38 条 2 項の書面の交付・説明についての代理権を与えられている場合には，宅地建物取引業者が同法 38 条 2 項が定める賃貸人の義務を代理して行うことはできると考えられる。もっとも，この場合でも，重要事項説明書は仲介業者・代理業者としての書面であり，形式的，画一的に取り扱うことが妥当であるという借地借家法 38 条 2 項の説明書面の趣旨からすれば，重要事項説明書とは別の書面が必要であると解すべきではなかろうか。

🔭 紛争予防の視点

借地借家法 38 条が定める定期建物賃貸借契約は，賃借人の保護の程度が弱くなることを考えれば，同法 38 条の要件を満たすことを厳格に解すべきであろう。同法 38 条 2 項の書面も，契約書の原案や重要事項説明書とは別に作成し，疑義がないようにすることが紛争予防の観点からは重要である。

CHAPTER

04 媒介契約での紛争

　宅地建物の売買契約や賃貸借契約では，当事者が直接に交渉を行い，当事者が直接に契約を締結することもあるが，宅地建物取引業者が当事者の一方又は双方と媒介契約を締結して，宅地建物取引業者が仲介を行った結果として売買契約や賃貸借契約が締結されることも少なくない。宅建業法は，宅地建物の売買，交換又は貸借を媒介する行為で業として行われるものも宅地建物取引業として定義している（法2条2号）。本書は，不動産「取引」に関する問題を取り扱うので，以下では，媒介契約に関連する問題を扱う。

　まずは，媒介契約内容に関する論点を取り上げる。媒介契約はどのような契約であるのかということや宅建業法がどのような規律を設けているのかということ，さらには媒介契約を締結した宅地建物取引業者の義務について検討する。

　次に，実務上紛争となることが多い，媒介業務を行う宅地建物取引業者の説明義務に関する論点を取り上げる。

　最後に，媒介報酬に関する紛争での論点を取り上げる。

Ⅰ．媒介契約

1．媒介契約の内容と宅建業法の規律

媒介契約とは，どのような契約なのだろうか。当事者で自由に内容を定めることができるのだろうか。

(1)　媒介の意義

　宅建業法は，①宅地建物の売買，②宅地建物の交換，③宅地建物の売買，交換又は貸借の代理，④宅地建物の売買，交換又は貸借の媒介を業として行うものを「宅地建物取引業」と定義し（法2条2号），宅地建物取引業を営もうとする者は，免許を受けなければならない旨を定めている（法3条1項）。

　もっとも，宅建業法は「媒介」の定義を定めていない。したがって，「媒介」の内容は解釈が必要になる。この点，例えば，仙台高秋田支判昭和

46・11・2（刑月 3 巻 11 号 1431 頁）は「売買の媒介とは，売買当事者の少く
とも一方の依頼を受け，当事者の間にあって契約の成立をあっせんするすべ
ての行為を指称」するとし，岡山地判昭和 54・9・27（判タ 407 号 100 頁）
は「不動産仲介契約とは他人間の不動産売買等の法律行為の媒介，即ちその
取引締結の機会を作り，又はその成立の促進，斡旋をすることを目的とし，
受託者は，媒介を依頼された取引契約の成立に尽力する義務を負い，委託者
は，契約の成立に対して報酬を支払うという契約」であるとする。これらの
裁判例も踏まえれば，宅建業法が定める「媒介」は，契約当事者の委託を受
け，両者の間に立って売買，賃貸借等の契約の成立に向けてあっせん尽力す
る事実行為をいう（解説 32 頁，岡本宇仁 68 頁）と解される。なお，不動産
取引実務では，「仲介」「あっせん」等の表現を使うことがある。当事者の間
にあって契約の成立に尽力する内容が含まれているものは，宅建業法上は
「媒介」に該当する。

プラスα

　商法は，商事仲立を「他人間の商行為の媒介をすることを業とする者」と規定し
（商 543 条），ここでの媒介も，法律行為の成立に尽力することと解されている（近
藤光男『商法総則・商行為法〔第 8 版〕』177 頁）。商人ではない個人が投機を目的と
せずに宅地建物の売買を行うことは商行為ではなく，したがって，その媒介を行っ
ても商事仲立とはいえない。このような媒介を「民事仲立」という。その意味では，
一般に，宅地建物取引業者は，「他人間の商行為の媒介」を業とする者ではないの
で，いわゆる商事仲立人ではなく，民事仲立人である（最判昭和 44・6・26 民集 23
巻 7 号 1264 頁）。

(2) 媒介契約の性質

　媒介契約は，一方が法律行為の成立に尽力するという事務を委託し，他方
がこれを承諾することによって成立するので，準委任契約（民 656 条）の性
質を有する（前掲最判昭和 44・6・26，岡本宇仁 68 頁）。

　媒介契約が準委任契約の性質を有するものであるということは，媒介契約
を締結している宅地建物取引業者（本書では「仲介業者」と表現することもあ
る）は，民事仲立として準用することが合理的ではない規定を除き，委任に
関する規定が準用されるということである。特に実務上は，依頼者との関係
では，委託の本旨に従い，善良な管理者の注意をもって委任事務を処理する
義務（民 644 条）を負っている点が重要である。

> 実践知！
>
> 　媒介とは，契約当事者の委託を受け，両者の間に立って売買，賃貸借等の契約の成立に向けてあっせん尽力する事実行為をいい，媒介契約は準委任契約としての性質を有する。
> 　媒介契約を締結した受任者は，善管注意義務を負っている。

(3) 宅建業法による媒介契約に関する規制

　宅地又は建物の売買又は交換の媒介を業として行うことも，宅地又は建物の貸借の媒介を業として行うことも「宅地建物取引業」に該当する（法2条2号）。これらの媒介業を営むには免許が必要である（法3条1項）。個人や法人が単発で（つまり，業としてではなく）宅地建物取引の媒介を行うことは極めてまれであるので，宅地建物の売買の媒介や貸借の媒介を巡る紛争は，多くの場合，免許を受けた宅地建物取引業者との間の紛争になる。

　宅地建物取引業者が行う媒介のうち，宅地又は建物の売買又は交換に係る媒介契約については，宅建業法が種々の規制を定めている（法34条の2）。

　例えば，法34条の2第1項では，宅地建物取引業者は，宅地建物の売買又は交換の媒介契約を締結したときは，遅滞なく，法34条の2第1項各号が定める事項を記載した書面を作成して記名押印し，媒介の依頼者にこれを交付しなければならない（法34条の2第1項）ことを定め，法34条の2第2項から10項は，媒介契約を締結した宅地建物取引業者の義務について定めるほか，一定の契約内容を無効としている。

　法34条の2の規定が設けられる前は，多くの媒介契約が口頭で締結されていたため，契約の存否や内容が不明確なものが多く，当事者間の直接取引なのか宅地建物取引業者が媒介したのかについてのトラブルが多発していた。口頭でなくても，物件の売却について一切を委任するという内容の委任状を取り付けるといったことも行われ，代理なのか媒介なのかが不明確で，報酬額についての紛争も多かった（解説171頁）。売買・交換の媒介報酬を巡る紛争は，金額も多額なものになる。宅建業法は，「購入者等の利益の保護と宅地及び建物の流通の円滑化とを図る」（法1条）ことを目的とした法律である。そこで，売買・交換に係る媒介に関するトラブルを解消し，依頼者等の利益の保護を図る観点から，売買・交換の媒介に関する規定が設けられた。また，不動産流通市場（宅地建物の売却希望物件についての情報市場）の活性

化は，購入者等の利益の保護と宅地建物の流通の活性化を図るために不可欠である。そこで，売買・交換の媒介に関する契約関係に関する規定や，不動産流通市場に情報を提供するルールを定める規定が必要となり，法34条の2の規定が設けられた。

　法34条の2は，媒介契約の当事者の一方が宅地建物取引業者であることに着目して，当事者に民事上の効果を発生させる媒介契約につき，その締結方法や内容についての規制を設け，さらに，その規制に反する特約については無効とする旨の民事上の効力規定まで設けた点に特徴がある。もっとも，法34条の2は，媒介契約そのものを書面で締結することや媒介契約の内容として法34条の2が定めている事項を規定しなければならないことを定めているのではない。単に，宅地建物取引業者が媒介契約を締結した場合には，媒介契約の内容のうち，法34条の2が定める事項について書面に記載して媒介の依頼者に交付すべきことを定めているにすぎない。しかし，法34条の2が書面に記載すべき事項として規定しているものは，いずれも媒介契約の内容として宅地建物取引業者と依頼者との間で合意すべき事項そのものである。したがって，宅地建物取引業者が媒介契約を締結するにあたっては，必ず法34条の2が定める事項について合意しなければならず，これらの事項とは無関係に当事者間で自由に契約内容を定めることができないようになっている。

プラスα

　法34条の2第1項は，媒介契約そのものを書面で締結することを義務付けているものではない。したがって，理屈の上では，宅地建物取引業者が売買の媒介契約を締結する場合にも契約は口頭で締結し，それとは別に，法34条の2第1項所定の事項を記載した書面を媒介の依頼者に交付すれば，宅建業法違反となることはない。しかし，前述のとおり，法34条の2が書面に記載すべき事項として規定しているものは，いずれも媒介契約の内容として宅地建物取引業者と依頼者との間で合意すべき事項そのものである。そこで，国交省は法34条の2第1項の書面は「必要事項を記載した契約書を作成して取り交わすこととする」（「解釈運用の考え方」第34条の2関係「2　媒介契約の書面化について」）としているし，取引実務でも，媒介契約書そのものを法34条の2第1項の書面としている。

　仲介業者との紛争で債務不履行責任が問題となる場合には，媒介契約上の義務違反の検討が必要となる場合が多い。媒介契約の内容が宅建業法で定められている以上，媒介契約に関する宅建業法上の規定の内容を理解していれ

ば，仲介業者との紛争の処理にあたり，一段と深い考察が可能になる。

| 実践知！ | 宅地建物取引業者との間の売買の媒介に関する契約については，法34条の2の適用を受ける。したがって，当事者でまったく自由に契約内容を定めることができるというものにはなっていない。 |

2. 媒介契約の種類

宅建業法は，媒介の依頼者が複数の宅地建物取引業者に重ねて媒介を依頼することができるか否か等に応じて，専任媒介契約，専属専任媒介契約及び一般媒介契約の3種類の媒介契約を定めている。それぞれ，どのような契約なのか。

(1) 標準媒介契約約款

　宅建業法での媒介契約の規制の類型に応じて，国交省は，「専任媒介契約」，「専属専任媒介契約」及び「一般媒介契約」の3種類の標準媒介契約約款を定めている。標準媒介契約約款は，媒介契約書と媒介契約約款の2つの部分から構成されていて，もともとは昭和57年5月7日に建設省告示第1110号として告示され，その後平成2年1月30日に建設省告示第115号として全面改正され，その後の法改正等を受けた改正が行われて現在に至っている。

(2) 専任媒介契約

　専任媒介契約とは，媒介の依頼者（以下「媒介依頼者」という）が宅地建物取引業者と宅地建物の売買又は交換の媒介契約を締結するにあたり，他の宅地建物取引業者に重ねて売買又は交換の媒介又は代理を委託することができない媒介契約である（法34条の2第3項）。このような媒介契約のうち，標準媒介契約約款では，媒介依頼者が自ら若しくは宅地建物取引業者以外の知人を通じて探索した相手方と売買契約を締結すること（自己発見取引）が可能な媒介契約を標準専任媒介契約約款として定めている。したがって，媒介依頼者が他の宅地建物取引業者に重ねて媒介等を依頼することができず，しかし，自己発見取引は認められている媒介契約を専任媒介契約というのが一般的である。

　宅地建物取引業者からすれば，他の宅地建物取引業者に対して重複して媒

介が依頼されることはないので，他の宅地建物取引業者が成約させて報酬を取得するということはなく，費用をかけてでも探索を行おうというインセンティブが働くことになる。そのため，宅地建物取引業者は専任媒介契約や次に説明する専属専任媒介契約を締結したがることが多い。迅速に成約に結びつけば依頼者にとってもメリットはある。

しかし，他方で，媒介依頼者は他の宅地建物取引業者に重ねて依頼することができないので，依頼した宅地建物取引業者が情報を囲い込んで適切に媒介業務を行わないといつまでたっても成約に結びつかないことになる。専任媒介契約を締結した宅地建物取引業者には，対象となる物件の情報を指定流通機構という不動産流通情報を取扱う機関に登録する義務が課せられる（法34条の2第4項）等，契約の相手方探索についての積極的な努力義務が課せられる。

(3) 専属専任媒介契約

標準媒介契約約款では，他の宅地建物取引業者に重ねて売買又は交換の媒介又は代理を委託することができない媒介契約であって，媒介依頼者の自己発見取引も禁止されている媒介契約を標準専属専任媒介契約約款として定めている。

専属専任媒介契約を締結した宅地建物取引業者の場合も，専任媒介契約の場合と同様，対象となる物件の情報を指定流通機構という不動産流通情報を取扱う機関に登録する義務が課せられる（法34条の2第5項）等，契約の相手方探索についての積極的な努力義務が課せられている。

(4) 一般媒介契約

標準媒介契約約款では，媒介依頼者が宅地建物取引業者と宅地建物の売買又は交換の媒介契約を締結するにあたり，他の宅地建物取引業者に重ねて売買又は交換の媒介又は代理を委託することができる媒介契約を標準一般媒介契約約款として定めている。一般媒介契約には，媒介依頼者が他の宅地建物取引業者等に重ねて媒介等を依頼する場合に，その宅地建物取引業者の存在を明示する義務があるもの（明示型）と，その宅地建物取引業者の存在を明示する義務がないもの（非明示型）とがある。

一般媒介契約は，媒介依頼者からすれば，複数の宅地建物取引業者に媒介を依頼することができるので，成約のチャンネルが増えることになる。特に，

不動産流通市場が発達していない段階では，個々の宅地建物取引業者の営業力によって成約に至るか否かが決まるので，複数の宅地建物取引業者に媒介を依頼できることは媒介依頼者にとってのメリットとなりうる。

　しかし，媒介を受ける宅地建物取引業者からすれば，成功報酬制の下では，他の宅地建物取引業者が報酬を取得し，自らは報酬を得ることができないこともあり得るので，どの程度費用をかけて成約に向けての業務を行うのか，判断が難しい。特に，「非明示型」の場合には，自社以外にどのような規模の宅地建物取引業者が媒介に関与しているかがわからないので，一層，成約に向けての力の入れ方の判断が難しい。そのため，宅地建物取引業者は，他の宅地建物取引業者に重ねて依頼できない専任媒介契約等を締結したいという気持ちが強いことが多い。

　一般媒介契約を締結した宅地建物取引業者には，物件情報を指定流通機構に登録する義務はなく，相手方探索についての積極的な努力義務は課せられていない。

　今後不動産流通市場が発達して，どの宅地建物取引業者に媒介を依頼しても同じように成約に向けての情報が提供されるようになれば，媒介依頼者にとっても一般媒介契約を締結するメリットは感じられなくなる可能性がある。

実践知！

　他の宅地建物取引業者に重ねて媒介を依頼することができず，かつ，自己発見取引も禁止されているのが専属専任媒介契約である。

　他の宅地建物取引業者に重ねて媒介を依頼することができないものの，自己発見取引は認められているのが専任媒介契約である。

　他の宅地建物取引業者に重ねて媒介を依頼することができるのが一般媒介契約である。

　それぞれの契約類型ごとに不動産流通市場としての指定流通機構への情報登録の要件や依頼者への報告義務等の内容が異なる。

　宅地建物取引業者は，「専任媒介契約」や「専属専任媒介契約」の締結を希望することが多い。

3. 指定流通機構

媒介契約と密接な関係がある「指定流通機構」とはどのようなものなのか。また，実務では，媒介契約の締結日が空欄である媒介契約書が作成されることがあるが，指定流通機構との関係でどのような問題があるのか。

⑴ 指定流通機構の位置付け

指定流通機構とは，宅地建物取引業者間で不動産物件情報が円滑に流通し，売買等の契約の正確かつ迅速な成立と依頼者の利益増進を図ることを目的として，昭和 63 年の宅建業法改正によって創設された制度である。昭和 63 年の宅建業法改正で専属専任媒介契約が宅建業法に位置付けられたことに合わせ，専属専任媒介契約の対象となった物件情報を広く流通させるための組織として創設された。平成 2 年 5 月 2 日から専属専任媒介契約制度に係る宅建業法改正が施行されたのに合わせ，専属専任媒介契約の対象となった物件情報の指定流通機構への登録が義務づけられたものの，この時点では，宅地建物取引業者が指定流通機構に登録を義務付けられたのは専属専任媒介契約の対象である物件情報だけであり，また，指定流通機構そのものは，宅建業法には規定されていなかった。

その後，宅建業法の平成 7 年改正（平成 9 年 4 月 19 日施行）によって，宅地建物取引業者は専任媒介契約の対象である物件情報についても指定流通機構に登録することが義務づけられるとともに，指定流通機構そのものも宅建業法に定められるに至った。

指定流通機構は，媒介契約の目的物である宅地建物の登録に関する業務（登録，情報の保管，成約情報の取得，登録の削除等），登録された物件情報を宅地建物取引業者に対して提供する業務，登録された物件情報に関する統計の作成等を行う（法 50 条の 3）。専属専任媒介契約，専任媒介契約を締結した宅地建物取引業者は，物件情報を指定流通機構に登録することが義務付けられるとの関係で，指定流通機構は，登録業務の運営に関し，指定流通機構を利用しようとする宅地建物取引業者に対して，不当に差別的な取扱いをしてはならないこととされている（法 50 条の 4）。

> ### プラスα
>
> 現在は，4 公益法人（東日本不動産流通機構，中部圏不動産流通機構，近畿圏不動産流通機構，西日本不動産流通機構）が指定を受けた指定流通機構として業務を行っ

ている。指定流通機構は，英語名は，Real Estate Information Network System といい，これらの頭文字を取って，宅地建物取引業者の間では，「レインズ(REINS)」と呼ばれている。「レインズへの登録を済ませた」といえば，指定流通機構に物件情報を登録したことを意味する。

(2) 専属専任媒介契約と専任媒介契約における登録義務

宅地建物取引業者は，専属専任媒介契約・専任媒介契約を締結した場合には，国土交通省令で定める期間内に，契約の相手方を探索するため，当該媒介契約の目的物である宅地又は建物につき，指定流通機構に登録しなければならない（法34条の2第5項）。

国土交通省令は，専属専任媒介契約の場合には媒介契約締結の日から5日以内，専任媒介契約の場合には媒介契約締結の日から7日以内に登録しなければならないことを定めている（規15条の10第1項）。この期間の計算にあたっては，休業日数は算入しない（規15条の10第2項）。なお，期間計算についての民法の原則どおり，初日は不算入である。

指定流通機構に登録すべき事項は，宅地建物の所在，規模，形質，売買すべき価額（法34条の2第5項），都市計画法その他法令に基づく制限で主要なもの，交換の場合には評価額，専属専任媒介契約である場合にはその旨（規15条の11）である。

登録を行うと，指定流通機構から登録を証する書面（登録済証）が発行される。宅地建物取引業者は，この登録済証を遅滞なく依頼者に引き渡さなければならない（法34条の2第6項）。媒介依頼者は，この登録済証の引渡しを受けることによって，専属専任媒介契約や専任媒介契約の下で適法に物件情報が指定流通機構に登録されたことを知ることができる。

指定流通機構に登録した宅地建物について，売買又は交換の契約が成立したときは，宅地建物取引業者は，遅滞なく，その旨を当該登録に係る指定流通機構に登録しなければならない（法34条の2第7項）。成約情報として通知しなければならないのは，登録番号，宅地又は建物の取引価格，売買又は交換の契約が成立した年月日である（規15条の13）。

指定流通機構は，物件情報の登録を通じて，宅地建物取引業者間で不動産物件情報が円滑に流通し，売買等の契約の正確かつ迅速な成立と媒介依頼者の利益増進を図ることを目的と

> して創設された法定の物件情報ネットワーク組織である。
>
> 　指定流通機構に物件が登録されれば，その情報を見て，買主側から物件探索を依頼されている宅地建物取引業者が取引に関与することが可能になる。購入希望者が多ければ，迅速に取引が成立するし，売買価格も市場原理により適正妥当な金額になるので，購入者等の利益の保護と宅地建物の流通の円滑化につながる。
>
> 　専属専任媒介契約・専任媒介契約という媒介依頼者側からは相手方探索の窓口が小さくなる媒介契約であっても，指定流通機構を関与させれば，依頼者にも大きなメリットがある。

実践知！

(3)　専属専任媒介契約・専任媒介契約の悪用

　専属専任媒介契約・専任媒介契約の場合は，他の宅地建物取引業者に重ねて媒介を依頼することができなくなるので媒介依頼者側からは相手方探索の窓口が小さくなる媒介契約であるものの，指定流通機構を関与させれば，媒介依頼者にも大きなメリットがある。専属専任媒介契約・専任媒介契約において，物件情報を指定流通機構に登録させることとしているのは，宅地建物取引業者と依頼者双方がウイン・ウインとなることを目指しているからである。

　他方，例えば，売却についての専属専任媒介契約を締結した宅地建物取引業者は，他の宅地建物取引業者に重ねて売却についての媒介が依頼されることはないので，うまく売買契約を成立させれば，売主から報酬を得ることができるのはもちろん，この宅地建物取引業者が当該物件の買主も探索することができて買主とも媒介契約を締結することができれば，買主からも報酬を得ることができる。このような売主からも買主からも媒介報酬を得ることができる取引を「両手取引」ということがあり，多額の報酬を得ることができる両手取引志向がある宅地建物取引業者は少なくない。このような宅地建物取引業者にとっては，指定流通機構に物件を登録するまでの期間として宅建業法で定められている期間は，「その期間中は指定流通機構に登録することなく自社だけが相手方探索をすることができる手持ち期間」ということになる。人気物件であればその期間中に商談が成立することもあり，そのような対応自体は直ちに問題があるということではない。

　しかし，これが行き過ぎると，問題が生じる。指定流通機構への登録期間

は，「媒介契約締結の日」から起算する（規15条の10第1項）。そこで，これを勝手に「媒介契約書を相手方に交付した日」から起算することとして，書面の交付を遅らせて「手持ち期間」を長くしたり，専任媒介契約を書面で締結しながら，契約締結時には合理的な理由無く契約締結日の欄を空欄にし，この場合も後日書面を交付する時点で「媒介契約締結の日」を書き入れて交付して「手持ち期間」を長くしたりする宅地建物取引業者が見受けられることもある。これらの対応は，制度の趣旨を没却するものであり，いずれも依頼者の犠牲の上に宅地建物取引業者の利益を図る対応として，宅地建物取引業者の信義誠実義務（法31条1項）に違反するものであるといえる。

> **実践知！**
>
> 売主からも買主からも媒介報酬を得る「両手取引」を目指すあまり，指定流通機構への登録を遅らせるため，専任媒介契約を書面で締結しながら，契約締結時には合理的な理由無く契約締結日の欄を空欄にする宅地建物取引業者の担当者が見受けられることがある。これらの対応は，宅地建物取引業者の信義誠実義務（法31条1項）に違反するものである。

(4) 一般媒介契約の場合

宅建業法上，宅地建物取引業者に対して指定流通機構への登録が義務付けられているのは，専任媒介契約又は専属専任媒介契約を締結した場合であって，一般媒介契約の場合には，目的物である宅地建物について指定流通機構に登録する義務はない。したがって，一般媒介契約においては，指定流通機構への登録に関する事項を記載する必要はない。

しかし，一般媒介契約の場合であっても，指定流通機構を活用すれば，相手方の探索が容易になるので，宅地建物取引業者と依頼者との間で指定流通機構に物件情報を登録することを合意することは禁止されてはいない。そこで，標準媒介契約約款では，一般媒介契約書で指定流通機構への登録の有無を記載するものとした上で，宅地建物取引業者が媒介契約において目的物件を指定流通機構に登録することとした場合にあっては，当該目的物を一般媒介契約書に記載する指定流通機構に登録しなければならないとしている（標準一般媒介契約約款9条）。

4. 媒介契約上の宅地建物取引業者の義務

標準媒介契約約款は，法体系としては，法34条の2第1項8号に基づく施行規則15条の9第4号を受けて大臣告示として作成されている。この標準媒介契約約款が実務で広く用いられている今日，媒介契約を巡る紛争を検討する上では，標準媒介契約約款の検討が不可欠である。では，標準媒介契約において，宅地建物取引業者には，どのような義務が定められているのか。

(1) 媒介契約に明記されている義務

i 成約に向けての義務

「媒介」とは，契約当事者の委託を受け，両者の間に立って売買，賃貸借等の契約の成立にむけてあっせん尽力する事実行為をいう（解説32頁，岡本宇仁68頁）。

この点につき，専任媒介契約約款と専属専任媒介契約約款では，仲介業者の義務として，「契約の相手方を探索するとともに，契約の相手方との契約条件の調整等を行い，契約の成立に向けて積極的に努力すること」を定めている（専任媒介契約約款・専属専任媒介契約約款4条1項1号）。他方，一般媒介契約約款では，「契約の相手方との契約条件の調整等を行い，契約の成立に向けて積極的に努力すること」を定めている（一般媒介契約約款5条1項1号）。

媒介契約の種類を問わず，仲介業者には成約に向けての積極的な努力義務がある。これは媒介契約上の義務であるので，成約に向けて契約条件の調整等を積極的に行わない場合には，債務不履行となる。例えば，売主との間で媒介契約を締結している宅地建物取引業者が，購入希望者が現れたにもかかわらず，価格等の条件面での調整を行わず，そのために取引の機会を逸した場合には，仲介業者には債務不履行責任が発生する。

さらに，専任媒介契約と専属専任媒介契約の場合には，契約の相手方の探索についても，成約に向けての積極的な努力義務の内容として定められている。一般媒介契約の場合でも，成約に向けての積極的な努力義務は課せられているので，相手方探索を全く行わないということであれば成約に向けての積極的な努力義務違反に該当しうる。しかし，専任媒介契約と専属専任媒介契約は，一般媒介契約のように依頼者が重ねて他の宅地建物取引業者に媒介等を依頼することはできず，宅建業法上，専任媒介契約と専属専任媒介契約を締結した仲介業者は，契約の相手方を探索するために物件情報を指定流通

機構に登録する義務がある（法34条の2第5項）ので，これを媒介契約約款では，契約の相手方の探索による成約に向けた積極的な努力義務として規定している。

他方，媒介契約は，契約を成立させることという仕事の完成を約する契約ではない。したがって，仲介業者には，契約成立に向けての積極的な努力義務はあるものの，契約締結を実現させる義務は負わない（岡本宇仁316頁）。

ii 業務処理状況の報告義務

専任媒介契約と専属専任契約の場合には，仲介業者は，媒介依頼者に対し，専任媒介契約の場合には業務の処理状況を2週間に1回以上，専属専任媒介契約の場合には，業務の処理状況を1週間に1回以上，報告しなければならない（法34条の2第9項）。この点につき，専任媒介契約約款と専属専任媒介契約約款では，「甲〔依頼者〕に対して，専任媒介契約書〔専属専任媒介契約約款では「専属専任媒介契約書」〕に記載する方法及び頻度により業務の処理状況を報告すること」と定めている（専任媒介契約約款・専属専任媒介契約約款4条1項2号）。それぞれの標準契約約款を構成する専任媒介契約書と専属専任媒介契約書に，法34条の2第9項に適合する頻度を記載する。

一般媒介契約約款には，仲介業者の定期的な業務処理状況の報告義務についての規定はない。しかし，準委任契約の受託者は，媒介依頼者の請求があるときは，いつでも業務処理状況を報告しなければならない（民645条）ので，一般媒介契約を締結した仲介業者に業務処理状況の報告義務がないということではない。

> **実践知！** 専任媒介契約と専属専任媒介契約では，媒介契約で定めた業務処理状況の定期的な報告を行わなければ，債務不履行となる。

iii 申込みについての報告義務

宅建業法上，仲介業者は，当該宅地又は建物の売買又は交換の申込みがあったときは遅滞なく，その旨を媒介依頼者に報告しなければならない（法34条の2第8項）。この点につき，専任媒介契約，専属専任媒介契約及び一般媒介契約は，仲介業者の義務として，「目的物件の売買又は交換の申込み

があったときは，甲（依頼者）に対して，遅滞なく，その旨を報告すること」を定めている（専任媒介契約約款・専属専任媒介契約約款4条1項3号，一般媒介契約約款5条1項2号）。

iv 指定流通機構への登録義務

宅建業法上，仲介業者は，専任媒介契約の場合は媒介契約締結の日から7日以内，専属専任媒介契約の場合は媒介契約締結の日から5日以内に，当該物件情報を指定流通機構に登録しなければならない（法34条の2第5項，規15条の10第1項）。この点につき，専任媒介契約約款と専属専任媒介契約約款では，仲介業者の義務として，「広く契約の相手方を探索するために，目的物件につき，所在地，規模，形質，媒介価額その他の事項を，専任媒介契約書（専属専任媒介契約約款では「専属専任媒介契約書」）に記載する指定流通機構に媒介契約の締結の日の翌日から媒介契約書（専属専任媒介契約約款では「専属専任媒介契約書」）に記載する期間内（乙（仲介業者）の休業日を含みません。）に登録すること」を定めている（専任媒介契約約款・専属専任媒介契約約款4条1項4号）。それぞれの標準契約約款を構成する専任媒介契約書と専属専任媒介契約書に，指定流通機構への登録期限を記載する。

一般媒介契約の場合には，宅建業法上は，仲介業者に指定流通機構への物件情報登録義務はない。しかし，一般媒介契約の場合であっても，指定流通機構に物件情報を登録することは可能である。したがって，標準一般媒介契約約款を構成する一般媒介契約書の中で，「6 指定流通機構への登録の有無」を記載する欄があり，登録する場合には指定流通機構の名称を記入することとされている。また，一般媒介契約約款では，「乙（仲介業者）は，この媒介契約において目的物件を指定流通機構に登録することとした場合にあっては，当該目的物件を一般媒介契約書に記載する指定流通機構に登録しなければなりません。」としている（一般媒介契約約款8条）。

> **実践知！**
> 専任媒介契約と専属専任媒介契約では，指定流通機構に物件を登録して相手方を探索することが「相手方を探索する積極的な努力義務」の具体的な内容となる。指定流通機構に物件を登録しない場合には，媒介依頼者は，催告の上，債務不履行により媒介契約を解除することができる。

v 登録証明書交付義務

宅建業法上，仲介業者は，専任媒介契約又は専属専任媒介契約を締結して指定流通機構に物件情報を登録し，登録を証する書面の交付を受けたら，この登録証明書を遅滞なく，依頼者に引渡さなければならない（法34条の2第6項）。この点につき，専任媒介契約約款と専属専任媒介契約約款では，仲介業者の義務として，「前号の登録（指定流通機構への登録）をしたときは，遅滞なく，指定流通機構が発行した宅地建物取引業法50条の6に定める登録を証する書面を甲（依頼者）に対して交付すること。」を定めている（専任媒介契約約款・専属専任媒介契約約款4条1項5号）。

一般媒介契約約款には，この登録証明書の交付に関する規定はない。もっとも，仲介業者は準委任契約の受託者として媒介依頼者に対して一般的な業務執行状況の報告義務を負っている（民645条）。したがって，一般媒介契約の中で指定流通機構への登録を「有り」とした場合に媒介依頼者から要求があれば，仲介業者には，登録証明書の交付とともに業務執行状況を報告する義務があると解される。

vi 価額の根拠の説明義務

宅建業法上，仲介業者は，物件の価額又は評価額について意見を述べるときは，その根拠を明らかにしなければならない（法34条の2第2項）。この点につき，標準媒介契約約款では，仲介業者が行う業務として，「媒介価額の決定に際し，甲（依頼者）に，価額に関する意見を述べるときは，根拠を示して説明を行うこと」を定めている（専任媒介契約約款・専属専任媒介契約約款4条2項1号，一般媒介契約約款5条2項1号）。

vii 重要事項説明義務

宅建業法上，宅地建物取引業者は，買主等に対し売買等の契約が成立するまでの間に宅地建物取引士をして法が定める重要事項について説明させる義務を負っている。宅建業法35条が定める重要事項説明義務である。この点につき，標準媒介契約約款では，仲介業者が行う業務として，「甲（依頼者）が乙（仲介業者）に目的物件の購入又は取得を依頼した場合にあっては，甲に対して，目的物件の売買又は交換の契約が成立するまでの間に，宅地建物取引士をして，宅地建物取引業法35条に定める重要事項について，宅地建物取引士が記名押印した書面を交付して説明させること」を定めている（専任媒介契約約款・専属専任媒介契約約款4条2項2号，一般媒介契約約款5条2項2号）。

宅建業法上の重要事項説明義務は，標準媒介契約約款の約定を通じて媒介契約上の義務となっている。

　　宅建業法35条が定める重要事項説明義務は，仲介業者にも適用があり，違反があれば宅建業法違反の責任が問われる。しかし，この重要事項説明義務違反は，標準媒介契約約款では仲介業者の媒介契約上の義務としても定められているので，媒介契約上の債務不履行責任の問題にもなる。

viii 契約に係る書面交付義務

　宅建業法上，宅地建物取引業者は，媒介により売買等の契約が成立したときには各当事者に契約に係る書面を作成して交付しなければならない（法37条）。宅建業法37条が定める37条書面の交付義務である。この点につき，標準媒介契約約款では，仲介業者が行う義務として，「目的物の売買又は交換の契約が成立したときは，甲（依頼者）及び甲の相手方に対して，遅滞なく，宅地建物取引業法37条に定める書面を作成し，宅地建物取引士に当該書面に記名押印させた上で，これを交付すること。」を定めている（専任媒介契約約款・専属専任媒介契約約款4条2項3号，一般媒介契約約款5条2項3号）。

　宅建業法上の37条書面交付義務は，標準媒介契約約款を通じて媒介契約上の義務となっている。

　　法37条が定める契約成立時の書面交付義務は，仲介業者にも適用があり，違反があれば宅建業法違反の責任が問われる。しかし，契約成立時の書面交付義務違反は，標準媒介契約約款では仲介業者の媒介契約上の義務としても定められているので，媒介契約上の債務不履行責任の問題にもなる。

ix 引渡し事務の補助業務

標準媒介契約約款では，仲介業者が行う業務として，「甲（依頼者）に対して，登記，決済手続等の目的物件の引渡しに係る事務の補助を行うこと。」を定めている（専任媒介契約約款・専属専任媒介契約約款4条2項4号，一般媒介契約約款5条2項4号）。

「媒介」とは，契約当事者の委託を受け，両者の間に立って売買，賃貸借等の契約の成立にむけてあっせん尽力する事実行為をいうので，売買の媒介業務も，媒介契約が成立すれば終了するはずである。しかし，宅地建物の売買契約では，契約が成立した時点では売買代金の一部しか支払がなされず，後日，残代金の支払と引換えに目的物件の所有権移転登記手続や引渡し等の決済手続が行われることが少なくない。売買契約成立から最終的な決済に至るまでの間は，債務が未履行であり，当事者にとっては目的が達成できているとはいえない。免許を有している専門業者である宅地建物取引業者に媒介業務を依頼する者の意思としては，単に売買契約の成立に向けての尽力行為を依頼するだけではなく，売買契約が最終的に決済に至って過誤のない取引ができるような尽力行為を依頼しているというのが合理的な意思であると解される。そこで，標準媒介契約では，この合理的な意思を仲介業者の業務として明文化した。

登記手続も残代金の支払も引渡しも，当事者は売主と買主である。したがって，仲介業者が行うのは目的物件の引渡しに係る事務の補助，ということになる。例えば，売買契約上，代金決済までに売主が抵当権を抹消する義務を負っている場合には，抵当権の抹消登記手続を行うべきことを売主に助言することも，目的物件の引渡しに係る事務の補助となろう。最判昭和49・11・14（集民113号211頁）は，不動産取引の仲介に関し，仲介人と依頼者との間で定められた仲介報酬（仲介手数料）の金額は，特段の事情がない限り，売買契約が成立し，その履行がなされ，取引の目的が達成された場合について定められているものと解すべきとしている（293頁参照）。

> **実践知！**　媒介契約上「引渡し事務の補助業務」が宅地建物取引業者の義務と定められているということは，媒介によって売買契約が締結されたとしても，その後の「引渡し事務の補助業務」がなされなければ，仲介業者は，債務不履行責任を追及されるとい

> うことである。具体的には損害賠償請求ということになろう。上記最高裁昭和49年判決も併せて考えると，仲介業者としては，取引の目的が達成されるよう，引渡し事務の補助業務を遂行することが必要である。

x　その他媒介に係る業務

標準媒介契約約款では，仲介業者が行う業務として，「その他専任媒介契約書（専属専任媒介契約約款では「その他専属専任媒介契約書」，一般媒介契約約款では「その他一般媒介契約書」）に記載する業務を行うこと。」を定め（専任媒介契約約款・専属専任媒介契約約款4条2項5号，一般媒介契約約款5条2項5号），それぞれの契約書の空欄に具体的に記載できるようにしている。

したがって，このような業務を媒介契約書で定めた場合には，仲介業者は，これらの業務も媒介業務として行わなければならない。

xi　媒介価額の変更の助言

宅建業法上は，売買すべき価額等の変更に関する規定はない。他方，標準媒介契約では，媒介価額が地価や物価の変動その他事情の変更によって不適当と認められるに至ったときは，宅地建物取引業者は媒介依頼者に対して，媒介価額の変更について根拠を示して助言する旨が定められている（一般媒介契約約款6条1項，専任媒介契約約款5条1項，専属専任媒介契約約款5条1項）。

xii　建物状況調査を実施する者のあっせん

宅建業法上は，売買等の媒介に係る建物が既存住宅である場合には，仲介業者は媒介依頼者に対して建物状況調査を実施する者のあっせんに関する事項を媒介契約に記載しなければならないとされている（法34条の2第1項4号）。この点につき，標準媒介契約約款では，「乙（仲介業者）は，この媒介契約において建物状況調査を実施する者のあっせんを行うこととした場合にあっては，甲（依頼者）に対して，建物状況調査を実施する者をあっせんしなければなりません。」（一般媒介契約約款7条，専任媒介契約約款6条，専属専任媒介契約約款6条）と定めている。

> 仲介業者は，当然に建物状況調査を実施する者をあっせんする義務を負っているものではない。しかし，「あっせんを行う」

> **実践知！** と合意した場合にはあっせんしなければならない，というものであり，標準媒介契約約款を通じて，契約上の義務となっていることに留意する必要がある。

xiii ローン特約による契約解除と受領した報酬の返還

　宅地建物の売買にあたり，買主は金融機関から融資を受け，その借入金によって代金を支払うことが少なくない。このような売買契約では，融資の不成立を解除条件とする規定や，融資が不成立のときは買主が売買契約を解除することができる旨の規定を設ける，いわゆるローン特約が付される。ローン特約が付された場合であっても，売買契約が締結に至り，仲介業者が契約書を当事者に交付すれば，それ以後は仲介業者は報酬を得ることができる（専属専任媒介契約約款・専任媒介契約約款9条1項，一般媒介契約約款11条1項）。しかし，このようなローン特約が付された売買契約が解除に至った場合，当該媒介報酬の取扱いを巡って紛争となることがある。

　そこで，この点につき，標準媒介契約約款では，「目的物件の売買又は交換の契約が，代金又は交換差金についての融資の不成立を解除条件として締結された後，融資の不成立が確定した場合，又は融資の不成立のときは甲（依頼者）が契約を解除できるものとして締結された後，融資の不成立が確定し，これを理由として甲が契約を解除した場合は，乙（仲介業者）は，甲に，受領した約定報酬の全額を遅滞なく返還しなければなりません。ただし，これに対しては，利息は付さないこととします。」と定めている（専属専任媒介契約約款・専任媒介契約約款9条2項，一般媒介契約約款11条2項）。つまり，標準媒介契約では，ローン特約が付された売買契約がローン不成立で解除された場合には，仲介業者には受領した報酬の返還義務があるとされている。媒介依頼者は媒介契約を締結した目的を達成できていないので，成功報酬主義の媒介契約の下では，ローン不成立のリスクは仲介業者が負うとすることで紛争を予防するという考え方がとられている。

> ローン特約が付された売買契約でローンが不成立の場合には，標準媒介契約の場合，仲介業者は受領した報酬を依頼者に返還しなければならない。ローンによる取引が一般的である今日，

| 実践知！ | このような約定は重要である。もっとも，実務では，そもそも「ローンが不成立」であるのかどうかを巡って紛争となることがある。 |

xiv 標準媒介契約約款に基づく契約であるか否かの区別の明示義務

標準媒介契約約款は，宅建業法が定める媒介業者の種々の義務を網羅しつつ，必要な事項を過不足なく定め，媒介依頼者の利益を保護し，宅地建物取引の円滑な流通を図るために国土交通大臣告示により制定されている。しかし，宅建業法上，標準媒介契約約款に基づく媒介契約を締結する義務が宅地建物取引業者に課せられてはいないので，標準媒介契約約款に基づかない媒介契約を締結することも理論上は可能である。

しかし，媒介依頼者からは，宅地建物取引業者が用意している媒介契約が標準媒介契約約款に基づくものであるのか，標準媒介契約約款とは異なるものであるのかを契約内容だけで判断することは難しい。

そこで，法34条の2の書面には，当該媒介契約が国土交通大臣が定める標準媒介契約に基づくものであるか否かの別を記載しなければならないとされている（法34条の2第1項8号，規15条の9第4号）。

| 実践知！ | 法34条の2の書面，すなわち媒介契約書には，当該契約が標準媒介契約約款に基づく契約であるのか，標準媒介契約約款に基づく契約ではないのかを明示しなければならない。 |

🔍 紛争予防の視点

媒介業者は，標準媒介契約約款に基づく媒介契約を締結することが，結果的には紛争を予防することになることに留意すべきである。

媒介依頼者は，媒介契約が標準媒介契約約款に基づくものであるのかを確認し，異なるとすれば，どこが異なっているのかを仲介業者に説明してもらうなどして，契約内容を把握した上で媒介契約を締結するようにすることが，紛争予防に役立つ。

⑵ 仲介業者の善管注意義務

　宅地建物の売買等の媒介の委託は，法律行為でない事務の委託であるので，民法656条に定める準委任たる性質を有する（前掲最判昭和44・6・26）。したがって，仲介業者は，媒介を行うにあたっては，委託の趣旨に従い，善良な管理者の注意をもって行い，委託者の目的が達することができるようにすべき義務がある（民644条）。標準媒介契約約款では，この善管注意義務についての明文の規定はない。しかし，このことは，標準媒介契約約款において，仲介業者に善管注意義務がないことを意味するものではない。標準媒介契約約款は，宅建業法に定められた媒介契約の類型に応じて，宅建業法に定められた仲介業者の義務を規定し，後になってトラブルが発生しないようにするために契約内容を明確にしたものである。標準媒介契約約款のいずれの類型でも，宅地建物の取引の成約に向けて尽力してもらう事務の委託である以上，媒介依頼者と仲介業者との間には信頼関係が存在することが不可欠である。したがって，標準媒介契約約款に明文の規定がなくても，受任者の善管注意義務は，民事上は当然に認められる。

　善管注意義務とは，受任者のような職業・地位にある者に対して一般に期待される水準の注意義務をいう（内田貴『民法Ⅱ債権各論〔第3版〕』291頁）。善管注意義務の内容は，当事者の知識，才能，手腕の格差，委任者の受任者に対する信頼の程度などに応じて判断されるところ（内田・前掲291頁），宅地建物取引業者は宅地建物取引の専門家であるので，専門家を標準とする高度の注意義務を負う（塩崎勤「不動産仲介業者の注意義務」澤野順彦編『現代裁判法大系2 不動産売買』357頁）。

　ところで，宅建業法が定める種々の宅地建物取引業者の義務は，免許行政の一環として，監督官庁が宅地建物取引業者の業務の適正な運営を確保することを目的として規定されている。したがって，宅建業法が定める義務に反することは，宅建業法違反となって監督処分の対象とはなるものの，当然に民事的な効果を生じさせるものではない。

　しかし，宅建業法は，単に業務の適正な運営を図ることだけを目的としているのではなく，取引の公正を確保し，購入者等の利益の保護を図ることも目的としている法律である。宅地建物取引業者には，宅地建物取引の専門家として宅建業法が定める種々の義務を履行するに足りる知識や能力を有する前提で免許が与えられ，これらの宅地建物取引業者に媒介を依頼する者は，専門家としての能力を有する宅地建物取引業者を信頼して媒介契約を締結す

る。したがって，宅建業法が規定する種々の義務は，単なる行政法上の義務にとどまるのではなく，媒介契約の受任者としての善管注意義務を構成する内容になると考えられる。

例えば，仲介業者が媒介依頼者の利益を犠牲にして自己の利益を図ることは，宅建業法上は法 31 条の信義誠実義務違反になるとともに，民事上は，善管注意義務違反に該当すると解される。

また，宅建業法 35 条が定める重要事項説明については，標準媒介契約約款上も仲介業者の業務と定められているので，このような重要事項説明を適切に行わない場合には，民事上も債務不履行となる。他方，法 35 条が定めていない事項であって，しかし，売買契約を締結するか否かに重要な影響を与える事項（例えば，売買の対象となる建物内で自殺があったこと等）について仲介業者が故意に説明を怠った場合については，当該説明義務があるか否かは標準媒介契約約款には明文では定められていない。この点，宅建業法上は，法 47 条 1 号により仲介業者には当該事項の告知義務があるので，故意に告知を怠れば宅建業法違反になる。この告知義務は，民事上も善管注意義務の内容に取り込まれていると解すべきであり，故意に告知を怠った仲介業者は，民事上は受任者としての善管注意義務違反となる。

プラスα

標準媒介契約約款では，媒介依頼者の契約解除事由として，明示的に，①宅地建物取引業者が媒介業務について信義誠実義務に違反したとき，②宅地建物取引業者が媒介契約に係る重要な事項について故意若しくは重過失により事実を告げず，又は不実のことを告げる行為をしたとき，③宅地建物取引業者が宅地建物取引業に関して不正又は著しく不当な行為をしたときを定めている（専任媒介契約約款 17 条，専属専任媒介契約約款 16 条，一般媒介契約約款 18 条）。つまり，法 31 条 1 項違反，法 47 条違反に該当する場合や法 65 条 2 項に該当して監督処分がなされる場合に該当する事由が宅地建物取引業者にあるときには，媒介依頼者は媒介契約を解除することができる。契約が解除されないようにするためには，宅地建物取引業者はこれらの宅建業法上の義務を遵守して媒介業務を行わなければならないという意味で，宅建業法の義務が標準媒介契約約款を通じて，民事上の義務に取り込まれている。これらの宅建業法上の義務に違反すれば，民事上は，債務不履行責任が問題になる。

標準媒介契約に明示的に規定されていなくても，仲介業者は受任者として善管注意義務を尽くして媒介業務を行う義務があ

実践知！	る。 仲介業者の債務不履行責任を追及するにあたっては，標準媒介契約約款に定める具体的な義務違反があるか否かという点と，善管注意義務違反があるか否かを検討することになる。善管注意義務違反の有無を判断するにあたっては，宅建業法35条，47条，65条の規定違反があるか否かを検討することが有用である。

5. 媒介契約上の媒介依頼者の義務

準委任契約の性質を有する媒介契約において，媒介業務の依頼者が仲介業者に報酬を支払う旨を約束すれば，媒介依頼者には報酬支払義務が生ずる。では，媒介依頼者の媒介契約上の義務は報酬支払義務だけであろうか。標準媒介契約約款では，依頼者に対して，どのような義務があると定めているのであろうか。

(1) 報酬支払義務

i 報酬の支払義務と支払時期

媒介依頼者は，仲介業者の媒介によって目的物件の売買又は交換の契約が成立したときは，約定の報酬を支払わなければならない。標準媒介契約約款では，契約成立によって仲介業者が報酬を請求することができるという表現で，当該依頼者の報酬支払義務を定めている（専任媒介契約約款・専属専任媒介契約約款8条1項，一般媒介契約約款10条1項）。もっとも，仲介業者は，宅建業法37条に定める書面を作成し，交付した後でなければ報酬を請求することはできないので（専任媒介契約約款・専属専任媒介契約約款9条1項，一般媒介契約約款11条1項），媒介依頼者は，仲介業者が法37条に定める書面を作成し，交付を受けた後でなければ報酬を支払う必要はない。

ii 直接取引を行った場合の報酬支払義務

媒介依頼者の媒介報酬支払義務は，仲介業者の媒介によって売買又は交換の契約が成立した場合に発生する。媒介契約の有効期間中に仲介業者から紹介を受けた者と契約を締結すれば「仲介業者の媒介によって」契約が成立したことは明らかなので，媒介依頼者によっては，媒介契約の有効期間中は紹介を受けた者との間で契約を締結しないでおいて，契約期間が終了してから，当該紹介を受けた者と直接に売買等の契約を締結して報酬の支払を免れようとすることがある。特に，専任媒介契約と一般媒介契約では，自己発見取引

（仲介業者の紹介によらない取引）が契約上認められているので，自己発見取引を装って，仲介業者を外して当該紹介を受けた者と直接に売買等の契約を締結して媒介報酬の支払を免れようとすることがある。

　この点につき，自己発見取引が認められている専任媒介契約約款と一般媒介契約約款では，「専任媒介契約（一般媒介契約約款では「一般媒介契約」）の有効期間内又は有効期間の満了後 2 年以内に，甲（依頼者）が乙（仲介業者）の紹介によって知った相手方と乙を排除して目的物件の売買又は交換の契約を締結したときは，乙は，甲に対して，契約の成立に寄与した割合に応じた相当額の報酬を請求することができます。」（専任媒介契約約款 11 条，一般媒介契約約款 13 条）と定めている。すなわち，専任媒介契約と一般媒介契約においては，仲介業者が紹介した相手方との間で，媒介契約の有効期間内と有効期間の満了後 2 年以内に仲介業者を排除して媒介依頼者が直接取引を行った場合は，媒介依頼者は仲介業者の業務が契約の成立に寄与した割合に応じて仲介業者に対して報酬を支払わなければならない。また，自己発見取引が認められていない専属専任媒介契約約款では，「専属専任媒介契約の有効期間の満了後 2 年以内に，甲が乙の紹介によって知った相手方と乙を排除して目的物件の売買又は交換の契約を締結したときは，乙は，甲に対して，契約の成立に寄与した割合に応じた相当額の報酬を請求することができます。」（専属専任媒介契約約款 11 条）と定めている。すなわち，専属専任媒介契約においても，仲介業者が紹介した相手方との間で，媒介契約の有効期間の満了後 2 年以内に仲介業者を排除して媒介依頼者が直接取引を行った場合は，媒介依頼者は仲介業者の業務が契約の成立に寄与した割合に応じて仲介業者に対して報酬を支払わなければならない（専属専任媒介契約約款 11 条）。

　「排除して」とは，信義に反して宅地建物取引業者が売買等の契約の成立に向けて尽力している行為を妨げることをいう（岡本宇仁 370 頁）。標準媒介契約約款で報酬を支払わなければならない直接取引が媒介契約期間の満了後 2 年以内のものに限定されているのは，媒介契約の期間満了後 2 年を経過すれば宅地建物取引業者の媒介行為と契約成立との間の相当因果関係がなくなるであろうということによる（岡本宇仁 369 頁）。

　媒介依頼者が支払わなければならないのは，「契約の成立に寄与した割合に応じた相当額の報酬」であり，約定報酬額の全額であるとは限らない。媒介行為の内容，労力，契約成立への貢献の度合い，委託者側の信義則違反の有無，程度等を勘案して，約定報酬を踏まえて相当額の報酬が算定される。

> 実践知！
>
> 媒介依頼者は，仲介業者が契約成立に尽力して売買契約や交換契約が成立した場合だけではなく，媒介契約期間満了後2年以内に仲介業者が紹介した相手方と売買契約等を締結した場合にも，仲介業者に対して報酬を支払わなければならない。標準媒介契約では，媒介依頼者の不誠実な対応による紛争を予防するため，仲介業者が紹介した相手方と仲介業者を外して契約を締結した場合の効果を規定している。

プラスα

仲介業者の報酬請求権は，宅地建物取引業者の媒介行為により売買契約が成立することを停止条件として発生するものであると解すると，委託者が仲介業者を排除して取引の相手方と直接に交渉して売買契約を成立させることは，委託者が故意に条件成就を妨害したものであると解することができる。この場合，民法130条の規定により，条件が成就したものとみなして仲介業者は報酬を委託者に対して請求できる。最判昭和45・10・22（民集24巻11号1599頁）は，仲介業者を排除して直接取引を行った場合の報酬請求権につき，民法130条を用いて認める判断を行った（後述289頁）。

(2) 違約金支払義務

i 媒介を他の宅地建物取引業者に重ねて依頼して契約を成立させた場合の違約金

専任媒介契約，専属専任媒介契約では，媒介契約によって依頼した物件について，媒介依頼者は，当該宅地建物取引業者以外の宅地建物取引業者に対して重ねて媒介・代理を依頼することはできない。専任媒介契約，専属専任媒介契約において，同じ物件について他の宅地建物取引業者に媒介を依頼され，他の宅地建物取引業者の媒介によって売買・交換契約が成立してしまうと，媒介依頼者を信頼して当該物件の相手方探索のために費やした仲介業者の労力等が無駄になり，紛争となる。

そこで，宅建業法上は，専任媒介契約，専属専任媒介契約では，委託者が他の宅地建物取引業者の媒介又は代理によって売買等の契約を成立させたときの措置を規定しなければならない（規15条の9第1号）とされている。この規定を受けて，標準媒介契約約款では，「甲（依頼者）は，専任媒介契約（専属専任媒介契約約款では「専属専任媒介契約」）の有効期間内に，乙（仲介業者）以外の宅地建物取引業者に目的物件の売買又は交換の媒介又は代理を依

頼することはできません。甲がこれに違反し，売買又は交換の契約を成立させたときは，乙は，甲に対して，約定報酬額に相当する金額（この媒介に係る消費税額及び地方消費税額の合計額に相当する額を除きます。）の違約金の支払を請求することができます。」（専任媒介契約約款・専属専任媒介契約約款12条）と定める。専任媒介契約・専属専任媒介契約の専任制を担保するために，標準媒介契約約款では，約定報酬額相当額の違約金の定めが認められている。

ii 専属専任媒介契約で自己発見取引を行った場合の違約金

専属専任媒介契約では，媒介依頼者は，自ら発見した相手方と目的物件の売買又は交換の契約を締結することができない。専属専任媒介契約によって依頼した物件について，媒介依頼者が自ら発見した相手方と売買又は交換の契約を締結すれば，媒介依頼者を信頼して当該物件の相手方探索のために費やした仲介業者の労力等が無駄になり，紛争となる。

そこで，宅建業法上は，専属専任媒介契約では，仲介業者が探索した相手方以外の者と売買等の契約を成立させたときの措置を規定しなければならない（規15条の9第2号）とされていて，自己発見取引の場合の措置についても規定しなければならない。この点につき，専属専任媒介契約約款では，「甲（依頼者）は，専属専任媒介契約の有効期間内に，自ら発見した相手方と目的物件の売買又は交換の契約を締結することはできません。甲がこれに違反したときは，乙（仲介業者）は，甲に対して，約定報酬額に相当する金額（この媒介に係る消費税額及び地方消費税額の合計額に相当する額を除きます。）の違約金の支払を請求することができます。」（専属専任媒介契約約款12条2項）と定める。専属専任媒介契約の自己発見取引禁止を担保するために，標準媒介契約約款では，約定報酬額相当額の違約金の定めが認められている。

実践知！　媒介依頼者は，専任媒介契約の場合には重ねて他の宅地建物取引業者に媒介を依頼しない義務，専属専任媒介契約の場合には重ねて他の宅地建物取引業者に媒介を依頼しない義務と自己発見取引を行わない義務を負っている。標準媒介契約では，媒介依頼者によるこれらの義務違反を予防するため，違約金の規定を置いている。

(3) 費用支払義務

i 専任媒介契約で自己発見取引を行った場合等の費用支払

専任媒介契約では，媒介依頼者が自ら発見した相手方と売買等の契約を締結することは禁止されていない。他方で，専任媒介契約を締結した宅地建物取引業者は，契約成立に向けての積極的な努力義務がある（専任媒介契約約款4条1項1号）。媒介報酬は成功報酬主義が取られており，媒介業務を行っても成約に至らなければ一部の報酬を請求することもできないので，仲介業者が積極的に契約の相手方を探索しているところで自己発見取引がなされてしまうと，それまでの労力や費用が無駄になる。また，このような媒介業務のあり方では，結局，宅地建物取引業者は専任媒介契約を締結しても費用をかけるような相手方探索を行うことに躊躇することも考えられ，結局は不動産流通を阻害することにつながる。さらに，媒介契約は準委任契約の性質を有しているので，仲介業者の責めに帰すべき事由がない場合であっても，依頼者から解除される場合があり（民651条1項），この場合にも，仲介業者が積極的に契約の相手方を探索しているところで契約の解除がなされると，それまでの労力や費用が無駄になる。

そこで，専任媒介契約約款では，「専任媒介契約の有効期間内において，甲（依頼者）が自ら発見した相手方と目的物件の売買若しくは交換の契約を締結したとき，又は乙（仲介業者）の責めに帰すことができない事由によって専任媒介契約が解除されたときは，乙は，甲に対して，専任媒介契約の履行のために要した費用の償還を請求することができます。」（専任媒介契約約款14条1項）と定める。すなわち，このような場合には，媒介依頼者には履行のために要した費用の償還請求に応じて費用を支払う義務がある。なお，この場合の費用は，約定報酬額を超えることはない（専任媒介契約約款14条2項）。

「履行のために要した費用」とは，現地調査に要する費用（交通費，写真代），権利関係等調査に要する費用（交通費，謄本代），販売活動に要する費用（新聞・雑誌等の広告費，通信費，現地案内交通費），契約交渉に擁する費用（交通費），その他当該媒介契約履行のために要した費用等が考えられる（「解釈運用の考え方」第34条の2関係「3　標準媒介契約約款について」）。これらの請求にあたっては，国交省は，明細書を作成し，領収書等で金額を立証して請求することを求めている（「解釈運用の考え方」第34条の2関係「3　標準媒介契約約款について」）。

ii 専属専任媒介契約を解除した場合の費用支払

　専属専任媒介契約を締結した宅地建物取引業者は，契約成立に向けての積極的な努力義務がある（専属専任媒介契約約款 4 条 1 項 1 号）ものの，媒介契約は準委任契約の性質を有するので，仲介業者の責めに帰すべき事由がない場合であっても，媒介依頼者から解除される場合がある（民 651 条 1 項）。仲介業者が積極的に契約の相手方を探索しているところで契約の解除がなされると，それまでの労力や費用が無駄になる。

　そこで，専属専任媒介契約約款では，「専属専任媒介契約の有効期間内において，乙（仲介業者）の責めに帰すことができない事由によって専属専任媒介契約が解除されたときは，乙は，甲（依頼者）に対して，専属専任媒介契約の履行のために要した費用の償還を請求することができます。」（専属専任媒介契約約款 13 条 1 項）と定められている。すなわち，このような場合には，媒介依頼者には履行のために要した費用の償還請求に応じて費用を支払う義務がある。なお，この場合の費用は，約定報酬額を超えることはない（専任媒介契約約款 13 条 2 項）。

iii 一般媒介契約における費用支払義務

　一般媒介契約の場合には，媒介依頼者は他の宅地建物取引業者との間で重ねて媒介契約を締結することが認められている。この一般媒介契約にも，重ねて媒介契約を締結する宅地建物取引業者を媒介依頼者が明示しなければならない「明示型」と，明示する必要がない「非明示型」がある。明示型である場合に，媒介依頼者から他の宅地建物取引業者とも媒介契約を締結している旨の明示がなかったために媒介業務を行っているのは自社だけであると信じて費用をかけて積極的に相手方の探索を行った宅地建物取引業者の信頼は保護する必要がある。

　そこで，一般媒介契約約款では，明示型において，「一般媒介契約の有効期間内に甲（依頼者）が乙（仲介業者）に明示していない宅地建物取引業者に目的物の売買又は交換の媒介又は代理を依頼し，これによって売買又は交換の契約を成立させたときは，乙は，甲に対して，一般媒介契約の履行のために要した費用の償還を請求することができます。」（一般媒介契約約款 14 条 1 項）と定める。すなわち，このような場合には，媒介依頼者には履行のために要した費用の償還請求に応じて費用を支払う義務がある。なお，この場合の費用は，約定報酬額を超えることはない（一般媒介契約約款 14 条 2 項）。

> **実践知！**
>
> 　媒介依頼者は，媒介契約で定めた期間内に媒介契約を解除することも可能であるが，仲介業者に帰責事由がない場合には，一定の費用を支払わなければならない。このことは，仲介業者に帰責事由がある場合には費用支払義務がないということであり，仲介業者が依頼者に対する報告義務等の仲介業者としての義務を怠った場合には，費用支払請求ができなくなるということでもある点に留意する必要がある。

iv　特別依頼に係る費用の支払義務

　仲介業者が媒介依頼者に請求することができる報酬額は，報酬告示による上限額がある。他方で，媒介業務にあたっての様々な費用を報酬とは別に依頼者に対して請求できるとすると，報酬告示により上限額を定めた意味がなくなってしまう。そのため，媒介業務に関する費用は，報酬にすべて含まれるという解釈が取られている（281頁参照）。もっとも，通常の媒介業務の範囲には含まれないような特別な依頼がなされたのであれば，その費用は依頼者が負担すべきであると考えられる。

　そこで，標準媒介契約約款では，「甲（依頼者）が乙（仲介業者）に特別に依頼した広告の料金又は遠隔地への出張旅費は甲の負担とし，甲は，乙の請求に基づいて，その実費を支払わなければなりません。」（専任媒介契約約款・専属専任媒介契約約款10条，一般媒介契約約款12条）と定めている。

　指定流通機構への情報登録，通常の広告，物件の調査等のための費用は仲介業者が負担すべき費用であって，特別の依頼に係る費用には該当しない（「解釈運用の考え方」第34条の2関係「3　標準媒介契約約款について」）。後日の紛争を予防するという観点からは，特別の広告の依頼や遠隔地への出張の依頼があった場合には，別途費用を請求する費用の見積もりを説明してから実施すべきである（「解釈運用の考え方」第34条の2関係「3　標準媒介契約約款について」）。

　したがって，以上のような特別な依頼を行った媒介依頼者は，その費用を支払わなければならない。この費用は，成功報酬制の対象ではないので，成約の有無にかかわらず支払わなければならない（「解釈運用の考え方」第34条の2関係「3　標準媒介契約約款について」）。

実践知！

実務では，どのような費用が「特別の依頼による費用」なのかということが問題となる。仲介業者が「特別の依頼による費用」ではない費用を依頼者に請求した場合には，民事上は請求できないはずの費用を請求したことになり，宅建業法上は，法で定められた報酬額の上限額を超える報酬を請求したという宅建業法違反が問題となることに留意する必要がある。

(4) 通知義務

i 専任媒介契約における自己発見取引通知義務

専任媒介契約では，仲介業者は相手方探索についても積極的な努力義務があり，媒介依頼者が自己発見取引を行おうとしていることを知らないままでいると，探索に費用と労力をかけても無駄になる危険があり，そのような費用を仲介業者が負担しなければならないとすることは仲介業者に酷である。

そこで，標準媒介契約約款では，専任媒介契約において，「甲（依頼者）は，専任媒介契約の有効期間内に，自ら発見した相手方と目的物件の売買又は交換の契約を締結しようとするときは，乙（仲介業者）に対して，その旨を通知しなければなりません。」（専任媒介契約約款 13 条）と定められている。専任媒介契約においては，自己発見取引を行おうとする媒介依頼者に対しては，その旨を仲介業者に通知する義務が課せられている。

ii 一般媒介契約における通知義務

一般媒介契約の場合には，仲介業者には成約に向けての積極的な努力義務はあるものの，相手方探索については，専任媒介契約や専属専任媒介契約ほどは積極的な努力義務はない。一般媒介契約の場合は，媒介依頼者の自己発見取引や他の仲介業者による成約があることが前提となっている契約類型でもある。しかし，自己発見取引や他の仲介業者によって成約したのにそれを仲介業者が知らないでいると，媒介業務を行って費用がかかることも考えられ，そのような費用まで仲介業者が負担しなければならないとすることは仲介業者に酷である。

そこで，標準媒介契約約款では，一般媒介契約において，「甲（依頼者）は，一般媒介契約の有効期間内に，自ら発見した相手方と目的物件の売買若しくは交換の契約を締結したとき，又は乙（仲介業者）以外の宅地建物取引業者の媒介若しくは代理人によって目的物件の売買若しくは交換の契約を成

立させたときは，乙に対して遅滞なくその旨を通知しなければなりません。」
（一般媒介契約約款 15 条 1 項）と定める。媒介依頼者が通知を怠り，仲介業者
が善意で一般媒介契約の事務の処理に要する費用を支出したときは，仲介業
者の請求に対して，その費用を償還しなければならない（一般媒介契約約款
15 条 2 項）。

Ⅱ．仲介業者の調査・説明義務

　不動産取引での紛争は，売買契約の当事者間の問題であり，賃貸借契約当
事者間の問題である。基本的には，当事者間で利害を調整することが望まし
い。しかし，売買契約や賃貸借契約の成立に宅地建物取引業者が仲介業者と
して関与している場合には，当該宅地建物取引業者の媒介業務により損害が
生じたとして，宅地建物取引業者が紛争の当事者となることがある。

1．責任追及の根拠

媒介業務を行った宅地建物取引業者に対する民事上の責任追及は，どのような
法律構成になるのか。

(1)　媒介契約がある場合

　媒介依頼者と仲介業者との間に媒介契約が存在する場合には，媒介依頼者
は仲介業者に対して媒介契約に基づく債務不履行責任を追及することができ
る。この場合，前述のとおり，媒介契約は媒介業務に係る準委任契約であり，
仲介業者は善管注意義務を負う（民 644 条）ので，仲介業者と媒介契約を締
結した媒介依頼者は，仲介業者に媒介契約上の注意義務違反としての説明義
務・調査義務違反があったとして損害賠償を請求することとなる。また，端
的に，媒介契約に定められた各種の義務違反を理由に損害賠償を請求するこ
ともできる。

(2)　媒介契約がない場合

　仲介業者が取引に関与する場合であっても，売買契約や賃貸借契約の当事
者との関係で，媒介契約が存在しないこともある。例えば，買主側に買主か
らの委託を受けた仲介業者（これを実務では「客付け業者」という）がいる場
合，売主と媒介契約を締結した売主側の仲介業者（これを実務では「元付け業
者」という）は，買主とは媒介契約を締結しない。この場合には，元付け業

234　　CHAPTER 4　媒介契約での紛争

者と客付け業者が共同仲介を行って，売買契約を成立させる。共同仲介によって売買契約が成立し，買主に物件が引き渡された後に，売買契約の問題が生じた場合に，元付け業者は，買主と媒介契約を締結していないことを理由に責任を免れることができるか。

　これについては，最判昭和 36・5・26（民集 15 巻 5 号 1440 頁）が，「不動産仲介業者は，直接の委託関係はなくても，これら業者の介入に信頼して取引をなすに至った第三者一般に対しても，信義誠実を旨とし，権利者の真偽につき格別に注意する等の業務上の一般的注意義務がある」としている。つまり，元付け業者が客付け業者と共同仲介を行っている以上，買主は元付け業者との間で媒介契約を締結していないものの，元付け業者が取引に関与していることに信頼をして売買契約を締結することとなる以上，元付け業者には業務上の一般的な注意義務がある，ということになる。すなわち，買主は，媒介契約を締結していない仲介業者に対して，注意義務違反としての説明義務・注意義務違反があったとして，不法行為責任に基づく損害賠償を請求することができる。

実践知！

　買主は，媒介契約を締結している宅地建物取引業者に対しては，媒介契約に基づく債務不履行責任を追及する（もちろん，不法行為責任の追及も可能である）。

　他方，買主は媒介契約を締結していない宅地建物取引業者に対しても，共同仲介として当該取引に関与しているのであれば，不法行為責任を追及することができる。

---

(3)　注意義務の程度と宅建業法

　媒介契約を締結している仲介業者との関係では媒介契約上の注意義務違反の有無が問題となり，媒介契約を締結していない他方当事者側の仲介業者との関係では業務上の一般的な注意義務違反の有無が問題となる。いずれにしても仲介業者の注意義務違反の有無を検討しなければならない。では，仲介業者には，どのような事項に対して，どの程度の注意義務があるのか。

　この点に関連しては，例えば東京高判昭和 57・4・28（判タ 476 号 98 頁）が，宅建業法 35 条が定める重要事項説明義務について，「宅地及び建物の

取引における購入者の利益の保護を図ることを，その目的事項の一つとして掲げる宅地建物取引業法の法意に照らして，右注意義務はたんなる規制法上のものにとどまらず，十分に規範的意味を有するものと解すべきである。」とした上で，法35条による説明の対象とされている法令上の制限（建築基準法の接道要件等）の調査を怠って制限事項の説明を行わなかった仲介業者に損害賠償責任を負うべき説明義務違反があると判断している。

　宅建業法が宅地建物取引業者に課している種々の義務は，「購入者等の利益の保護」を図ることも目的としている（法1条）。法35条が定める重要事項説明義務や47条1号が定める重要な事項の告知義務等は，単に宅地建物取引業者の業務の適正な運営を図るという行政法的な目的から設けられているだけではなく，購入者等の利益を保護する観点から宅地建物取引業者に義務付けられたものであるので，宅地建物取引業者の民事上の責任を基礎付ける規範的な意味を有していると解すべきであろう。法35条も法47条1号も，「宅地建物取引業者の相手方等」に対して説明・告知を義務付けている。つまり，宅地建物取引業者は，単に媒介依頼者だけではなく，媒介契約を締結していない買主や借主に対しても法35条の重要事項説明義務を負い，法47条1号の重要な事項の告知義務等を負う。これらの義務は民事上も規範的意味を有するといえよう。

　民事上の規範的意味を有する説明・告知義務という観点で法35条1項と法47条1号とを比較すると，宅建業法が実に巧妙に35条1項と47条1号とを書き分けていることがわかる。

　まず，売主である宅地建物取引業者の説明義務のところでも説明したとおり（28頁参照），法35条1項が定める重要事項説明義務は，法令上の制限など取引において紛争となりやすい事項を書面に記載して説明すべき「重要事項」として類型化している。紛争になりやすい事項が「重要事項」として列挙されている以上，宅地建物取引業者としては，これらの事項については，確実に説明を実施しなければならない。調査を行わずに誤った説明をした場合も，調査を行った結果誤った説明をした場合も，説明を行わなかった場合も，当該説明義務を負う宅地建物取引業者は，法35条1項違反となる。したがって，法35条1項に定められた事項については，宅地建物取引業者は宅地建物取引業者の職責において調査を行い，その調査結果に基づいて正確な情報を提供しなければならない。

　他方，法47条1号が定める重要な事項の告知義務は，宅地建物取引業者

が契約の勧誘をする場合や，契約の解除等を妨げるために，相手方の判断に影響を与える重要な事項についての故意の不告知や不実告知をしてはならない旨を定めている。ここでは，法35条1項とは異なり，重要な事項についての「故意の」不告知や不実告知が禁止されている。したがって，法35条1項に定められていない事項（したがって，当然に宅地建物取引業者としての職責で調査しなければならない事項ではない事項）であっても，契約の締結等に影響を及ぼす重要な事項を通常の業務の中で認識した宅地建物取引業者が故意に不告知や不実告知を行えば，法47条1号違反となる。すなわち，法47条1号に該当する事項であって法35条1項に定められていない事項については，宅地建物取引業者は説明の前提として積極的に調査するまでの義務は負わないが，通常の業務の中での調査の過程から認識したのであれば，正確な情報を提供しなければならないことになる。

　これを仲介業者の民事上の責任として考えると，次のとおりとなる。

　①　法35条1項に定められている事項は，宅地建物取引業者は，民事上も説明の前提として自らの職責において積極的に調査する義務を負うとともに，調査結果に基づいて正確に説明する義務を負う。

　②　法35条1項に定められていない事項で，しかし法47条1号に該当する事項は，宅地建物取引業者は，民事上も説明の前提としての積極的な調査義務までは負わないが，通常の業務としての調査の結果認識した事項については，正確に説明する義務を負う。

　例えば，法35条1項の重要事項説明の対象である法令上の制限である建築基準法上の接道要件を満たしていない土地であるのにその旨を説明しなかった仲介業者は，民事上は調査義務違反であるとともに，説明義務違反となる。他方，法35条1項の重要事項説明義務の対象とはされていないが，法47条1号の重要な事項に該当する事項，例えば雨漏りがあるということや，過去に当該建物内で自殺があったという事項について説明しなかった仲介業者は，通常の媒介業務で行う売主へのヒアリングや建物の見分によって当該事項を知らされるなどして認識した場合には，当該事項を説明しなければ説明義務違反となる。しかし，通常の媒介業務で行う売主へのヒアリングや建物の見分によって当該事実を認識することができないのであれば，調査義務違反はなく，したがって，故意に不実告知をしたことにならないので，説明義務違反もない，ということになる。

　この点に関連しては，例えば大阪地判昭和43・6・3（判タ226号172頁）

Ⅱ．仲介業者の調査・説明義務　　**237**

は，売買の目的物であった山林が古墳を包蔵していたことに関し，宅地建物取引業者が仲介を行うにあたっては「委託者に対し不測の損害を生ぜしめることのないよう誠実にその業務を遂行すべき一般的な業務上の注意義務がある」としつつ，宅地建物取引業者は瑕疵に関する高度の専門的知識や鑑定能力はないとして，「その注意義務について，目的不動産の隠れた瑕疵に関する専門的調査や鑑定能力を要求すべきではないと解すべきである。」として，古墳が包蔵していることを積極的に調査しなかった仲介業者には注意義務違反はないとしている。

　また，例えば千葉地松戸支判平成 6・8・25（判時 1543 号 149 頁）は，不動産仲介業者の注意義務については，「その業務の性質に照らし，取引当事者の同一性や代理権の有無，目的物の権利関係，殊に法律上の規制や制限の有無等の調査については，高度の注意義務を要求されるが，目的物件の物的状況に隠れた瑕疵があるか否かの調査についてまでは，高度の注意義務を負うものではない」として，不等沈下による建物の傾斜について積極的な調査を行わなかった仲介業者には注意義務違反はないと判断した。

実践知！

　取引当事者の同一性や代理権の有無，目的物の権利関係，殊に法律上の規制や制限の有無等，法 35 条 1 項の対象となる事項については，仲介業者は，民事上も説明の前提として自らの職責において積極的に調査する義務を負うとともに，調査結果に基づいて正確に説明する義務を負う。

　目的物件の物的状況に隠れた瑕疵があるか否かといった，法 35 条 1 項の対象ではない事項については，宅地建物取引業者は，民事上も説明を前提とした積極的な調査義務までは負わない。しかし，宅地建物取引業者には善管注意義務・業務上の一般的注意義務はあるので，通常の業務としてのヒアリングや実査といった調査を行う必要はある。目的物件の物的状況に隠れた瑕疵があれば，売買契約締結の意思決定に重要な影響を与える以上，通常の調査によって認識した結果については，民事上も正確に説明する義務を負う。

2. 取引当事者の同一性・代理権に関する調査・説明義務

取引当事者の同一性や代理権の有無などに関して，仲介業者はどのような調査義務・説明義務があるのだろうか。

例えば，売主と称する者が売主本人ではなく他人がなりすましたような場合であれば，そのような売主との間で売買契約を締結した買主は損害を被ることになる。また，売主の代理人と称する者が売主から代理権限を与えられていない場合も，同様である。

媒介業務が売買契約や賃貸借契約の締結に尽力する業務である以上，取引当事者の同一性や代理権限の有無は，媒介業務の基本的な前提事実である。また，法 35 条 1 項の重要事項説明の対象には，「登記された権利の種類及び内容並びに登記名義人等」があり（法 35 条 1 項 1 号），権利者については，宅建業法に基づく重要事項説明を行う前提としても調査義務がある。

したがって，本人確認や代理権限の確認は，仲介業者には民事上も高度な注意義務が課せられていると解され，本人確認を怠った場合や代理権限の有無の確認を怠った場合には，仲介業者には注意義務違反が認められると解される。

(1) 取引当事者の同一性・売却権限

CASE　東京地判昭和 34・12・16 日（判タ 102 号 49 頁）

●事案の概要

　　買主が宅地建物取引業者の媒介によって地主 A 所有の土地を購入して自称 A に内金を支払ったところ，自称 A は別人の B であることが判明し，内金を詐取されたために紛争となった。

　　仲介業者は，自称 A と会った時に名刺を受けて，名刺記載の住所と登記簿謄本の住所を照合したこと，保証書，登記簿謄本，印鑑証明書，住民票謄本，白紙委任状等の提示を受けてこれらの書類記載の地主の住所氏名が同一であること，印鑑証明書記載の A の生年月日と B の年齢が大体一致することを確認したこと，保証書を作成した司法書士に電話連絡し間違いないとの回答を得たこと，A の住所地付近で年齢・容貌が B と大体一致していること等を確認したとして，注意義務違反はないと争った。

●仲介業者の注意義務に関する裁判所の判断骨子

・不動産仲介業務に従事する者は，これら取引について，専門的な知識及び経験を有するものであり，不動産取引業者に対し，不動産の売買についてその仲介を依頼する者は，これら業者の知識や経験を信頼して，これを依頼するのが通常であ

II．仲介業者の調査・説明義務　　239

るから，不動産仲介業務にたずさわる者は，委託者に対し，準委任関係に基づく善良な管理者としての注意義務を負担することはもちろん，その仲介するに際しては，目的不動産の瑕疵や権利者の真偽などについて調査し，これを確認するなど，買主をして不測の損害を蒙らしめないように，十分に留意すべき業務上の一般的注意義務がある。よってこれらの注意義務を怠り，その結果委託者に損害を与えたときは，不法行為としてその損害を賠償する責任があるものと解する。

・仲介業者の従業員は，地主Aに全く面識がなく，その上自称AことBは当時権利証を紛失したと称し，保証書を呈示しているのであるから，このような場合，自称Aが真実に地主Aであるか否かの点について特別に注意を払い，地主Aの居宅又は勤務先などに電話で連絡するとか，又は同所に行ってこれを確認するなどの調査をなすべきところ，これを怠り（このような調査をしたことについてはなんらの立証がない），前記認定した程度の調査をもって，自称Aを地主Aであると誤信して，この旨を原告に告知し，もって本件土地の売買の仲介をしたことは，従業員らの過失であり，不法行為として原告の蒙った損害を賠償する義務がある。

　裁判所は，売主と称する者が権利書を紛失したといい，しかも面識がないような事情がある場合には，本人名義の印鑑証明書や白紙委任状があり，また，司法書士に電話で確認してもそれだけでは本人確認としては不十分であると判断した。周辺の人物に尋ねるのではなく，自宅や勤務先に連絡するなどして，直接本人と接触して同一性を確認することが「専門的な知識及び経験を有する」宅地建物取引業者には必要であると判断した。

　また，東京地判平成23・8・8（判例秘書L06630454）は，既に前所有者との間で売買契約は締結済みであり決済すれば自分が所有者となると言って土地の売却を持ちかけてきた宅地建物取引業者の説明を軽信した仲介業者が売買契約を成立させて買主が手付金を支払ったものの，前所有者との間の売買契約が締結されているという話自体が存在せず，所有権移転がなされなかった事案について，仲介業者には「目的不動産の瑕疵，権利者の真偽等につき格段の注意を払い，もって取引上の過誤による不測の損害を生ぜしめないよう配慮すべき業務上の一般的な注意義務を負っており，特に，本件のような他人物売買を仲介するに当たっては，通常の売買に比してより高度の注意義務を負っているというべきである」として，仲介業者の注意義務違反を認めている。実務上参考になる。

CASE　京都地判平成3・8・27（判タ777号153頁）

●事案の概要

　宅地建物取引業者である買主が，仲介業者Y₁～Y₃の媒介によりA所有の土地

を購入し，手付金を支払ったところ，売買契約を締結していたのは真実の所有者になりすました弟Bであり，買主は土地の所有権を取得することができず，手付金相当額の損害を被ったとして紛争となった。

Y₁は買主が媒介契約を締結した宅地建物取引業者，Y₃は売主側と媒介契約を締結した宅地建物取引業者，Y₂は，Y₁とY₃の間に介在したいわゆる「あんこ」の宅地建物取引業者である。

● 仲介業者の注意義務に関する裁判所の判断骨子

・Y₃は，BがAでないことを知りながら売主側の仲介業務を行い，手付金名下に買主に金銭を払わせたものであり，故意による不法行為に該当する。

・委託を受けた不動産仲介業者は，善良な管理者としての注意をもって当事者が契約の目的を達しうるよう配慮し，権利者の真偽については格別に注意する等の業務上の注意義務がある。

・委託を受けていない不動産仲介業者も宅地建物取引業者として右の一般的注意義務を負い，右の注意義務に違反した結果取引の当事者が損害を被ったときは不法行為による損害賠償責任を免れないというべきである。

・売主側には宅地建物取引業者であるY₃がおり，また，Y₁とY₂は，引き合わされたBをAであるというY₃の言をうのみにしたのではなく，Bにも確認し，登記簿謄本，名刺，外国人登録証明書を出させて本人を確認したうえ，売買成立に至るまでの交渉の過程で，Bが権利者ではないことを疑わせる事情もなかったので，仲介業者としての注意義務は一応尽くされているというべきで，それ以上になおこの点につき疑念を抱き権利者本人であるか否かを調査確認すべき義務まではないというべきである。

　本件の裁判所は，Y₁・Y₂には本人の同一性についての確認義務違反はないと判断した。「所有者が権利書を紛失した」というような本人の同一性を疑うような事情がなく，また，契約交渉の過程でも本人性を疑わせる事情もなかった本件においては，Y₁・Y₂が外国人登録証明書を提出させて本人確認を行っていることをもって，注意義務違反はないと判断した。Y₃から紹介されたことでそれ以上の本人確認を行っていなかったとすれば，本件のY₁・Y₂も注意義務違反が認められた可能性はある。

　所有者不明土地が増大し，地面師が暗躍する素地がある昨今，本人確認は一段と重要になってきている。宅地建物取引業者は，写真付きの身分証明書や複数の本人確認書類を利用することや，本人の住所地や勤務先に連絡するなどして，事故が発生しないようにすることが重要である。

II. 仲介業者の調査・説明義務

(2) 代理権限

CASE　東京高判平成元・2・6（金商823号20頁）

●事案の概要

買主は，転用して工場用地にする目的で，A所有の農地を宅地建物取引業者の媒介により購入し，所有権移転仮登記を受けた。買主が売主に対して仮登記に基づく所有権移転登記手続を求める訴えを提起したところ，Aの代理人と称して売却を行ったBの代理権限が問題になった。

●仲介業者の注意義務に関する裁判所の判断骨子

・本件においては，右に認定のとおり，代理人と称する者が本人の実印，印鑑証明書等を持参しているのであり，世上これらが本人の意思確認の手段として重要な機能を果たしていることは事実であるが，実印，印鑑証明書等とて冒用されたり盗用されたりする危険がないわけではない。他方，不動産仲介業者は，資格を有する専門家として，かつ，業として仲介を行うものであり，宅建業法上も委託者保護の趣旨等から種々の公法上の義務が課せられていることにもかんがみると，不動産仲介業者が代理権の存否，範囲を調査する際の注意義務は，一般人が仲介を行う場合に比べてより高度なものが要求されているというべきである。

・不動産仲介業者としては，代理人と称する者が持参した本人の実印，印鑑証明書等により代理権の調査，確認をするだけでは十分とはいい難く，代理人と称する者の権限につき疑問を抱く余地のないような特段の事情が存在しない限り，本人に照会してその意思を確認し，委託者に不測の損害を及ぼすことのないように配慮する必要があると解される。

・本件の売主は地元に住んでおり，その意思を確認するのは容易であったと認められるのであって，結局，不動産仲介業者は，Bを代理人として本件土地を売却する意思を有していたのかどうかにつき直接本人に確認すべき注意義務があったといわなければならない。これを怠った仲介業者には，債務不履行責任がある。

代理人と称する者が取引に関与する場合には，明らかに本人ではない第三者が現れているところであり，この場合，代理権の有無が決定的に重要であることは，専門業者である宅地建物取引業者としては理解しているはずである。したがって，裁判所は，「不動産仲介業者が代理権の存否，範囲を調査する際の注意義務は，一般人が仲介を行う場合に比べてより高度なものが要求されているというべきである」として，実印や印鑑証明書によるだけでは代理権の調査，確認としては不十分であるとしている。代理権の有無については，特段の事情がない限り，「本人に照会してその意思を確認」する必要がある。

東京高判昭和32・7・3（判時122号4頁）は，仲介業者が代理人（と称する者）の委任状，印鑑証明書等を確認していない場合，東京地判昭和42・

9・22（判タ 215 号 167 頁）は，委任状は見たものの印鑑証明書や権利書は確認していない場合，大阪高判昭和 60・6・28（判タ 565 号 110 頁）は，代理権の範囲も内容も不明確な委任状を見せられただけであった場合につき，それぞれ，代理権の確認としては不十分であり，仲介業者としての注意義務違反にあたると判断している。

(3) 賃貸人の権限

CASE　東京地判昭和 59・2・24（判時 1131 号 115 号）

●事案の概要

賃借人は，仲介業者 Y₁ の媒介により，Y₂ を賃貸人とする店舗賃貸借契約を締結して喫茶店を営業していた。

しかし，本件店舗の所有権は，本件賃貸借契約前に Y₂ の妻である A から第三者 B に移転していた。Y₂ は Y₁ に対してそのことを黙っていた。Y₁ は Y₂ から受け取った従前の登記簿謄本で権利関係を確認していただけで，最新の調査を行わず，Y₂ を賃貸人とする物件説明書を作成して賃借人との間の賃貸借契約を成立させた。

その後，賃借人は所有者 B に対して本件店舗を明け渡さなければならなくなったので，紛争となった。

●仲介業者の注意義務に関する裁判所の判断骨子

・不動産仲介業者が原告のような客に建物賃貸借の仲介斡旋をする場合，不動産仲介業者は，客が損害を被らないよう，善良な管理者の注意で当該建物の所有権の帰属等を調査し，これを客に報告すべき義務を負っているとみるべきである。

・宅建業法 35 条によると，宅地建物取引業者は，同人が行う媒介に係る貸借の当事者に対して，その者が借りようとする建物に関し，貸借の契約が成立するまでの間，権利関係等所定の事項について説明し，特に重要な権利関係等については，これらの事項を記載した書面（物件説明書）を交付して説明することを義務付けられている。これは，宅地建物取引業者にこのような義務を課すことにより，宅地の購入者等の利益の保護と宅地等の流通の円滑化を図るためであると解される（法 1 条）。

・そうすると，不動産の権利関係が 1 か月の間に変動することがしばしばあり，しかも容易に登記簿で権利関係を調査することができるにもかかわらず，被告 Y₁ は，原告に対する物件説明書を作成する際，1 か月前に被告 Y₂ から受領した本件店舗の登記簿謄本を過信し，本件店舗の権利関係の再調査をせず，そのため，本件店舗の真の所有者が B であることに気付かず，Y₂ が本件店舗の権利者であることを前提として物件説明書を作成し，これを信頼した原告に本件賃貸借契約等を仲介したものということができる。

・したがって，Y₁ の本件仲介行為には，過失（義務違反）があるといえるから，原告に対し，これによって被った損害を賠償する責任を負う。

賃貸借契約の場合も，賃貸人が当該物件を賃貸する権限を有しているのかは，賃借人にとっては重要な事項である。法35条の重要事項説明の対象になっている「登記された権利の種類及び内容並びに登記名義人」は，いつの登記簿謄本に基づく情報でも良いということではなく，契約の直近のもので権利関係が判明するものでなければならない。不動産の権利関係は1か月の間に変動することがあり（例えば，所有者が売却をしなくても，差押さえ登記がなされることもある），調査も容易であるので，媒介業務を行う宅地建物取引業者は，契約直近の登記簿謄本を調査しなければ，民事上の注意義務を尽くしたことにはならないと解される。

> 実践知！　取引当事者の同一性や代理権の有無については，仲介業者は，民事上も自らの職責において積極的に調査する義務を負うとともに，調査結果に基づいて正確に説明する義務を負う。

🔭 紛争予防の視点

　当事者の同一性の確認には，各種の書面の確認だけでは足りず，事情によっては本人に連絡を取ることも必要となる。
　代理権の存否の確認は，委任状や印鑑証明書の確認だけでは足りない。本人に連絡を取って代理権を授与したかを確認することが必要となる。
　賃貸権限の確認のために登記簿謄本を確認する場合には，契約時の直近のものを調査しなければ，権利者の確認としては不十分である。

3. 法令上の制限に関する調査・説明義務

法令上の建築規制等に関して，仲介業者はどのような調査義務・説明義務があるのだろうか。

　土地や建物には様々な公法上の制限が課せられていることがあり，これらの制限を知らないまま買主が土地や建物を購入すると，契約の目的を達成できないなどの不測の損害を被ることがある。瑕疵担保責任・契約不適合担保責任のところでも説明したとおり，例えば，建物を建築するための土地は，建築基準法上の道路に2m以上接していなければならず，接道が適法になされていない土地を購入した買主は，損害を被る。この他にも，土地や建物に

は様々な法令上の建築規制等がある。そこで，宅建業法上は，法35条1項・施行令3条に定められた法令上の制限を重要事項と定めて，当該取引に売主や仲介業者として関与する宅地建物取引業者に対して，契約締結前に書面で説明すべき義務を課している。これらの規制については，宅建業法上，宅地建物取引業者が積極的に調査を行った上で説明しなければならないとされているものである。前述のとおり，これらの宅建業法上の義務は，民事上の注意義務としての規範的意味を有し，民事上も，宅地建物取引業者は建築規制等の法令上の制限については積極的に調査を行う義務や当該調査結果に基づいて適切に説明する義務を負っていると解される。この点，最判昭和55・6・5（判時978号43頁）は，宅地造成目的の山林の売買契約において，森林法に基づく保安林指定を受けていて宅地造成を行うことができない山林であるにも関わらず，そのことを調査・説明しなかった仲介業者の責任に関し，「所轄機関に照会して目的たる山林について保安林指定の有無を調査すべき業務上の注意義務があるものとした原審の判断は正当である」と判断した。森林法に基づく開発制限等については，法35条1項2号を受けた施行令3条24号により重要事項説明の対象とされている事項であるところ，最高裁は，仲介業者に対して民事上の調査義務があることを認めている。

(1) 建築基準法

CASE　千葉地判平成23・2・17（判タ1347号220頁）

●事案の概要

　買主は，平成5年9月22日，本件土地建物と本件路地（持分2分の1）を宅地建物取引業者 Y_1 から購入した。本件売買契約にあたっては，売主と媒介契約を締結した宅地建物取引業者 Y_2 が媒介した。売買契約書には，接道状況及び建替えの可否・制限について何ら記載されていなかった。また，重要事項説明書には，本件路地が「道路部分」と表示されており，接道要件に係る「新築時の制限」については全く記載がなく，建替えのためには，本件路地の共有者の同意が必要であるなどの記載もなかった。

　しかし，本件路地は建築基準法上の道路ではなく，本件土地は路地を介して道路に接しているところ，本件路地は X と隣地所有者との共有であるから，本件土地及び本件隣地上に2棟分の建築を確保するには，①本件路地の幅員を4m確保すること又は②隣接地に使用権を設定することなどの手当が必要であったがそれらがなされないまま2棟の建物が建築されており，建築基準法に抵触している状態であった。

　平成20年12月ころ，買主 X が本件不動産の売却の検討を始めたところ，本

Ⅱ．仲介業者の調査・説明義務　　**245**

件土地は接道義務を満たしていない旨が判明して紛争となった。

●**仲介業者の注意義務についての裁判所の判断骨子**

・被告 Y_1 及び被告 Y_2 は，宅地建物取引業者であり，売主及び仲介業者として本件売買契約に関与したものであるから，法 35 条 1 項により，それぞれ取引主任者をして，原告（買主）に対し接道状況について説明すべき義務を負っていたものである（同項 2 号・47 条 1 号）。なお，買主に対する重要事項説明義務は，買主側の仲介業者にとどまらず，当該取引に関与した宅地建物取引業者全てが負う（同法 35 条 1 項・31 条，最判昭和 36 年 5 月 26 日民集 15 巻 5 号 1440 頁参照）。

・本件土地は接道要件を満たしておらず，建替えが困難な土地である。しかし，本件売買契約書には，この点について何ら記載がなく，むしろ，本件重要事項説明書には，本件土地の「北側が幅約 6m の公道に約 3m 接している」旨記載され，「新築時の制限」としては道路斜線規制等が記載されているのみで，接道要件との関係での建築の制限については全く記載されていなかった。そして，原告は本件路地が共有であることについては説明を受けたものの，本件土地が接道要件を満たしておらず，建替えが困難であることについては説明を受けたことがなかった。

・よって，Y_1 及び Y_2 には，原告に対する説明義務違反（本件不法行為）があったことが明らかであって，被告らは，本件不法行為と相当因果関係にある原告の損害について賠償責任（不真正連帯債務）を負うというべきである。

接道要件は，実務でも紛争が多い事項の 1 つである。建築基準法上の接道関係は，建替えの可否や転売条件に大きく影響するものであり，だからこそ，宅建業法上の重要事項説明の対象となっている。仲介業者に宅建業法上の調査義務があることは明らかであり，また，調査結果に基づいて適切な説明を行う義務もある。これらの義務は民事上の義務でもあり，適切な説明を行わなかった仲介業者には注意義務違反が認められる。

プラスα

宅建業法 35 条 1 項の重要事項説明においては，宅地に接する道路について，その位置及び幅員を重要事項説明書とともに交付する平面図に記入し，また，側溝等の排水施設，舗装の状況等について説明することとされている（「解釈運用の考え方」第 35 条第 1 項第 5 号関係「3　宅地に接する道路の構造及び幅員について」）。したがって，この解釈基準に従って重要事項説明書を作成すれば，接道に関する調査義務違反や説明義務違反は発生しないはずであり，宅地建物取引業者には基本を励行することが求められる。

🔭 紛争予防の視点

宅地建物取引業者が売主や仲介業者である場合には，法令上の制限については，

重要事項説明の対象となっている。したがって、重要事項説明書を正確に作成することが紛争予防には不可欠である。特に接道関係は最も紛争が多い内容であり、重要事項説明書に境界から距離や道路幅、セットバックの長さなどを正確に記載できるよう計測することが重要である。

　買主側は、重要事項説明書の道路についての記載がきちんと記載されているか、すなわち、売買の目的物との位置関係や距離・長さ等がきちんと記載されているものであるかを確認することが有用である。きちんと記載されていない場合には、計測するように促すだけで契約前に問題が発覚することもある。

(2) 宅地造成等規制法

CASE　東京高判昭和 57・4・28（判タ 476 号 98 頁）

●事案の概要

　宅地建物取引業者である買主が、宅地建物取引業者の仲介により、売買時の現況をもって住宅等の建築用敷地に供する目的で土地を購入した。しかし、本件土地は、宅地造成等規制法に基づく宅地造成工事規制区域内の土地であって検査済証の交付を受けないと住宅等の建築用敷地に供することができず、また、土地に至る公道は建築基準法上の道路ではなかった。

　仲介業者は、本件土地が宅地造成工事規制区域内にあること、宅地造成工事の検査済み証の交付を受けていないこと、進入路となっている道路が建築基準法上の道路ではないこと等を調査せず、また、物件説明書でも説明がなされていなかった。

●仲介業者の注意義務に関する裁判所の判断骨子

・宅地造成等規制法及び建築基準法に基づく制限で右のような重要事項については、宅地建物取引業者は、その媒介に係る売買により不動産物件を取得しようとする者に対して、その売買の契約が成立するまでの間に、取引主任者をして、的確に説明させなければならない注意義務がある（法 35 条参照）。宅地及び建物の取引における購入者の利益の保護を図ることを、その目的事項の 1 つとして掲げる宅建業法の法意に照らして、右注意義務はたんなる規制法上のものにとどまらず、十分に規範的意味を有するものと解すべきである。

・仲介業者の宅地建物取引主任者は、然るべき調査、照会等によって容易に確認しうる事項であるにもかかわらず、本件土地が宅地造成工事規制区域に属すること、及びその宅地造成工事の完了につき検査済証の交付を受けるにいたっていないこと、並びに本件土地への進入路となっている公道が建築基準法 42 条 1 項所定の幅員基準に充たないものであること、及び右公道につき同条 2 項道路の指定がないことについて、その確認をすることなくして漫然と被控訴人側（買主）に対する現地案内等による物件説明をしたが、被控訴人に交付した物件説明書においても、本件土地を住宅等の建築用敷地に使用することにつき宅地造成等規制法及び建築基準法上の右のような制限事項など一切付いていないものであるとして、終

Ⅱ．仲介業者の調査・説明義務　　247

始その媒介に努めたことが認められる。
・よって，仲介業者には，取引主任者をして，本件土地に関し，宅地造成等規制法
及び建築基準法に基づく前叙制限事項につきなんら説明をさせなかつたことの過
失をおかしたものである。

　法35条1項の重要事項説明の対象となっている宅地造成等規制法による
制限や建築基準法に基づく接道要件による制限を調査・説明しなかった仲介
業者の責任が認められた事案である。裁判所は，法35条1項に基づく重要
事項説明義務を「右注意義務はたんなる規制法上のものにとどまらず，十分
に規範的意味を有するものと解すべきである。」として，民事上の注意義務
に読み込んでいる。民事上の調査義務違反まで認定している事案であり，実
務の参考となる。

(3) 都市計画法

CASE　大阪高判昭和58・7・19（判時1099号59頁）

●事案の概要

　　買主は，本件土地上に家を建てる目的で本件土地を宅地建物取引業者 Y_1 の仲
介により売主たる宅地建物取引業者 Y_2 から購入した。

　　本件土地に家屋を建築するには都市計画法に基づき開発行為について開発許可
を受けたうえ，開発許可を受けた者が開発工事に関する工事を完了し検査済証の
交付を受けることが必要であるという建築規制があった。しかし，売主業者も仲
介業者も，売買契約締結にあたり，この建築規制を説明しなかったので，紛争と
なった。

●仲介業者の注意義務に関する裁判所の判断骨子

・このように原審被告 Y_1 がその媒介にかかる売買により土地を取得しようとする
者に対してその売買契約が成立するまでの間に取引主任者をしてこれらの重要な
事項の説明義務を尽さなかったことは，明らかに宅地建物取引業者に対し重要事
項の説明等の義務を課した法35条1項に違反するものである。しかも宅建業法
が宅地建物取引業者にこのような重要事項の説明等の義務を課しているのは，宅
地建物取引業者の関与する宅地建物の取引における購入者の利益の保護を図るこ
とを配慮したものであって，このことは同法の1条，31条の規定からみても明
白であり，したがって第一審被告 Y_1 が右重要事項の説明義務を尽さなかったこ
とが違法であるというべきことは明らかである。

・原審被告 Y_1 はその仲介にかかる本件売買の買主たる原審原告に対して取引主任
者たる A をして本件土地に関して前記の本件建築規制についてなんら説明をさせ
なかったものであるから，第一審被告 Y_1 には少なくとも過失が存するものと認
められる。

仲介業者が都市計画法による建築規制を説明しなかったことが，民事上も説明義務違反に該当することを認めた裁判例である。この裁判例でも，法35条１項に定められた重要事項の説明を怠った仲介業者には，民事上も説明義務違反・注意義務違反が認められるという判断は確定したものであると考えられる。

(4) 指導要綱・行政指導

CASE 東京地判平成 9・1・28（判時 1619 号 93 頁）

●事案の概要

買主は，売主 Y_1 との間で宅地建物の売買契約を締結し，手付金を Y_1 に支払うとともに，仲介業者 Y_2 に媒介報酬の半額を支払った。

本件建物は，棟割式の連棟の３区画のうちの１区画であり，この連棟が１個の建物として建築確認を受けているので，本件建物を建て替える際には，建築敷地を分割する必要があるものであった。しかし，この場合には中野区の宅地の細分化防止に関する指導要綱により，建築確認を申請する前提として中野区長に敷地分割のための事前協議が必要であり，本件敷地を分割すると指導要綱の基準に適合しなくなるものであった。

他方で，買主が Y_2 の案内で本件建物を見聞したところ，本件建物は外見上１個の建物に見えたが，裏の方で隣の建物とつながっていたので，買主が将来の建替えは大丈夫か尋ねたところ，担当者は，切り離して簡単に一戸建ての建物が建つと答えたほか，Y_1・Y_2 は，重要事項説明においても，指導要綱の内容を説明しなかった。

その後，買主が私道の件で東京都に確認したところ，そもそも建替えが可能であるかを中野区に確認するよう言われ，中野区からは，本件敷地では事前協議が整わず，建替えについての建築確認を申請できないことが発覚したため，紛争となった。

●仲介業者の注意義務に関する裁判所の判断骨子

・原告（買主）は本件建物を近い将来建て替える目的を有していたのであるから，本件指導要綱の存在は原告が本件売買契約を締結するについて重大な関わりをもつことがらであったというべきであり，これに対し，被告 Y_1 及びその委任を受けた Y_2 としては，本件指導要領の存在を熟知しており，本件売買契約締結時に際し，原告にその存在を説明することは極めて容易であったと認められる。

・ところが，Y_1 及び Y_2 は原告に対し，右指導要綱の存在を全く説明せず，なおかつ，本件建物の建替えに際し，隣家の同意が得られるから建替えは自由にできる旨説明していたものであるから，右の点において説明義務違反であったことは明らかである。

本件は，建築規制ではあるが，指導要綱による規制であり，法令による規

制ではないので法35条1項に定められた規制ではない。しかし，この指導要綱に抵触する建替えが事実上不可能であるということは，買主が契約を締結するか否かを判断するにあたって重要な事項であり，これを故意に告知せず，または不実告知を行えば，法47条1号に違反する。この法47条1号も買主等の利益の保護を目的とした規律であり，したがって民事的にも規範的意味を有すると解される。本件においては，仲介業者は指導要綱の存在を熟知していたのであり，宅地建物取引業者として当該指導要綱の存在が買主の契約を締結するか否かの判断に重要な影響を与えるものであることを認識していた以上，説明を行わなければ民事上も説明義務違反になると解される。この他にも，東京地判平成3・2・28（判時1405号60頁）は，河川拡幅計画対象地域内の土地には建物を建築させない旨の行政指導がなされていることを知っていた仲介業者が，売買の対象となった土地が河川拡幅契約対象地域内の土地であるにも関わらず何ら説明しなかったことを説明義務違反と判断している。

実践知！

　法35条1項に定められている法令上の制限に関しては，仲介業者は，民事上も自らの職責において積極的に調査する義務を負うとともに，調査結果に基づいて正確に説明する義務を負う。
　法35条1項に定められていない指導要綱や行政指導等の建築規制等であっても，建築規制である以上は，買主の契約締結の判断に重要な影響を及ぼす事項であり，故意に事実を告知せず，または不実の告知を行えば，法47条1号違反になるとともに，民事上も説明義務違反となる。当該建築規制を知らないために説明を行わなかったのであれば，故意に事実を告知しなかったことにはならないが，本来の建築規制と異なる誤った説明を行えば，誤った説明を行ったことが説明義務違反となることもある。

紛争予防の視点

　宅地建物取引業者は，売買の目的物が存在する地域の条例や指導要綱等についても，宅地建物取引の専門家として研究しておく必要がある。業界団体の講習会等で

250　　CHAPTER 4　媒介契約での紛争

| 知識を常にアップデートすることが紛争予防のためには必要である。

4. 物理的瑕疵に関する調査義務・説明義務

土地や建物に物理的な瑕疵・契約不適合が存在する場合，仲介業者はどのような調査義務・説明義務があるのだろうか。

　例えば，宅地が不等沈下を生ずるような土地である場合や，建物が白アリ被害で傷んでいる場合，売買契約当事者間では瑕疵担保責任・契約不適合担保責任が問題になる。このような土地建物についての売買契約を宅地建物取引業者が媒介している場合には，当該仲介業者に調査義務違反や説明義務違反があるのかが問題となる。

　宅地建物取引業者は売買や賃貸の目的物に物理的な瑕疵・契約不適合が存在するか否かを調査する専門家ではないので，法 35 条 1 項においても，物理的な瑕疵・契約不適合の存否を重要事項説明義務の対象とはしていない。つまり，宅建業法は，宅地建物取引業者に対して物理的瑕疵・契約不適合の存否に関する説明の前提としての積極的な調査義務は課していない。しかし，物理的な瑕疵・契約不適合が存在することを宅地建物取引業者が認識している場合には，当該事情は契約締結の可否等に重要な影響を及ぼすので，故意に事実を告げず又は不実を告知することは法 47 条 1 号により禁止されている。つまり，宅建業法は，宅地建物取引業者に対して，通常の媒介業務等の中で物理的な瑕疵・契約不適合が存在することを認識した場合には，当該事実について正確に告知する義務を課している。

　このような宅建業法の考え方が，仲介業者の民事上の責任にも反映されることになる。

(1) 瑕疵・契約不適合を仲介業者が知らなかった場合

CASE　千葉地松戸支判平成 6・8・25（判時 1543 号 149 頁）

● 事案の概要

　買主は，宅地建物取引業者である Y_2 と媒介契約を締結し，当該 Y_2 の仲介により宅地建物取引業者である売主 Y_1 との間で土地建物の売買契約を締結し，引渡しを受けたところ，建物が約 70 分の 1 の勾配等で傾斜し，床面に置いたボールは転がり，体が傾斜している方向に引かれる感じがしていることに気づいた。

　買主は，建物の傾斜の原因は土地の不等沈下にあるとして，売主 Y_1 に対しては瑕疵担保責任を，仲介業者 Y_2 に対しては不法行為責任を追及して訴えを提起した。

●仲介業者の注意義務についての裁判所の判断骨子

・不動産仲介業たる被告 Y_2 は，その業務の性質に照らし，取引当事者の同一性や代理権の有無，目的物件の権利関係，殊に法律上の規制や制限の有無等の調査については，高度の注意義務を要求されるが，目的物件の物的状況に隠れた瑕疵があるか否かの調査についてまでは，高度な注意義務を負うものではない。

・もとより，被告 Y_2 は，民法644条に基づく善管注意義務を負うが，前認定の事実によれば，被告 Y_2 の社員は，前居住者のAから，本件建物の傾斜の事実を何ら聞かされておらず，また，原告はもとより，被告 Y_1 の代表取締役及び訴外リフォーム業者の従業員も含めて，本件建物内に立ち入った誰もが，右瑕疵に気付いていないのであるから，仲介人として，本件不動産を原告に紹介した被告 Y_2 の担当者が，右瑕疵に気付かなかったことについて，善管注意義務を怠った過失があるとはいえない（なお，Y_1 については，瑕疵担保責任が認められた）。

　本件事案において，仲介業者は不等沈下が存在するということを認識していないので，説明も行っていない。では，説明の前提となる調査義務違反があったのか，という点に関して，裁判所は，仲介業者は善管注意義務を負うものの高度の調査義務はないので，実際に物件案内で建物に入った段階で誰も気づかない建物の傾斜を，仲介業者であるからと言って気づかなければならないということはない，という判断をしている。本件は，仲介業者が物件に一度も立ち入らなかったために傾斜に気づかなかったという事案ではない（つまり，通常行うはずの調査活動を行っていなかったために傾斜に気づかなかった事案ではない）。仲介業者としての通常の活動を行っている以上，それ以上の調査義務はないという判断であると考えられる。

CASE　神戸地判平成11・9・20（判時1716号105頁）

●事案の概要

　賃借人らは，宅地建物取引業者 Y_2 の仲介により，Y_1 が所有し賃貸する3階建てマンションの1階部分の各室を賃借して居住していた。

　しかし，本件建物は，阪神・淡路大震災の際に，1階部分が潰れて倒壊し，そこで居住していた賃借人やその被相続人らが負傷・死亡した。

　そこで，賃借人やその相続人らが，本件建物には瑕疵があったとして Y_1 を訴えると共に，仲介業者 Y_2 には建物の構造について虚偽の事実を伝えた等として Y_2 を訴えた。

●仲介業者の注意義務に関する裁判所の判断骨子

・仲介業者は建物の構造上の安全性については建築士のような専門的知識を有する者ではないから，一般に，仲介業者は，仲介契約上あるいは信義則上も，建物の構造上の安全性については安全性を疑うべき特段の事情の存在しない限り調査す

252　　　CHAPTER 4　媒介契約での紛争

る義務まで負担しているものではないと解するのが相当であり，本件建物が通常有すべき安全性を有しない建物であることを疑うべき特段の事情が存在したことを認めるに足りる証拠はない（なお，売主 Y₁ の瑕疵担保責任は認めた）。

　賃貸借契約の媒介を宅地建物取引業者が行った場合も，売買契約の媒介の場合同様，仲介業者としての注意義務違反の有無は問題となり得る。当該賃貸物件が建築基準法違反であって契約の内容に適合しない物理的な問題（構造上の安全性の問題）があることを仲介業者が認識していない場合に，当該事実を調査すべき義務があったのにそれを怠ったのかが問題となる。

　この点，裁判所は，通常有すべき安全性を有しない建物であることを疑うべき特段の事情がない限り，仲介業者が積極的な調査をすべき義務はない，と判断した。これは売買契約の媒介を行った仲介業者の調査義務と同様の考え方であり，実務上参考になる。

CASE　東京地判平成 16・4・23（判時 1866 号 65 頁）

●事案の概要

　買主らは，宅地建物取引業者 Y₂ の仲介によって，売主 Y₁ から土地建物を購入し，引渡しを受けた。

　本件建物は，かつて台所の一部が焼損する火災が発生していた。この火災は，売主 Y₁ の妻によって消し止められ，消防車が出動した時点では既に鎮火していた。

　しかし，当該火災による焼損については，売買契約締結にあたり，買主らに対して，売主 Y₁ からも仲介業者 Y₂ からも説明がされず，また，重要事項説明書にも記載がなかったため，紛争となった。

●仲介業者の注意義務に関する裁判所の判断骨子

・売主と買主の双方から仲介を依頼された仲介業者は，売主の提供する情報のみに頼ることなく，自ら通常の注意を尽くせば仲介物件の外観（建物内部を含む）から認識することができる範囲で，物件の瑕疵の有無を調査して，その情報を買主に提供すべき契約上の義務を負うと解すべきである。

・本件焼損等は，Y₂ がこれを認識している場合には，信義則上買主に告知すべき事項であるところ，Y₂ は，本件焼損等を Y₁ から知らされていなかったが，注意して見分すれば本件建物の外観から本件焼損の存在を認識することができたということができ，その上で Y₁ に問いただせば，本件火災や消防車出動の事実も知り得たと認められる。したがって，Y₂ は，本件焼損等を確認した上で，買主らに情報提供すべきであったのに，これを怠ったというのが相当である。

・本件焼損は下からのぞき込めば発見し得るものであり，対価を得て仲介をする業者としては，契約上の義務として内覧しているのではない買主が瑕疵を見逃すことも多いのであるから，自ら発見に努めるべきである（なお，売主 Y₁ の瑕疵担保

責任は認めた。120 頁参照)。

　裁判所は，本件仲介業者は，火災による焼損を知らなかったとしても，調査義務違反があるとして仲介業者の責任を認めた。もっとも，裁判所は，火災による焼損の調査に特別な調査を要求しているということではなく，「注意して見分すれば本件建物の外観から本件焼損の存在を認識することができた」として，通常の媒介業務の中での見分活動の中で判明することを漫然と見過ごしたとして，注意義務違反を認めている。仲介業者に高度の調査義務を課しているものではなく，実務上も参考になる。

(2) 瑕疵・契約不適合を仲介業者が知っていた場合

CASE　東京地判平成 13・6・27（判タ 1095 号 158 頁）

●事案の概要

　宅地建物取引業者が売主である造成地上の新築建物と土地の売買につき，建物が傾斜し，基礎の亀裂，土間床の亀裂，外壁の亀裂，ドアの開閉不能，外壁に固定したガスメーターや配管の歪み等による変形が生じたため紛争となった。

　買主は，売主に対して瑕疵担保責任を追及するとともに，仲介業者 Y_1 及び Y_2 に対して軟弱地盤であることについての説明告知義務違反があるとして損害賠償を求めた。

●仲介業者の注意義務に関する裁判所の判断骨子

・不動産の仲介業務を委託された者は，委託の本旨に従って善良な管理者の注意義務をもって誠実に仲介事務を処理すべきであり，信義則上，不動産売買契約における買主に対しては，買主が当該物件を購入するかどうかの意思決定を行うに際して重要な意義を有する情報について説明告知する義務を負っており（法 35 条・47 条参照），これに違反して買主に損害を与えた場合には，説明告知義務違反としてこれを賠償する責任があるとするのが相当である。

・そして，上記の見地からすれば，不動産仲介業者は，消費者の立場にある買主が物件購入の意思決定をするにあたって過不足のない情報を提供すべきであるから，説明告知する義務を負う事項は宅建業法 35 条に規定されている事項には限らないことはいうまでもない。

・売主から委託を受けた仲介業者 Y_1 の担当者 B は，売主業者の担当者 A から交付された地盤調査報告書を見て，本件各土地が軟弱地盤であることを認識していたものであり，買主から委託を受けた仲介業者 Y_2 の担当者 C も，売買契約当日に，A 及び B の説明を聞き，本件各土地が軟弱地盤であることを認識していたのである。

・そして，一般に，土地建物を購入する者にとって，買い受ける土地の性状がいかなるものであるのかという点は重大な関心事であり，その意味で本件各土地が軟

弱地盤であるかどうかは当該土地を購入するかどうかの意思決定において大きな要素となるものである。

・Y_1 及び Y_2 は，本件各土地が軟弱地盤であるとの事実が，買主が当該物件を購入するかどうかの意思決定に際して決定的に重要な要素となるのであるから，この点について原告らに十分に説明告知する義務を負っていたというべきところ，これを怠り，原告らに対して，本件各土地が軟弱地盤であるという事実を説明しなかった（なお，売主の瑕疵担保責任も認めた。84頁参照）。

　裁判所は，軟弱地盤であるという事実は，「当該土地を購入するかどうかの意思決定において大きな要素となる」と認定したうえで，この点について仲介業者は説明告知すべき義務があったところ，それを怠ったと判断した。

　宅地建物取引業者は，宅建業法上，売買契約の締結の判断に重要な影響を及ぼす事項について故意に事実を告げないことを禁止されている（法47条1号）。軟弱地盤であるという事実は「売買契約の締結の判断に重要な影響を及ぼす事項」に該当するということは異論がないと考えられるところであり，そうだとすれば，仲介業者には宅建業法上の告知義務がある。これは民事上の責任を検討する上でも規範的意味を有すると考えられるので，当該事項を告知しなかった仲介業者に民事上の告知義務違反が認められると解することは妥当であると考えられる。

　本件事案は控訴された。控訴審では，原審と異なる事実認定がなされ，軟弱地盤であるとの認識していた Y_1 については説明告知義務違反があるとされた。他方，軟弱地盤であるとの認識をすることができたと認められない Y_2 については説明告知義務違反はないとされ，損害賠償責任を負わないと判断された（東京高判平成13・12・26判タ1115号185頁）。軟弱地盤であることを認識していない仲介業者には，軟弱地盤であるか否かを調査すべき義務は当然には認められないと考えられるので，この結論も妥当である。

CASE　大阪地判平成20・5・20（判タ1291号279頁）

●事案の概要

　売主 A は，宅地建物取引業者 Y に対して自己所有の土地建物の販売の仲介を委託し，他方，買主は宅地建物取引業者 B に対して居住用の土地建物の購入の仲介を委託した。

　買主が本件不動産を見学した際には，A，Y 代表者，B 担当者も同席し，Y 代表者は雨漏りの箇所が複数あると認識し，白アリの死骸を発見し，白アリ被害について疑念を抱いており，さらに，1階和室以外に複数の腐食があると認識して

いた。

　重要事項説明は Y 代表者が行い，現在 1 か所の雨漏りがあり未修理で引渡すこと，白アリ被害は発見していないこと，構造上主要な部位の木部の腐食は 1 階和室に 1 か所発見している旨の説明がなされたが，自らが認識した事実については説明をしなかった。

　売買契約を決済した後に買主が本件土地建物の引渡しを受けたところ，腐食部分が 1 階に限られないこと，白アリ被害があることを発見し，買主が調査したところ，本件建物の耐震性能の評定値は 0.25 であること（0.7 以下は倒壊する可能性が高い），白アリは 1 ないし 3 年程度前から生息していたこと等が明らかになったため紛争となった。そこで買主は売主 A と仲介業者 Y に対して訴訟を提起した。A は和解に応じた。

● **仲介業者の注意義務に関する裁判所の判断骨子**

・原告は，本件建物に居住する目的で本件契約を締結することとしたのであるから，その前提として，本件建物が居住に適した性状，機能を備えているか否かを判断する必要があるところ，Y 代表者も，原告の上記目的を認識していたのであるから，本件建物の物理的瑕疵によってその目的が実現できない可能性を示唆する情報を認識している場合には，原告に対し，積極的にその旨を告知すべき業務上の一般的注意義務を負う（なお，そのような認識に欠ける場合には，宅地建物取引業者が建物の物理的瑕疵の存否を調査する専門家ではない以上，そうした点について調査義務まで負うわけではない）。本件不動産の価格設定の際，本件建物の価値は全く考慮されておらず，現状有姿で売主が瑕疵担保責任を負わない取引であったとしても，Y 代表者が原告の上記目的を認識していた以上，上記結論は変わらない。

・Y 代表者は，原告に対し，白アリらしき虫の死骸を発見したこと，1 階和室以外にも腐食部分があること，雨漏りの箇所が複数あることなどを説明し，原告にさらなる調査を尽くすよう促す業務上の一般的注意義務を負っていたというべきであるが，実際には，そのような注意義務を尽くさなかった。

　宅地建物取引業者は宅地建物取引の専門家ではあるが，物理的瑕疵の存否を調査する専門家ではない。したがって，宅建業法においても，物理的瑕疵の存否そのものは法 35 条 1 項の重要事項説明の対象とされていないので，仲介業者が説明の前提として積極的に調査しなければならないものではない。しかし，売買契約の締結の判断に重要な影響を及ぼす事項について認識している宅地建物取引業者には，当該事項を買主に告知すべき宅建業法上の義務がある（法 47 条 1 号）。買主が居住用の不動産を購入することを知っている仲介業者は，白アリ等や腐食等の存在を認識していれば当該建物が居住に適した性状，性能を有していない可能性があることを認識するはずであるので，当該事情を告知すべき宅建業法上の義務を負う。このような宅建業法上の規

律は民事上の責任を考える上でも規範的意味を有する。したがって，本件仲介業者は，民事上も，白アリらしき虫の死骸を発見したこと，1階和室以外にも腐食部分があること，雨漏りの箇所が複数あることなどを買主に説明し，買主にさらなる調査を尽くすよう促す業務の注意義務があったのにそれを怠ったものと考えられる。

実践知！

　宅地建物取引業者は物理的瑕疵・契約不適合の存否を調査する専門家ではないので，物理的瑕疵・契約不適合の存否そのものは，法35条1項の重要事項説明の対象として列挙されておらず，説明の前提としての積極的な調査義務はない。民事上も同様であり，物理的瑕疵・契約不適合の存否を仲介業者が積極的に調査しなくても，他に調査する旨の合意がなければ，注意義務違反とはならない。

　他方で，通常の業務の中で物理的瑕疵・契約不適合の存在や存在する可能性を認識した場合には，当該事情は，法47条1号が定める契約締結の判断に重要な影響を及ぼす事項として正確に告知する宅建業法上の義務を負う。民事上も同様であり，当該事項について告知しなければ注意義務違反となる。

　通常の業務の中で認識できるはずの物理的瑕疵・契約不適合を漫然と見過ごして相手方等に損害を与えるおそれが大であれば宅建業法上は処分の対象となる。民事上も同様であり，物理的瑕疵・契約不適合について漫然と見過ごしたことは，調査義務違反となる。

🔍 紛争予防の視点

　建物の物理的瑕疵・契約不適合については，仲介業者としては，認識した事実を確実に媒介依頼者に説明することが紛争予防には不可欠である。

　仲介業者には物理的瑕疵・契約不適合について積極的な調査義務はないので，仲介業者としての通常の物件調査の一環で，売主にヒアリングをすることや実査を行うことが重要である。

　他方で，買主の視点で考えると，「仲介業者が不具合を認識していながら説明をしなかった」と思えば，説明義務違反であると考えることもある。したがって，このような紛争を回避するためには，建物状況調査を利用することや，瑕疵保険を利用することを当事者に促すことも検討すべきである。

買主としては，建物状況調査がなされた物件を購入することや，瑕疵保険が付保された物件を購入することが損害を小さくする方策となる。

5. 地中埋設物・土壌汚染に関する調査・説明義務

売買の対象地に埋設物や土壌汚染が存在する場合，仲介業者にはどのような調査義務・説明義務があるのだろうか。

CASE 東京地判平成 25・1・21（判例秘書 L06830182）

●事案の概要

買主は，宅地建物取引業者 Y_2 と媒介契約を締結し，Y_2 の媒介で売主である宅地建物取引業者 Y_1 から本件土地上に工場を建築する目的で本件土地を購入した。

Y_1 は，本件土地の地中には，排水槽及び井戸が残っており，また，地下タンク，浄化槽が残存している可能性があることを前所有者 Y_3 から聞かされていたが，そのことは買主に伝えなかった。Y_2 は，Y_1 から本件土地にかつて工場が存在していたことは聞かされていたものの，浄化槽や地下タンクが埋設されている可能性があるとは聞かされていなかった。

買主が本件土地に新工場の建築を開始したところ，深さ 4m から 5m 程度までの掘削でコンクリート，金属くず，木くずその他産業廃棄物が見つかり，買主はこれらを産業廃棄物として処理し，工場の完成は遅れることとなったため紛争となった。

●仲介業者の注意義務に関する裁判所の判断骨子

・Y_2 は，Y_1 が本件土地を造成している時期に本件土地の存在を知ったものであり，それ以前において，本件土地の情報を得たことはなく，その結果，本件がれき類が本件土地に埋設されていることの認識を有していなかったことが認められる。そして被告 Y_1 が本件土地を造成している間も，本件がれき類は発見されず，そのために被告 Y_1 も，排水槽及び浄化槽を除く本件がれき類の存在を認識し得なかったことを考慮すれば，被告 Y_2 が本件がれき類が存在することを認識し得る状況にあったとはいえない。

・そうすると，被告 Y_2 が本件がれき類の存在について，原告に対し，説明義務ないし調査義務を負っていたとは認められない（なお，売主 Y_1 については，排水槽・浄化槽が埋設されている可能性があることを買主に説明する義務があったのにそれを怠ったと判断された）。

宅地建物取引業者は宅地建物取引の専門家ではあるが，地中埋設物の存否を調査する専門家ではない。したがって，宅建業法においても，地中埋設物の存否そのものは法 35 条 1 項の重要事項説明の対象とされていないので，仲介業者が積極的に調査しなければならないものではない。

もちろん，仲介業者の通常の業務の中で，地中埋設物の存在や存在の可能

性を認識した場合には，当該事項は買主の意思決定に重要な影響を及ぼす事項として告知しなければならない（法47条1号）。しかし，本件では，仲介業者は，業務の過程でがれき類の存在や存在の可能性を認識していないので，説明がなされなかったとしても違法ではない。このような宅建業法の規定は民事上の責任を考える上でも規範的意味を有し，本件仲介業者は民事上も調査・説明義務違反はないと考えられる。

　そのほかにも，大阪地判昭和43・6・3（判タ226号172頁）は売買の目的物の山林が前方後円墳であって皇室関係の御陵と考えられることが判明して財産的に無価値になった売買契約の仲介業者について，ありふれた地形と認められる本件山林が古墳を包蔵していることは専門家でない限り不可能であるとして，本件山林が古墳であるか否かの確認の措置をとらなかったとしても業務上の注意義務の範囲を超えると判断した。

実践知！

　宅地建物取引業者は地中埋設物・土壌汚染の存否を調査する専門家ではないので，地中埋設物・土壌汚染の存否そのものは，法35条1項の重要事項説明の対象として列挙されておらず，説明の前提としての積極的な調査義務はない。民事上も同様であり，地中埋設物・土壌汚染の存否を仲介業者が積極的に調査しなくても，他に調査する旨の合意がなければ，注意義務違反とはならない。

　他方で，通常の業務の中で地中埋設物・土壌汚染の存在や存在する可能性を認識した場合には，当該事情は，法47条1号が定める契約締結の判断に重要な影響を及ぼす事項として正確に告知する宅建業法上の義務を負う。民事上も同様であり，当該事項について告知しなければ注意義務違反となる。

🔭 紛争予防の視点

　地中埋設物や土壌汚染は，「地中」に存在するうえ，存否の判断が難しく，また，その測定を行わなければその存否の判断ができないので，契約締結前に存否を判断することは簡単ではない。しかし，土壌汚染の除去費用は膨大であり，土壌汚染が判明すると紛争が深刻になる。したがって，契約締結前に調査を行ったうえで契約締結に至ることが望ましい。事前に調査を行わない場合であっても，売主としては，

認識している事実を包み隠さず仲介業者に伝えるようにすることが紛争予防には役立つ。

　仲介業者の立場では，例えば契約締結後一定の期間内に買主（決済前であれば売主）が調査を行うことや，その調査費用の負担や埋設物が判明した場合の被害額の算定方法やその賠償方法について売買契約に定めるように調整することが有用である。

　買主としては，当該目的となる土地の従前の利用履歴を調査するなどして，土壌汚染のリスクの程度について検討しておくことが望ましい。

6. 心理的瑕疵・契約不適合に関する調査・説明義務

かつて自殺がなされた物件である場合や，近隣に暴力団組事務所がある場合など，売買契約であれば心理的瑕疵・契約不適合が問題となるような事情がある場合，仲介業者はどのような調査義務・説明義務があるのだろうか。

(1)　自殺

CASE　東京地判平成 25・7・3（判時 2213 号 59 頁）

● 事案の概要

　買主は，売主 Y₁ の依頼を受けた宅地建物取引業者 Y₂ と買主の依頼を受けた宅地建物取引業者 A の仲介により，Y₁ から一棟の賃貸マンションを購入した。

　本件売買契約の半年ほど前，本件物件の一室において居住者の死亡が発見され，Y₁ は，管理業者から，警察に確認した結果として，居住者が居室内で死亡していたこと，死因は事件性がない自然死である旨を報告された。

　本件売買の話が進む中で，仲介業者 Y₂ 担当者は住居者が死亡していたことを Y₁ から聞かされ，管理業者にも問合せを行った。管理業者からは，警察から自殺ではないと聞いている旨の回答を得，仲介業者 A に対しても死亡は自然死である旨を伝えた。仲介業者 A は X 代表者に対して死因は事件性のない自然死であることをメールや電話で報告した。

　売買契約が締結され，本件物件が引き渡された後に，買主は本件死亡が自殺であるとの噂を聞いたので，管理業者に警察署で本件死因を確認するように要請し，管理業者の支店長が確認したところ，死因は自殺であるとの回答を警察から得た。

　そこで，買主は，Y₁ に対しては瑕疵担保責任を，Y₂ に対しては調査説明義務違反による損害賠償責任を追及した（A に対しても損害賠償請求がなされたが，途中で取下げられた）。

● 仲介業者の注意義務に関する裁判所の判断骨子

・不動産を購入しようとする者において，収益物件である建物の居室で自殺があったかどうかは，売買契約を締結するか否かを決定するために重要な事項であると認められる。

・Y₂ 担当者は，Y₁ 代表者や管理業者に尋ねて死亡事案が自殺でない旨を警察で確

認していて問題ないことを聞いていて，Y_2 は，本件売買契約締結及びその決済当時，本件居住者の死因が自殺であることを認識していたとは認められない。

・本件では，管理業者が自殺ではない旨を報告しているほか，本件自殺について新聞等による報道がされた事実や，近隣において噂になっていた等の事情を認めるに足りる証拠はない。また，買主がさらに調査を求めたという事情は存在しない。

　以上のような事実関係の下では，被告らには，独自に直接，警察や本件居住者の親族に本件居住者の死因を確認するまでの調査義務があったとは認めることができないというべきである（なお，Y_1 の瑕疵担保責任は認められた）。

　本件事案で裁判所は，「宅地建物取引業者は自ら不動産の売買の当事者となる場合や売買契約の媒介を行う場合には，宅地建物取引業法35条に基づく説明義務を負い，当該説明義務を果たす前提としての調査義務も負うものと解される。そして，宅建業法35条は『少なくとも次に掲げる事項について』としており，宅地建物取引業者が調査説明すべき事項を限定列挙したものとは解されないから，宅地建物取引業者が，ある事実が売買当事者にとって売買契約を締結するか否かを決定するために重要な事項であることを認識し，かつ当該事実の有無を知った場合には，信義則上，仲介契約を締結していない売買当事者に対しても，その事実の有無について調査説明義務を負う場合があると解される。」としている。法35条は，宅建業者が積極的に調査を行ったうえで説明すべき最低限の事項を列挙したものであり，これ以外の事項の説明を禁止する規定ではないことを明らかにするために「少なくとも次の各号に掲げる事項について」としている。法47条1号は，契約を締結するか否かを決定するために重要な事項について故意の不実告知等を禁止しているので，宅地建物取引業者には法35条1項の事項に限らず説明義務がある。これは民事的にも規範的意味を有し，「宅地建物取引業者が，ある事実が売買当事者にとって売買契約を締結するか否かを決定するために重要な事項であることを認識し，かつ当該事実の有無を知った場合には，信義則上，仲介契約を締結していない売買当事者に対しても，その事実の有無について調査説明義務を負う場合がある」ということになる。

　契約締結時点において自殺の事実を知らなかった仲介業者には説明義務違反は存在せず，通常の媒介業務としてのヒアリング等を行った中で自殺を疑わせる事実を認識しなかった以上，調査義務違反もない，というのが裁判所の判断であり，妥当である。

CASE　松山地判平成 25・11・7（判時 2236 号 105 頁）

●事案の概要

　　買主夫婦は，宅地建物取引業者 Y の仲介により，戸建てマイホーム用地として売主 A から本件土地を購入した。

　　しかし，本件土地に関しては，本件土地の元所有者 B（A とは無関係）が本件土地上に建物を所有して家族と暮らしていたところ，20 年前に B の内縁の妻が息子に殺害されて山中に埋められ，また B の娘が当該建物 2 階ベランダで自殺するなどの事情があった。

　　決済がなされ，本件土地が買主に引き渡された後に，買主は，別の宅地建物取引業者から本件土地は過去に自殺があった土地であることを知らされ，紛争となった。

　　なお，Y の担当者は，売買契約締結時には，本件土地上の建物で自殺があったことは知らなかったが，決済前にはそのことを知っていた。

●仲介業者の注意義務に関する裁判所の判断骨子

（契約締結前の注意義務について）

・仲介業者の担当者は売買契約締結時には，自殺の事実を知らなかった。

・宅地建物取引業者は，売買の仲介にあたり，売買当事者の判断に重要な影響を及ぼす事実について説明義務を負う（法 47 条 1 号ニ）。したがって，説明義務を果たす前提として，一定の範囲内で調査義務を負うと解される。

・対象物件が事故物件か否か，より具体的には，過去に自殺等の事故があった物件か否かは，その性質上，対象物件の外形からは認識し得ない事柄である。また，このような自殺等の事故は，通常の物件においてよく見受けられるというようなものではない。対象物件上で自殺があったというのは，極めて稀な事態でもある。したがって，売買の仲介にあたる宅地建物取引業者としては，対象物件の隠れた事故物件性については，その存在を疑うべき事情があれば，独自に調査してその調査結果を説明すべき義務を負うが，そうでない場合には，独自に調査をすべき義務までは負うものではないと解するのが相当である。

・本件では，Y に本件土地の事故物件性について，独自に調査してその調査結果を説明すべき義務があったとまではいえない。

（契約締結後決済前の注意義務について）

・本件土地上で過去に自殺があったとの事実は，本件売買契約を締結するか否かの判断に重要な影響を及ぼす事実であるとともに，締結してしまった売買契約につき，その効力を解除等によって争うか否かの判断に重要な影響を及ぼす事実でもあるといえる。

・したがって，宅地建物取引業者として本件売買を仲介した Y としては，本件売買契約締結後であっても，このような重要な事実を認識するに至った以上，代金決済や引渡手続が完了してしまう前に，これを売買当事者である買主に説明すべき義務があったといえる（法 47 条 1 項 1 号ニ）。

・しかるに，Y 担当らは，自殺の事実が 20 年以上前の出来事であることや，自殺

があったとされる建物が取り壊されており，本件土地が相当以前から更地となっていたことなどから，本件土地上で過去に自殺事故があったらしいとの事実を買主に説明しなければならない理由はないと考え，これをしなかった。したがって，Ｙは，買主らに対し，この説明義務違反（不法行為）と相当因果関係のある損害を賠償すべき責任を負う。

法47条1号は，契約締結に関する故意の不告知等を禁止しているだけではなく，契約の解除等を妨げるための故意の不告知等も禁止している。したがって，契約締結後であっても，契約の解除に関わる事項や損害賠償債権の行使に関わる重要な事項について故意に告知しない場合には法47条1号違反となる。本件判決は，法47条1号の構造を踏まえて，契約締結時には故意の不告知はなかったものの，契約締結後決済までの間に自殺の事実を知ったのにそれを告知しなかったのは，故意の不告知に該当することを前提として，民事上も責任を認めたものとなっている。また，契約締結時には通常の媒介業務としての調査は行っており，自殺の事実をうかがわせる事情はなかった以上，契約締結時には民事上も調査義務違反はないという判断であり，妥当である。

20年以上前の自殺であっても，また，自殺がなされた建物が存在しない場合でも，当該事実が近隣では記憶に残っていたので買主の耳に入り，また，当該土地で居住用の建物を建築する予定であった買主が事件の内容を含めて自殺があったことを聞いた買主が不快に思うことも特別なことではない。したがって，マイホーム建設予定の土地売買を目的に仲介を依頼している以上，当該事情を認識した仲介業者は，当該事情を買主に説明する民事上，宅建業法上の義務を負うと考えられる。

🔭 紛争予防の視点

自殺・事件があった宅地建物であることを忌避する感情が強い人々が多いという現状では，そのような事態が後日判明した場合には紛争となることが避けられない。取引通念として自殺・事件があった宅地建物でないことが求められる以上，事前にその旨を説明することしか紛争を防止することはできない。仲介業者としては，売主に対して紛争予防の重要性を説明し，正しく情報提供してもらうことが必要である。

(2) 暴力団関係，居住に支障ある程度の言動

CASE　東京地判平成 26・4・28（判例秘書 L06930345）

●事案の概要

　　買主は，宅地建物取引業者 Y の仲介により，赤坂駅から徒歩 7 分に位置する本件土地を A から購入した。本件土地は競売物件であり，本件土地の売主 A は，本件土地に隣接する本件ビルに暴力団と関係する団体 B の事務所が存在することを認識していた。他方，仲介業者 Y の担当者は，本件売買の仲介にあたり，本件土地の周辺に暴力団関係団体の事務所が存在すると認識してはいなかった。そのため，Y は買主に対し，売買契約締結時にも決済時にも本件ビルに関する説明をしたことはなかった。

　　その後，買主が本件土地に隣接する本件ビルに暴力団関係団体 B が入っていることを知り，紛争となった。

●仲介業者の注意義務に関する裁判所の判断骨子

・宅地建物取引業者である Y が，本件土地の売買の仲介において，B の事務所に関する説明義務を負うのは，Y が本件ビルに暴力団と関連する団体の事務所が存在すると認識していた場合であり，同事実について調査すべき事情が存在する場合に一定の調査義務を負うものと解される。施設の外観から嫌忌施設であることが容易に把握できる場合を除き，宅地建物取引業者が自ら売買対象物件の周辺における嫌忌施設の存在を調査すべき一般的な義務があるとは解されない。

・本件では，Y 従業員らが，本件ビルに暴力団関係団体の事務所が存在するとの事実を認識していたと認めるに足りる証拠はない。

・なお，Y において，本件ビルに存在する事務所について，暴力団との関係など嫌忌施設に該当するか否かを調査すべき事情が存在したとも認められない。本件土地の競売手続において現況調査を行った執行官が本件ビルには外観上特別の建物であると思わせるものはないとの意見を述べていることに照らすと，本件ビルに 2 台の監視カメラが設置されているとの事実は，宅地建物取引業者が善良な管理者の注意をもって現地調査を行うべきであるとしても，本件ビルの使用者について具体的な調査義務を発生させるものであるとは解されない。

・また，本件においては，買主が Y に対し，周辺物件の所有者や使用者について，反社会的勢力であるか否かの調査を行うよう要望したとの事実はうかがえないのであり，そうであれば Y が本件土地の周辺土地の所有者の名称等を認識していたとしても，個々の所有者や使用者の属性について調査すべき義務があったとまでは解することができない。

・よって，本件土地の仲介において，Y に調査説明義務の違反があったとは認められない。

　暴力団事務所や暴力団関係団体の事務所が売買の目的物に隣接している場合には，売買契約の当事者間では，心理的瑕疵として紛争になることがある。本件では，この場合の仲介業者の責任が問題となっている。

裁判所は，仲介業者の説明義務については仲介業者が暴力団関係団体の存在を認識している場合には説明義務を負うとし，調査義務については仲介業者が自ら売買対象物件の周辺における嫌忌施設の存在を調査すべき一般的な義務があるものではなく，施設の外観から嫌忌施設であることが容易に把握できる場合のように調査すべき事情が存在する場合に一定の調査義務を負う，と判断している。

　この点，宅建業法上，周辺に暴力団関係団体が存在すること自体は法35条1項の重要事項説明の対象とは定められていないので，暴力団関係団体の存在を調査すべき一般的な義務があるものではない。しかし，当該事情は売買契約締結の判断に影響を及ぼす重要な事項であるので法47条1号の対象になると考えられ，当該事情を認識していれば告知義務の対象となる。もちろん，施設の外観から嫌忌施設であることが容易に把握できる場合には，当該事項を調査しなければ，「取引の関係者に損害を与えるおそれが大であるとき」（法65条1項1号）という指示処分の対象になるので宅地建物取引業者としては調査義務を負うことになる。宅建業法の規律は民事上の規範的意味を有するという観点からいえば，裁判所の判断はまさに宅建業法の規律を反映させたものであるといえる。

CASE　大阪高判平成16・12・2（判タ1189号275頁）

●事案の概要

　買主は，宅地建物取引業者Yの仲介により，居住の用に供する目的で本件土地建物を購入した。しかし，買主が本件建物の西側隣人に挨拶に行くと大声で怒鳴られるなどして警察を呼ぶ騒ぎとなり，その後も警察を呼ぶ騒ぎが起こったので，買主は平穏に生活できないと考え，本件建物に一度も引っ越すことなく本件建物での居住を断念したため，紛争となった。

　Yの担当者は，本件買主とは別の顧客を本件物件に案内した際に，西側隣人から苦情を言われて当該顧客が購入するという話が流れたことがあった（「3月3日午前の件」という）が，本件買主に対してそのような事実は告げなかった。また，買主から隣人のことを尋ねられた売主が問題は全く生じていないと誤信させる説明を行っているのにYは何ら説明をしていなかった。

●仲介業者の注意義務に関する裁判所の判断骨子

・居住用の不動産の売買の仲介を行おうとする宅地建物取引業者は，当該不動産の隣人について迷惑行為を行う可能性が高く，その程度も著しいなど，購入者が当該建物において居住するのに支障を来すおそれがあるような事情について客観的事実を認識した場合には，当該客観的事実について説明する義務を負うと解するのが相当である。

- このように解しても宅地建物取引業者に近隣居住者に関する調査義務を課する訳ではないから過大な負担とはならない上，客観的事実をありのままに述べるにすぎないから法的に問題が生じるおそれもない。
- Yは，購入希望者である買主に重大な不利益をもたらすおそれがあり，その契約締結の可否の判断に影響を及ぼすことが予想される3月3日午前の件を説明しなかったといわざるをえず，Yに買主に対する説明義務違反が認められる。

　裁判所は，仲介業者が一般的に近隣居住者に対する調査義務があることを否定した上で，購入者が当該建物において居住するのに支障を来すおそれがあるような事情について客観的事実を認識した場合には，当該客観的事実について説明する義務を負うとの判断を示している。この判断も，宅建業法の調査・説明義務に関する構造を踏まえたものであり，妥当である。

実践知！

　宅地建物取引業者は物件の周辺状況につき居住性等を悪化させる事情の存否を調査する専門家ではないので，当該事情の存否そのものは，法35条1項の重要事項説明の対象として列挙されておらず，説明の前提としての積極的な調査義務はない。民事上も同様であり，当該事情の存否を仲介業者が積極的に調査しなくても，他に調査する旨の合意がなければ，注意義務違反とはならない。
　他方で，通常の業務の中で当該事情の存在や存在する可能性を認識した場合には，当該事情は，法47条1号が定める契約締結の判断に重要な影響を及ぼす事項として正確に告知しなくてはならない宅建業法上の義務を負う。民事上も同様であり，当該事項について告知しなければ注意義務違反となる。

紛争予防の視点

　仲介業者自身が気になる事象は，一般の買主も気になる事象であり，当該事象の存在は契約を締結するか否かに影響を与える。したがって，仲介業者自身が気になる事象は，きちんと情報として提供することが紛争予防につながる。

7. その他

その他，仲介業者はどのような調査義務・説明義務があるのだろうか。

仲介業者が買主等に適切に情報を提供しないことによる紛争には様々なものがある。以下，いくつかの事案を見ていく。

CASE　東京地判平成 13・11・8（判時 1797 号 79 頁）

●事案の概要

　原告 X らは，宅地建物取引業者である売主 Y₁ から本件マンションの 1 階・2 階の専有部分を購入した買主らである。本件各売買契約締結にあたっては，Y₁ と販売代理契約を締結した宅地建物取引業者 Y₂ が重要事項説明等を行った。Y₂ の担当者は，買主らに対して，本件マンションの南側の土地上にある平屋建て住宅の敷地は Y₁ の所有であり，平屋建て住宅は借地関係であるので，そこにはマンションの居室の日照に影響を及ぼすような原状以上の高い建物は建たない旨の虚偽の説明を行い，買主らはこの説明を聞いて本件マンションを購入した。

　しかし，その後，Y₁ は本件隣接地を Y₃ に販売し，Y₃ は 99cm の盛り土をした上で木造 2 階建ての建物を建築した。これにより，買主らの日照・通風が悪化し，眺望が遮られ，威圧感をもたらすに至った。そこで，買主らが訴訟を提起した。

●仲介業者の注意義務に関する裁判所の判断骨子

・Y₂ は本件マンションを買主らに販売する媒介・代理商であり，かつ，当時宅建業法上の免許を受けて営業していた。

・Y₁ 及び Y₂ は，いずれも宅地建物取引（業者）であり，それぞれ本件マンションの売主ないし媒介・代理商として，買主である原告らに対して，重要事項を説明し虚偽説明をなしてはならない説明義務を負っているところ，Y₁ 及び Y₂ は，これに違反して虚偽の説明をなしたものであるから，このことと因果関係をもつ損害につき，共同不法行為に基づき，あるいは，契約上の債務不履行に基づき，損害賠償義務を負うというべきである。

本件において，販売代理業者である Y₂ の「重要事項を説明し虚偽説明をなしてはならない説明義務を負っている」根拠を裁判所がどのように判断したのかは必ずしも明確ではない。しかし，Y₁ も Y₂ も宅地建物取引業者であることを認定した上で説明義務がある旨の判断を示しているところからすれば，宅建業法上の説明義務に規範的意味を認めて，民事上の説明義務として判断したものと解することができよう。販売代理業者の従業員からマンションの居室の日照に影響を及ぼすような原状以上の高い建物は建たない旨の虚偽の説明がなされたのであれば，民事上も説明義務違反になる。

なお，本件では，重要事項説明書には「マンション敷地の隣地の状況の変

Ⅱ．仲介業者の調査・説明義務　　267

化によって影響を受けた場合は，マンション購入者は異議を述べず損害賠償請求をしない」旨記載されていて，買主らは説明を受けて容認した旨の署名捺印がなされている。Y₂ はこれをもってマンションの居室の日照に影響を及ぼすような原状以上の高い建物は建たない旨の虚偽の説明はしていないという反論をしている。しかし裁判所は，「重要事項説明書にいう隣地が，本件マンション南側の土地を指すものであるとの説明はなされなかったこと，前記の説明を受けた原告らは，前記重要事項説明書の記載事項は，本件マンションの販売者である Y₁ の所有地でない一般的な隣地を指すものであると理解したこと」が認められるとして，販売勧誘過程で Y₂ 担当者が行った虚偽の説明がなされたという認定を覆すものではないという判断をしている。すなわち，販売勧誘過程での説明が誤っている場合には，販売勧誘過程で買主等に与えられた誤解を重要事項説明の段階で明確に解いておかなければ，宅地建物取引業者として適切な業務を行ったことにならず，民事上の責任を負う可能性があるということでもあり，留意が必要である。

CASE　最判平成 17・9・16（判タ 1192 号 256 頁）

●事案の概要

　買主は，宅地建物取引業者である売主 Y₁ が販売する本件マンションの一室（「802 号室」）を購入した。本件売買契約の締結手続は，販売代理業者である宅地建物取引業者 Y₂ が行った。

　802 号室の中央付近にある室内廊下には，防火戸が設置されており，火災が発生した場合には自動的に防火戸が閉まり，延焼を防止する仕組みとなっていた。

　買主は，販売代理業者 Y₂ から重要事項説明書や図面を受け取っていたが，重要事項説明書には，防火戸の記載はなく，図面に本件防火戸の位置が点線で表示されていただけであった。さらに，販売業者 Y₁ も代理業者 Y₂ も，本件防火戸の電源スイッチの位置及び操作方法，火災発生時における本件防火戸の作動の仕組み等について，全く説明していなかった。スイッチの位置はわかりにくい位置にあったのに，防火戸の電源スイッチが切られて作動しない状態で 802 号室は買主に引き渡された。

　引渡しを受けた後，802 号室で火災が発生し，防火戸が作動しなかったため紛争となった。

●仲介（販売代理）業者の注意義務に関する裁判所の判断骨子

・防火設備の重要性等を踏まえ，Y₁ には，買主に対し，少なくとも，本件売買契約上の付随義務として，上記電源スイッチの位置，操作方法等について説明すべき義務があったものと解される。

・宅地建物取引業者である Y₂ は，その業務において密接な関係にある Y₁ から委託を受け，Y₁ と一体となって，本件売買契約の締結手続のほか，802 号室の販売に

268　　　CHAPTER 4　媒介契約での紛争

関し，買主に対する引渡しを含めた一切の事務を行い，買主においても，Y₂を上記販売に係る事務を行う者として信頼した上で，本件売買契約を締結して802号室の引渡しを受けたこととなるのであるから，このような事情の下においては，Y₂には，信義則上，Y₁の上記義務と同様の義務があったと解すべきであり，その義務違反により買主が損害を被った場合には，被上告人Y₂は，買主に対し，不法行為による損害賠償義務を負うものというべきである。

　最高裁は，防火戸の電源スイッチの位置が一見してそれと分かりにくい場所に設置されていたことや，販売代理業者が売主業者と一体となって購入希望者に対する勧誘，説明等から引渡しに至るまで販売に関する一切の事務を行っていたことなどの事情がある場合には，販売代理業者には，売主業者と同様の説明義務があるという判断を示した。

　宅建業法の観点から考えると，売主と代理契約を締結した宅地建物取引業者は，買主に対して法35条1項の重要事項説明義務を負い，また，法47条1号の故意の不実告知等が禁止される。法47条1号に該当するような重要な事項であれば，過失によって説明を怠った場合でも，買主に損害を与えるようなものである場合には宅建業法上の処分の対象となるので説明義務がある。防火戸の重要性と防火戸の電源スイッチの位置が一見してそれと分かりにくい場所に設置されていたことに鑑みれば，宅建業法上，販売代理業者には防火戸の位置・操作方法等を説明すべき義務があるといえる。この義務は民事上の責任としても規範的意味を有し，販売代理業者は，信義則上，これらの説明をすべき義務があるといえる。妥当な結論であろう。差戻審においては，販売代理業者の損害賠償責任が認められた。

プラスα

　宅建業法は，「宅地建物の売買，交換若しくは貸借の媒介をする行為で業として行うもの」と共に，「宅地若しくは建物の売買，交換若しくは貸借の代理をする行為で業として行うもの」も宅地建物取引業と定義し（法2条2号），宅地建物取引業を営むには免許が必要であるとしている（法3条1項）。宅地建物取引業者は，媒介を行う場合も代理を行う場合も法35条1項の重要事項説明義務を負い，法47条1号の不実告知等が禁じられている。代理業者は，委託を受けない相手方（販売代理業者にとっての買主）に対して重要事項説明義務等を負うのであり，この義務は，仲介業者の場合同様，民事上も規範的意味を有すると解される。

CASE 松山地判平成 10・5・11（判タ 994 号 187 頁）

●事案の概要

　　原告の亡夫は，自宅で母親が家庭菜園をすることができるよう，建物建築目的で日当たりがよい宅地を求めていたところ，宅地建物取引業者 Y_1 の媒介で宅地建物取引業者 Y_2 を売主として本件土地を購入した。

　　しかし，自宅を新築した後に，亡夫は本件土地の南側隣接地が高架構造の道路を建設するために既に県に買収されていることを知り，その後，高さ約 8m のコンクリート擁壁で高架道路が建設され，日照や通風が妨げられるに至ったため，紛争となった。

●仲介業者の注意義務に関する裁判所の判断骨子

・Y_1 は，宅地建物取引業者として本件土地売買を仲介（媒介）したものであるが，売主である Y_2 から本件高架道路の建設計画を告知されなかったにせよ，その業務上，買主側の購入目的に適う土地の仲介をするために，周辺土地の環境を調査し，その結果を説明報告すべき義務があるところ，本件土地の南側隣接地に本件高架道路の建設計画があることは，登記簿謄本を閲覧するなど調査すれば容易に知り得たのに，これを怠った過失があるといわざるを得ない（なお，Y_1 代表者は，原告ら夫婦から，家庭菜園のできる日当たりの良い住宅地を求めていることや，南側隣接地の一部を将来買い足したい希望があることを聞かされている）。この点，Y_1 代表者は，同じ宅地建物取引業者である Y_2 を信用して右調査をしなかった旨供述するが，県知事の許可を受け仲介報酬金を取得して業務を行う以上，他の業者任せにせず，独自に右調査を行う義務は免れないというべきである。

　　隣接地に日照を阻害するような建築物が建設されるという情報は，法 35 条 1 項が定めている重要事項ではないので，当然に仲介業者が調査しなければならないものではない。

　　しかし，買主が日当たりの良い住宅地を求めていることや南側隣接地の一部を将来買い足したい希望があることを認識している仲介業者にとっては，南側隣接地に日照を阻害するような建築物が建設されるか否かが契約締結の判断に重要な情報であることはわかるし，そうであれば隣接地の登記簿謄本の調査程度のことが必要であることも十分に認識できるはずである。隣接地の登記簿謄本を調査することは宅地建物取引業者の業務上の調査として特別なものではなく容易であるので，その程度の調査すら行わずに買主に損害を与えれば，宅建業法上は指示処分の対象となりうる（法 65 条 1 項 2 号）。このような調査義務は民事上も規範的意味を有し，仲介業者は媒介契約上，これらの調査義務を負っていると解される。したがって，このような調査を怠った仲介業者は，債務不履行責任や不法行為責任を免れない。なお，本件で

は，「買主が日当たりの良い住宅地を求めていることや南側隣接地の一部を将来買い足したい希望があることを認識している仲介業者」の調査義務の問題であり，一般的に仲介業者が隣接地の登記簿謄本を調査しなければならないと判断されたものではないことに留意する必要がある。

CASE　神戸地判平成 11・7・30（判時 1715 号 64 頁）

●**事案の概要**

　　買主は，宅地建物取引業者 Y_1 に土地建物の購入の仲介を依頼し，宅地建物取引業者 Y_2 に売却の仲介を依頼していた売主から本件土地建物を購入した。

　　買主が本件土地建物の引渡しを受けて居住を開始したところ，コウモリを発見し，さらに調査を進めると，天井裏に大量のコウモリの糞があり，断熱材や天井ボードまで大きくしみができていて，柱にもカビが発生していること等が判明したため紛争となった。

●**仲介業者の注意義務に関する裁判所の判断骨子**

　（Y_1 の責任）

・Y_1 が，不動産仲介業者として，委託者である原告（買主）らに対し，仲介の趣旨に則り，善良な管理者の注意をもって目的不動産の状況につき調査すべき義務を負うことは Y_1 もこれを争わないところである。

・人間の居住する住宅において一定の生物が棲息することは通常不可避であって，特段の保証がない限り，顧客においても（通常の居住に妨げない範囲では）一定の生物が目的物件に棲息していることは当然に予想し甘受すべきことであり，仲介業者としても，蝙蝠等が居住の妨げになるほど棲息しているかどうかを天井裏等まで確認調査すべき義務までは，それを疑うべき特段の事情がない限り負わないというべきである。

・本件では特段の事情がないので，Y_1 に対する請求は理由がない。

　（Y_2 の責任）

・Y_2 は，専門家たる不動産仲介業者として，みずからした仲介を信頼して取引をなすに至った者に対しても，信義誠実を旨とし，目的不動産の瑕疵，権利者の真偽等につき格段の注意を払い，もって，取引の過誤による不測の損害を生ぜしめないように配慮すべき業務上の一般的注意義務がある。

・一般的に中古住宅においては，通常の居住の妨げにならない程度で一定の生物が棲息していることは売買当事者として当然予想し，特段の注文をしない限り受忍すべき事柄であってそれ自体直ちには建物の瑕疵とはいえないのであり，不動産仲介業者が，業務上，取引関係者に対して一般的注意義務を負うとしても，一見明らかにこれを疑うべき特段の事情のない限り，居住の妨げとなるほど多数の蝙蝠が棲息しているかどうかを確認するために天井裏等まで調査すべきとはいえない。

・本件では特段の事情はないので，Y_2 に対する請求は理由がない（なお，売主の瑕疵担保責任は認めた。119 頁参照）。

法35条1項は，居住の妨げになるほどの大量の生物が建物内で棲息しているかどうかの説明を重要事項として定めてはいない。宅建業法上，仲介業者が説明の前提として積極的に調査すべき義務があるとはいえない。

しかし，居住の妨げになる程の大量の生物が建物内で棲息していれば，買主に損害を被らせる可能性がある。仲介業者の業務の中で，大量の生物が建物内で棲息していることをうかがわせる特段の事情を認識したのであれば，買主に損害を与えることがないよう，当該事情を説明してさらなる調査を買主に促すことや，自ら調査する等して買主に損害を与えないようにすることが信義誠実義務（法31条）を負う宅地建物取引業者の義務であるといえる。

このような宅建業法上の義務は民事上も規範的意味を有し，居住の妨げになるほどの大量の生物が建物内で棲息しているかどうかを仲介業者が説明の前提として自ら積極的調査する義務はないものの，仲介業者が業務の中で特段の事情を認識したのであれば，買主に調査を促す義務や自ら調査する義務があると考えられる。

CASE　東京地判平成9・10・20（判タ973号184頁）

● 事案の概要

　買主は，しばらくは賃料収入を得て，将来的には自ら居住する予定で賃貸マンションの一室を購入することとし，宅地建物取引業者Yの仲介により売主から本件建物を購入した。

　賃貸借契約が2度にわたり更新された後，買主は賃借人が指定暴力団の組員であることを知ったため紛争となった。仲介業者Y_1に対しては，調査義務違反を主張した。

● 仲介業者の注意義務に関する裁判所の判断骨子

・本件委任契約の内容は，賃貸中の建物売買の媒介であるから，賃貸借関係における重要事項としては，主に賃料支払状況，用方違反の有無，賃借人自身の居住（占有）が挙げられよう。ところで，賃借人がどのような人物であるかはそれ自体，買主に主観的に関心があっても，賃貸借中の建物売買を媒介する宅地建物取引業者としては，客観的に，通常買主が重視し，関心を寄せる右各重要事項について調査すべきであるが，賃借人の属性については，賃貸借関係を将来継続し難くなる事情に関してのみ重要な事項として調査対象となると考えられる。

・ところで，その調査の方法，程度については，賃借人の思想・信条・職業・私生活等プライバシーの保護の観点や権利の移転の媒介という契約の内容，事実上の制約という観点からして自ずから制限され，原則としてその物件の所有者または当該賃貸借契約を管理している管理会社に対し賃借人が提出した入居申込書に記載された身元・職業を確認することのほか，当該物件の外観から通常の用方がなされているかを確認し，その結果を依頼者に報告すれば足り，当該物件を内見し

たり，直接賃借人から事情を聴取することまでの調査義務を負うことはないというべきである。ただし，右調査において，正常な賃貸借契約関係が継続していないことがうかがわれる場合には，その点につき適当な方法で自ら調査し，または，その旨を依頼者に報告して注意を促す義務を有するものと考えるのが相当である。
・本件では，正常な賃貸借契約関係が継続していないことがうかがわれる事情は見あたらない。したがって，Y_1 に調査義務違反は認められないというべきである（なお，売主に対する錯誤無効の主張も退けられた）。

　法35条1項は，売買契約の目的物の賃借人の属性を重要事項として定めてはいないので，宅建業法上，仲介業者が説明の前提として売買契約の目的物の賃借人の属性を積極的に調査する義務を負うものではない。もっとも，賃借人の属性によっては賃貸借関係を将来継続し難くなる事情となる場合もあり，仲介業者が通常の業務の中でそのような事情を認識したのであれば，当該事情を説明すべき義務が宅建業法上認められる（法47条1号）。このような宅建業法上の義務は民事上も規範的意味を有すると解される。
　問題は，通常の業務として仲介業者が行わなければならない調査の方法，程度である。この点について本件の裁判所は，「原則としてその物件の所有者または当該賃貸借契約を管理している管理会社に対し賃借人が提出した入居申込書に記載された身元・職業を確認することのほか，当該物件の外観から通常の用方がなされているかを確認し，その結果を依頼者に報告すれば足り，当該物件を内見したり，直接賃借人から事情を聴取することまでの調査義務を負うことはない」としている。実務上参考となる裁判例である。

> 　宅地建物取引業者は，宅建業法が定める義務に応じた形で，民事上も調査・説明義務を負う。宅地建物取引業者は，宅建業法35条1項において明示的に定められていない事項について説明の前提としての積極的な調査義務までは負わないものの，通常の業務の中で契約締結の判断に影響を与える事実の存在や存在する可能性を認識した場合には，当該事実を説明する義務を負う。また，依頼者が損害を被ることがないよう，適切な範囲での調査が必要になることもある。民事上も同様である。

Ⅲ. 媒介報酬を巡る紛争

1. 媒介報酬に関する宅建業法の規律

宅建業法は，宅地建物取引業者が媒介に関して受け取ることができる報酬についての規律を設けている。「売買の媒介の報酬は 3％＋6 万円」ということは一般の人々にも広く知られているところであるが，具体的にどのような規律が定められているのだろうか。

⑴　宅建業法 46 条

　宅地建物の売買や媒介等の業を営む宅地建物取引業者は，商法上の商人である。したがって，宅地建物取引業者が営業の範囲内で他人のために媒介を行った場合には，相当な報酬を請求できる（商 512 条）。その報酬額は，本来であれば当事者間で自由に定めることができるはずである。しかし，宅建業法は，媒介等によって宅地建物取引業者が得ることができる報酬の額を告示で定めるとともに（法 46 条 1 項），告示で定めた報酬額は，宅地建物取引業者が当該媒介等で得ることができる報酬の最高限度としている（法 46 条 2 項）。これは，宅地建物取引業が国民生活と関係が深く，宅地や建物を求める消費者に対して，適正な費用でその媒介等が行われることを保証することにより，その保護を図る必要があることを理由とする（解説 313 頁）。

　報酬告示が定めている報酬の額は，宅地建物取引業者が宅地建物の①売買，交換または貸借の代理を行った場合と②売買，交換または貸借の媒介を行った場合に受け取ることができるものである（法 46 条 1 項）。宅地建物取引業者間の売買や貸借の媒介等を行った場合も，報酬告示が適用される。

　報酬告示で定めた報酬額は，宅地建物取引業者が受け取ることができる最高額である（法 46 条 2 項）。報酬告示は，報酬額の最高限度額を示したものに過ぎないので，宅地建物取引業者が売買等の媒介を行ったことによって具体的に受領することができる報酬額は媒介契約で定めるべきものであり，媒介依頼者が報酬告示で定めた最高限度額を当然に支払う義務を負うものではない。媒介契約を締結した宅地建物取引業者は，遅滞なく法 34 条の 2 第 1 項に定められた事項を記載した書面を作成して依頼者に交付しなければならないところ，報酬に関する事項も当該書面には記載されることとされている（法 34 条の 2 第 1 項 7 号）。すなわち，宅地建物取引業者と媒介依頼者とは，報酬告示の限度額の範囲内で具体的な報酬額を媒介契約の内容として定める

こととされている。

　法 46 条 2 項は，宅地建物取引業者が報酬告示の定める報酬額を超えて受け取ることを禁止している。したがって，宅地建物取引業者が要求しないのに媒介依頼者が任意に報酬告示を超える報酬額を支払ってきた場合も，宅地建物取引業者が受け取ることが禁止されている（岡本宇仁 545 頁）。

⑵　報酬告示の内容

i　売買または交換の媒介

　消費税が課税される宅地建物取引業者が売買の媒介に関して依頼者から受けることができる報酬の額（消費税等相当額を含む）は，依頼者の一方につき，当該売買に係る代金の額（この代金の額は消費税等相当額を控除したもの。）につき，金額区分毎の割合を乗じて得た金額を合計した金額以内とする（告示第 2）。

　金額区分と割合は，

200 万円以下の金額	100 分の 5.5
200 万円を超え 400 万円以下の金額	100 分の 4.4
400 万円を超える金額	100 分の 3.3

とされている。

　したがって，例えば売買代金が 400 万円を超える消費税抜き価格 X 円で成立した場合，依頼者の一方から受け取ることができる報酬（消費税込み）の上限額は

$$\{(200 万 \times 5\%) + (400 万 - 200 万) \times 4\% + (X - 400 万) \times 3\%\} \times 1.1$$
$$= (X \times 3\% + 6 万) \times 1.1 \quad となる。$$

　交換の媒介の場合には，「売買代金額」で計算するのではなく，交換に係る宅地建物の価額（消費税等相当額を控除したもの）で計算する。交換差金が支払われる場合には，宅地または建物の価額のうち，高い方の価額で計算する。

　宅地建物取引業者が売主・買主双方の依頼を受けて媒介を行った場合には，宅地建物取引業者は売主・買主双方から媒介報酬を受けることができる。この場合，一方当事者から受けることができる報酬の限度額は，上記の計算によって算出されたものとしなければならない。

ii　売買又は交換の代理

　消費税が課税される宅地建物取引業者が売買または交換の代理に関して依

頼者から受けることができる報酬の額（消費税等相当額を含む）は，ⅰの計算方法によって算出した金額の2倍以内とする（報酬告示第3本文）。

したがって，例えば，宅地建物取引業者が売主の代理として売買契約を400万円を超える消費税抜き価格X円で成立させた場合に当該宅地建物取引業者が売主から受けることができる報酬（消費税等込み）の上限額は，

（X×3％＋6万円）×1.1×2 となる。

しかし，例えば，宅地建物取引業者が売主の代理となりつつ，買主から代理を依頼され，または買主から媒介を委託されて当該売主と買主との間で売買契約を成立させた場合のように，宅地建物取引業者が当該売買または交換の相手から報酬を受ける場合には，その相手からの報酬と代理の依頼者から受ける報酬額の合計額がⅰの計算方法によって算出した金額の2倍を超えてはならない（報酬告示第3ただし書き）。

したがって，売主の代理を行った宅地建物取引業者が買主の依頼を受けて媒介を行う場合に，告示第2に基づいて買主からⅰの計算の上限額まで報酬を受ける場合には，売主からの報酬額はⅰの計算の2倍の金額から買主から受ける報酬額を控除した金額を上限としなければならない。

ⅲ　貸借の媒介

消費税が課税される宅地建物取引業者が貸借の媒介に関して依頼者から受けることができる報酬の額（消費税等相当額を含む）の合計額は，借賃（この借賃は消費税相当額を控除したもの）の1か月分の1.1倍に相当する金額以内とする（報酬告示第4前段）。

ここでは「報酬の額の合計額」が借賃の1か月分（に消費税相当額を加算した金額）を上限額とする旨が定められているだけであり，依頼者の一方から受け取ることができる金額の上限額が定められているものではない。したがって，報酬の合計額がこの限度額内であれば貸主・借主双方からどのような割合で報酬を受けてもよく，また，依頼者の一方のみから報酬を受けることもできる（「解釈運用の考え方」第46条第1項関係「1　告示の運用について」）。

しかし，依頼を受けたのが居住の用に供する建物の賃貸借の媒介である場合には，依頼者の一方から受けることのできる報酬の額は，当該媒介の依頼を受けるにあたって当該依頼者の承諾を得ている場合を除き，借賃の1か月分の0.55倍に相当する金額以内としなければならない（報酬告示第4後段）。したがって，居住の用に供する建物の賃貸借の媒介の場合には，借主

276　　CHAPTER 4　媒介契約での紛争

から媒介の依頼を受けるにあたって，例えば，媒介報酬の額を借賃の 0.8 か月分に消費税等相当額を加算する旨の承諾を受けている場合には，借主からは借賃の 0.8 か月分の 1.1 倍，貸主からは借賃の 0.2 か月分の 1.1 倍の報酬を受けることができる。しかし，このような合意がない場合には，借主からも貸主からも借賃の 0.5 か月分の 1.1 倍（借賃の 1 か月分の 0.55 倍）が報酬の上限額となる。

なお，宅地建物取引業者が使用貸借の媒介を行った場合には，「通常の借賃」で計算する（報酬告示第 4 括弧書き）。

iv 貸借の代理

消費税が課税される宅地建物取引業者が貸借の媒介に関して依頼者から受けることができる報酬の額（消費税等相当額を含む）は，借賃（この借賃は消費税相当額を控除したもの）の 1 か月分の 1.1 倍に相当する金額以内とする（報酬告示第 4 前段）。

しかし，例えば，宅地建物取引業者が貸主の代理となりつつ，借主から代理を依頼され，または借主から媒介を委託されて当該貸主と借主との間で賃貸借契約を成立させた場合のように，宅地建物取引業者が当該貸借の相手から報酬を受ける場合には，その相手からの報酬と代理の依頼者から受ける報酬額の合計額が借賃（この借賃は消費税相当額を控除したもの）の 1 か月分の 1.1 倍に相当する金額を超えてはならない（報酬告示第 5 ただし書き）。

v 権利金の授受がある場合の特例

借地契約やオフィスビルの賃貸借契約では，賃料とは別に権利金が授受される場合がある。そこでこのような場合について報酬告示は，宅地又は建物（居住の用に供する建物を除く）の賃貸借で権利金（権利金その他いかなる名義をもってするかを問わず，権利設定の対価として支払われる金銭であって返還されないものをいう）の授受があるものの代理又は媒介に関して依頼者から受ける報酬の額（消費税等相当額を含む）は，iii・ivではなく，当該権利金の額（消費税相当額を控除したもの）を売買の代金の額とみなして，i・iiの規定によって算定された金額を上限額とすることができる旨を定めている。

vi 空家等の売買又は交換の媒介における特例

消費税相当額を控除した代金の額が 400 万円以下の宅地建物の売買の媒介及び消費税相当額を控除した価額が 400 万円以下の宅地建物の交換の媒介については，特例が設けられている。すなわち，このような宅地建物の売買又は交換の媒介であって，通常の売買又は交換の媒介と比較して現地調査

等の費用を要するものについては，これらの宅地建物の売主や交換を行う者から受け取ることができる報酬（消費税相当額を含む。）の額は，ⅰの計算方法によって算出した金額と当該現地調査等に要する費用に相当する額を合計した金額以内とする（報酬告示第7前段）。もっとも，この場合であっても，当該依頼者から受ける報酬の額は，18万円の1.1倍に相当する額を超えてはならない（報酬告示第7後段）。

　例えば，過疎地の空き家や空き地は，消費税相当額を控除した売買代金が400万円以下のものも少なくない。このような物件であっても，媒介等を行う宅地建物取引業者は，様々な調査を行って法35条1項が定める重要事項説明を行うなどの業務を遂行しなければならない。同250万円の物件であれば，媒介を行う宅地建物取引業者が一方当事者から受けることができる報酬の上限額（消費税相当額込み）は，ⅰに従えば12万×1.1＝13万2000円である。売主と買主の双方から媒介の依頼を受けたとしても，報酬額の上限額は26万4000円に過ぎない。これが同1000万円の物件であれば，一方当事者から受けることができる報酬の上限額（消費税相当額込み）は，36万×1.1＝39万6000円となる。少額物件については，調査費用と比較して報酬が少なく，仲介業者の責任の重さと比較して，いわば「割が合わない」仕事となってしまう。

　そこで報酬告示では，消費税相当額を控除した売買代金が400万円に満たないような物件であっても，少なくとも，消費税相当額を控除した売買代金が400万円の物件と同様な調査費用等がかかることを想定し，売主から媒介の依頼を受けている宅地建物取引業者は，消費税相当額を控除した代金400万円の物件の媒介報酬額である18万円の1.1倍に相当する額までの報酬を受け取ることを認めた。

　報酬告示上は「空家等」という表現が用いられているが，消費税相当額を控除した代金が400万円以下であることが重要であり，必ずしも空家である必要はない。また，この上限額は，売主から媒介の依頼を受けた場合のものであり，買主から媒介の依頼を受けた場合の上限額は，ⅰの計算式に従わなければならない。

vii　空家等の売買又は交換の代理における特例

　消費税相当額を控除した代金の額が400万円以下の宅地建物の売買の代理及び消費税相当額を控除した価額が400万円以下の宅地建物の交換の代理についても，媒介同様，特例が設けられている。すなわち，このような宅

地建物の売買又は交換の代理であって，通常の売買又は交換の代理と比較して現地調査等の費用を要するものについては，これらの宅地建物の売主や交換を行う者から依頼を受けた場合に受け取ることができる報酬（消費税相当額を含む。）の額は，ⅰの計算方法によって算出した金額とⅵの計算方法によって算出した金額を合計した金額以内とする（報酬告示第 8 本文）。

例えば，消費税相当額を控除した消費税相当額を控除した代金 250 万円の宅地建物の売主から代理の依頼を受けた宅地建物取引業者が依頼者である売主から受けることができる報酬額の上限額は，ⅰの計算方法によって算出した 12 万円×1.1 とⅵの計算方法によって算出した 18 万円×1.1 倍の合計額となる。

ただし，宅地建物取引業者が売主から代理を依頼されるとともに買主から媒介を依頼された場合のように，当該売買又は交換の相手方から報酬を受ける場合においては，その相手方からの報酬額と代理の依頼者である売主から受ける報酬の額の合計額が，ⅰの計算方法によって算出した金額とⅵの計算方法によって算出した金額を合計した金額を超えてはならない（報酬告示第 8 ただし書き）。

> ### プラスα
>
> ⅵとⅶは，平成 30 年 1 月 1 日から新たに付け加わった告示内容である。
>
> いわゆる空家空地の流通を活性化させて有効活用することは国家的な課題であるところ，遠隔地における老朽化した空家の現地調査等には通常より調査費用等がかかるにもかかわらず，物件価額が低いために成約しても報酬が伴わず赤字になるなど，媒介業務に要する費用の負担が宅地建物取引業者の重荷となって空き家等の仲介は避けられる傾向にある。
>
> そこで，空家の流通等を促進する観点から，流通コスト全体のあり方にも留意しつつ，空家等の低額物件に係る宅地建物取引業者の媒介には現地調査等に費用がかさむこと等を踏まえ，空家の売却等を望む所有者との関係において，宅地建物取引業者の負担の適正化を図る観点からⅵとⅶが新たに規定された。

ⅷ　ⅰ～ⅶによらない報酬の受領の禁止

宅地建物取引業者は，媒介や代理の報酬としては，ⅰ～ⅶの計算方法によるもの以外の報酬を受けることができない（報酬告示第 9 第 1 項本文）。

もっとも，依頼者の依頼によって行う広告の料金に相当する額については受領が認められている（報酬告示第 9 第 1 項ただし書き）。しかし，指定流通機構（211 頁参照）に物件登録することは依頼者の依頼によって行う広告に

は該当しないので，その費用を依頼者に請求することはできない。

　宅地建物取引業者が消費税の免税事業者である場合には，消費税込みの報酬額として計算されている金額を税抜き価格にして（110分の100を乗じる），仕入れに係る消費税相当額を加算して上限額を計算する（報酬告示第9第2項）。

⑶　複数の宅地建物取引業者が関与している場合

　報酬告示は，宅地建物取引業者が1つの取引に関与した場合に受け取ることができる報酬の上限額が定められていると同時に，一方の依頼者が支払う報酬額の上限額が定められているものでもある。

　したがって，1つの取引に複数の宅地建物取引業者が媒介・代理などの形で関与している場合であっても，媒介を依頼した当事者が宅地建物取引業者に対して支払う報酬額の上限額はi・iii・v・viで計算された金額になり，代理を依頼した当事者が宅地建物取引業者に対して支払う報酬額の上限額は，ii・iv・v・viiで計算された金額になる。また，当事者の中に代理を依頼した者がいる場合であっても，1つの取引で宅地建物取引業者に支払われる報酬額の合計額の上限額もii・iv・v・viiで計算された金額になるので，他方当事者が宅地建物取引業者に対して報酬を支払った場合には，その金額分だけ控除された金額が当該代理を依頼した当事者が宅地建物取引業者に支払う報酬額の上限額になる。

⑷　報酬告示違反の効果

　宅地建物取引業者が法46条2項に違反して報酬告示の限度を超えて報酬を受けた場合には，100万円以下の罰金に処せられる（法82条2号）。両罰規定がある（法84条2号）ので，行為者だけではなく個人事業主や法人も罰金刑に処せられる。

　監督処分としては，指示処分（法65条1項・3項），業務停止処分（法65条2項2号・4項2号），情状が重い場合には免許取消処分（法66条1項9号）がなされる。なお，宅地建物取引業者が宅建業法に違反して罰金刑に処せられた場合には，免許が取り消される（法66条1項・5条1項3号の2）。

　では，報酬告示が定める限度額を超える報酬を合意した場合の民事上の効力はどうなるのか。この点について最判昭和45・2・26（民集24巻2号104頁）は，現在の宅建業法46条1項・2項に該当する条文について，「宅地建

物取引の仲介報酬契約のうち告示所定の額を超える部分の実体的効力を否定し，右契約の実体上の効力を所定最高額の範囲に制限し，これによって一般大衆を保護する趣旨をも含んでいると解すべきであるから，同条項は強行法規で，所定最高額を超える契約部分は無効であると解するのが相当である。」と判断している。したがって，宅地建物取引業者が報酬告示の定める限度額を超える報酬を合意しても，限度額を超過する部分は無効となる。宅地建物取引業者が当該報酬を受領した場合には，依頼者に対して超過部分を返還しなければならない。

> **プラスα**
>
> 　宅地建物取引業者が「不当に高額の報酬」を要求することは禁止されている（法47条2号）。「不当」か否かは社会通念によるところであるが，単に報酬告示を超過する報酬ではなく，「不当に高額の報酬」の場合には，受領しなくても，要求するだけで禁止行為となる。宅地建物取引業者が不当に高額の報酬を要求した場合には，1年以下の懲役若しくは100万円以下の罰金に処せられ，又は併科される（法80条）。報酬告示の上限額を超える報酬を受けた場合よりも重い刑事罰が予定されていることに留意する必要がある。

> 実践知！
>
> 　報酬告示は，1つの取引において双方の媒介や代理の依頼者から宅地建物取引業者に対して支払われる報酬の総額を定めたものでもある。
> 　報酬告示の限度額を超過した金額での報酬合意は，民事的には超過部分が無効となる。しかし，民事上の効果以上に，刑事罰や監督処分の対象となることが宅地建物取引業者の営業上は大きな影響がある。

2. 報酬受領の時期

宅地建物取引業者が売買等の媒介を行った場合の報酬については，成功報酬制であると解されている。これはなぜなのだろうか。

(1) 成功報酬の原則の根拠

　宅地建物取引業者は，媒介業務を行い，当該媒介業務によって売買等の契約が成立に至った場合のみ，依頼者に対して報酬を請求することができ，成約に至らなければ報酬を請求することができない。宅地建物取引業者の媒介

業務の報酬請求権については，成功報酬の原則が採られている（解説320頁，岡本宇仁336頁）といわれている。もっとも，宅建業法は，媒介業務に係る宅地建物取引業者の報酬請求につき，成功報酬の原則を明示的に定めてはいない。

　この成功報酬の原則は，「媒介契約」の性質上認められるものである。すなわち，売買等の媒介は，契約当事者の委託を受け，両者の間に立って売買，賃貸借等の契約の成立にむけてあっせん尽力する事実行為であり，民事仲立の性質を有している（205頁参照）。商事仲立についての商法550条1項は，当事者間の契約が成立して結約書の作成・交付がなされた後でなければ仲立人は報酬を請求することができない旨を定めている。「他人間の商行為の媒介」ではないので商事仲立についての商法550条1項が適用されることはないとはいえ，宅地建物取引の媒介たる民事仲立においても，商法550条1項を類推適用することは不合理とはいえない。裁判例でも，商法550条1項は類推適用されているものは少なくない。したがって，民事仲立の性質を有する媒介契約では，契約が成立してからでなければ報酬を受けることができないという成功報酬の原則が採られている。

　また，宅建業法は明示的には仲介業者の成功報酬の原則についての規定を定めていないものの，他方で，前述のとおり，法46条1項・2項を受けて国土交通大臣が定めた報酬告示では，成約した売買代金等を基準に報酬を算定することとしている。したがって，宅建業法も，媒介報酬については，成功報酬の原則を採用していると考えられる。

(2)　媒介契約での定め

　宅地建物取引業者は，宅地建物の売買又は交換の媒介契約を締結したときは，遅滞なく，法34条の2が定める事項を記載した書面を作成して記名押印し，媒介の依頼者にこれを交付しなければならない（法34条の2第1項）。この書面には，「報酬に関する事項」を記載しなければならない（法34条の2第1項7号）。

　この「報酬に関する事項」としては，報酬額についての合意と当該報酬の受領の時期を記載することとなる。報酬額についての合意は，報酬告示の上限額の範囲内で媒介依頼者と宅地建物取引業者が合意した金額や計算方法（約定売買代金の3％等）を記載する。当該報酬の受領の時期も媒介依頼者と宅地建物取引業者が合意した時期を記載する。もっとも，国交省が定めた標

282　　CHAPTER 4　媒介契約での紛争

準媒介契約約款では，宅地建物取引業者は，法 37 条に定める書面を作成し，これを成立した契約の当事者に交付した後でなければ約定報酬を受領することができない旨を定めている（専任媒介契約約款・専属専任媒介契約約款 9 条 1 項，一般媒介契約約款 11 条 1 項）ので，受領時期は少なくとも 37 条書面の交付の後，すなわち，売買契約等が成立した後を具体的に記載しなければならない。商事仲立に関する商法 550 条は，仲立人は当事者間に成立した商行為についての結約書を作成・交付した後でなければ報酬を請求することができない旨を定めていることとの関係でも，妥当な取扱いであると考えられる。

なお，売買契約の場合，契約成立から決済・引渡しまでに期間があることが少なくない。また，媒介契約上，仲介業者には契約成立後決済引渡しまでにも種々の補助業務が残っている。そこで，実務的には，成約成立・法 37 条書面交付の時点で報酬の半金，決済・引渡しの時点で報酬残額を受領する旨を合意することが多い。

	媒介報酬について成功報酬の原則が採られているのは，民事仲立としての性質を有する媒介契約に由来する。宅建業法は明示的には成功報酬の原則を定めていないが，報酬告示や標準媒介契約約款は，成功報酬原則を当然の前提としている。
実践知！	

3. 媒介契約書がない場合

媒介契約書には，媒介報酬についての定めがなされるのが通常であるところ，契約書が作成されていない場合には，報酬額を巡って争いとなることがある。もっとも，媒介契約書がない場合にも，媒介契約が成立している場合と成立していない場合とがあり，それぞれについてどのように考えることができるのかが問題となる。

(1) 媒介契約が成立している場合

例えば，宅地建物取引業者が買主から依頼を受けて媒介業務を行うこととし，宅地建物取引業者としては報酬告示の限度額の報酬についての合意がなされたと思って媒介業務を行ったところ，報酬請求の段階になって報酬額を巡って争いになる，というのが報酬を巡る典型的な紛争の 1 つである。

III. 媒介報酬を巡る紛争　　283

ここでまず押さえておかなければならないのは，宅建業法は，売買・交換の媒介に関するトラブルを未然に防止し，購入者等依頼者の利益の保護を図るために，売買又は交換の媒介契約を締結した宅地建物取引業者は，遅滞なく媒介報酬等を含む所定の事項を記載した書面を作成してこれを媒介依頼者に交付しなければならないことを定めている（法34条の2第1項）ということである。

　媒介契約が成立したか否かは事実認定の問題であるが，媒介契約が成立した以上は，宅地建物取引業者としては媒介報酬を明記した書面を媒介依頼者に交付しなければならず，この書面は実務では媒介契約書を作成して交付することによって行われている。したがって，この法34条の2の書面が存在しないということは，重大な宅建業法違反であることに留意する必要がある。もっとも，事案によっては，宅地建物取引業者が媒介業務を行っているのに依頼者である買主が媒介契約書を作成することを拒む場合や，34条の2の書面の交付を受けることを拒む場合もあるので，そのような特段の事情がある場合を宅建業法違反とすることは宅地建物取引業者に酷であろう。

　媒介依頼者による媒介業務の委託と，宅地建物取引業者がその媒介業務を受託したことが立証でき，媒介契約は成立しているとしても，媒介報酬の合意が報酬告示の最高額でなされたか否かは別の問題である。媒介契約書等法34条の2の書面が存在しない場合には，報酬額についての合意を立証することは難しい。特段の事情がないのであれば，せいぜい，「相当な報酬額を支払う」旨の合意があったということであると考えられる（商人である宅地建物取引業者は，委託を受けて媒介業務を行えば，相当な報酬を請求することができる。商法512条。）。もっとも，「相当な報酬額」は，報酬告示の限度額と同額となるものではない。

CASE　最判昭和43・8・20（民集22巻8号1677頁）

●事案の概要

　法34条の2がまだ規定されていない時代であり，報酬額の限度額についても大臣告示ではなく都道府県の規則により定められていた時代の事案である。宅地建物取引業者が売買の媒介を行い，報酬額を巡って紛争となった。

　原審は，県規則の定める最高額に当たる金額をもってするのが通常である旨を認定して最高額が当事者間の報酬であると判断したので上告された。

●媒介報酬に関する裁判所の判断骨子

・右規則は，宅建業法17条1項（現46条1項）に基づいて，業者が不当に多額の

報酬を受領することを抑止する目的で，報酬の最高額を定めたものと解すべきであり，これに対し，具体的に売買の媒介が行われる場合に報酬として当事者間で授受される額は，その場合における取引額，媒介の難易，期間，労力その他諸般の事情が斟酌されて定められる性質のものというべきである。
- 報酬として右最高額が授受されることが通常であるとか，慣行とされているとか，何らかの慣習が存在するとするためには，なおこれを相当として首肯するに足りる合理的根拠を必要とするものといわなければならず，また，もし右慣習の存在が認定できないならば，本件当事者間における相当の報酬と認めるべき額が，右最高額にあたるものであることを証拠に基づいて明らかにすることを要するものというべきである。
- 本件では，審理不尽，理由不備の違法があり，破棄差戻し。

　媒介依頼者の事情によって報酬告示の最高限度額を媒介報酬である旨の合意ができず，せいぜい「相当な報酬額」という合意にとどまる場合には，「その場合における取引額，媒介の難易，期間，労力その他諸般の事情が斟酌されて定められる」ことになるのであり，当然に報酬告示の最高限度額を媒介依頼者が支払わなければならないものではない。もちろん，この理屈は，宅地建物取引業者が敢えて法34条の2の書面を交付しなかったために媒介報酬についての合意が「相当な報酬額」とされる場合も同様である。しかし，特段の事情なく宅地建物取引業者が法34条の2の書面を交付しない場合というのは宅建業法違反であり，免許取消処分を含む監督処分処分の対象となる以上，そのような主張を行うことは経営上の重大なリスク要因となることに留意する必要がある。

> 　媒介依頼者が宅地建物取引業者に媒介を依頼している場合に，媒介依頼者の事情によって媒介契約書その他法34条の2の書面交付ができなかった場合，媒介報酬額がどのような金額として合意されたかは，事実認定の問題である。しかし，報酬告示の最高限度額での合意がなされたのでなければ，具体的な媒介報酬額は，取引額，媒介の難易，期間，労力その他諸般の事情が斟酌されて決まる。
> 　宅地建物取引業者が敢えて法34条の2の書面交付を行わなかった場合には，宅建業法違反として監督処分の対象となるのであり，報酬額を事後的に交渉するにあたっては，そのリスクを考えながら交渉しなければならないという困難に直面する。

Ⅲ．媒介報酬を巡る紛争

⑵ 媒介契約が成立していない場合

　例えば，宅地建物取引業者が買主から土地購入の媒介の依頼を受け，売主と交渉を行い，売主と買主との間の売買契約を成立させた場合，この仲介業者は，売主に対して媒介報酬を請求することができるか。売主と仲介業者との間に媒介契約が成立していて，単に媒介契約書が存在しないだけであれば，上記（1）の問題となる。そうではなく，売主と仲介業者との間に媒介契約が成立していない場合に，仲介業者は非委託者たる売主に対して媒介報酬を請求することができるのか，というのがここでの問題である。

　この点に関し，宅建業法は，宅地建物取引業者が売買，交換又は貸借の代理又は媒介に関して受けることができる報酬の額は国土交通大臣が定める報酬告示の定めるところによるとし（法46条1項），報酬告示では，すべて「依頼者」から受けることができる報酬の額を定めている。したがって，宅建業法上は，宅地建物取引業者は，「依頼者」ではない「非委託者たる売主」から報酬を受け取ることはできず，このような報酬を受け取れば法46条1項違反となる。そもそも，宅地建物取引業者は宅建業法上，取引の関係者に対し，信義を旨とし，誠実にその業務を行わなければならず（法31条），媒介報酬を受領する予定の業務であることを示していない関係者に対して不意打ちのような形で媒介報酬を請求することは，宅地建物取引業者の信義誠実義務に反するものであるといえる。宅建業法は，宅地建物取引業者の媒介業務を巡る紛争を未然に防止するために，法34条の2のような書面の交付義務を売買等媒介を行う仲介業者に義務付け，その書面の中には報酬についての定めを記載しなければならないとしている。媒介報酬を大臣告示によるものと定めたのも，宅地建物取引業の適正な運営を確保して購入者等の利益を保護するためである。したがって，報酬請求の話を事前に全く行うことなく非委託者から媒介報酬を受けることは，宅建業法違反になると解される。

　では，民事上の効力はどのように考えられるのか。

　商法512条は，商人がその営業の範囲内において他人のために行為をしたときは，相当な報酬を請求することができる旨を定めている。宅地建物取引業者が行う媒介業務は，一般的には民事仲立であるが，宅地建物取引業者は仲立に関する営業者として商人に該当するので，商法512条の適用の有無が問題になる。

　この点に関しては，法34条の2の規定が制定される前の最高裁の判決の中には，非委託者に対して報酬請求を行う余地があるかのような判断を示し

ているものもある。

　例えば，前掲最判昭和 44・6・26 は，宅地建物取引業者が買主から土地の購入の媒介の依頼を受け，売主と折衝を重ねて売買契約を成立させた後に売主に対して報酬を請求した事案につき，宅地建物取引業者は売主の委託を受け又は同人のためにする意思をもって本件売買の媒介をしたものではないのであるから，買主に対し商法 512 条の規定により媒介報酬権を取得できるものではなく，また商法 550 条の規定の適用を見る余地はない，と判断した。事案に関する結論としては，委託を受けていない売主に対する媒介報酬を請求することができないものとなっているが，「売主のためにする意思をもって」売買の媒介を行った場合には，売主に対して媒介報酬を請求することを認めているとも解される。

　また，最判昭和 50・12・26（民集 29 巻 11 号 1890 頁）は，売主から委託を受けて媒介を行った宅地建物取引業者が買主に対して，買主から委託を受けて媒介を行った宅地建物取引業者が売主に対してそれぞれ媒介報酬を請求することができるか否かが問題となった事案である。最高裁は，宅地建物取引業者が委託を受けない相手方当事者に対し商法 512 条に基づく報酬請求権を取得するためには，客観的にみて，当該業者が相手方当事者のためにする意思をもって仲介行為をしたと認められることを要し，単に委託者のためにする意思をもってした仲介行為によって契約が成立し，その仲介行為の反射的利益が相手方当事者にも及ぶだけでは足りないものと解すると判断した。事案に関する結論としては，単なる共同仲介の結果として売買契約が成立しただけでは仲介行為の反射的利益が相手方に及んだだけであるとして，法 512 条により非委託者に対する報酬請求を認めた原審の判決を破棄差し戻した。しかし，ここでも，「客観的にみて，相手方当事者のためにする意思をもって仲介行為をした」場合には，非委託者に対して媒介報酬を請求することを認めているようにも解される。

　商法 512 条で報酬請求が認められる「他人のための行為」については，行為が委任によると否とを問わず，事務管理による場合の含めるというのが通説的な見解であり，最高裁の判断も，商法 512 条の解釈としては，委託がない場合であっても「当事者のためにする意思」があれば報酬請求が可能である旨となっている。もっとも，委託をしていない当事者にとって不意打ちとなるような報酬請求は宅建業法の趣旨にも反するので，「当事者のためにする意思」を厳格に解して不当な結論とならないように配慮したものと考

えられる。

　これらの最高裁の判決の後，宅建業法では法34条の2が新たに定められ，媒介契約が成立した場合には，宅地建物取引業者は遅滞なく媒介報酬を含めた媒介契約の内容を書面に記載して媒介依頼者に対して交付することが義務付けられた。前述のとおり，宅建業法上は，報酬請求の話を事前に全く行うことなく非委託者から媒介報酬を受けることは，宅建業法違反になると解される。宅建業法が媒介報酬に関して定める規定の趣旨に照らせば，報酬に関する宅建業法上の義務は，民事上も規範的意味を有すると解すべきであるというのが筆者の見解である。したがって，筆者の見解としては，商法512条の解釈に宅建業法の解釈が読み込まれ，報酬請求の話を事前に全く行うことなく宅地建物取引業者が非委託者（事実認定の問題として，媒介契約の成立が認められない者）に対して媒介報酬を請求することは民事上も認められないということになる。

> **実践知！**
>
> 　宅建業法では，媒介契約を締結していない当事者に対して宅地建物取引業者が報酬請求を行うことは認めていない。
> 　古い最高裁の判例では，宅地建物取引業者が非委託者に対して商法512条に基づいて請求する余地があるかのような判断がなされたものは存在する。しかし，非委託者にとって不意打ちとなるような報酬請求を結論として認めるものではなく，宅地建物取引業者としては媒介契約を締結し，宅建業法を遵守して法34条の2の書面を作成するようにすべきである。

紛争予防の視点

　宅建業法34条の2に基づく媒介契約締結時の書面の交付義務は，媒介契約を巡る種々所紛争を予防する目的で定められている。もっとも，報酬についての合意は，媒介業者が約定の報酬を請求することができる旨の合意でもあり，仲介業者にとっても紛争予防という点ではメリットがある。宅建業法に基づく媒介契約書を作成・交付することが紛争予防には重要である。

4．宅地建物取引業者を排除した直接取引

媒介依頼者が，媒介業務を行った宅地建物取引業者が紹介した相手方と当該宅

288　　CHAPTER 4　媒介契約での紛争

地建物取引業者を排除して直接交渉して契約を成立させた場合，宅地建物取引業者は依頼者に対して媒介報酬を請求することができるか。

⑴　直接取引の報酬請求権

　民事仲立としての性質を有している宅地建物の売買や賃貸の媒介業務は，成功報酬原則が採られているので，当該媒介業務によって売買契約や賃貸借契約が成立することが報酬請求の要件となる。

　では，媒介依頼者から売買等の媒介の依頼を受け，物件の探索を行って取引物件や相手方を紹介し，現地案内する等して契約の成立に向けて尽力していたところ，媒介依頼者が当該仲介業者を排除し，当該仲介業者から紹介を受けた相手方と直接交渉して売買契約を締結させた場合，当該仲介業者は媒介報酬を請求することができなくなるのか。このような行為を実務では「直接取引」という。また，この直接取引に，別の宅地建物取引業者が関与していた場合には，当初の依頼を受けた宅地建物取引業者は別の宅地建物取引業者に「抜かれた」などと表現することもある。

　直接取引がなされて当初の宅地建物取引業者が排除されて契約が成立した場合，成功報酬の原則の下では，当該宅地建物取引業者の媒介業務と契約成立との間の因果関係が明らかではなくなり，報酬を請求できるか否かが問題となる。

　しかし，例えば，契約成立直前の段階で媒介依頼者がことさら仲介業者を排除した場合に，仲介業者が報酬を請求できなくなるということも妥当とはいえない。

　この点に関し，最判昭和 45・10・22（民集 24 巻 11 号 1599 頁）は，宅地建物取引業者が買主の依頼を受けて土地の買い受けに係る仲介斡旋活動を行い，その仲介活動によって売買価格についてあと僅かの差を残して間もなく合意に達するという状態であったところ，買主が当該宅地建物取引業者を排除して，買主と当該宅地建物取引業者との間で相談していた価額を上回る価額で売主と売買契約を締結したという事案で，民法 130 条により宅地建物取引業者から買主に対する報酬請求を認めた。

　すなわち，最高裁は，媒介報酬に係る契約を「土地を更地として取得することの仲介依頼をするにあたり，その取得契約の成立を条件として取引価額の 3 パーセントにあたる報酬を支払うことを約した」ものであるとした。その上で，本件売買契約について，成立時期において仲介業者の仲介斡旋活動と時期を接しているのみならず，その売買価額においても，仲介業者の仲

III．媒介報酬を巡る紛争　　**289**

介活動によりあと僅かの差を残すのみで間もなく合意に達すべき状態であったところ，仲介業者が媒介依頼者と下相談した価額を上回る価額で成立しているという事実認定を行い，契約当事者は仲介業者の仲介によって間もなく契約の成立に至るべきことを熟知しながら，仲介業者の仲介による契約の成立を避けるために仲介業者を排除して直接当事者間で契約を成立させたものであって，契約当事者には仲介業者の仲介による土地売買契約の成立を妨げる故意があったと判断した。したがって，買主は，契約の成立という停止条件の成就を妨げたものであるので，仲介業者は停止条件が成就したものとみなして報酬を請求することができると判断した。

　実務的には，具体的な紛争において，故意に停止条件の成就を妨げたことを種々の事実関係から明らかにすることができるかが勝負となる。また，前掲最判は媒介契約が解除されていない事案であるようであるが，媒介契約が解除された後や媒介契約期間経過による失効後の直接取引であっても，正当な理由のない媒介契約の解除や，敢えて媒介契約が失効するのを待って売買契約等を行った場合には，そのような対応自体が「故意に停止条件の成就を妨げた」ことになる可能性がある。

プラスα

　仲介業者を排除して直接取引を行った媒介依頼者に対する報酬請求の法律構成は，民法 130 条によるもの以外にも様々なものがある。前掲最判昭和 45・10・22 の判例解説（最判解民事篇昭和 45 年上 428 頁）に分類がされているほか，岡本正治＝宇仁美咲『詳解不動産仲介契約』が詳しい。ただ，いずれの法律構成にせよ，仲介業者が具体的にどのような媒介業務を行っていたのか，直接交渉によって成立した契約に当該業務がどの程度寄与していたのかが結論を導く過程では重要である。

(2)　標準媒介契約約款での規定

　国土交通大臣が定めた標準媒介契約約款では，仲介業者を排除して直接取引を行うことによって媒介報酬の支払を免れることを防ぐという観点から，直接取引についての約定をあらかじめ設けている。

　具体的には，自己発見取引が認められている専任媒介契約約款と一般媒介契約約款では，「専任媒介契約（一般媒介契約約款では「一般媒介契約」）の有効期間内又は有効期間の満了後 2 年以内に，甲（依頼者）が乙（仲介業者）の紹介によって知った相手方と乙を排除して目的物件の売買又は交換の契約を締結したときは，乙は，甲に対して，契約の成立に寄与した割合に応じた

相当額の報酬を請求することができます。」（専任媒介契約約款 11 条，一般媒介契約約款 13 条）と定めている。すなわち，専任媒介契約と一般媒介契約においては，仲介業者が紹介した相手方との間で，媒介契約の有効期間内と有効期間の満了後 2 年以内に仲介業者と排除して依頼者が直接取引を行った場合は，依頼者は仲介業者の業務が契約の成立に寄与した割合に応じて仲介業者に対して報酬を支払わなければならない。

　また，自己発見取引が認められていない専属専任媒介契約約款では，「専属専任媒介契約の有効期間の満了後 2 年以内に，甲が乙の紹介によって知った相手方と乙を排除して目的物件の売買又は交換の契約を締結したときは，乙は，甲に対して，契約の成立に寄与した割合に応じた相当額の報酬を請求することができます。」（専属専任媒介契約約款 11 条）と定めている。すなわち，専属専任媒介契約においても，仲介業者が紹介した相手方との間で，媒介契約の有効期間の満了後 2 年以内に仲介業者と排除して依頼者が直接取引を行った場合は，媒介依頼者は仲介業者の業務が契約の成立に寄与した割合に応じて仲介業者に対して報酬を支払わなければならない（専属専任媒介契約約款 11 条）。

　ここでの報酬額は，「契約の成立に寄与した割合に応じた相当額の報酬」であり，媒介行為の内容，労力，契約成立への貢献の度合い，委託者側の信義則違反の有無，程度等を勘案して，約定報酬を踏まえて相当額の報酬が算定される。

　標準媒介契約約款に基づく媒介契約を締結している宅地建物取引業者の場合には，民法 130 条 1 項の停止条件が成就したものとみなすまでもなく，媒介契約の約定に基づいて相当額の報酬を媒介依頼者に対して請求することが可能となる。

プラス α

　専属専任媒介契約と専任媒介契約では，媒介契約を締結した宅地建物取引業者以外の者と媒介契約を締結することが禁止されている。直接取引とは異なるが，専属専任媒介契約と専任媒介契約では，当該仲介業者以外の宅地建物取引業者と媒介契約を締結し，その宅地建物取引業者の媒介により売買契約・交換契約を締結した場合には，媒介依頼者は，当初の媒介業者に対して約定報酬額に相当する額の違約金を払わなければならない旨が定められている（専属専任媒介契約約款 12 条 1 項，専任媒介契約約款 12 条）。

(3) 仲介業者を排除した直接取引でも報酬請求が認められない場合

　媒介業務を行った宅地建物取引業者が紹介した相手方と媒介依頼者とが当該宅地建物取引業者を排除して直接交渉して契約を成立させた場合に，宅地建物取引業者が媒介依頼者に対して媒介報酬を請求することができるのは，媒介依頼者が停止条件の成就を故意に妨害したような背信性がある場合である。したがって，媒介依頼者が媒介業務を行った宅地建物取引業者が紹介した相手方と当該宅地建物取引業者を排除して直接交渉して契約を成立させた場合であっても，停止条件の成就を故意に妨害した事情がなければ，仲介業者が媒介依頼者に対して媒介報酬を請求することが認められないことになる。

　例えば，媒介契約の解除が正当な理由に基づくものである場合には，媒介依頼者は仲介業者を排除したことにはならない。東京地判昭和50・12・24（判例秘書 L03030339）は，購入の媒介を依頼されていた宅地建物取引業者が売主の売却価格以上の価格を媒介依頼者に提示してそのことを知った媒介依頼者が媒介契約を解除して別の宅地建物取引業者の媒介で当該物件を購入した事案について，仲介業者には信義誠実義務に欠けるところがあり，当該仲介業者を排除して売買契約を締結したことは信義則に反するものではなく，停止条件が成就したものとみなすことはできないとして，仲介業者からの媒介報酬の請求を認めなかった。また，東京地判昭和38・8・15（判タ154号70頁）は，仲介業者が売買物件に抵当権や仮登記がなされていることを登記簿謄本で調査することなく物件を紹介したとして媒介契約を解除して売主と直接交渉をして売買契約を締結した買主に対して報酬請求がなされた事案について，仲介業者には注意義務違反があり，媒介契約は仲介業者の責めに帰すべき事由によって解除されたものであって故意に条件の成就を妨げたことにならないとして，仲介業者からの媒介報酬の請求を認めなかった。標準媒介契約約款に基づく媒介契約が締結されている場合でも，同様であろう。

> **実践知！**
>
> 標準媒介契約約款に基づく媒介契約が締結されている場合であっても，直接取引がなされた場合の報酬額は，媒介行為の内容，労力，契約成立への貢献の度合い，委託者側の信義則違反の有無，程度等を勘案して，約定報酬を踏まえて相当額の報酬が算定されるので，これらの事情を具体的に検討することが重要である。

紛争予防の視点

　直接取引や「抜き行為」による紛争を未然に防止するという観点からも，標準媒介契約約款に基づく媒介契約の締結は不可欠である。

5. 売買契約の解除と媒介報酬請求権

仲介業者の媒介業務によって売買契約が成立した後に，その売買契約が解除された場合，仲介業者は約定の媒介報酬を媒介依頼者に対して請求できるのだろうか。どのように考えるべきなのか。

　媒介とは，売買契約や賃貸借契約の成立に尽力する事実行為である。成功報酬の原則の下では，契約が成立しなければ媒介業務を行った仲介業者の報酬請求権は発生せず，また，契約が成立すれば仲介業者の報酬請求権は発生すると解される。

　では，例えば，媒介業務によって成立した売買契約が最終的な履行がなされる前に解除された場合（例えば，最終的な代金決済が行われる前に手付放棄による解除がなされた場合等）に，仲介業者は約定報酬額の全額を媒介依頼者に請求できるのであろうか。

　この点に関しては，媒介業務が契約の成立に尽力する行為であるので，仲介業者の媒介により売買契約が成立した後に当該売買契約が解除されても約定報酬請求権に影響を及ぼさないとする見解もある。しかし，裁判例は様々に判断しており，一律に判断することは危険である。

　このことは，突き詰めれば，約定報酬額は，仲介業者のどのような業務に対する対価であるのかということに帰着するのであり，媒介契約の意思解釈の問題である。

CASE 　最判昭和 49・11・14（集民 113 号 211 頁）

● **事案の概要**

　　買受けの仲介を行った宅地建物取引業者に対し，契約成立と当時に買主が金100 万円の報酬を支払う旨の約定があったところ，買主の責めに帰すべき事由により履行がなされず，仲介業者が既払いの 40 万円を除く 60 万円を買主に請求した事案である。原審は，売買契約成立と同時に 100 万円の報酬請求権が発生したとして仲介業者の請求を認めた。

● **媒介報酬に関する裁判所の判断骨子**

・仲介人が宅地建物取引業者であって，依頼者との間で，仲介によりいったん売買契約が成立したときはその後依頼者の責めに帰すべき事由により契約が履行されなかったとしても，一定額の報酬金を依頼者に請求しうる旨約定していた等の特

Ⅲ．媒介報酬を巡る紛争　　**293**

段の事情がある場合は格別，一般に仲介による報酬金は，売買契約が成立し，そ
　　の履行がされ，取引の目的が達成された場合について定められているものと解す
　　るのが相当である。
・本件報酬金 100 万円も，特段の事情のないかぎり，右のように取引の目的が達成
　されたときにのみ請求しうるものとみるべきである。
・取引の目的が達成されたか否かを考慮することなく，また，何ら特段の事情を認
　定することなく，単に売買契約成立と同時に支払うとの約定があったことから直
　ちに右 100 万円全額につき報酬金請求権が発生したとする原判決には，審理不尽，
　理由不備の違法がある。
→原審に差戻し。

　裁判所の判断は，媒介契約において売買契約成立時点で媒介報酬を支払う
旨の合意がなされている場合であっても，媒介報酬金は，特段の事情がない
限り，売買契約が成立し，履行がされ，取引の目的が達成された場合にのみ
全額を請求しうるというものである。ここでは，媒介業務は契約締結に尽力
する行為であるとしても，媒介依頼者からすれば，単に契約締結がなされる
だけではなく，履行がなされ，取引の目的が達成されて初めて媒介契約によ
る利益を受けることができるのであり，約定の報酬額は媒介契約の目的が達
成された場合の金額として合意されたというのが当事者の合理的な意思解釈
であるという考え方が示されている。媒介業務は契約の締結に尽力する行為
に加え，履行がなされるよう尽力し，媒介依頼者が取引の目的を達成するこ
とができるように尽力する業務であり，報酬金はその業務に対する対価とし
て合意されているということになる。
　同様に福岡高那覇支判平成 15・12・25（判タ 1153 号 149 頁）は，売主か
ら媒介の依頼を受けた仲介業者の媒介により売買契約が成立した後に，買主
が手付放棄により売買契約を解除した場合に当該仲介業者が売主に約定の媒
介報酬を請求した事案において，前掲最判昭和 49・11・14 を引用して仲介
業者は約定の報酬額を請求することはできず，しかし，商法 512 条により
相当報酬額を請求することはできると判断した。ここでも，約定報酬額は，
取引の目的を達成することができて初めて請求することができ，途中で契約
が解除された場合の報酬額ではないという考え方が示されている。
　国土交通大臣が定めた媒介契約約款では，媒介契約を締結した宅地建物取
引業者の業務として，明示的に，甲（媒介依頼者）に対して，「登記，決済手
続等の目的物件の引渡しに係る事務の補助を行うこと。」を定めている（専
任媒介契約約款 4 条 2 項 4 号，専属専任媒介契約約款 4 条 2 項 4 号，一般媒介契

294　　　CHAPTER 4　媒介契約での紛争

約款5条2項4号)。宅建業法上も,仲介業者は契約が締結されてしまえば
それ以上何もしなくて良いということはなく,契約解除等についての宅地建
物取引業者の相手方等の判断に重要な影響を及ぼす事項について故意に事実
を告げず,又は不実のことを告げる行為は禁止されている(法47条1号二)
のであり,契約成立後も宅地建物取引業者としての説明義務等を負っている
ことは明らかである。したがって,媒介契約約款からも,宅建業法からも,
売買契約が成立すれば,当然に約定報酬額全額の請求権が発生し,契約が解
除されるか否かは報酬請求権には関係ないという考え方を採ることはできな
いというべきであろう。

　前述のとおり,どの段階でどの金額の報酬額請求権が発生するのかは媒介
契約において当事者がどのような合意を行ったかという意思解釈の問題であ
る。したがって,例えば,媒介契約において,媒介依頼者は契約成立時に約
定報酬額の半額,決済時に残額を支払う旨の合意をしたということであれば,
報酬について,契約成立時点までは約定報酬額の半額が相当報酬額であるこ
と,履行がなされて契約の目的を達することができれば約定報酬額全額につ
いて支払うことをそれぞれ合意した特段の事情と解することができると考え
られる。

実践知！	媒介契約で定められた約定報酬額は,特段の事情がない限り,売買契約が成立し,その履行がされ,取引の目的が達成された場合について定められているものと解することができる。したがって,履行前に契約が解除された場合には,約定報酬額全額ではなく,相当な報酬額の限度で媒介依頼者は報酬を支払う義務を負う。 　媒介契約において媒介報酬について売買契約成立時に約定の半額,決済時残額を支払う旨を合意したのであれば,それは報酬についての特段の事情であり,売買契約成立後に当該契約が解除された場合であっても,媒介依頼者は,約定報酬の半額については支払う義務を負う。

🔭 紛争予防の視点

　報酬の支払については,売買契約成立時に約定の半額,決済時残額を支払う旨を

III. 媒介報酬を巡る紛争　　295

合意することが，結局は，媒介依頼者にとっても，仲介業者にとっても，合理的な
約定であるので，紛争予防のためには，そのような規定としておくことが望ましい。

プラスα

　標準媒介契約約款では，売買契約の中に融資不成立を解除条件として定め融資不
成立が確定した場合や，融資不成立の場合には契約を解除することができるとして
定め解除がなされた場合には，仲介業者が既に受領している媒介報酬額を媒介依頼
者に返還しなければならない旨が定められている。したがって，媒介契約で契約成
立時に約定の報酬額の半額を受領する旨が定められている場合であっても，ローン
特約によって売買契約が解除される場合や不成立となる場合には，仲介業者は報酬
を受領することはできない。

CHAPTER

05　　　　　　　　　　監督処分

Ⅰ．監督処分の概要

宅地建物取引業者の相手方からの相談内容によっては，監督処分の対象とした方がよいと考えられる事案があることがある。また，宅地建物取引業者からの相談の中には，監督官庁から監督処分の要否を検討するために説明を求められているということもある。そもそも，宅地建物取引業者に対する監督処分には，どのようなものがあるのだろうか。

1．監督の意義

　監督とは，国土交通大臣又は都道府県知事（免許権者に限らない）が，免許を付与された宅地建物取引業者が宅建業法を遵守しているか，その業務を適正に運営しているか，宅地建物取引の公正が確保されているか，宅建業法の目的を達成するのに不適当ではないか等を監視し，もし宅地建物取引業者に宅建業法違反行為や不適正，不適当な行為があれば，免許権者等が宅地建物取引業者に対し指導を行い，必要に応じて指示等の規制権限を行使して違反行為等を是正し，さらに免許の取消しによって不適正，不適当な宅地建物取引業者を排除し，宅地建物取引の公正の確保を図ることをいう（岡本宇仁813頁）。

　宅建業法は，宅地建物取引業者について，免許制を実施し，その事業に対して必要な規制を行う法律である（法1条）。免許を受けなければ宅地建物取引業を営むことが禁止されている中で，免許を受けた宅地建物取引業者は，宅地建物取引業を営むことが可能とされると同時に，宅建業法が定めた業務上の種々の準則を遵守して業務を遂行しなければならない。宅建業法は，宅地建物の取引が公正に行われて，取引の関係者が安心して取引を行い得るようにするために，宅地建物取引業者や宅地建物取引士に対して行政上の監督をなし得るようにしている。監督には，指示処分，業務停止処分，免許取消処分等拘束力がある監督処分と，指導，助言，勧告等拘束力はないものの宅地建物取引業の適正な運営を確保し，又は宅地建物取引業の健全な発達を図

297

る見地からなされる広義の監督とがある。

2. 監督処分の種類

(1) 指示処分

　宅地建物取引業者が法65条1項各号に定める場合又は宅建業法の規定若しくは特定住宅瑕疵担保責任の履行の確保等に関する法律11条1項等に違反した場合には，免許権者である国土交通大臣又は都道府県知事は，宅地建物取引業者に対して必要な指示をすることができる（法65条1項）。さらに，免許権者である国土交通大臣又は都道府県知事だけではなく，他の都道府県知事であっても，自らの域内でこれらの行為がなされている場合には，宅地建物取引業者に対して必要な指示をすることができる。

　処分内容としては，例えば「宅建業法第65条第1項の規定に基づき，別紙理由により認められる法に違反する行為があったので，今後かかる行為のないよう下記のとおり指示する。」というものや，「宅建業法第65条第1項の規定に基づき，別紙理由により認められる法に違反する行為があったので，再発防止のため，少なくとも下記の事項について，必要な措置を講ずるように指示する。」という内容が書面で指示される（岡本宇仁839頁，周藤利一＝藤川眞行／（一財）不動産適正取引推進機構編『わかりやすい宅地建物取引業法〔新版〕』424頁）。

　指示処分の対象となる行為は，宅建業法違反だけではなく，①業務に関し取引の関係者に損害を与えたとき又は損害を与えるおそれが大であるとき（法65条1項1号），②業務に関し取引の公正を害する行為をしたとき又は取引の公正を害するおそれが大であるとき（法65条1項2号），③業務に関し他の法令に違反し，宅地建物取引業者として不適当であると認められるとき（法65条1項3号），④宅地建物取引士が処分を受けた場合において，宅地建物取引業者の責めに帰すべき理由があるとき（法65条1項4号）等，広範にわたっている。すなわち，業務停止処分や免許取消処分とするほどまでの深刻な事案でない違法行為等については指示処分の対象となる。

　宅地建物取引業者が指示処分に従わない場合には，業務停止処分（法65条2項3号・4項2号）や免許取消処分（法66条1項9号）の対象となる。したがって，宅地建物取引業者としては，指示処分に従わなければならない。

(2) 業務停止処分

　宅地建物取引業者が法65条2項各号に定める場合には，免許権者である国土交通大臣又は都道府県知事は，宅地建物取引業者に対して1年以内の期間を定めて，その業務の全部又は一部の停止を命ずることができる（法65条2項）。さらに，免許権者である国土交通大臣又は都道府県知事だけではなく，他の都道府県知事であっても，自らの域内で法65条4項各号に定める行為がなされている場合には，宅地建物取引業者に対して1年以内の期間を定めて，その業務の全部又は一部の停止を命ずることができる（法65条4項）。

　業務停止処分の対象となる宅建業法違反は，法65条2項及び4項に列挙されている。法34条の2が定める売買の媒介契約成立時の書面交付義務違反，法35条が定める重要事項説明義務違反，法37条が定める契約成立時の書面交付義務違反等はいずれも業務停止処分の対象となる。これら以外にも，指示処分に従わない場合（法65条2項3号・同条4項3号），宅地建物取引業に関し不正又は著しく不当な行為をしたとき（法65条2項4号・同条4項4号）には，業務停止処分の対象となる。

　宅地建物取引業者が業務停止処分に従わない場合には，必要的免許取消処分（法66条1項9号）の対象となり，免許権者は免許を取り消さなければならない。また，業務停止命令に違反した者は，「3年以下の懲役若しくは300万円以下の罰金に処し，又はこれを併科する」（法79条4号）ということになる。両罰規定が定められていて，行為者だけではなく，法人は1億円以下の罰金，個人事業主は300万円以下の罰金に処せられる（法84条）。

(3) 免許取消処分

　免許取消処分には，免許権者である国土交通大臣又は都道府県知事が必ず免許を取り消さなければならない必要的取消処分と，免許権者である国土交通大臣又は都道府県知事の裁量により免許を取り消すことができる裁量的取消処分とがある。

　まず，必要的取消処分は法66条1項に定められている。宅地建物取引業者が法66条1項各号に定めるいずれかに該当する場合には，免許権者である国土交通大臣又は都道府県知事は，免許を取り消さなければならない。他方，裁量的取消処分は法66条2項及び法67条に定められている。宅地建物取引業者が法3条の2第1項によって付された免許の条件に違反した場

I. 監督処分の概要　　**299**

合には，免許権者である国土交通大臣又は都道府県知事は，免許を取り消すことができる（法66条2項）。また，宅地建物取引業者の事務所の所在地が確知できない場合又は法人である場合の役員の所在を確知できない場合等には，官報公告の上，公告の日から30日を経過しても申出がない場合には免許を取り消すことができる（法67条1項）。

免許権者が必ず免許を取り消さなければならないのは，次の場合である。

i 免許の欠格事由に該当するに至った場合

法5条1項1号，3号から3号の3まで，又は8号の2に該当するに至ったとき（法66条1項1号），営業に関し成年者と同一の行為能力を有しない未成年者である場合において，その法定代理人（法定代理人が法人である場合においては，その役員を含む）が法5条1項1号から3号の3までのいずれかに該当するに至ったとき（法66条1項2号），法人である場合において，その役員又は政令で定める使用人のうちに法5条1項1号から3号の3までのいずれかに該当する者があるに至ったとき（法66条1項3号）及び個人である場合において，政令で定める使用人のうちに法5条1項1号から3号の3までのいずれかに該当する者があるに至ったとき（法66条1項4号）のように，免許を受けた後に欠格事由に該当するに至った場合には，免許権者は，免許を取り消さなければならない。

ii 免許換え手続に瑕疵がある場合

法7条1項に基づく免許換え手続を行わなければならない場合に，新たな大臣免許・都道府県知事免許を取得していない場合には，免許権者は，現在の免許を取り消さなければならない（法66条1項5号）。

iii 休廃業の場合

免許を受けてから1年以内に事業を開始せず，又は引き続いて1年以上事業を休止したとき（法66条1項6号）及び法11条1項の規定による届出（廃業の届出）がなくて同項3号から5号までのいずれかに該当する事実（破産手続開始決定，合併・破産以外の解散，事業の廃止）が判明した場合（法66条1項7号）には，免許権者は，免許を取り消さなければならない。

iv 免許を不正に取得した場合

不正の手段により免許を取得した場合（例えば申請書に虚偽の事実を記載した場合や免許審査に関する問合せに虚偽の回答をした場合等）には，免許権者は，免許を取り消さなければならない（法66条1項8号）。

v 業務停止処分違反等の場合

法65条2項各号が定める業務停止事由に該当する場合であって情状が特に重い場合と法65条2項又は4項に基づいて業務停止処分を受けたのに当該処分に従わなかった場合（法66条1項9号）には，免許権者は，免許を取り消さなければならない（法66条1項8号）。

宅地建物取引業者が免許を取り消されたにもかかわらず宅地建物取引業を営めば，無免許営業（法12条1項）となり，行為者は「3年以下の懲役若しくは300万円以下の罰金に処し，又はこれを併科する（法79条4号）」ことになる。両罰規定が定められていて，行為者だけではなく，法人は1億円以下の罰金，個人事業主は300万円以下の罰金に処せられる（法84条）。

3. 指導，助言，勧告

国土交通大臣はすべての宅地建物取引業者に対して，都道府県知事は当該都道府県の区域内で宅建業を営む宅地建物取引業者に対して，宅建業の適正な運営を確保し，又は宅建業の健全な発達を図るため必要な指導，助言及び勧告をすることができる（法71条）。

行政手続法は，「行政機関がその任務又は所掌事務の範囲内において一定の行政目的を実現するため特定の者に一定の作為又は不作為を求める指導，勧告，助言その他の行為であって処分に該当しないもの」を行政指導と定義している（行手2条6号）。法71条が定める指導，助言及び勧告は，行政手続法が定める行政指導であり，相手方の任意の協力によって宅建業法が定める目的の達成を図るものである。

国土交通大臣が大臣免許業者に対して指導等を行うことや都道府県知事が自ら免許を与えた業者に対して指導等を行うことは法律の規定がなくても当然に行うことができる。法71条は，国土交通大臣が知事免許業者に対しても，また，都道府県知事は自ら免許を与えた業者に限らずその都道府県の区域内で業務を営む宅地建物取引業者すべてに指導等をなし得る旨を定めている（解説472頁）。

実務的には，指示処分の対象となり得る行為のうち，違法性や不当性の程度が低い軽微な行為の場合に，国土交通大臣や都道府県知事が指示処分を行うのではなく指導や勧告を行うという形で使われている。なお，指示処分の場合は相手方に拘束力を有し，行政不服審査法・行政事件訴訟法の適用を受け，これに不服がある者は行政庁に不服の申立てを行い，又は裁判所に行政

訴訟を提起することができるのに対し，行政指導は指導された者の任意の協力を求めるものであり，法的拘束力はないという点で違いがある。

4. 報告及び検査

(1) 概要

国土交通大臣は宅建業を営むすべての者に対して，都道府県知事は当該都道府県の区域内で宅建業を営む者に対して，宅建業の適正な運営を確保するため必要があると認めるときは，その業務について必要な報告を求め，又はその職員に事務所その他その業務を行う場所に立ち入り，帳簿，書類その他業務に関係ある物件を検査させることができる（法72条2項）。

対象となるのは，「宅地建物取引業者」ではなく，「宅地建物取引業を営むすべての者」である。すなわち，免許業者だけではなく，無免許で宅建業を営む者も法71条の報告を求められ，又は立入検査を受けることがある。

報告や立入検査を正当な理由なく拒めば宅建業法の規定に違反するものとして指示処分・業務停止処分等の監督処分の対象となるほか，虚偽の報告をし又は虚偽の資料を提出した場合や検査を拒み，妨げ又は忌避した場合には，50万円以下の罰金に処せられる（法83条1項5号・6号）。両罰規定があるので，行為者だけではなく法人や個人事業主も罰金刑に処せられる（法84条2号）。

法71条は，このほかにも，内閣総理大臣が報告を求め職員により検査させることができる旨（法71条2項）や国土交通大臣・都道府県知事が宅地建物取引士に報告を求めることができる旨（法71条3項）を定めている。

(2) 報告要求

報告を求めるとは，国土交通大臣等が宅地建物取引業者等に対し，その業務に関する事実等について書面又は口頭で知らせることをいい，法的性質は命令である（岡本宇仁905頁）。報告を求めることができるのは，「宅地建物取引業の適正な運営を確保するため必要があると認めるとき」に限定される。行政庁が業務停止処分等を行う前提として宅建業法違反の事実認定のために情報収集の方法として報告を要求することができる。しかし，監督処分をする場合に限られているものではない。

(3) 立入検査

　立入検査とは，国土交通大臣等の職員が宅地建物取引の適正な運営の確保を図るため指導監督上の見地から，宅地建物取引業者等の事務所等に立ち入り，業務帳簿等の存在，内容，状況等を現認，調査することをいう（岡本宇仁905頁）。

　前述のとおり，立入検査の拒否や妨害に対しては監督処分や刑罰の制裁が予定されていて，宅地建物取引業者は必要な限度での立入検査を受忍する義務を負っているので，純粋の任意調査ではない。もっとも，宅地建物取引業者が立入検査を拒否しても，行政庁が実力をもって立入検査をすることはできない。

　立入検査の対象は「事務所その他その業務を行う場所」であり，検査対象は「帳簿，書類その他業務に関係のある物件」である。

　立入検査をする職員は，その身分を示す証明書を携帯し，関係人の請求があったときは，これを提示しなければならない（法72条4項）。

　なお，立入検査は，あくまでも「宅地建物取引業の適正な運営を確保するため必要があると認めるとき」に限って行われるものであるので，立入検査の権限は犯罪捜査のために認められると解してはならない（法72条5項）とされている。

実践知！

　宅地建物取引業者に対する監督処分としては，指示処分，業務停止処分，免許取消処分とがあり，違法性や不当性の程度に応じて処分がなされる。

　他方で，宅建業法違反がある場合であっても，軽微な場合や不当性が低い場合には監督処分ではなく指導・勧告等にとどまる場合もある。

　いずれにしても，宅建業法違反の有無を判断することが対応の大前提となる。

I．監督処分の概要

303

Ⅱ. 監督処分の手続

監督処分は，どのように行われるのだろうか。

1. 手続の流れ

(1) 概要

　監督処分は，①端緒を受けて，②行政庁が事実認定を行い，③行政庁が処分要件へのあてはめを行い，具体的な監督処分を決定する，という形で行われる。②の事実認定がなされて，③のあてはめがなされるという流れは，刑事裁判でも民事裁判でも同じであり，法律実務家としてはなじみのある流れである。しかし，事実認定の過程そのものは，民事裁判のような対審構造となっているものではなく，また，証拠の評価について刑事裁判のような厳格な規律が定められているものでもない。行政庁が行う調査に宅地建物取引業者やその相手方等が応じながら事実を認定していくことになる。

　多くの場合，処分の対象となる宅地建物取引業者と行政庁の間で一致を見た事実認定に基づいて処分がなされることになる。しかし，事実認定に行政庁と宅地建物取引業者との間で食い違いがあり，行政庁が行う監督処分に不服がある宅地建物取引業者は，処分取消しを求めて行政事件訴訟法に基づく処分取消訴訟を提起して争うことになる。

(2) 端緒

　監督処分は，購入者等宅地建物取引業者との間で宅地建物取引を行った相手方から国土交通省や都道府県の宅建業法所管担当部署に苦情の申立てや相談がなされることを端緒とすることが多い。そのほかにも，例えば違法な広告を見た人から通報がなされることや，他の宅地建物取引業者から通報がなされることもある。

　もっとも，購入者等からの苦情や申立てや相談は，具体的な損害が生じている場合が少なくなく，購入者等は行政庁に対して重要事項説明書や契約書等を提示するので行政庁が事案をとりあえず把握することが可能であるので，その後の監督処分の要否の検討に進んで行きやすい。このことは換言すれば，例えば営業担当者の対応に宅建業法違反が疑われる事情があって顧客からクレームを受けた宅地建物取引業者としては，当該事案に宅建業法違反事実があるかを迅速に見極め，仮に宅建業法違反に該当する可能性が大きな事情を

把握したのであれば，迅速にクレーム解決にあたるとともに，再発防止策を講じて，監督処分の端緒となるような事態を未然に防止することが危機管理上必要となることを意味している。

(3) 事実認定

　苦情の申立て等を端緒として，行政庁の担当部署が取引関係者や事情聴取等を行う。行政庁は「宅地建物取引業の適正な運営を確保するため必要があると認めるとき」には宅地建物取引業者に対して報告を求めることができる（法72条1項）。行政庁は，当該取引における事実経過や発生した事象について，関係者の説明や授受された書類（広告，パンフレット，重要事項説明書，売買契約書，媒介契約書等）によって事実認定を行う。当事者の主張に食い違いがある場合には，証拠の有無や説明の信用性等を検討した上で，事実を認定していく。

　事実認定の対象となるのは，宅建業法違反行為に係る事実だけではない。具体的な処分を判断するには，損害発生の有無，損害が賠償されているか否か，当該事案に対する宅地建物取引業者の反省の程度などの事実も認定していくことになる。

　また，例えば，宅地建物取引業者が法35条1項の重要事項説明義務に違反したということで苦情が申し立てられている場合には，同時に民事上も宅地建物取引業者の説明義務違反による損害賠償責任が問題となっている場合も多々あり，場合によっては既に民事裁判となっている場合もある。このような民事上の紛争が生じている場合であっても，行政庁は宅建業法の目的を達成する観点から，民事上の裁判とは別に，取引関係者からの事情聴取や書類等の証拠関係を検討した上で，事実認定を行うことができるし，事実認定を行わなければならない。

(4) あてはめ

　事実認定の結果，宅建業法違反等の監督処分の対象となる事実認定を行った場合には，具体的な処分を検討することになる。もっとも，違反の程度，態様等，情状の軽重を勘案して，違反の程度が軽微な場合は，監督処分ではなく指導・勧告等がなされることもある。

　宅建業法違反等の程度が重大である場合には，指示処分，業務停止処分，免許取消処分のいずれかの監督処分を行うかが選択される。これらの監督処

分を行う場合には，聴聞手続が行われる。

具体的な監督処分の基準について，国土交通省は平成 18 年 12 月 19 日，「宅地建物取引業者の違反行為に対する監督処分の基準」を公表し，国土交通大臣が監督処分を行う場合の基準を明確にした。

2. 聴聞

(1) 聴聞手続

聴聞とは，行政庁が監督処分を行うに先立って，その処分により不利益を受ける者（被処分者）に対して事前に告知し，意見陳述の機会を与えて，防御ができるような機会を与える手続である。

行政手続法は，許認可を取り消す不利益処分をしようとするとき等の重大な不利益処分をしようとするときには聴聞の手続が必要であると定め（行手 13 条 1 項 1 号），他方，それ以外の不利益処分については，聴聞の手続ではなく，弁明の機会の付与が必要である旨を定めている（行手 13 条 1 項 2 号）。

しかし，宅建業法は，従前からの経緯もあって，免許取消処分に限らず，宅地建物取引業者に対する指示処分，業務停止処分，宅地建物取引士に対する事務禁止処分に対しても，これらの処分をしようとするときには聴聞を行わなければならない旨を定めている（法 69 条 1 項）。

(2) 聴聞の通知

国土交通大臣又は都道府県知事は，監督処分に係る聴聞を行うにあたっては，その期日の 1 週間前までに，行政手続法 15 条 1 項の規定による通知をし，かつ，聴聞の期日及び場所を公示しなければならない（法 69 条 2 項・16 条の 15 第 3 項）。

行政手続法 15 条 1 項は，聴聞の通知は書面で行うべきことと記載事項を規定している。聴聞の通知書には，①予定される不利益処分の内容及び根拠となる法令の条項，②不利益処分の原因となる事実，③聴聞の期日及び場所，④聴聞に関する事務を所掌する組織の名称及び所在地を記載しなければならない（行手 15 条 1 項）。

さらに聴聞の通知では，①聴聞の期日に出頭して意見を述べ，及び証拠書類又は証拠物（以下「証拠書類等」という）を提出し，又は聴聞の期日への出頭に代えて陳述書及び証拠書類等を提出することができること，②聴聞が終結するまでの間，当該不利益処分の原因となる事実を証する資料の閲覧を求

めることができることを教示しなければならない（行手15条2項）。

(3) 聴聞期日

　行政手続法では，聴聞の期日における審理は，行政庁が公開することを相当と認める時を除き，公開しないこととしていて（行手20条6項），非公開が原則とされている。しかし，宅建業法に基づく聴聞は，国土交通大臣又は都道府県知事は，あらかじめ，その宅地建物取引業者（宅地建物取引業者が法人である場合には，その役員）又は代理人の出頭を求めて，公開による聴聞を行わなければならない（法69条2項・法16条の15第5項）。なお，都道府県知事が宅地建物取引士の事務禁止等の処分を行う場合も同様である。

　聴聞は，行政庁が指名する職員その他政令で定める者が主宰する（行手19条1項）。最初の聴聞期日では，行政庁の職員が予定される不利益処分の内容及び根拠となる法令の条項並びにその原因となる事実を聴聞の期日に出頭した者に対して説明する（行手20条1項）。当事者又は参加人は，聴聞の期日に出頭して，意見を述べ，及び証拠書類等を提出し，主宰者の許可を得て行政庁の職員に対し質問を発することができる（行手20条2項）。主宰者は当事者等に質問を発し，意見陳述を促すことができ，又は行政庁の職員に対して説明を求めることができる（行手20条4項）。当事者等の一部が出頭しない場合であっても，聴聞期日の審理を行うことは可能である（行手20条5項）。

　当事者等は，聴聞の期日への出頭に代えて，主宰者に対し，聴聞の期日までに陳述書及び証拠書類等を提出することができる（行手21条1項）。主宰者は，聴聞の期日に出頭した者に対し，その求めに応じて，陳述書及び証拠書類等を示すことができる（行手21条2項）。

　聴聞を続行する必要がある場合には，主宰者が新たな期日を定めることができる（行手22条1項）。

　当事者が正当な理由なく聴聞の期日に出頭せず，かつ陳述書，証拠書類等を提出しない場合，これらに対して改めて意見を述べ証拠書類等を提出する機会を与えることなく聴聞を終結することができる（法23条1項）。

(4) 聴聞調書

　主宰者は，聴聞の審理の経過を記載した調書を作成しなければならない。調書には，不利益処分に対する当事者等の陳述の要旨を記載する（行手24

条1項)。

さらに，主宰者は，聴聞の終結後速やかに，不利益処分の原因となる事実に対する当事者等の主張に理由があるかどうかについての意見を記載した報告書を作成，調書とともに行政庁に提出しなければならない（行手24条3項）。

行政庁は，不利益処分の決定をするときは，これらの調書の内容及び報告書に記載された主宰者の意見を十分に斟酌してこれをしなければならない（行手26条）。

3. 処分の公表等

(1) 公告等

国土交通大臣は，指示処分，業務停止処分，免許取消処分を行った場合には，遅滞なく，その旨を，宅地建物取引業者の事務所の所在地を管轄する都道府県知事に通知する（規27条1項）。

国土交通大臣又は都道府県知事は，業務停止処分，免許禁止処分を行った場合には，公告する（法70条1項）。公告は，国土交通大臣の処分の場合には官報により，都道府県知事の処分の場合には公報等により公告する（規29条）。指示処分は公告の対象ではない。

都道府県知事は，指示処分又は業務停止処分を行ったときは遅滞なく，その旨を当該宅地建物取引業者が国土交通大臣の免許を受けた者であるときは国土交通大臣に報告し，他の都道府県知事の免許を受けた者であるときはその都道府県知事に通知しなければならない（法70条3項）。

免許権者は，宅地建物取引業者が指示処分又は業務停止処分を受けた場合には宅地建物取引業者名簿に記載する（法8条2項8号，規5条1号）。名簿は一般の閲覧に供される（法10条）ので，指示処分や業務停止処分を受けたことは宅地建物取引業者名簿を通じて広く公表されることになる。

(2) 公表

国土交通省は，平成19年から「国土交通省ネガティブ情報等検索サイト」を国土交通省と地方支分部局のホームページに搭載し，宅地建物取引業者の処分歴等のネガティブ情報を公表している。処分については処分年月日，宅地建物取引業者の商号，主たる事務所の所在地，処分内容，処分理由である。

監督処分を受けること自体，宅地建物取引業者の経営に大きな影響を与えるものである。さらに，監督処分を受けた事実は広く国民に公表され，場合によっては購入者等が宅地建物取引業者と取引を行うか否かを判断するにあたっての1つの事情となるのであり，監督処分を受けないように宅建業法を遵守した経営を行うことは宅地建物取引業者にとっては極めて重要な経営課題である。

4. 監督処分に対する不服申立て

宅地建物取引業者は，行政庁が行った監督処分に不服がある場合には，処分があったことを知った日の翌日から起算して6月以内に当該行政庁を被告とする処分取消訴訟をすることができる（行訴14条1項）。

さらに，宅地建物取引業者は処分取消訴訟を提起するのではなく，行政不服審査法に基づく審査請求をすることもできる。宅地建物取引業者は，処分があったことを知った日の翌日から起算して3月以内に当該行政庁に対して審査請求をすることができる（行審18条1項）。

> 実践知！
>
> 　監督処分も事実認定・あてはめという流れで処分内容が決定される。その意味では，通常の民事事件・刑事事件と同じであり，相談を受けた弁護士としては，ヒアリング等を通じて事実関係を調査し，宅建業法違反の有無を検討することが重要である。
>
> 　監督処分がなされると，免許業者である宅地建物取引業者の経営には大きな影響がある。宅建業法違反が疑われる場合には，迅速に解決にあたる必要がある。

Ⅲ. 行政対応

宅地建物取引に関する苦情を端緒とする行政庁からの事情聴取がある場合，宅地建物取引業者はどのように対応したらよいのか。

1. 事実の確認

　宅地建物取引業者が媒介依頼者や取引の相手方との間で紛争を抱えた場合，事案の内容によっては，民事的な紛争だけではなく，行政庁への苦情相談等を端緒とする監督処分を受ける監督処分リスクを抱えることもある。監督処分は宅地建物取引業者の経営に重大な影響を与えるものであり，宅地建物取引業者としては的確に対応しなければならない。

　対応の第1は，事実関係の確認である。当該相手方とは何をきっかけに取引を開始したのか，どのような希望があったのか，どの段階で媒介契約を締結したのか，営業担当者はどのような説明を行ったのか，重要事項説明は誰が作成したのか，重要事項説明の内容は誰が調査したのか，重要事項説明の内容に誤りはないのか，重要事項説明はいつ行ったのか，契約締結はいつ行ったのか，何がきっかけでクレームが発生したのか，クレームの内容は正しいのか，等を各種の書類とともに確認することが必要である。

　事実確認では，どの部分が紛争となっているのかを把握することが重要である。例えば，南側隣地にマンション等が建設されたことについて説明を受けていなかったとして紛争になっている場合，重要事項説明書に「周辺に法定に適合する建物等が建築されることがあります」という内容の記載がなされ，宅建士がその説明を行っていても，それだけで宅地建物取引業者側に問題がないということにはならない。営業担当者が契約勧誘過程で「隣地に2階建て以上が建築されることはない」ということを説明しているかも知れず，録音されていることもある。宅地建物取引業者にとって不利な事情も含めて事実を確認することが重要である。

2. 原因の究明と再発防止策の策定

　事実を確認した結果，監督処分の対象となる事実が確認できない，ということであれば，あとは，それをどのように行政庁に説明するか，ということを検討することになる。

　他方，監督処分の対象となる事実が確認できた場合には，再発防止策を組

織として策定しなければならない。宅建業法に基づく監督処分は，宅建業法の目的である「宅地建物取引業の適正な運営と宅地及び建物の取引の公正とを確保する」ために行うものであるので，再発防止策を組織として策定することで，「宅地建物取引業の適正な運営と宅地及び建物の取引の公正とを確保する」ことができる宅地建物取引業者であることを明確にすることができるかは，監督処分の内容との関係でも重要であるといえる。

再発防止策を策定するためには，監督処分の対象となる事実が発生した原因を究明しなければならない。例えば，営業部門の長の指示の下に営業担当者が違法行為を行ったのか，組織の業務マニュアルに反して営業担当者が違法行為を行ったのかでは，再発防止策の内容も異なってくる。

再発防止策の内容は大きく分けると3つのものとなる。第1に，業務プロセスの見直しに係るものである。組織的に違法行為を行っている場合は当然として，営業担当者が個人的に違法行為を行った場合であってもその違法行為をチェックできなかったのは組織の問題である。したがって，どのような原因であるとしても，その原因の対応する形で業務プロセスを見直す形での再発防止策を策定する必要がある。

第2に，従業員・役員に対する啓発・研修である。取引の関係者に対し，信義を旨とし，誠実にその業務を行わなければならない（法31条1項）宅地建物取引業者の一員である従業員・役員は，監督処分の対象となり得るような行為を行わないように律することが重要である。当該事案を広く共有するとともに，改めて宅建業法上の業務準則や関係法令等の啓発・研修を行うことで再発を防止するように努める必要がある。

第3に，当該担当者や上席者に対する再発防止策の策定である。就業規則に反するような行為があるのであれば懲戒することが必要である場合もあるであろう。そこまで不要である場合でも，特別な研修等を受けさせる必要があるのであれば，そのような防止策を策定する必要がある。

3. 示談

監督処分の対象となる事実が，同時に民事上の損害賠償責任の対象となる事実であるのであれば，迅速に示談を進める必要がある。宅建業法の究極の目的は「購入者等の利益の保護」であり，業務の適正な運営の確保は，その手段である。したがって，購入者等の利益の保護を図るために，迅速に示談を進める必要がある。

プラスα

「宅地建物取引業者の違反行為に対する監督処分の基準」には，業務停止処分の業務停止期間の基準となる日数が明示されていて，どのような宅建業法違反が重い処分となるのかがわかるだけではなく，処分の加重や軽減の考え方が明示されているので実務的には重要な資料である。

例えば，業務停止期間については，媒介契約締結時の書面の交付義務違反の場合には7日，法35条1項の重要事項説明義務違反で虚偽記載があり関係者の損害の程度が大である場合には30日，法35条1項の重要事項説明の書面を交付せずに関係者の損害の程度が大である場合には60日，法47条1号の重要な事項について故意に事実を告げず，又は不実のことを告げた場合には90日等との基準が示されている。

加重事由としては，①違反行為により発生し，又は発生が見込まれる関係者の損害の程度が特に大きい場合，②違反行為の態様が，暴力的行為又は詐欺的行為による等，特に悪質である場合，③違反行為による違反状態が長期にわたっている場合，④違反行為が社会的影響が大きい場合等が掲げられている。

他方，軽減事由としては，①違反行為による関係者の損害が発生せず，かつ，今後発生することが見込まれない場合，②監督処分権者が違反行為の存在を覚知するまで，又は監督処分権者の指摘に応じ，直ちに，宅地建物取引業者が関係者の損害の塡補に関する取組を開始した場合であって，当該塡補の内容が合理的であり，かつ，当該宅地建物取引業者の対応が誠実であると認められる場合，③監督処分権者が違反行為の存在を覚知するまで，又は監督処分権者の指摘に応じ，直ちに違反状態を是正した場合（関係者の損害が発生した場合には②の事由にも該当する場合に限る。）等が掲げられている。

4．行政庁への説明

事実確認の結果，監督処分の対象となる事実が存在しないということであれば，証拠書類とともに，その旨を説明する。

他方，監督処分の対象となる事実が存在する場合には，監督処分がなされる可能性を念頭に置きつつ，対応する必要がある。説明の内容としては，宅地建物取引業者側が認識している事実，問題の原因，再発防止策及び示談の進行状況である。

行政庁への説明は，複数回に及ぶこともある。この過程で，行政庁は宅地建物取引業者の説明内容を吟味し，勧告等の行政指導を行うのか，監督処分を行うのか，監督処分を行うとすれば監督処分の中のどの処分とするのか等を判断する。いずれにしても，聴聞の通知がなされる前に事態は決するという心構えで対応する必要がある。

| 実践知！ | 宅建業法違反行為等が存在する場合には，原因究明，再発防止策の策定及び示談のそれぞれを進めていくことが重要である。 |

CHAPTER

06 営業保証金・弁済業務保証金分担金制度

Ⅰ. 制度の概要

**例えば，宅地建物取引業者との間の裁判に勝訴して損害賠償請求権が認められ
たのに，当該宅地建物取引業者が任意に履行しない場合には，弁護士としては
強制執行を検討することになる。実は，宅建業法に定められている営業保証金
制度は，宅地建物取引業者に対する債権を有している者から見れば，債権回収
に役立つ重要な資産である。では，どのような制度か。**

1. 営業保証金制度と弁済業務保証金分担金制度

　宅地建物取引業者は，政令で定められた金額の営業保証金を最寄りの供託
所に供託し（法25条1項・2項），供託した旨を免許を受けた国土交通大臣
又は都道府県知事に届け出なければならない（法25条4項）。宅地建物取引
業者は，この届出を行った後でなければ，宅地建物取引業に係る事業を開始
してはならない（法25条5項）。宅地建物取引業者がこの届出を行わなけれ
ば，最終的には，国土交通大臣又は都道府県知事は，その免許を取り消すこ
とができる（法25条7項）。

　他方で，宅地建物取引業者が宅建業法が定める宅地建物取引業保証協会の
社員となった場合には，営業保証金を供託する必要がなくなる（法64条の
13）。宅地建物取引業者が宅地建物取引業保証協会の社員となるためには，
宅地建物取引業保証協会が定める種々の手続が必要であり，その手続の中に
は，弁済業務保証金分担金を納付しなければならないというものがある（法
64条の9第1項）。

　すなわち，宅地建物取引業者が宅地建物取引業に係る事業を開始するため
には，営業保証金を供託するか，弁済業務保証金分担金を宅地建物取引業保
証協会に納付して保証協会の社員となるのか，いずれかが必要とされている。

　このような営業保証金の供託・弁済業務保証金分担金の納付は，宅地建物
取引業免許の取得そのものには影響しない。しかし，営業保証金の供託，弁
済業務保証金分担金の納付がなされなければ事業を開始することができない

314

という点で，これらは開業規制として機能しているといえる。

2. 制度趣旨

(1) 営業保証金

　宅地建物取引業者と宅地建物取引業に関し取引した者（ただし，宅地建物取引業者に該当する者を除く。）は，その取引により生じた債権に関し，宅地建物取引業者が供託した営業保証金について，その債権の弁済を受ける権利を有する（法27条1項）。すなわち，営業保証金は，営業上の取引による債務の支払を担保するための保証金である。

　営業保証金制度は，昭和32年の宅建業法改正により創設された。その背景には，宅地建物取引業者の責任による取引紛争が頻発し，しかも消費者に与えた損害を回復できない事例も多く，宅地建物取引業者に対する社会的な信用を低下させ，円滑な宅地建物の取引が阻害されるに至ったという事情があった。

　そこで，宅地建物取引業者は，宅地建物取引業者との宅地建物取引によって相手方に生ずる可能性がある損害を補塡することができるような金銭を営業保証金として予め供託しなければならないこととし，実際に相手方に損害が生じた場合には，相手方が当該営業保証金から弁済を受けることができるようにした。これにより，取引の相手方を保護するとともに，宅地建物取引業者が関与する宅地建物取引に関する社会一般の信用性を高め，取引の円滑化を図ることを目的としている（解説126頁，岡本宇仁227頁）。

(2) 弁済業務保証金分担金

　高度成長に伴って宅地建物の取引価格が高額になると，従来の営業保証金では損害を塡補するには不十分となり，営業保証金の金額を引き上げることが必要になった。

　しかし，宅地建物取引業者は零細な中小業者が多く，営業保証金額の引上げがなされると，これらの宅地建物取引業者の経済的な負担が重くなるため，営業保証金額の引上げは容易なことではなかった。

　そこで，取引の相手方を保護し，宅地建物取引業者が関与する宅地建物取引に関する社会一般の信用性を高め，取引の円滑化を図るという営業保証金の目的を維持しつつ，中小宅地建物取引業者の負担が過重にならないようにするために，昭和47年の宅建業法改正で，弁済業務保証金分担金制度が創

設された。

　弁済業務保証金分担金制度では，国土交通大臣（創設当初は建設大臣）が指定した一般社団法人（創設当初は社団法人）たる宅地建物取引業保証協会（法64条の2第1項）が，社員たる宅地建物取引業者から弁済業務保証金分担金の納付を受け，納付を受けた額に相当する弁済業務保証金を供託する（法64条の7第1項）。宅地建物取引業保証協会の社員と宅地建物取引業に関して取引をした者（ただし，宅地建物取引業者に該当する者を除く。）は，その取引により生じた債権に関し，当該社員が社員でないとしたならば供託すべき営業保証金の額に相当する額の範囲内において，当該宅地建物取引業保証協会が供託した弁済業務保証金について，弁済を受けることができる（法64条の8第1項）。

　弁済業務保証金制度は，宅地建物取引業者は弁済業務保証金分担金を納付するだけでよく，他方，宅地建物取引業者と取引をした相手方は，宅地建物取引業保証協会から当該宅地建物取引業者が営業保証金を供託していた場合の金額の範囲内で弁済を受けることができる制度であり，集団的保証によって営業保証金制度の目的を達成しつつ，宅地建物取引業者の負担を軽減するための制度として機能している（解説412頁）。

> **実践知！**　宅地建物取引業者に対し，宅地建物取引から生じた債権を有している場合には，宅地建物取引業者の一般的な財産に対して強制執行する方法以外に，営業保証金や弁済業務保証金から弁済を受けるという方法がある。

Ⅱ．営業保証金制度

1．供託

営業保証金はどこに供託されているのか。営業保証金として担保されている金額はいくらか。

(1) 供託所

　宅地建物取引業者は，営業保証金を主たる事務所のもよりの供託所に供託しなければならない（法25条1項）。「主たる事務所のもよりの供託所」は，

原則として主たる事務所の所在地の属する市町村又は特別区を管轄する法務局等であり，距離的または時間的により近い供託所がある場合には，それを最寄りの供託所として取り扱ってもよい（解説 129 頁）。

宅地建物取引業者は，宅地建物取引業者の相手方等に対して，「営業保証金を供託した主たる事務所の最寄りの供託所及びその所在地」に関する説明義務があり（法 35 条の 2 第 1 号），国交省作成の重要事項説明書の書式例では，重要事項説明書に記載して説明することとされている。したがって，適法にこのような説明がなされるのであれば，取引にあたって交付された重要事項説明書を見れば，「営業保証金を供託した主たる事務所の最寄りの供託所及びその所在地」は判明する。

(2) 供託が不要である場合

宅地建物取引業者が宅地建物取引業保証協会に加入した社員である場合には，営業保証金を供託する必要がない（法 64 条の 13）。

(3) 供託の時期

供託は，事業開始前である必要がある。宅地建物取引業者は，営業保証金を供託した旨を免許を受けた国土交通大臣又は都道府県知事に届け出た後でなければ，その事業を開始することはできない（法 25 条 4 項・5 項）。届出を行うと，免許証が交付される（「解釈運用の考え方」第 6 条関係「2　免許証の交付について」）。

免許を受けた日から 3 か月以内に営業保証金を供託した旨の届出を行わない場合には，国土交通大臣又は都道府県知事は届出を行うべき旨の催告を行わなければならない（法 25 条 6 項）。催告から 1 か月以内に届出を行わない場合には，免許が取り消される可能性がある（法 25 条 7 項）。

(4) 営業保証金の額

営業保証金の額は，主たる事務所につき 1000 万円，その他の事務所につき，事務所ごとに 500 万円の割合による金額の合計額とする（施行令 2 条の 4）。本店と 2 つの支店で宅地建物取引業と営む宅地建物取引業者は，2000 万円の営業保証金を供託しなければならない。

(5) 営業保証金に充てることができる有価証券

　営業保証金は，金銭だけではなく，国土交通省令で定めるところにより，国債証券，地方債証券その他国土交通省令で定める有価証券をもって，これに充てることができる（法25条3項）。具体的には，施行規則15条及び15条の2と，国土交通省告示第346号（「宅地建物取引業法施行規則第15条の2第3号の規定に基づき，営業保証金又は弁済業務保証金に充てることができる社債券その他の債券を定める件」）に規定されている。国債証券については額面額，地方証券債又は政府がその債務について保証契約をした債券については額面金額の90%，その他の債権については額面金額の80%で評価される（規15条1項）。

> ### プラスα
>
> 　国債等の有価証券は，消滅時効にかかることがある。例えば，国債の場合，元金は償還日の翌日から10年が経過し，利子は利払い日から5年の経過をもって消滅時効により国に帰属する（会計30条，国債9条1項）消滅時効が完成すると営業保証金を供託していない状態となってしまうので，時効管理が必要になる。

(6) 事務所を新設した場合

　宅地建物取引業者が事業を開始した後に新たに事務所を設置した場合には，営業保証金を追加して供託する必要がある（法26条1項）。事務所を新設した場合には，当該事務所に係る営業保証金の額を主たる事務所のもよりの供託所に追加して供託し，その旨を免許を受けた国土交通大臣又は都道府県知事に届け出る必要がある。この届出をした後でなければ，当該新設事務所において事業を開始することはできない（法26条2項）。

(7) 監督処分

　営業保証金を供託した旨の届出を行うことなく事業を開始した場合（営業保証金を供託していない場合と，営業保証金は供託したが届出を行っていない場合とがある。），宅地建物取引業者は業務停止処分の対象となる（法66条2項2号）。情状が特に重い場合には，免許取消処分の対象となる（法66条1項9号）。

　事務所を新設したのに追加供託をした旨の届出を行うことなく当該事務所で事業を開始した場合にも同様である（法65条2項2号括弧書き）。

⑻　刑事罰

　営業保証金を供託した旨の届出を行うことなく事業を開始した場合（営業保証金を供託していない場合と，営業保証金は供託したが届出を行っていない場合とがある），行為者は6月以下の懲役若しくは100万円以下の罰金又はこれらの併科に処せられる（法81条1号）。事務所を新設したのに追加供託をした旨の届出を行うことなく当該事務所で事業を開始した場合にも同様である（法81条1号括弧書き）。

　これらには両罰規定があり（法84条2号），法人の代表者や，法人・人の代理人や使用人その他従業者がこれらの行為を行った場合には，法人自体は30万円以下の罰金刑に処せられる。

> **プラスα**
>
> 　宅建業法違反で宅地建物取引業者が罰金刑に処せられた場合，「その刑の執行を終わり，又は執行を受けることがなくなった日から5年を経過しない者」（法5条1項3号の2）に該当するので，必要的免許取消事由に該当する（法66条1項1号）。「法人に対する罰金刑だから重大な事態ではない」と考えていると大変なことになる。

2．還付

⑴　還付の意義

　宅地建物取引業者と宅地建物取引業に関し取引をした者は，その取引によって生じた債権に関し，宅地建物取引業者が供託した営業保証金について，その債権の弁済を受けることができる（法27条1項）。営業保証金は，宅地建物取引によって生じた債権の債権者が弁済を受けるために供託されている。このような権利者に供託物を払い渡すことを「還付」という。

　宅地建物取引業者と宅地建物取引業に関し取引をして，その取引により宅地建物取引業者に債権を取得した者は，宅地建物取引業者の一般的な財産から回収することもできるし，営業保証金を還付してもらうことで回収することもできる。

⑵　還付請求者

　還付請求をすることができるのは，「宅地建物取引業者と宅地建物取引業に関し取引をした者」である。ただし，「取引をした者」の中には，宅地建物取引業者は含まれない。すなわち，宅地建物取引業者と宅地建物取引業に

Ⅱ．営業保証金制度　　**319**

関し取引をした者が宅地建物取引業者である場合には，営業保証金から弁済を受けることはできない。営業保証金は，取引の相手方を保護するとともに，宅地建物取引業者が関与する宅地建物取引に関する社会一般の信用性を高め，取引の円滑化を図ることを目的としている。そのためには，宅地建物取引業者の債権まで営業保証金の還付対象とする必要はないからである。

> **プラスα**
>
> 　実は，平成28年改正により改正宅建業法が平成30年4月1日から施行されるまでは，宅地建物取引業者間の取引で損害を被った宅地建物取引業者が，他方の宅地建物取引業者の営業保証金から還付を受けることも宅建業法上は認められていた。
> 　営業保証金を供託する代わりに認められている弁済業務保証金制度も，同様であった。もっとも，弁済業務保証金制度では，運用上は，宅地建物取引業者以外の消費者等が弁済を受けることができるようにするため，宅地建物取引業者が弁済業務保証金から弁済を受けないように誘導するなどしていた。しかし，運用で対応することには限界がある。そこで，平成28年改正では，営業保証金も弁済業務保証金も，宅地建物取引業者が弁済を受けることができないように改正された。

(3)　宅地建物取引により生じた債権

　営業保証金から還付を受けることができる債権は，宅地建物取引業に関する取引により生じた債権である。

　したがって，宅地建物の売買，売買・賃貸借の代理・媒介から生じた債権について，宅地建物取引業者と取引を行った相手が営業保証金の還付請求権を有する。

　他方，宅地建物取引業者の従業者が宅地建物取引業者に給与債権を有していても，従業者は営業保証金の還付を請求できない。宅地建物取引業者と顧問契約を締結している弁護士や税理士が報酬債権を有していても，営業保証金の還付を請求することはできない。宅地建物取引業者に融資している金融機関も営業保証金の還付を求めることはできない。

(4)　還付の手続

　営業保証金の還付は，供託規則及び宅地建物取引業者営業保証金規則に基づいて行われる（法27条2項）。

　宅地建物取引により生じた債権を有している者が還付を請求する場合には，まず，国土交通大臣に対して，取引をした時において宅地建物取引業者に該当しないことを確認する書面の交付を申請し，この確認書の交付を受けなけ

ればならない（宅地建物取引業者営業保証金規則1条）。当該書面の交付を受けた後に，供託物払渡請求書を供託所に提出する（供則22条）。この供託物払渡請求書には，供託物の還付を受ける権利を有することを証する書面（確定判決や和解調書等），取引をした時において宅地建物取引業者に該当しないことを確認する書面及び供託規則が定める通知書3通を添付して提出する（宅地建物取引業者営業保証金規則2条）。

> 実践知！ 宅地建物取引により生じた債権につき確定判決を得て，相手方たる宅地建物取引業者が支払をしない場合には，強制執行しなくても，営業保証金の供託を行っている宅地建物取引業者であれば，還付請求を行うことで債権の回収を図ることができる。この知識は実務的には重要である。

(5) 不足額の供託

営業保証金が還付された場合，供託所は国土交通大臣又は都道府県知事（免許権者）に通知する（宅地建物取引業者営業保証金規則3条）。通知を受けた国土交通大臣又は都道府県知事は，還付により営業保証金が不足した旨を宅地建物取引業者に通知する（宅地建物取引業者営業保証金規則4条）。

営業保証金に不足が生じた旨の通知を受けた宅地建物取引業者は，通知を受けた日から2週間以内に不足額を供託しなければならない（法28条1項）。供託しない場合には，業務停止処分の対象となる（法65条2項2号）。情状が特に重いときには，免許取消処分の対象となる（法66条1項9号）。

Ⅲ. 弁済業務保証金分担金制度

1. 保証協会

(1) 国土交通大臣の指定

宅地建物取引業保証協会とは，苦情解決業務，宅地建物取引士等に対する研修及び弁済業務等宅建業法が定める業務の全部について適正な計画を有し，かつ，確実にその業務を行うことができると認められる一般社団法人であって，国土交通大臣の指定を受けた者をいう（法64条の2第1項）。宅地建物

取引業保証協会は，宅地建物取引業者のみを社員とする一般社団法人である（法64条の2第1項2号）。

　零細な中小宅地建物取引業者にとっては営業保証金の経済的な負担が大きいため，宅地建物取引業者が低額の弁済業務保証金分担金を宅地建物取引業保証協会に納付して社員になれば，当該宅地建物取引業者と取引によって生じた債権を有している購入者等に対して宅地建物取引業保証協会が集団的に保証する制度としたのがこの宅地建物取引業保証協会の制度である。したがって，宅地建物取引業保証協会は，社員たる宅地建物取引業者との取引により生じた債権に関する弁済業務を行うことを主たる業務とする他，社員に対する取引に関する苦情の解決や宅地建物取引士等に対する研修等の業務を行う。

プラスα

　国土交通大臣からの指定を受けた宅地建物取引業保証協会には，公益社団法人全国宅地建物取引業保証協会と，公益社団法人不動産保証協会とがある。

　これらの保証協会は業界団体と密接な関係がある。公益社団法人全国宅地建物取引業保証協会の社員たる宅地建物取引業者は，公益社団法人全国宅地建物取引業協会連合会の社員たる各都道府県宅地建物取引業協会の社員であり，他方，公益社団法人不動産保証協会の社員たる宅地建物取引業者は，公益社団法人全日本不動産協会の社員であるという関係がある。

(2) 社員の加入

　宅地建物取引業の免許を受けた宅地建物取引業者は，営業保証金を供託し（法25条1項），供託した旨を免許権者である国土交通大臣又は都道府県知事に届出を行った後でなければ事業を開始できない（法25条4項・5項）。しかし，宅地建物取引業保証協会の社員たる宅地建物取引業者は，営業保証金を供託することを要しない（法64条の13）。したがって，宅地建物取引業者の側から見ると，宅地建物取引業保証協会の社員となることができるか否かは重要な問題となる。

　この点，宅建業法は，1つの宅地建物取引業保証協会に加入していて社員となっている者は他の宅地建物取引業保証協会の社員となることはできない旨を規定している（法64条の4第1項）以外は，社員資格の得喪について特段の定めを設けていない。どのような宅地建物取引業者を社員とするかは，それぞれの宅地建物取引業保証協会の内部自治に委ねられている。

　もっとも，現在指定を受けている宅地建物取引業保証協会は公益社団法人

全国宅地建物取引業保証協会と公益社団法人不動産保証協会の2つであり，これらはいずれも公益法人である。公益法人の場合は，社員資格の得喪について「当該法人の目的に照らし，不当に差別的な取扱いをする条件その他の不当な条件を付していないものであること」が求められている（公益認定法5条14号イ）。公益社団法人全国宅地建物取引業保証協会と公益社団法人不動産保証協会の定款で定められている会員資格の得喪についての規定は，内閣府が「社員資格の得喪についての不当な条件ではない」と判断して設けられている規定である。

プラスα

　細かいことを言うと，全国宅地建物取引業保証協会も不動産保証協会も，代議員制を採用していて，それぞれの協会に加入した宅地建物取引業者たる「会員」の中から代議員を選出し，当該代議員を一般社団財団法人法上の「社員」と位置づけている。これは，いわゆる公益法人制度改革に伴うものであるところ，「社員」と「会員」との二重構造になっていて，「社員」だけを規律している宅建業法の宅地建物取引業保証協会に関する条文とは微妙な食違いがあり，立法的な解決をすることが望ましいと言える。

2. 弁済業務保証金分担金の納付

　宅地建物取引業保証協会に加入しようとする宅地建物取引業者は，その加入をしようとする日までに，主たる事務所及びその他の事務所ごとに政令で定める額の弁済業務保証金分担金を当該宅地建物取引業保証協会に納付しなければならない（法64条の9第1項）。政令では，主たる事務所につき60万円，その他の事務所につき事務所ごとに30万円の割合による金額の合計額を弁済業務保証金分担金として定めている（施行令7条）。したがって，主たる事務所の他に従たる事務所が2か所ある宅地建物取引業者の場合，120万円の弁済業務保証金分担金として宅地建物取引業保証協会に納付しなければならない。もっとも，これを営業保証金として供託しようとする場合には，計2000万円の供託をしなければならない（主たる事務所につき，1000万円，その他の事務所につき事務所ごとに500万円）ので，初期投資として必要な金額に大きな影響があることがわかる。

　新たに事務所を追加した場合には，追加の日から2週間以内に，追加の事務所ごとに30万円の弁済業務保証金分担金の納付が必要になる（法64条の9第2項）。これを怠った場合には，宅地建物取引業協会の社員の地位を

失うことになる（法64条の9第3項）。

3. 弁済業務保証金の還付

(1) 手続の全体像

宅地建物取引業保証協会の弁済業務の概要は次のとおりとなる。

① 宅地建物取引業保証協会は，社員となろうとする宅地建物取引業者から弁済業務保証金分担金の納付を受ける（法64条の9第1項）。

② 宅地建物取引業保証協会は，弁済業務保証金分担金の納付を受けた日から1週間以内に，納付を受けた額に相当する弁済業務保証金を供託所に供託する（法64条の7第1項）。

③ 宅地建物取引業保証協会は，社員である宅地建物取引業者に対して宅地建物取引により生じた債権を有している者から認証の申出を受ける（法64条の8第2項，規26条の5）。

④ 宅地建物取引業保証協会は，認証の申出を行った者が弁済を受けることができる金額について認証を行う（法64条の8第2項）。

⑤ 認証を受けた者は，宅地建物取引業保証協会が供託した供託金について，供託所に対して還付請求を行う。

⑥ 弁済業務保証金の還付があった場合には，宅地建物取引業保証協会は，還付に係る社員・社員であった者に対し，当該還付額に相当する額の還付充当金を宅地建物取引業保証協会に納付すべきことを通知しなければならない（法64条の10第1項）。宅地建物取引業保証協会は，通知を受けた日から2週間以内に，還付された弁済業務保証金に相当する額の弁済業務保証金を供託しなければならない（法64条の8第3項，宅地建物取引業保証協会弁済業務保証金規則1条）。

⑦ 還付充当金の納付に係る通知を受けた社員・社員であった者は，その通知を受けた日から2週間以内に当該還付充当金を宅地建物取引業保証協会に納付しなければならない（法64条の10第2項）。この納付をしない会員は，社員としての地位を失う（法64条の10第3項）。

(2) 認証の対象となる債権

認証の対象となる債権は，「宅地建物取引業に関する取引による生じた債権」である。認証による弁済業務保証金の還付は，営業保証金の還付の代替的な制度であるので，同じ要件となっている。

したがって，宅地建物の売買，売買・賃貸借の代理・媒介から生じた債権について，宅地建物取引業者と取引を行った相手が認証の申出を行うことができる。

　他方，宅地建物取引業者の従業者が宅地建物取引業者に給与債権を有していても，従業者は認証を申し出ることはできない。宅地建物取引業者と顧問契約を締結している弁護士や税理士が報酬債権を有していても，認証を申し出ることはできない。宅地建物取引業者に融資している金融機関も認証を申し出ることはできない。

　また，売主である宅地建物取引業者の債務不履行があった場合の違約金についても，当該違約金請求権は，宅地建物取引業に関する取引により生じた債権であり，認証の申出の対象になる。

(3) 認証を申し出ることができる者

　「宅地建物取引業保証協会の社員と宅地建物取引業に関し取引をした者」であっても，宅地建物取引業者の場合は，認証を申し出ることはできない（法64条の8第1項）。これは，営業保証金の還付請求の場合と同じ規律であり，あくまでも，宅地建物取引業者以外の「取引をした者」を保護するとともに，宅地建物取引業者が関与する宅地建物取引に関する社会一般の信用性を高め，取引の円滑化を図ることを目的としている制度であるためである。平成30年4月1日から宅地建物取引業者は認証を申し出ることができなくなった。

(4) 認証手続

　認証とは，宅地建物取引業保証協会が弁済業務保証金の還付（弁済）を受ける権利の存在及びその額を確認して証明することをいう（岡本宇仁789頁，東京高判平成12・12・7判時1741号84頁）。

　宅地建物取引業保証協会は，各地方本部に苦情の申出についての窓口を設けているので，認証の申出も，宅地建物取引業保証協会の各地方本部宛に行う。認証の申出にあたっては，①債権発生の原因である事実，取引が成立した時期，債権の額及び認証を申し出るに至った経緯を記載した書面，②弁済業務保証金について弁済を受ける権利を有することを証する書面，③認証の申出人が法人である場合においては，その代表者の資格を証する書面，④代理人によって認証の申出をしようとするときは，代理人の権限を証する書面

等を添付して，認証の申出書を提出する（規26条の5）。

　宅地建物取引業保証協会は，認証の申出に関する手続的な要件を審査するとともに，認証の申出に係る債権が弁済業務保証金から弁済を受ける権利を有するか否かの実体的な要件について，事実認定と法的評価を行って判断する（岡本宇仁791頁）。

　宅地建物取引業保証協会は，認証の申出があったときは，当該申出に理由がないと認める場合を除き，営業保証金の額に相当する金額の範囲内において，当該申出に係る債権に関し認証しなければならない（規26条の6）。例えば，主たる事務所と2か所の従たる事務所を設置して営業している宅地建物取引業者の場合，宅地建物取引業保証協会に納付している弁済業務保証金分担金は120万円である。しかし，もし営業保証金の供託を選択していた場合には2000万円の供託をしていたところであるので，宅地建物取引業保証協会は，2000万円の範囲で弁済業務保証金の還付の額を認証しなければならない。

　宅地建物取引業保証協会は，認証に係る事務を処理する場合には，認証申出書の受理の順序に従ってしなければならない（規26条の7第1項）。

プラスα

　宅地建物取引業保証協会の弁済業務は，実際にはいきなり認証申出になるのではなく，苦情処理から行うのが通常である。宅地建物取引業協会は，まずは会員に対する苦情処理の申立てとして相談を受け，宅地建物取引業保証協会の調整にかかわらず解決に至らない場合に次の段階として認証に進んでいく。

(5)　認証請求訴訟

　弁済業務保証金の弁済を受けるには，宅地建物取引業保証協会の認証を受けなければならない（法64条の8第1項・2項）。したがって，宅地建物取引業保証協会が認証の一部又は全部を拒否した場合（例えば，「宅地建物取引業に関する取引から生じた債権」に該当しないとして認証を拒否した場合や，損害額がないとして認証を拒否した場合等）には，当該宅地建物取引業保証協会に対して，認証請求訴訟を提起することができる。

　認証請求訴訟における請求の趣旨は，「被告は，原告に対し，原告の平成○○年○○月○日付宅建業法64条の8第2項に基づく認証の申出につき，申出に係る債権額○○○万円について認証せよ。」と表示する（岡本宇仁793頁）。

この訴訟では，宅地建物取引業保証協会が認証を拒否したことの当否が問題になるので，原告は，①原告が取引を行った宅地建物取引業者は被告の会員であること，②原告は当該宅地建物取引業者と宅地建物取引業に関し取引をしたこと，③原告は当該宅地建物取引業者に対して，当該取引により生じた債権を有することを主張立証する必要がある（岡本宇仁 794 頁）

実践知！

裁判による確定判決が既にあり，「宅地建物取引業に関する取引から生じた債権」であることが明確である場合には，認証を受けやすい。しかし，宅地建物取引業保証協会は，認証に係る事務を処理する場合には，認証申出書の受理の順序に従ってしなければならない（規 26 条の 7）ので，裁判を行っているうちに別の債権者が認証の申出をしてしまい，弁済業務保証金としての供託金の枠を使い切ってしまう可能性もあることも検討した上で対応方針を決める必要がある。

4. 弁済業務保証金の取戻し

　宅地建物取引業保証協会は，社員たる宅地建物取引業者が社員の地位を失った場合には，当該宅地建物取引業者が納付した弁済業務保証金分担金の額に相当する額の弁済業務保証金を供託所から取り戻すことができる（法 64 条の 11 第 1 項）。社員たる宅地建物取引業者がその一部の事務所を廃止したために納付した弁済業務保証金分担金の額が政令で定める額を超過した場合にも，当該超過した弁済業務保証金分担金の額に相当する額の弁済業務保証金を供託所から取り戻すことができる（法 64 条の 11 第 1 項）。取り戻した額に相当する弁済業務保証金分担金は，当該宅地建物取引業者に返還しなければならない（法 64 条の 11 第 2 項）。

　なお，所属している宅地建物取引業者が会員でなくなった場合には，取引の相手方を保護する観点から，宅地建物取引業保証協会は，権利者に対して 6 か月を下らない期間内に認証を受けるべきことを公告し，この期間を経過した後に弁済業務保証金分担金を返還する（法 64 条の 11 第 4 項）。認証がなされた場合には，認証した額に相当する還付充当金の弁済が当該宅地建物取引業者からなされた後に弁済業務保証金分担金を返還する（法 64 条の 11 第

3 項)。

5. 宅地建物取引業保証協会の社員の地位を失った宅地建物取引業者

　宅地建物取引業保証協会の社員たる地位を失った宅地建物取引業者は，社員たる地位を失った日から1週間以内に営業保証金を供託しなければならない（法64条の15）。供託しない場合には，業務停止処分の対象となる（法65条2項2号）。情状が特に重いときには，免許取消処分の対象となる（法66条1項9号）。

CHAPTER

07　宅建業免許が必要な取引

Ⅰ．規制法としての宅建業法

宅建業法は，どのような法律なのだろうか。

1．営業の自由と宅建業法

　宅建業法は，宅地建物取引業者について，免許制を実施し，その事業に対して必要な規制を行う法律である（法1条）。

　例えば，賃貸住宅の賃貸借契約を締結したところ，実は当該住宅は抵当権が実行されて競売が開始されていた場合には，ごく近い将来，当該住宅には競落人が現れることになる。この競落人は，賃借人に優先することになるので，賃借人は競落人から当該賃貸住宅からの立ち退きを要求されることにもなりかねない。敷金も競落人から返してもらうことはできず，賃借人は予想外の損害を被ることにもなりかねない。

　また，売買契約の場合には，物件価格が高額になるため，ひとたび，何らかの紛争が発生すると，その損害も大きくなることがある。特に，不動産に関しては，様々な法律で，様々な規制がなされているので，そのような規制を知らずに売買契約を締結した場合には，不測の損害を被ることにもなりかねない。例えば，建築基準法上の「道路」の要件を満たす土地でなければ，建物は建築できないところ，そのような要件が備わっていない土地を購入してしまうと，建物を建築するつもりで売買契約を締結した買主は，売買目的を達成することができなくなる。売買契約を解除して売買代金を返還してもらうことができれば，それでも損害は小さくて済むが，売主が返済のための資金を持っていなければ，売買代金を返してもらえないということになる。そうだとすると，その損害は莫大なものとなってしまう。そこで，宅地建物取引に係る営業に対し，何らかの制約を課すべきかが問題となる。

　もっとも，日本国憲法22条1項は「何人も，公共の福祉に反しない限り，住居，移転及び職業選択の自由を有する。」と規定し，国民の職業選択の自由は憲法により保障されている。営業の自由は職業選択の自由の中に含まれ，

329

国民には営業の自由が保障されている。宅地建物取引業の営業の自由は，憲法により保障されている。

したがって，消費者も独立した経済主体である以上，住居や土地の取引にあたっても，自ら様々な調査を行い，適正な価格を判断したうえで，契約をすべきであるとして，通常の経済取引ルールとは別に法律を設けないという立法政策が考えられないわけではない。

しかし，住居や土地の取引は，日常品の取引のように頻繁にあるものではなく，一般の消費者はそのような取引に不慣れであるのが通常であって，物件調査や価格の判断を一般の消費者に要求しても，適切に行うことができる消費者は少数である。住居や土地の取引に関して通常の経済取引ルールだけでは，実際には，消費者が不測の損害を被るという事態の発生を食い止めることはできない。まして，仲介や販売を行う専門業者が一般消費者に対して悪意をもって対応すれば，消費者の利益は大きく損なわれることになってしまう。

そこで，一般消費者に無理を強いるのではなく，住居や土地の取引に関わることを専門とする者に対して，その専門能力や手慣れた交渉能力を適正に行使するように規制を加えるという方法によって対応するという政策を採用するというのも一案である。このように，消費者が不測の損害を被るような事態がないように法律を策定したものが宅建業法である。憲法で保障された営業の自由は，「公共の福祉に反しない限り」認められる。そこで，宅建業法では，公共の福祉の観点から，宅地建物取引業を営むにあたっては免許制が取られ（開業規制），必要な業務の規制（業務規制）が定められている。

2. 開業規制と業務規制

「開業規制」と「業務規制」との二段構えの規制によって一定の業務を規制するという方法は，いわゆる「業法」といわれる様々な法律で採られている方法である。

貸金業法は，貸金業を営業する場合には，「届出」が必要であるという「開業規制」を規定するとともに，貸金業者が遵守すべき業務規定を置いている。投資顧問業法は，投資顧問業を営業する場合には「認可」が必要であるという「開業規制」を規定するとともに，投資顧問業者が遵守すべき業務規定を置いている。旅行業法は，旅行業を営業する場合には「免許」が必要であるという「開業規制」を規定するとともに，旅行業者が遵守すべき業務

規定を置いている。

開業規制として宅建業法が定める「免許」は，講学上の「許可」にあたると考えられる。すなわち，本来誰でも享受できる個人の自由を，公共の福祉の観点からあらかじめ一般的に禁止しておき，個別の申請に基づいて禁止を解除する行政行為を講学上は「許可」という（櫻井敬子＝橋本博之『行政法〔第6版〕』77頁）。宅建業法は，免許を受けない者が宅地建物取引業を営むことを禁止し（法12条1項），無免許営業を行った者に対しては罰則による制裁を予定している（法79条2号）。そして，免許の要件について詳細に規定し，免許の申請を行った者が，免許要件を満たした場合に限り，免許を付与すると規定している。

すなわち，宅建業法は，宅地建物取引業を営むことを一般的に禁止した上で，免許要件を満たして免許を受けた者については，その一般的な禁止を解除し，宅地建物取引業を営むことを認めている。

宅建業法は，宅地建物取引業を営む宅地建物取引業者について，免許制を実施するとともに，営業保証金を供託しなければ営業を開始することができないという規制（法25条1項・4項・5項）や種々の業務準則（法31条〜50条）を定め，無免許営業禁止（法12条1項）や名義貸し営業の禁止（法13条1項）違反には刑事罰（法79条2号・3号）を定める等，必要な規制を行っている。すなわち，宅建業法は，「開業規制」としての免許制だけではなく，免許を受けて業務を遂行する際の種々の業務準則を「業務規制」として規定している。

この「業務規制」は，「開業規制」としての免許制と組み合わされることによって，強力な規範として機能することになる。すなわち，業務準則違反がなされた場合には監督官庁によって監督権限が行使されるような構成とし，監督権限としては免許取消権限まで認めると，無免許で当該営業を行うことは禁止されている以上，免許を受けて営業を行っている者は，業務規制を遵守しなければ，最悪の場合には当該営業そのものができなくなってしまうということになる。

宅建業法でも，業務準則違反には監督官庁から監督処分がなされることとされており，監督処分としては免許取消しまで規定されている。したがって，免許を失うことなく営業を継続しようとする業者は，業務準則を遵守して営業を行うように最大限の努力を払うことになる。

3. 民事上の効力規定

　宅建業法の業務規制の中には，民事上の効力に直接影響する規定もある。

　例えば，宅地建物取引業者が自ら売主となって宅地や建物を販売する場合には，売買契約において債務不履行の場合の損害賠償の予定や違約金を定める場合に，合計で売買代金額の2割を超える定めをすることが禁止されている（法38条1項）だけではなく，この規定に反する特約をした場合には，超過額について無効となることが宅建業法には規定されている（法38条2項）。

　また，例えば，宅地建物取引業者が自ら売主となって宅地や建物を販売する場合には，瑕疵担保責任・契約不適合担保責任について，瑕疵担保責任の期間・契約不適合担保責任の不適合通知期間について目的物の引渡しの日から2年以上となる特約をする場合を除き，民法で規定する瑕疵担保責任・契約不適合担保責任の規定よりも買主に不利になるような特約をすることが禁止されている（法40条1項）だけではなく，この規定に反する特約をした場合には，当該特約は無効となることが宅建業法には規定されている（法40条2項。なお，詳細は128頁，134頁参照）。

　このように，宅建業法が規定している「業務規制」の中には，単に所定の行為を行うことを禁止する（この例でいえば，2割を超える損害賠償の予定についての特約を設けることや，期間以外に民法の規定以上に買主に不利となる瑕疵担保責任・契約不適合担保責任についての特約を設けることを禁止する）だけではなく，その規定に反した契約を無効とすることを定めた規定もある。

　宅建業法が定める業務規制は，民事上の効力に及ぶ規定がある点で，特徴的であるといえる。

4. 宅建業法の目的

　法は，第1条で目的を定めている。すなわち，宅建業法の究極的な目的は，①購入者等の利益の保護と②宅地及び建物の流通の円滑化とを図ることである。

　この究極的な目的を達成するための手段として，宅建業法は，「宅地建物取引業を営む者について免許制度を実施し，その事業に対し必要な規制を行うこと」を掲げている。ここで，宅建業法は，免許制と業務規制を中核とする法律であることを明らかにし，この免許制と業務規制によって，「業務の

適正な運営」と「宅地及び建物の取引の公正」を確保するとともに,「宅地建物取引業の健全な発達を促進」することを直接の目的とし,究極的な目的である①②を目的とする法律である。

不動産は,動産とは異なり,転々流通することが想定されているものではない。しかし,不動産に関わる情報が必要な人に伝わる仕組みを整え,必要な人に必要な不動産が円滑に供給されるようにするという意味での「流通」がなされるようにすることは,人々の生活基盤である「住」をより豊かなものとするために積極的な意味を有する。もちろん,購入者等の利益の保護が,人々の生活基盤である「住」をより豊かなものとするために積極的な意味を有することはいうまでもない。

そこで,宅建業法は,①購入者等の利益の保護だけではなく,②宅地又は建物の流通の円滑化を図ることをも目的とする法律として定められている。

①購入者等の利益の保護も②宅地及び建物の流通の円滑化とを図ることも,宅地建物取引という分野に関しては,人々の生活基盤たる「住」を豊かにして国民の一人一人が幸せに暮らしていくためには,いずれも必要な政策課題である。

実践知!

　宅建業法は,購入者等の利益の保護と宅地建物の流通の円滑化を目的として,宅地建物取引業を営むには免許が必要であることを定めた規制法である。
　宅地建物取引業を営むには免許が必要であって無免許営業が刑事罰をもって禁止されているということは,宅地建物取引業者にとっては,当該免許を維持することが極めて重要であるということでもある。宅建業法違反があれば,監督処分を通じてこの免許に影響が及ぶ。宅地建物取引業者が関与する取引においては,宅建業法の規定を理解しておくことが重要である。

II． 宅地建物取引業の定義——宅地建物取引とは

例えば，クライアントである会社（非宅地建物取引業者）が所有している遊休地を区画割して分譲地として売り出したいということを相談してきた場合，どのように考えるのか。このような行為は宅地建物取引業に該当するのか。また，新規の事業として，競売物件を継続的に購入する事業を行いたいと相談があった場合は，どうか。

1． 宅建業法の規定

　法3条1項の免許を受けて宅地建物取引業を営む者が「宅地建物取引業者」であり（法2条3号），「宅地建物取引業」とは，「宅地若しくは建物（建物の一部を含む。以下同じ。）の売買若しくは交換又は宅地若しくは建物の売買，交換若しくは貸借の代理若しくは媒介をする行為で業として行うものをいう」（法2条2号）。

　したがって，宅地建物取引とは，
　① 　宅地又は建物の売買，
　② 　宅地又は建物の交換，
　③ 　宅地又は建物の売買，交換又は貸借の代理，
　④ 　宅地又は建物の売買，交換又は貸借の媒介
である。

　さらに，宅地建物取引を業として行うものが「宅地建物取引業」である。

　これらの定義から明らかなように，これら以外の不動産に係る取引を業として行っても宅建業法上は「宅地建物取引業」には該当せず，したがって，これら以外の不動産に係る取引を業として営んでも，宅建業法上は「宅地建物取引業者」としての免許は不要である。

2． 「宅地建物取引」に該当しない不動産に係る取引

⑴ 賃貸借

　宅地又は建物の貸借は，宅建業法上の「宅地建物取引」には該当しない。したがって，地主や家主として多くの物件を賃貸していても，宅地建物取引業免許は必要ない。他方，宅地又は建物の貸借の媒介は，宅建業法上の「宅地建物取引」に該当する（法2条2号）。

⑵　建築

　宅地の造成や，建物の建築は，宅建業法上の「宅地建物取引」には該当しない。したがって，建物の建築の完成を請け負う営業を行う場合であっても，宅地建物取引業免許は必要ない。もっとも，建設工事（土木建築の工事）の完成を請け負うことを営業するには（ただし，「軽微な建設工事」のみを請け負って営業する場合を除く），その工事が公共工事であるか民間工事であるかを問わず，建設業法3条に基づき建設業の許可を受けなければならない。しかし，建設業の許可を受けている建設業者が建物を建築した上で当該建物を販売する場合には，「宅地又は建物の売買」を業として営んでいることになるので，宅地建物取引業免許が必要となる。

⑶　不動産管理・サブリース

　賃貸不動産の管理は，宅建業法上の「宅地建物取引」には該当しない。したがって，賃貸不動産管理業を営むためには宅地建物取引業免許は必要ない。ただ，不動産賃貸管理業は，「宅地建物取引」である賃貸不動産の貸借の媒介や代理に該当する業務を行ってしまうことがあるので，宅地建物取引業免許を有していない事業者が不動産賃貸管理業を営むには注意が必要である。なお，国土交通省は，告示によって，賃貸不動産管理業の登録制度を設けているものの，賃貸不動産管理業を営むにあたり，当該告示に基づく登録は義務付けていない。したがって，賃貸不動産管理業には開業規制はなされてはいない。もっとも，賃貸不動産管理業登録を行っている業者は，当該告示が定めている賃貸不動産管理業者としての各種業務準則に従うことが義務付けられている。賃貸不動産管理業者の資質向上という観点からは，多くの賃貸不動産管理業者が登録をすることが望まれる。

　マンションの管理は，宅建業法上の「宅地建物取引」には該当しない。したがって，マンション管理業を営むためには宅地建物取引業免許は必要ない。もっとも，管理組合から委託を受けて管理事務を行う行為を業として行うマンション管理業を営む場合には，国土交通省に備えるマンション管理業者登録簿に登録を受けなければならない（マンション管理44条）。

　賃貸建物のオーナーから賃貸物件を一括して賃借して転貸する，いわゆるサブリースは，宅建業法上の「宅地建物取引」には該当しない。したがって，サブリース業を営むために宅地建物取引業免許は必要ない。もっとも，サブリースは，賃貸建物のオーナーとの関係では一定の賃料を保証する機能を有

するとともに，賃貸建物をオーナーに代わって管理するという機能も有している。そのため，国土交通省は，前述の告示による賃貸不動産管理業の登録制度に，サブリース業者の登録も認めている。

(4) 民泊

住宅において宿泊料を受けて宿泊させることは，宅建業法上の「宅地建物取引」には該当しない。したがって，住宅宿泊事業を営むために宅地建物取引業免許は必要ない。しかし，住宅において宿泊料を受けて宿泊させる事業を営むには，旅館業法上の許可を受けるか，住宅宿泊事業法上の登録を受ける必要がある。これらの許可・登録を受けずに住宅宿泊事業を営むと，刑罰に処せられる。

住宅宿泊事業者の委託を受け，住宅宿泊事業に係る管理を受けることは，宅建業法上の「宅地建物取引」には該当しない。したがって，住宅宿泊管理業を営む場合であっても，宅地建物取引業免許は必要ない。しかし，住宅宿泊事業者から委託を受けて，報酬を得て，住宅宿泊管理業を営むには，国土交通大臣の登録を受けなければならない。

3. 売買

(1) 民法 555 条以下の売買

宅地又は建物の売買を業として行うことは，宅建業法上の「宅地建物取引業」に該当する。「売買」は宅建業法では定義されていないものの，民法555条が定める売買と解される。したがって，売主が買主に宅地又は建物の所有権を移転し，これと引換えに代金の支払を約する契約が売買契約であり，このような売買契約を業として締結することが「宅地建物取引業」である。

(2) 売主である場合

宅建業法は，購入者等の利益の保護を目的としている法律であり，売主が業として売買契約を締結することが宅地建物取引業に該当しうることには異論はない。宅地の分譲販売，マンションの分譲販売，戸建住宅の分譲販売，さらに既存住宅の販売等は宅地建物取引業者の典型的な事業であると解されているところであり，売主が売買契約を業として締結することは，宅地建物取引業に該当する。

(3)　買主である場合

　買主が業として売買契約を締結することが宅地建物取引業に該当するか。

　この点については，例えば転売目的で買い受ける行為は，購入の時点ではなく転売の時点で宅地建物取引業に該当すると判断することが可能であり，その他資産保有目的での買受けについて売主が不測の損害を被らないように業務規制しなければならない理由は乏しいとして，業として買い受ける行為を宅地建物取引業とする必要はないとする見解もあり（岡本宇仁 62 頁），宅地建物取引業実務の中では，このような感覚が強いともいえる。

　他方，最決平成 16・12・10（刑集 58 巻 9 号 1061 頁）は，民事執行法上の競売手続きにより宅地建物を買い受ける行為が法 2 条 2 号に定める宅地又は建物の「売買」に該当するとして，無免許で宅地建物取引業を営んだ被告人を有罪としている。

プラスα

　この最決平成 16・12・10 については，当時の平木正洋最高裁判所調査官が判例解説（最判解刑事篇平成 16 年度 605 頁）を執筆している。この判例解説では，本件事案が，転売目的で競売物件を買い受けたものであるとの下級審の事実認定を前提に，民事執行法上の競売手続により宅地又は建物を買い受ける行為を宅建業法 2 条 2 号にいう宅地又は建物の「売買」にあたるとした理由が 3 点挙げられている。

①　民事執行法上の競売手続の法的性質については，国家機関である裁判所が目的物件を換価するという公法上の処分であるが，私法（民法）上の売買としての性格をも有するとする折衷説が通説である。民法も，強制競売を一種の売買と見て，強制競売における担保責任に関する規定を置いている（民 568 条）。したがって，法 2 条 2 号にいう「売買」に，民事執行法上の競売手続により宅地・建物を買い受ける行為が含まれると解することは，文理上十分可能であると思われること。

②　宅建業法の免許や監督の各規定によれば，宅地建物取引業を営む者が，宅地・建物の売買により宅地・建物の所有権を取得する際に行う，借地人からの借地権の買取りや，借家人の立退交渉についても，宅建業法は，「宅地建物取引業に関する行為」として規制の対象としていると解される。法 2 条 2 号にいう「売買」に民事執行法上の競売手続により宅地・建物を買い受ける行為が含まれないと解するならば，競売物件である宅地・建物については，借地権の買取交渉や借家人の立ち退き交渉が宅建業法の規制の対象から外れてしまう。転売がなされない段階であっても，宅建業法の規制対象にすべきであると考えられること。

③　宅建業法は，「宅地及び建物の流通の円滑化を図ること」を目的に掲げているところ，借地権の買取交渉や借家人の立ち退き交渉が適正に行われるよう宅建業法の規制対象とすることは，この目的達成のためには必要であること。

では，買受け行為，すなわち買主としての売買契約の締結は法2条2号の「売買」に該当すると解すべきか。

宅地建物取引業者が宅地や建物を販売する場合には，その前段階として，宅地や建物を仕入れるという行為がある。この場合に，販売（転売）する時点を捉えて宅建業法の規制の対象とするだけで法の目的が達成できるかを検討する必要がある。

例えば，専ら仕入れ行為だけを行い，宅地・建物の買取りだけを行っている段階は宅建業法の規制を受けないとすると，買主には「信義を旨とし，誠実にその業務を行わなければならない」という規定（法31条1項）に従う義務がないことになる。一般消費者である売主が物件の適正な価格を把握していないことに乗じて不当に安く買いたたいたとしても，宅建業法上の処分を受けることはない。売主と紛争になっても，その損害賠償につき売主は営業保証金から優先的に弁済を受けることもできない。売主の売却判断に重要な影響を及ぼすこととなることに関して故意に事実を告げなくても，買主は刑事罰の対象となることもない。借地人との借地権買取交渉や借家人との明渡交渉において不当な交渉がなされたとしても，監督官庁からの処分対象とならない。

すなわち，転売がなされる以前であっても，宅地及び建物の円滑な流通を阻害するような事態は種々発生しうる。宅建業法の目的に照らせば，このような状態を法が許容しているとは言い難い。したがって，転売目的で買主として売買契約を締結することも，法2条2号の「売買」に該当すると解すべきである。高齢化社会が進む中で，高齢化した個人が売主となり，適正とは言いがたい価格の取引が増えてきていることや，インターネット上でプラットフォーマーと呼ばれる事業者を介した「C to C」取引が増大してきている今日，宅地建物取引においてもそのような取引が今後増えてくることが予想されることを考えると，売主の利益を保護し，円滑な流通が阻害されないようにすることも重要である。

以上のとおり，転売目的で買主として売買契約を締結することも，法2条2号の「売買」に該当すると解すべきであり，当該買主が業として売買契約を締結することは宅地建物取引業に該当すると解すべきである。

プラスα

このような解釈をとると，転売目的ではなく，居住目的で何度も宅地建物を購入

する場合や，賃料の利回り目的で賃貸アパートを何棟も購入する場合にまで宅地建物取引業免許が必要なのかが問題となる。しかし，法2条2号の「売買」に該当してもそれだけで宅地建物取引業免許が必要なのではなく，買受けを業として行う「宅地建物取引業」を「営む」場合に免許が必要となる。つまり，宅地建物取引業免許が必要であるか否かは，最終的には「業を営む」という文言の解釈問題となる。この点については後述するが，結論だけを先に言えば，居住目的の建物を何度も購入しても，社会通念上それは業を「営む」ということにはならないので，宅地建物取引業免許は必要ない。また，「営む」という以上は，当該行為から財産上の利益を受けることが必要であると解されるところ，賃料の利回り目的で賃貸アパートを購入し，借家人に対して立退交渉等を行うことなく保有する場合には，宅地建物取引業に該当しない賃貸業の前提としての購入にすぎず，賃料収入という形で利益を受けることになっても，建物の購入によって財産上の利益を受ける目的はないので，宅建業法で規制すべき形で業務を営んでいるとは解す必要はない。したがって，宅地建物取引業免許は必要ないと解することができる，というのが筆者の見解である。

実践知！

　最高裁の決定がある以上，実務的には，転売目的で民事執行法上の競売手続きにより宅地建物を買い受ける行為は法2条2号に定める宅地又は建物の「売買」に該当するとして対応するしかない。業として営む無免許営業には刑事罰がある以上，慎重に対応する必要がある。

　もっとも，最高裁の事案は，転売目的で競売手続による買受けを繰り返した事案である。したがって，その他の目的で競落を繰り返す場合はどうなのか，競売手続ではなく通常の売買契約で買い受ける行為を繰り返すことはどうなのか，ということは必ずしも明らかではない。このようなギリギリの案件について相談を受けた場合には，判例や学説の状況をしっかり検討・説明する必要がある。筆者の考え方の道筋は上記のとおりである。ただ，後述の「業として」や「営む」の解釈も関わり難しい問題である。

4．交換

　宅建業法では「交換」を定義していない。ここでの「交換」は，民法586条が定める「交換」であると解されている（岡本宇仁66頁，解説31頁）。したがって，当事者が金銭以外の財産権である宅地又は建物の所有権を移転す

ることを約することが交換契約であり，このような交換契約を業として締結することが「宅地建物取引業」である。

実務的にしばしば行われるのは，土地所有者がマンション分譲業者に土地を譲渡し，完成したマンションの住戸の所有権の移転を受ける「等価交換」である。

5. 貸借

宅建業法では「貸借」を定義していない。ここでは，「貸借」であって「賃貸借」や「使用貸借」と規定されていないところに意味がある。「貸借」は，無償で宅地建物を使用収益する使用貸借（民593条）と，賃料支払って宅地建物を使用収益する賃貸借（民601条）を含むと解されている（岡本宇仁66頁，解説32頁）。

業として賃貸借を行うことや使用貸借を行うことは，宅地建物取引業には該当しない。業として賃貸借の媒介を行うことや使用貸借の媒介を行うことが宅地建物取引業に該当する。宅建業法は，たとえ無償で宅地建物を借り受ける場合であっても，その媒介を業として行い，報酬を受ける行為については，借主を保護する観点から業務規制に服させることを明確にしている。

6. 代理

宅建業法では「代理」を定義していない。ここでの「代理」は，民法99条以下で定める「代理」であると解されている（岡本宇仁67頁，解説32頁）。売買の代理も貸借の代理も，業として行う場合には宅地建物取引業に該当する。代理の場合，代理人がその権限内において本人のためにすることを示してした意思表示は，本人に対して直接にその効力を生ずる（民99条1項）。したがって，例えば販売代理の場合は，代理人は売主から代理権を授与され，売主の代理人として売買契約を締結すれば，売主と買主との間で売買契約の効力を生ずる。

不動産取引実務では，例えば新築分譲マンションの販売や宅地分譲にあたり，販売業者である宅地建物取引業者が，他の宅地建物取引業者に対して販売業務を委託し，購入者の探索から契約締結まで代理人として行ってもらう販売代理の形態がとられることがある。また，事業用の物件を宅地建物取引業者が仕入れるにあたり，他の宅地建物取引業者に対して買収を委託し，買受け代理として動いてもらうこともある。このような売買の代理を業として

340　　CHAPTER 7　宅建業免許が必要な取引

行うことは，宅地建物取引業に該当する。貸借の代理も同様であり，業として貸主又は借主の代理として賃貸借契約や使用貸借契約を締結することは，宅地建物取引業に該当する。

プラスα

　法2条2号が規定する「代理」が民法99条以下に定める「代理」であるとしても，どのような代理権限を与えられた場合に法2条2号が規定する「代理」に該当するのかは，明らかではない。

　では，どう解すべきであるのか。

　「売買の代理」が宅地建物取引として定義されているのは，現実に「販売代理」という業務類型があることが大きな理由ではあるが，同時に，相手方を探索して契約の成立に尽力するという媒介業務を行っておきながら，法形式として代理によって契約を締結した場合に宅建業法の規制から逃れられるということは妥当ではないため，宅建業法はこのような代理業務を宅地建物取引業とし，開業規制・業務規制を行っているという側面もある。

　そうだとすれば，法2条2号の「代理」は，「媒介類似の代理権の授与を受けた代理である」と解釈するとすべきであろう。すなわち，契約の相手方の探索や契約内容の調整等，契約の成立に尽力しつつ，本人のためにすることを示して意思表示をすることを授権された代理が法2条2号の代理であり，業としてこのような代理を行うことが宅地建物取引業に該当すると解すべきである。媒介の要素のない代理を宅建業法で規制することは妥当ではない。弁護士が単に代理人として売買契約の交渉を行い契約を締結する権限を与えられても，それは法2条2号の「売買の代理」には該当しない。しかし，弁護士が相手方探索等の売買契約成立に向けて尽力する事務を行いつつ，代理人として売買契約の交渉を行い，契約を締結する権限を与えられた場合には，法2条2号の「売買の代理」に該当すると解される。

7. 媒介

⑴　媒介業務

　宅建業法では「媒介」を定義していない。ここでの「媒介」は，契約当事者の委託を受け，両者の間に立って売買，賃貸借等の契約の成立にむけてあっせん尽力する事実行為をいう（岡本宇仁68頁，解説32頁）。この点，商法は，商事仲立を「他人間の商行為の媒介をすることを業とする者」と規定し（商543条），ここでの媒介も，法律行為の成立に尽力することと解されている（近藤光男『商法総則・商行為法〔第8版〕』177頁）。商人ではない個人が投機を目的とせずに宅地建物の売買を行うことは商行為ではなく，したがって，その媒介を行っても商事仲立とはいえない。このような媒介を「民事仲立」という。その意味では，一般に，宅地建物取引業者は，「他人間の商行

為の媒介」を業とする者ではないので，いわゆる商事仲立人ではなく，民事仲立人である（最判昭和44・6・26民集23巻7号1264頁。205頁参照）。宅地建物取引業者が宅地建物の投機的な売買（商法501条1号の商行為）の媒介を行う場合も，商行為ではない売買の媒介を行う場合も，媒介の意義は同じである。

　仙台高秋田支判昭和46・11・2（刑月3巻11号1431頁）は，「売買の媒介とは，当事者の少なくとも一方の依頼を受け，当事者の間にあって契約の成立をあっせんするすべての行為を指称」するとし，岡山地判昭和54・9・27（判タ407号100頁）は「不動産仲介契約とは他人間の不動産売買等の法律行為の媒介，即ちその取引締結の機会を作り，又はその成立の促進，斡旋をすることを目的とし，受託者は，媒介を依頼された取引契約の成立に尽力する義務を負い，委託者は，契約の成立に対して報酬を支払うという契約」であるとする。なお，媒介契約上，媒介業務は単に契約の成立に向けて尽力する行為だけではなく，契約の履行や媒介依頼者の目的の達成に尽力行為まで行うことが定められていることについては前述（220頁参照）の通りである。

⑵　住宅情報誌・住宅情報サイト

　住宅情報誌やインターネット上の住宅情報サイトには，数多くの売買物件や賃貸物件の情報が掲載されている。現在では，購入希望者や賃借希望者の多くは，これら情報誌や情報サイトを利用している。このような情報誌や情報サイトを見た購入希望者や賃借希望者が，そのまま売買契約や賃貸借契約を締結する例もある。では，この場合，情報誌や情報サイトは，売買契約や賃貸借契約の媒介を行ったことになるのか。

　前述のとおり，媒介は，契約当事者の委託を受け，両者の間に立って売買，賃貸借等の契約の成立に向けてあっせん尽力する事実行為をいう。情報誌や情報サイトは，売主や貸主と媒介契約を締結している宅地建物取引業者から依頼を受けて物件情報の掲載を行っており，売主や貸主から依頼を受け掲載しているものではない。購入希望者や賃借希望者の依頼を受けて情報を提供しているのでもない。また，情報を見た購入希望者や賃借希望者は，直接に物件の掲載を依頼した宅地建物取引業者に連絡をし，連絡を受けた宅地建物取引業者が契約成立に尽力することはあっても，情報誌や情報サイトの運営会社が契約成立に向けて尽力することはない。したがって，情報誌や情報サイトは，売買契約や賃貸借契約の媒介を行っていうことにはならない。

不動産取引実務では，従来からいわゆる「タネ屋」と呼ばれる情報提供で報酬を得る行為を行う者が存在する。この「タネ屋」は，宅地建物取引業者に対して宅地建物取引に関する情報を提供し，取引が成立した場合には手数料・報酬の一部を取得する行為を行っている。このような情報提供行為については，情報提供にとどまっている限りは，宅地建物取引業には該当しないというのが，国土交通省・建設省の立場である（昭和38年10月8日建設計第108号建設省住宅局長回答）。これは，タネ屋の行為は，「宅地建物の取引行為に関与するものではない」ことを理由としている。要するに，宅地建物取引業者に対して情報を提供しているだけで，両当事者の間に立って契約の成立に尽力する行為をしていないので，媒介には当たらないということである。

プラスα

　IT技術の発展によって，今日ではインターネットを介して様々な取引を行うことが可能になってきていて，CtoC取引が活発になってきている。いわゆる「プラットフォーマー」と呼ばれる事業者は，ネット上に取引の場を設け，取引を行う者が，直接にその場で情報をやり取りして契約の締結を行うことができるようにしている。例えば，民泊の世界では，民泊を提供する者がインターネット上のプラットフォーマーのサイトに情報を提供し，宿泊サービスの提供を希望する者と電子メール等で契約締結交渉を行い，民泊契約を締結することが既に可能になっている。

　プラットフォーマーが宅地建物取引に関与してきた場合に，どのように考えるのかは簡単ではない。従来の不動産情報サイトとは異なり，プラットフォーマーが直接に契約当事者の間に立っていることは間違いない。もっとも，契約交渉そのものは当事者が行うのであって，プラットフォーマーは関与しないのであれば，プラットフォーマーは契約成立に尽力したとはいえないとも考えられる。しかし，従来の媒介業務では大きな労力が必要な「相手方探索」の場をプラットフォーマーが提供しているのであれば，契約成立に尽力しているという評価も可能かもしれない。さらに，例えば，プラットフォーマーが賃料の収納代行とセットで賃貸借契約に係る決済に関与するようになった場合はどうかなど，解釈論・立法論の両面で検討すべき課題となろう。

Ⅲ. 「宅地建物取引を業として行う」と「宅地建物取引業を営む」の関係

宅建業法に基づいて免許を受けることが必要である「宅地建物取引業を営む」とはどのような営業をいうのだろうか。

1. 「業として行う」の解釈

(1) 宅建業法の規定

　法2条2号は，「宅地建物取引」を「業として行うもの」を「宅地建物取引業」と定め，法2条3号は，法3条1項の免許を受けて「宅地建物取引業を営む者」を宅地建物取引業者と定義し，法12条1項で，免許を受けずに宅地建物取引業を営むことを禁止している。

　これらの規定によれば，宅地建物取引を業として行う（法2条2号）場合であっても，宅地建物取引業を営まないのであれば，宅地建物取引業免許を受ける必要はないとも解釈できる。そこで，「業として行う」と「業を営む」の意義とそれらの関係が問題になる。もっとも，宅建業法は，「業として行う」の定義も「業を営む」の定義も定めていないので，それぞれの解釈が問題となる。

(2) かつての国交省の解釈

　「業として行う」と「業を営む」の解釈については，従前からの国交省の解釈の経緯を知っておくことも意味があるので，まず，そこから見ていく。

　国交省は，建設省時代から，免許が必要な「宅地建物取引業を営む」には，営利目的は不要であるとし（解説34頁），他方で，宅地建物取引業としての宅地建物取引を「業として行う」とは，「不特定多数の者に対して，反復継続して行なわれ，社会通念上事業の遂行と見られる程度のことをいう」ことであると解釈してきた（例えば，昭和34年7月27日住総発第601号建設省住宅局住宅総務課長から愛媛県あて回答）。

　これは，免許が必要な「宅地建物取引業を営む」の範囲を定めるにあたり，次のような点を考慮したことによると考えられる。

　まず，①購入者等の利益の保護と宅地建物の流通の円滑化を図る目的との関係では，宅地建物取引業者が一般的に行っている行為は，宅建業法の適用対象とする必要がある。売買では，建物を建築したうえで宅地・建物を販売

する行為，マンションの分譲行為，宅地を造成して分譲する行為，土地を区画割して分譲する行為，既存住宅の買取転売，数多くの宅地建物を売却する行為などが宅地建物取引業者が一般的に行っている典型的な行為である。これらの売買や賃貸借の媒介を行って報酬を受ける行為，代理として報酬を受ける行為も宅地建物取引業者が一般的に行っている典型的な行為といえるので，これらの行為は消費者利益を保護する観点から法で規制される必要がある。

　次に，②宅地建物取引業の健全な発達を促進する産業政策の観点から購入者等の利益の保護を図る目的に適合する形で宅建業法の適用対象とすべき場合がある。例えば，銀行や大規模な小売業者等が顧客を対象に売買や賃貸借の媒介を行うことは，無償で行うものであったとしても，宅建業法の規制対象とし，中小の宅地建物取引業者が健全に業務を行う環境を整備する必要がある。

　さらに，③現実的に実行不可能な過度な規制を課すことは，かえって宅地建物の流通を阻害することになるので避けなければならない。例えば，個人が自己使用目的で所有している家屋や別荘を売却する場合や，宅地建物の相続人が相続税を納付するために相続物件を売却する場合に，常に宅地建物取引業免許が必要であるとしても現実には遵守されない可能性が高いうえ，遵守を必須とすれば円滑な宅地建物の流通を阻害する危険が大きいといえる。したがって，宅建業法の目的を考慮したうえで，免許が必要な行為を絞る必要がある。

　そこで，建設省は，「業を営む」の解釈を重視せず，営利目的の要否は免許の要件ではないとして②の観点から宅地建物取引業免許が必要な範囲を広げつつ，「業として行う」とは「不特定多数の者に対して，反復継続して行うこと」であるとして③の観点から宅地建物取引業免許が必要な範囲を絞り込む解釈を長く採用してきた。この結果，例えば銀行が顧客に対して宅地建物の売買を媒介する行為は，手数料を取らない場合であっても「業として行う」に該当するとして，宅地建物取引業免許が必要であると解してきた（昭和38年6月8日計総第75号建設省住宅局総務課長回答）。また，特定の宅地建物取引業者に対して一括で売却する場合には「不特定多数の者に対して，反復継続して行う」ことには該当せず，しかも免許の要件として「業を営む」に特段の意味を持たせないので，個人が自己使用目的で所有している家屋や別荘を売却する場合や，宅地建物の相続人が相続税を納付するために相続物

件を売却する場合であっても，宅地建物取引業者に対して一括売却すれば免許が不要であると解してきた。

しかし，日本の経済の長期低迷状態の中で，企業がリストラの一環で，保有していた不動産を換価するために売却する事例が増大してきた。企業から見れば，リストラの一環とはいえ，販売価格は少しでも高い方が望ましい。したがって，一括売却ではなく，個別売却を行う場合でも免許が必要ない場合がありうるのではないかという問題意識が生じてきた。

このような状況のもと，「宅地建物取引業法の解釈・運用の考え方について」（平成13年1月6日付け国土交通省総合政策局不動産業課長から各地方支分部局主管部長あて通達）の中で，新たな解釈が示された。

(3) 現在の国交省の解釈

国交省は，「宅地建物取引業法の解釈・運用の考え方」という通知の中で，次のような解釈を示している。

（第2条2号関係）
1 「宅地建物取引業」について
(1) 本号にいう「業として行う」とは，宅地建物の取引を社会通念上事業の遂行とみることができる程度に行う状態を指すものであり，その判断は次の事項を参考に諸要因を勘案して総合的に行われるものとする。
(2) 判断基準
① 取引の対象者
　広く一般の者を対象に取引を行おうとするものは事業性が高く，取引の当事者に特定の関係が認められるものは事業性が低い。
（注）特定の関係とは，親族間，隣接する土地所有者等の代替が容易でないものが該当する。
② 取引の目的
　利益を目的とするものは事業性が高く，特定の資金需要の充足を目的とするものは事業性が低い。
（注）特定の資金需要の例としては，相続税の納税，住み替えに伴う既存住宅の処分等利益を得るために行うものではないものがある。
③ 取引対象物件の取得経緯
　転売するために取得した物件の取引は事業性が高く，相続又は自ら使用するために取得した物件の取引は事業性が低い。
（注）自ら使用するために取得した物件とは，個人の居住用の住宅，事業者の事

業所，工場，社宅等の宅地建物が該当する。

④　取引の態様

　自ら購入者を募り一般消費者に直接販売しようとするものは事業性が高く，宅地建物取引業者に代理又は媒介を依頼して販売しようとするものは事業性が低い。

⑤　取引の反復継続性

　反復継続的に取引を行おうとするものは事業性が高く，1回限りの取引として行うとするものは事業性が低い。

（注）反復継続性は，現在の状況のみならず，過去の行為並びに将来の行為の予定及びその蓋然性も含めて判断するものとする。また，1回の販売行為として行われるものであっても，区画割りして宅地の販売等複数の者に対して行われるものは反復継続的な取引に該当する。

2　その他

(1)　組合方式による住宅の建築という名目で，組合員以外の者が，業として，住宅取得者となるべき組合員を募集し，当該組合員による宅地の購入及び住宅の建築に関して，指導，助言等を行うことについては，組合員による住宅又は建物の取得が当該宅地又は建物の売買として行われ，かつ，当該売買について当該組合員以外の者が関与する場合には，通常当該宅地又は建物売買又はその媒介に該当するものと認められ，宅地建物取引宅建業法が適用されることとなる。

　なお，組合員の募集が宅地又は建物が不特定のまま行われる場合であっても，宅地又は建物が特定された段階から宅建業法が適用されることとなる。

(2)　破産管財人は，破産財団の管理処分権を有し，裁判所の監督の下にその職務として財産の処分及び配分を行うものであり，破産財団の換価のために自らの名において任意売却により宅地又は建物の取引を反復継続的に行うことがあるが，当該行為は，破産法に基づく行為として裁判所の監督の下に行われるものであることにかんがみ，法2条第2号にいう「業として行うもの」には該当せず，当該行為を行うにあたり法第3条第1項の免許を受けることを要さないものとする。

　ただし，当該売却に際しては，必要に応じて，宅地建物取引業者に代理又は媒介を依頼することにより，購入者の保護を図ることが望ましい。

（中　略）

（第12条第1項関係）

無免許の者が宅地建物取引業者の媒介等を経て取引を行った場合について

　免許を受けていない者が業として行う宅地建物取引に宅地建物取引業者が代理又は媒介として関与したとしても，当該取引は無免許事業に該当する。

　また，宅地建物取引業者が無免許事業に代理又は媒介として関与した場合は，当該宅地建物取引業者の行為は法第65条第2項第5号又は法第66条第1項第9号に該当する。

国交省の解釈では，「業として行う」は，諸要因を勘案して総合的に判断することになる。また，法 12 条 1 項についての「解釈運用の考え方」では「免許を受けていない者が業として行う宅地建物取引」を無免許事業に該当する旨の解釈が示されていることからすると，国交省は，宅地建物取引を業として行うだけで宅地建物取引業免許が必要であるとしている。すなわち，国交省は，諸要因を総合的に勘案するとして「業として行う」という要件で免許が必要な行為を絞り込む反面，宅地建物取引「業を営む」という要件では何ら絞り込みを行わないという解釈をとっている。

⑷　最高裁の判例

　免許の要件との関係では，最高裁の判例がある。しかし，現在の国交省の解釈と最高裁の判例とが同じではない。弁護士としては悩ましい。

　最決昭和 49・12・16（刑集 28 巻 10 号 833 頁，以下「昭和 49 年決定」という）は，「『宅地建物取引業を営む』とは，営利の目的で反復継続して行う意思のもとに宅建業法 2 条 2 号所定の行為をなすことをいうものと解するべきである。」との判断を示している。同判例の判例解説（最判解刑事篇昭和 49 年度 157 頁）によれば，この事案は，宗教法人の代表社員が伽藍建立の資金を調達するために，寺の所有地を宅地に造成し，60 数区画の分譲住宅地として 16 回にわたり 16 人の顧客に販売したことで法 12 条 1 項の無免許営業の刑事責任を問われた事案である。原審は，「宅建業法 2 条 2 号……の『業として行う』とは，……不特定多数の者を相手方として反復継続して行うこと……をいい，必ずしも営利の目的をもってすることを要しないものと解すべき」との判断を示して被告人を有罪とした。しかし，最高裁は，上述の解釈を示したうえで，「これに反する原判断は，法令の解釈を誤ったものである」が，被告人が利得の目的を有していたことは明らかであるとして，被告人を有罪とした。

　したがって，昭和 49 年決定によれば，①法 2 条 2 号の「業として行う」とは，「反復継続して行う意思の下に宅地建物取引を行うこと」であり，②宅地建物取引業免許が必要な「宅地建物取引業を営むこと」は，「営利の目的で宅地建物取引業を行うこと」である。「営利の目的で」とは，財産上の利益を図ることを目的とすることをいい，営業犯の場合には，この目的が個々の行為について存することは必要でなく，反復して行われる一連の行為

348　　CHAPTER 7　宅建業免許が必要な取引

を全体的に見て，営利の目的があれば足りる（前掲最判解刑事篇昭和49年度161頁）。また，③営利の目的なく宅地建物取引業を行う場合には，宅地建物取引業免許は必要ない。

　昭和49年決定は，「業として行う」と「業を営む」を区別して規定している宅建業法の条文を前提に，他の「業法」と呼ばれている各種事業法で「業として」が「反復継続の意思で行うこと」と解釈されている最高裁判例と同様の解釈をとりつつ，「反復継続の意思で行うこと」だけで免許を必要とすることは，宅建業法の目的・趣旨との関係では規制として広範に過ぎると解して，「営利の目的」がある場合にだけ免許が必要であるとして免許が必要な行為を絞っている。

> **プラスα**
>
> 　民事執行法上の競売手続きにより宅地建物を買い受ける行為が法2条2号に定める宅地又は建物の「売買」に該当するとして，無免許で宅地建物取引業を営んだ被告人を有罪とした前掲最判平成16・12・10は，決定の中では「業として行う」と「業を営む」の定義に関する判断は示していない。ただ，この決定に対する判例解説の中では，注の中で昭和49年決定を上げて「本法12条1項にいう『宅地建物取引業を営む』とは，営利の目的で反復継続して行う意思の下に本法2条2号所定の行為をなすことをいうとしている。したがって，同号所定の宅地・建物の『売買』等を業として行う行為（反復継続の意思で行う行為）は，『営利の目的』がなくとも同号にいう『宅地建物取引業』に当たるが，『営利の目的』がなければ，免許を受けずに同号所定の宅地・建物の『売買』等を業として行っても，本罪は成立しない。」としている（前掲最判解刑事篇平成16年度617頁）。つまり，昭和49年決定は，平成13年に示された解釈運用の考え方の下でも，規範として効力を有しているといえる。

(5) 実務の視点

　国交省の解釈も，最高裁の解釈も，免許が必要な行為を絞る必要があるという点では同じ方向を向いている。ただ，「業として行う」という要件だけで絞るのか，「業として行う」と「業を営む」との両者の要件で絞るのかが異なっている。いずれも，宅建業法の目的から考えて免許が必要な行為という視点から絞っているので，多くの場合，結論に大きな差はないはずである。

会社（非宅地建物取引業者）が所有している遊休地を区画割して分譲地として売り出すことは，国交省の解釈によっても，最高

<table>
<tr><td>実践知！</td><td>裁の解釈によっても，宅地建物取引業を営むことに該当するので，宅建業の免許が必要である。

　免許の要否が問題となる事案については，比喩的にいえば，「典型的な宅地建物取引業者の業務からの距離」を検討するのが実務家の感覚である。距離が近ければ宅建業法の目的との関係で免許が必要と解することになるし，距離が遠ければそこまで規制の対象ではない，と考えることもできるかもしれない。そのうえで，国交省・最高裁の解釈にあてはめ，根拠を明確にする。</td></tr>
</table>

2. 筆者の見解

　筆者は，「業を営むと評価できる宅地建物取引」という実質的な判断を，最高裁同様，「業として行う」と「業を営む」の2段階の解釈を通じて行うべきであると考える。以下は，本件論点に関する筆者の考え方である。

(1)　国交省の解釈の検討

　営業の自由を制約する開業規制（免許制）が宅建業法で定められているのは，宅建業法の目的が公共の福祉の観点から必要なものであると解されるからである。したがって，免許が必要な行為は，宅建業法の目的を達成する限度で認められるはずであり，宅地建物取引すべてに免許が必要なのではなく，宅地建物取引を業として行い，かつ，業を営むと評価できる宅地建物取引に限定される。免許が必要な行為を判断するにあたっては，どこかの段階で「業を営むと評価できる宅地建物取引」という実質的な判断をして，対象行為を絞る必要がある。

　国交省の解釈では，「業を営む」か否かの判断に営利の目的は不要であるとしつつ，「業として行う」とは「社会通念上事業の遂行とみることができる程度に行う状態を指す」として最高裁とは異なる解釈を行い，判断基準は「諸要因を勘案して総合的に行われる」としている。

　この国交省の解釈は，「業を営むと評価できる宅地建物取引」という実質的な判断を「社会通念上事業の遂行とみることができる程度に行っていること」という基準に置き換え，もっぱら「業として行う」の解釈だけで「業を営むと評価できる宅地建物取引」を決定しようとする解釈であるといえる。

　この解釈は，免許が必要な「宅地建物取引業を営む」行為の範囲を法の目

的に合わせて限定する方向の解釈であり，また，国交省による判断基準となる諸要因の選択も適切であると考えられる。相続で取得した物件を相続税の納税目的で宅地建物取引業者に媒介を依頼して売却する場合や自己使用目的で取得した物件を借入金返済目的で宅地建物取引業者に媒介を依頼して売却する場合などは，「社会通念上事業の遂行とみることができる程度に行う状態とはいえない」として免許不要との判断を行うことができ，従来の国交省の解釈上の難点を解消することに成功しているともいえる。

しかし，国交省のこの解釈には，2つの点で課題がある。

第1に，「社会通念上事業の遂行とみることができる程度に行っていること」をすべて「業として行う」の解釈として行うため，「業として行う」の判断要因が多くなり，「解釈・運用の考え方」2条2号関係1(2)　①〜⑤の要因相互の優劣関係が必ずしも明確ではない。例えば，自己使用目的で取得した物件を借入金返済目的で宅地建物取引業者に媒介を依頼して売却する（②，③，④で「事業性が低い」）場合であっても，広く一般の者を対象に，反復継続の意思で売却する（①，⑤で事業性が高い）場合は免許は必要なのだろうか。転売目的で取得した物件を親族に対して借入金返済目的で反復継続の意思を持って売却する（①，②，④で事業性が低い，③，⑤で事業性が高い）場合は免許が必要なのだろうか。

第2に，国交省の解釈は，反復継続の意思の有無を「業として行う」に該当すると解釈するための諸要因の1つであるとしている。これは，「反復継続して行う意思の下に宅地建物取引を行うこと」が「業として行うこと」そのものであるとする最高裁の判断と大きく異なっていて，法律実務家としては採用することに抵抗感が高い解釈である。

以上のような国交省の解釈の難点を前提とすると，筆者は，「業を営むと評価できる宅地建物取引」という実質的な判断を，最高裁同様，「業として行う」と「業を営む」の2段階の解釈を通じて行うべきであると考える。すなわち，①法2条2号の「業として行う」とは，「反復継続して行う意思の下に宅地建物取引を行うこと」であり，②宅地建物取引業免許が必要な「宅地建物取引業を営むこと」は，「営利の目的で宅地建物取引業を行うこと」である。

(2)　「業として行う」の解釈

まず，「業として行う」は，「反復継続して行う意思の有無」によって判断

する。広く一般を対象に，不特定多数を対象に取引を行おうとすることは，
「反復継続して行う意思がある」と解す方向の事情となる。このような観点
から考えると，国交省が「社会通念上事業の遂行とみることができる程度に
行う状態」の判断基準としての①取引の対象者と⑤取引の反復継続性は，
「業として行う」を判断するための事情と解することができる。不特定多数，
広く一般の者を対象に取引を行おうとすることは，反復継続して行う意思を
基礎づける事情と考えられる。また，宅地造成する場合や区画割して宅地を
販売することは，反復継続して行う意思を基礎付ける。

　もっとも，この要件だけで免許が必要と解することは，宅建業法の目的か
ら見て過剰な規制であると解される。したがって，「業を営む」を営利の目
的と解して，営利の目的で宅地建物取引業を行った場合のみ，免許が必要で
あるとして，免許が必要とされる要件を絞る必要がある。

(3)　「業を営む」の解釈

　「業を営む」は，「営利の目的」で業を行うことである。「営利の目的」と
は，財産上の利益の獲得を図ることを目的とすることをいう（前掲最判解刑
事篇昭和49年度161頁）。もっとも，財産上の利益の獲得を図ることという
のは，少なくとも収支が相償う取引を行うことが予定されていることである
と解される（近藤・前掲20頁）。このような利益を確保する目的があれば，
実際に利益を確保したか否かは関係ない。

　では，売却の場合の「営利の目的」とはどのようなことをいうのか。宅地
建物取引業者は，宅地建物を安く仕入れて仕入価格以上で販売して利益の獲
得を図る目的で事業を行う。また，宅地造成したり，マンションを建築して
分譲したり，リフォームしたりする等，宅地建物に付加価値を付けて販売し
て利益の獲得を図る目的で事業を行う。これらの場合には，営利の目的があ
る売却であるといえる。これに対し，例えば，個人が居住して使用していた
宅地建物を宅地建物取引業者に媒介を委託して売却する場合はどう考えるべ
きか。この場合，確かに，当該売主は売却代金を取得する。しかし，仮に売
却代金が1000万円であったとしても，それは1000万円の価値を有する不
動産が1000万円の金銭に変わっただけであり，しかも仲介手数料を支払う
ので，当該売却では収支が相償わない。つまり，このような取引は，類型的
に営利の目的は認められない。そもそも，自宅を市場価格で売却する個人は，
対価たる金銭を受領することだけで営利目的で売却したことになるとは考え

ていないはずである。したがって，このような取引については，営利目的が
ない，業を営むではない，と解釈しても，社会通念に合致する。

　このような観点から考えると，国交省が「社会通念上事業の遂行とみるこ
とができる程度に行う状態」の判断基準として示している②取引の目的，③
取引対象物件の取得経緯，④取引の態様は，「業を営む」を判断するための
事情と解することができる。付加価値を付けるなどして利益を目的としてい
る取引は営利目的があると認められ，取引対象物件を転売目的で取得してい
れば営利目的があると認められ，自ら購入者を募り一般消費者に直接販売す
る場合には，市場価格以上の利益を取得しようとするもので営利目的がある
と認められやすい。また，宅地造成する場合や区画割して宅地を販売するこ
とは，反復継続の意思が認められると同時に，付加価値を付けて売却するも
のであるので，営利目的も認められる。破産管財人が破産財団に属する宅地
建物を換価するために宅地建物を売却する場合，この行為はまさに「換価」
であって，不動産の価値を金銭に交換するだけであって，類型的に利益を獲
得することを目的としていない。さらに，破産手続での売却は，手続の迅速
性が優先されるため，市場価格以下で売却されることも多いことを考えると，
破産管財人が裁判所の関与の下で宅地建物を売却しても，類型的には，利益
を獲得することを目的としていないといえる。営利目的は存在しないので，
仮に反復継続の意思があったとしても，宅地建物取引業免許は必要ない。し
かし，破産管財人が区画割するなどして付加価値を付けて売却する場合には，
利益の獲得を目的にしていると解されるため，営利目的が認められよう。

　以上のような解釈を採れば，最高裁の判例と整合性を保ちつつ，免許が必
要な「宅地建物取引業を営むこと」の範囲を適切なものとすることができる
と考えられる。

Ⅳ．無免許営業の禁止

どのような場合に宅建業免許が必要なのか，具体的に検討してみよう。

1．禁止事項

　法3条1項の免許を受けない者は，宅地建物取引業を営んではならない
（法12条1項）。法12条1項は，「宅地建物取引業を営もうとする者は，免
許を受けなければならない」とする法3条1項の規定の趣旨を改めて明確

に定めている。

「法3条1項の免許を受けない者」というのは，法3条1項の免許申請を行っていない者はもちろん，法3条1項の免許を申請中であってもまだ免許を受けていない者や免許申請に対して免許を拒否された者を含む。法3条1項の免許を受けた者であっても，免許を取り消された者（法25条7項・66条・67条1項）や，更新手続を行わずに免許が失効した者も，「法3条1項の免許を受けない者」に該当する。

2. 具体例の検討

(1) 所有地を分割して売却

[事例①] 例えば，会社が資金調達のために，会社所有地を宅地に造成して，60区画に分割して分譲地として一般の顧客に売却するには，宅建業の免許は必要か。

前掲最決昭和49・12・16は，宗教法人の代表者が，寺の伽藍建立のための資金を調達するために，寺の所有地である山林を宅地に造成して，60数区画に分割して分譲地として一般の顧客に売却した事案につき，「宅地建物取引業を営む」の意義について，「営利の目的で反復継続して行う意思のもとに宅地建物取引業法2条2号所定の行為をなすことをいうものと解すべきである。」とし，「被告人が本件宅地の売渡しにつき利得の目的を有していたことが明らかである」とした。反復継続して行う意思の下に宅地建物取引を行い，営利の目的が認められる以上，宅建業免許なく行えば無免許営業となる。

筆者の見解も最高裁の判断と同様であり，「所有地を宅地に造成して，60区画に分割して」いるので，反復継続の意思が認められるので「業として宅地を売買する行為」を行っており，さらに，「所有地を宅地に造成して，60区画に分割して」いる以上，山林の価値を増大させて売却する意思があるといえるので，営利の目的も認められる。したがって，このような行為には，宅地建物取引業免許が必要であると解する。なお，主体が会社ではなく，例えば公益法人等の非営利法人であっても，免許が必要な「営利の目的」の有無とは関係ないので，免許が必要となる。

現在の国土交通省の解釈によれば，取引の対象者は広く一般の者を対象としているので事業性が高く，取引の目的は特定の資金需要の充足を目的とするので事業性が低く，取引対象物件の取得経緯は転売目的ではなく従来から所有している物件であるので事業性が低く，取引の反復継続性は区画を分割

しているので反復継続性が認められるので事業性が高いということを総合的に勘案して，事業性があると判断し，このような行為には宅地建物取引業免許が必要であると判断することになろう。

プラスα

　もともと自己使用していた土地を複数に分割し，又は宅地造成するなどして複数の者に売却する場合の免許の要否はどのように考えるべきか。国土交通省は，建設省時代から，このような行為については，一貫して免許が必要である旨を示してきた（昭和 41 年 2 月 24 日建設計政発第 75 号，昭和 46 年 3 月 26 日阪計宅政発第 94 号，昭和 47 年 12 月 13 日計宅政発第 10 号等）。さらに，このような行為は，宅地建物取引業者に売却の媒介・代理を委任したとしても，免許が必要であるとしてきた（昭和 40 年 12 月 6 日計政発第 117 号，昭和 47 年 12 月 13 日計宅政発第 10 号等）。

　思うに，もともと自己使用していた土地であっても，複数に分割し，又は宅地造成するなどして複数の者に売却する場合には，反復継続の意思が認められることに加え，例えばそのまま売却すれば 1 億円の時価の土地の価値を増大させて売却を図っているものであり，営利目的も認められる。したがって，宅地建物取引業免許が必要である。

　他方で，国土交通省は，建設省時代から，もともと自己使用していた土地を複数に分割し，又は宅地造成するなどして売却する場合でも，一括して宅地建物取引業者に売却する場合には，免許は不要であるとしてきた（昭和 40 年 12 月 6 日計政発第 117 号，昭和 47 年 12 月 13 日計宅政発第 10 号等）。この点については，単純に，宅地建物取引業者に対する一回の売却では反復継続の意思が認められないので「業として」に該当しないから免許は不要と解すればよい。あえて「諸要因を総合的に勘案」する必要はないように思われる。

(2)　特定の資金需要のために宅地建物取引業者を介して所有地を売却

［事例②］株式会社が自己使用目的で使用してきた工場や建物を宅地建物取引業者に媒介を依頼して，借入金返済のために市場価格でそのまま売却する場合や，個人が相続した土地や建物を宅地建物取引業者に媒介を依頼して，相続税納税のために市場価格で売却する場合には，宅建業の免許は必要か。

　現在の国交省の解釈によれば，取引の対象者は広く一般の者を対象としているので事業性が高く，取引の目的は特定の資金需要の充足を目的とするので事業性が低く，取引対象物件の取得経緯は相続又は自ら使用する目的で取得しているので事業性が低く，宅地建物取引業者に媒介を依頼する取引態様は事業性が低く，反復継続的に取引を行えば事業性が高い，ということを総合的に勘案することになる。おそらく，通常は免許不要であるとの結論となると考えられるが，不明確であることは否めない。

「業として行う」と「業を営む」の要件で検討する筆者の立場では，次のように解する。すなわち，このような場合，何回かに分けて売却を行う場合等には，反復継続の意思は認められる可能性が大きい。しかし，宅地建物取引業者に媒介を依頼してそのままの市場価格で売却するのであれば，例えば時価1億円の宅地・建物を1億円の金銭に交換するだけであり，さらに媒介手数料等を宅地建物取引業者に支払うことを考えれば，収支相償う取引であるとは類型的にいうことができない。したがって，このような行為には，営利の目的を認めることができず，宅地建物取引業免許は必要ない。

(3) 転売目的で購入した複数の不動産を売却

[事例③] 転売目的で購入した複数の不動産を売却する場合には，宅建業の免許は必要か。

現在の国交省の解釈によれば，取引の対象者を広く一般の者を対象とすれば事業性が高いと判断され，もともと転売益を目的として購入したものを売却する場合には取引目的も取得経緯からも事業性が高いと判断され，宅地建物取引業者に媒介を依頼すれば事業性は低いものの，反復継続的に取引を行おうとしているので事業性が高いということを総合的に勘案することになる。おそらく，免許が必要であるとの結論となると考えられる。

「業として行う」と「業を営む」の要件で検討する筆者の立場では，次のように解する。すなわち，複数の不動産を売却しているので，反復継続の意思は認められ，もともと転売目的で仕入れた不動産を売却する行為には営利の目的があることは明らかである。よって，このような行為には宅地建物取引業免許が必要である。「営む」に該当するかは，営利の「目的」があれば認められるので，結果として利益を獲得できるか否かは，宅地建物取引業免許の要否には関係ない。

(4) 転売目的での不動産の購入

[事例④] 転売目的で繰り返し土地を購入する場合に，宅建業免許は必要か。

購入については，国土交通省は明確な解釈を示していない。

他方，最高裁は，前掲最決平成16・12・10において，民事執行法上の競売手続により宅地建物を買い受ける行為は宅建業法2条2号所定の宅地又は建物の「売買」にあたるとし，営利の目的で反復継続して行う意思の下に業として行う態様においては免許が必要であるとした原審の結論を維持した。

したがって，このような相談を受けた弁護士としては，少なくとも購入行為が競売手続によるものである場合で，反復継続の意思が認められる場合には，宅建業免許を受けなければ刑事罰に処せられる可能性があることを指摘する必要がある。競売手続によらない購入の場合にどうするかそれぞれの判断に委ねられるが，刑事罰リスクがあることを指摘する必要はあろう。

「業として行う」と「業を営む」の要件で検討する当職の立場では，次のように解する。すなわち，「繰り返し」購入していれば反復継続の意思は明らかに認められる。転売目的の購入であれば，売買によって利益を取得する目的があることは明らかであり，「営利の目的」も認められる。よって，このような行為には宅地建物取引業免許が必要である。

売主の保護という点を考えると，このような行為を規制する必要もまた宅建業法の目的に含まれると考えられる。したがって，宅地建物取引業者の仕入れ行為に該当する行為であれば，免許の対象とするべきであろう。

(5) 使用収益目的での不動産の購入

[事例⑤] 資産として使用収益する目的で繰り返し土地や建物を購入する場合に，宅建業免許は必要か。

購入については，前述のとおり，国土交通省は明確な解釈を示していない。

「業として行う」と「業を営む」の要件で検討する当職の立場では，次のように解する。すなわち，「繰り返し」購入していれば反復継続の意思は認められる。他方で，宅地建物を自ら使用することも，賃貸することも，宅地建物取引業の規制対象ではなく，このような目的での購入を反復継続して行っても，宅地建物取引業から利益を獲得する目的があるとはいえない。資産保有目的の購入行為の場合，購入によって利益を図るという目的を認めることは類型的にはできない。したがって，資産として使用収益する目的で繰り返し土地を購入する場合には，「業として売買を行っている」ものの，「業を営む」に該当しないので，宅建業免許は必要ない。

(6) 非宅地建物取引業者による無料の媒介

[事例⑥] 銀行や小売店が顧客に対して宅地建物の売買の媒介や建物賃貸借の媒介を無料で行う場合には，宅建業免許は必要か。

現在の国交省の解釈によれば，取引の対象者は広く一般の者であるので事業性が高く，取引の目的は広い意味での利益獲得目的であり事業性が高く，

反復継続的に行うので事業性が高いので，これらを総合的に勘案すると，宅地建物取引を社会通念上事業の遂行とみることができる程度に行っていて「業として行う」に該当するので，宅地建物取引業免許が必要であるということになるといえよう。かつての建設省は，金融機関が行う不動産売買のあっせんにつき，「宅地又は建物の売却斡旋の依頼をうけ，反復継続的に斡旋する場合は，手数料，謝礼等の報酬を受けなくても，宅建業法第2条第2号の宅地建物取引業に該当し，したがって同法の適用を受けるものと解する。」としている（昭和38年6月8日計総第75号）。

　「業として行う」と「業を営む」の要件で検討する筆者の立場では，次のように解する。すなわち，銀行や小売店が顧客に対して宅地建物の売買や建物賃貸借の媒介を行うことは，無料で行ったとしても，一連の行為を全体的に見れば，媒介という顧客サービスを提供することで顧客を確保するという利益を獲得する目的が類型的に認められるので，営利の目的が認められる。反復継続の意思があることは明らかであり，このような行為を行うためには，宅地建物取引業免許が必要である。

実践知！

　無免許で宅地建物取引業を営むと刑事罰がある。したがって，事前に相談を受けた場合には，保守的に検討せざるを得ない。もっとも，解釈にあたっては，トートロジーではあるが，「宅地建物取引業者が行うような業務には免許が必要」という実務的な感覚が重要である。過去の行政実例を知っておくことも重要である。

大審院

大判大正 13・6・23 民集 3 巻 9 号 339 頁 ……………………………………81

最高裁判所

最判昭和 24・10・4 民集 3 巻 10 号 437 頁 ………………………………66

最判昭和 33・6・5 民集 12 巻 9 号 359 頁 …………………………………69

最判昭和 36・5・26 民集 15 巻 5 号 1440 頁 ……………………………235

最判昭和 40・11・24 民集 19 巻 8 号 2019 頁 ……………………………68, 69

最判昭和 41・1・21 民集 20 巻 1 号 65 頁 ………………………………68

最判昭和 41・4・14 民集 20 巻 4 号 649 頁 ………………………110, 111, 112

最判昭和 43・8・20 民集 22 巻 8 号 1677 頁 ……………………………284

最判昭和 44・6・26 民集 23 巻 7 号 1264 頁 …………………205, 224, 287, 342

最判昭和 45・2・26 民集 24 巻 2 号 104 頁 ……………………………280

最判昭和 45・10・22 民集 24 巻 11 号 1599 頁 ………………228, 289, 290

最判昭和 49・11・14 集民 113 号 211 頁 ……………………………220, 293, 294

最決昭和 49・12・16 刑集 28 巻 10 号 833 頁 ……………………………348, 354

最判昭和 50・12・26 民集 29 巻 11 号 1890 頁 …………………………287

最判昭和 55・6・5 判時 978 号 43 頁 ……………………………………245

最判昭和 56・9・8 判時 1019 号 73 頁 …………………………………77, 111

最判昭和 59・4・20 民集 38 巻 6 号 610 頁 ……………………………190

最判昭和 59・9・18 判時 1137 号 51 頁 ………………………………163

最判平成 4・10・20 民集 46 巻 7 号 1129 頁 …………………………127

最判平成 5・3・16 民集 47 巻 4 号 3005 頁 ……………………………69

最判平成 5・4・23 判タ 823 号 137 頁 …………………………………43

最判平成 13・11・27 民集 55 巻 6 号 1311 頁 …………………………127

最判平成 16・11・18 民集 58 巻 8 号 2225 頁 …………………………26

最決平成 16・12・10 刑集 58 巻 9 号 1061 頁 …………………337, 349, 356

最判平成 17・9・16 判タ 1192 号 256 頁 …………………………27, 60, 268

最判平成 17・12・16 判タ 1200 号 127 頁 ………………………173, 178, 180

最判平成 19・2・27 判タ 1237 号 170 頁 ………………………………166

最判平成 22・6・1 民集 64 巻 4 号 953 頁 ……………………77, 78, 79, 80, 102

最判平成 22・7・16 判タ 1333 号 111 頁 ……………………………200

最判平成 23・3・24 民集 65 巻 2 号 903 頁 ……………………………187

最判平成 23・4・22 民集 65 巻 3 号 1405 頁 …………………………26, 37, 47

最判平成 23・7・15 民集 65 巻 5 号 2269 頁 …………………………191

最判平成 24・9・13 民集 66 巻 9 号 3263 頁 …………………………201

最判平成 25・3・22 判タ 1389 号 91 頁 ……………………………112

最判昭和 36・5・26 民集 15 巻 5 号 1440 頁 ……………………………246

高等裁判所

東京高判昭和 32・7・3 判時 122 号 4 頁 ……………………………242

大阪高判昭和 37・6・21 判時 309 号 15 頁 ……………………………115

仙台高秋田支判昭和 46・11・2 刑月 3 巻 11 号 1431 頁 ……………342

東京高判昭和 50・6・30 判時 790 号 63 頁 ……………………………15

東京高判昭和 52・3・31 判時 858 号 69 頁 …………………………42, 46

札幌高判昭和 53・8・15 判タ 374 号 119 頁 ………………………81, 89

東京高判昭和 53・9・21 判時 914 号 66 頁 ……………………………107

名古屋高判昭和 54・12・11 金商 633 号 6 頁 ………………………111

東京高判昭和 57・4・28 判タ 476 号 98 頁 ………………………235, 247

大阪高判昭和 58・7・19 判時 1099 号 59 頁 ……………………42, 248

大阪高判昭和 60・6・28 判タ 565 号 110 頁 …………………………243

東京高判昭和 62・6・30 判時 1240 号 66 頁 …………………………107

東京高判平成元・2・6 金商 823 号 20 頁 ……………………………242

東京高判平成 2・1・25 金商 845 号 19 頁 ……………………………44

東京高判平成 6・5・25 判時 1458 号 87 頁 …………………………92

大阪高判平成 10・3・24RETIO40 号 82 頁 …………………………148

福岡高判平成 11・8・31 判時 1723 号 60 頁 ………………………139, 141

東京高判平成 11・9・8 判タ 1046 号 175 頁 …………………………54

大阪高判平成 11・9・17 判タ 1051 号 286 頁 …………………………58

大阪高判平成 11・9・30 判時 1724 号 60 頁 …………………………108

東京高判平成 12・12・7 判時 1741 号 84 頁 …………………………325

名古屋高判平成 13・3・29 判時 1767 号 48 頁 ………………………71

東京高判平成 13・12・26 判タ 1115 号 185 頁 ………………………255

東京高判平成 14・3・13 判タ 1136 号 195 頁 …………160, 161, 165, 166

名古屋高判平成 15・2・5 判例秘書 L05820284 …………………………147

東京高判平成 15・9・25 判タ 1153 号 167 頁 …………………………88

福岡高那覇支判平成 15・12・25 判タ 1153 号 149 頁 …………………294

大阪高判平成 16・12・2 判タ 1189 号 275 頁 …………………………64, 265

福岡高判平成 18・3・9 判タ 1223 号 205 頁 …………………………120

大阪高判平成 18・12・19 判タ 1246 号 203 頁 ………………………116

東京高判平成 20・1・31 金商 1287 号 28 頁 …………160, 161, 165, 166

福岡高判平成 23・3・8 判時 2126 号 70 頁 …………………………121

大阪高判平成 25・7・12 判時 2200 号 70 頁 ………………………38, 103

東京高判平成 29・1・25 判例秘書 L07220075 …………………………197

地方裁判所

東京地判昭和 32・3・12 判時 112 号 35 頁 …………………………108

東京地判昭和 34・12・16 判タ 102 号 49 頁 …………………………239

東京地判昭和 38・8・15 判タ 154 号 70 頁 ……………………292
東京地判昭和 40・5・31 判タ 179 号 149 頁 ………………81
東京地判昭和 42・9・22 判タ 215 号 167 頁 ………………242
大阪地判昭和 43・6・3 判タ 226 号 172 頁 …………237, 259
大阪地判昭和 44・8・28 判時 585 号 67 頁 ………………108
仙台高秋田支判昭和 46・11・2 刑月 3 巻 11 号 1431 頁 …204
東京地判昭和 49・1・25 判時 746 号 52 頁 …………………56
東京地判昭和 49・9・6 判時 770 号 61 頁 …………………110
広島地判昭和 50・7・18 判タ 332 号 319 頁 ………………82
東京地判昭和 50・12・24 判例秘書 L03030339 …………292
東京地判昭和 54・7・26 判時 947 号 74 頁 ………………45
岡山地判昭和 54・9・27 判タ 407 号 100 頁………205, 342
東京地判昭和 56・6・15 判時 1020 号 70 頁 ……………110
東京地判昭和 56・11・10 判タ 467 号 122 頁 ……………108
東京地判昭和 57・1・21 判時 1061 号 55 頁 ……………104
東京地判昭和 58・2・14 判時 1091 号 106 頁 ……………109
東京地判昭和 58・12・27 判時 1124 号 191 頁 ……………56
東京地判昭和 59・2・24 判時 1131 号 115 号 ……………243
京都地判昭和 59・2・29 判時 1125 号 156 頁 ……………104
千葉地判昭和 59・8・7 判タ 542 号 245 頁 ………………97
横浜地判昭和 60・2・27 判タ 554 号 238 頁………………83, 84
大阪地判昭和 60・4・26 判時 1195 号 115 頁 ……………124
大阪地判昭和 60・11・15 判時 1199 号 117 頁 ……………85
神戸地判昭和 61・9・3 判時 1238 号 118 頁 ………………97
東京地判昭和 61・10・15 判時 1248 号 73 頁 ……………42
大阪地判昭和 61・12・12 判タ 668 号 178 頁 …………123, 124
千葉地判昭和 62・7・17 判時 1268 号 126 頁 ……………112
東京地判昭和 63・2・29 判タ 675 号 174 頁 ………………16
札幌地判昭和 63・6・28 判時 1294 号 110 頁 ……………55
横浜地判平成元・9・7 判時 1352 号 126 頁 …………114, 125
東京地判平成 2・6・26 判タ 743 号 190 頁 …………123, 124
東京地判平成 2・12・26 金判 888 号 22 頁 ………………17
名古屋地判平成 3・1・23 金判 877 号 32 頁 ……………81, 90
東京地判平成 3・2・28 判時 1405 号 60 頁 ………………250
大阪地判平成 3・6・28 判時 1400 号 95 頁 ………………91
京都地判平成 3・8・27 判タ 777 号 153 頁 ………………240
福岡地判平成 3・12・26 判時 1411 号 101 頁 ……………97
東京地判平成 4・10・28 判時 1467 号 124 頁 ……………99
大阪地判平成 5・6・18 判タ 844 号 183 頁 ………157, 164, 165, 166

東京地判平成 5・11・29 判時 1498 号 98 頁 ……………………………………………56

東京地判平成 6・7・25 判時 1533 号 64 頁 ……………………………………………40

千葉地松戸支判平成 6・8・25 判時 1543 号 149 頁 ……………………………238, 251

東京地判平成 7・5・31 判時 1556 号 107 頁 …………………………………115, 126

東京地判平成 7・8・29 判時 1560 号 107 頁 …………………………………………117

東京地判平成 7・12・8 判時 1578 号 83 頁 …………………………………………100

仙台地判平成 8・6・11 判時 1625 号 85 頁 …………………………………………86

東京地判平成 8・8・23 判時 1604 号 115 頁 ………………………………………142

東京地判平成 8・12・19 判時 1616 号 75 頁 ………………………………………168

東京地判平成 9・1・28 判時 1619 号 93 頁 ……………………………………44, 249

横浜地判平成 9・4・23 判時 1629 号 103 頁 …………………………………………61

浦和地川越支判平成 9・8・19 判タ 960 号 189 頁 …………………………………115

神戸地判平成 9・9・8 判時 1652 号 114 頁 …………………………………………93

浦和地川越支判平成 9・9・25 判時 1643 号 170 頁 ………………………………59

東京地判平成 9・10・20 判タ 973 号 184 頁 ………………………………………272

松山地判平成 10・5・11 判タ 994 号 187 頁 …………………………………54, 270

東京地判平成 10・11・26 判時 1682 号 60 頁 ……………………………………100

大阪地判平成 11・2・18 判タ 1003 号 218 頁 ………………………………115, 194

東京地判平成 11・2・25 判時 1676 号 71 頁 ………………………………………53

神戸地判平成 11・7・30 判時 1715 号 64 頁 ………………………76, 119, 271

神戸地判平成 11・9・20 判時 1716 号 105 頁 ……………………………………252

京都地判平成 12・3・24 判タ 1098 号 184 頁 ……………………………………58

大阪地判平成 12・9・27 判タ 1053 号 137 頁 ……………………………………93

東京地判平成 13・6・27 判タ 1095 号 158 頁 ……………………84, 125, 254

東京地判平成 13・11・8 判時 1797 号 79 頁 ……………………………………267

東京地判平成 15・3・25 判例秘書 L05831279 …………………………………140

東京地判平成 15・5・16 判時 1849 号 59 頁 ………………………………………35

東京地判平成 16・4・23 判時 1866 号 65 頁 …………………………………120, 253

東京地判平成 16・7・30 判時 1887 号 55 頁 ………………………………………143

東京地判平成 16・11・10 判例秘書 L05934532 ………………………………193

東京地判平成 17・1・27 判例秘書 L06030316 …………………………………68

札幌地判平成 17・4・22 判タ 1203 号 189 頁 ……………………………………98

大分地判平成 17・5・30 判タ 1233 号 267 頁 ……………………………………63

名古屋地判平成 17・8・26 判時 1928 号 98 頁 …………………………………98

東京地判平成 17・10・26 判例秘書 L06033972 ………………………………143

東京地判平成 17・12・5 判時 1914 号 107 頁 …………………………………94, 95

東京地判平成 18・1・20 判時 1957 号 67 頁 ………………………………………137

福岡地判平成 18・2・2 判タ 1224 号 255 頁 ………………………………………57

東京地判平成 18・9・5 判タ 1248 号 230 頁 …………………………36, 103, 133

東京地判平成 19・7・23 判時 1995 号 91 頁 ……………………………99
東京地判平成 19・8・10 判例秘書 L06233508 ……………………194, 196
京都地判平成 19・10・2 判例秘書 L06250293 ………………158, 164, 165, 166
東京地判平成 19・12・25 判例秘書 L06235803 ……………………122
大阪地判平成 20・3・18 判時 2015 号 73 頁 ……………………168
東京地判平成 20・4・28 判タ 1275 号 329 頁 ……………………48, 49
大阪地判平成 20・5・20 判タ 1291 号 279 頁 ……………………255
大阪地判平成 20・6・25 判タ 1287 号 192 頁 ……………………57
東京地判平成 20・7・8 判時 2025 号 54 頁 ……………………103
東京地判平成 21・1・16 原状回復ガイドライン再改訂版事例 30……181
東京地判平成 21・2・6 判タ 1312 号 274 頁 ……………………99
東京地判平成 21・4・30 判例秘書 L06430159 ……………………170
福岡地小倉支判平成 21・7・14 判タ 1322 号 188 頁 ……………100
東京地判平成 21・10・16 判タ 1350 号 199 頁 ……………………68
大阪地判平成 21・11・26 判タ 1348 号 166 頁 ……………………50
東京地判平成 22・5・27 判タ 1340 号 177 頁 ……………………94, 95
東京地判平成 22・9・2 判時 2093 号 87 頁 ……………………196
東京地判平成 23・1・20 判タ 1365 号 124 頁 ……………………103
東京地判平成 23・1・27 判タ 1365 号 124 頁 ……………………103
千葉地判平成 23・2・17 判タ 1347 号 220 頁……………………42, 245
岡山地判平成 23・5・31 判例秘書 L06650259 ……………………37
東京地判平成 23・7・11 判時 2161 号 69 頁 ……………………103
東京地判平成 23・8・8 判例秘書 L06630454 ……………………240
京都地判平成 24・2・29 判例秘書 L06750090 ……………………181
大阪地判平成 24・3・27 判時 2159 号 88 頁 ……………………56
東京地判平成 24・9・27 判時 2170 号 50 頁 ……………………103
東京地判平成 25・1・21 判例秘書 L06830182 ……………………258
東京地判平成 25・3・11 判例秘書 L06830310 ……………………96
東京地判平成 25・3・29 判例秘書 L06830291 ……………………116
名古屋地判平成 25・4・26 判時 2205 号 74 頁 ……………………87
東京地判平成 25・7・3 判時 2213 号 59 頁 ……………48, 49, 115, 260
東京地判平成 25・8・21 判例秘書 L06830648 ……………………52, 118
神戸地尼崎支判平成 25・10・28 判例秘書 L06850609 ……………169, 193
松山地判平成 25・11・7 判時 2236 号 105 頁 ……………………262
東京地判平成 25・11・11 判例秘書 L06830896 ……………………103
東京地判平成 25・11・21 判例秘書 L06830892 ……………………103
東京地判平成 26・3・26 判タ 1413 号 332 頁 ……………………42
東京地判平成 26・4・28 判例秘書 L06930345 ……………………264
東京地判平成 26・8・5 判例秘書 L06930546 ……………………196

東京地判平成 27・1・30 判例秘書 L07030145 …………………………………………86
東京地判平成 27・9・28 判例秘書 L07031101 ……………………………………195, 196
東京地判平成 28・1・20 判例秘書 L07130123 ………………………………………136
名古屋地判平成 28・1・21 判時 2304 号 83 頁 ………………………………………170
東京地判平成 28・3・11 判例秘書 L07130827 …………………………………………32
東京地判平成 28・4・22 判例秘書 L07131144 …………………………………………34
東京地判平成 28・8・8 判例秘書 L07131836 ………………………………………196
東京地判平成 28・11・22 金法 2062 号 74 頁 ………………………………………141
東京地判平成 29・2・27 判例秘書 L07230989 …………………………………………69
東京地判平成 29・3・24 判例秘書 L07231218 …………………………………………33

事項索引

あ

青田売り …………………21, 58, 146, 151
預り金 ………………………………………4
あっせん→媒介
位置指定道路 ………………………………109
一般媒介契約 ………………………………7, 209
　　非明示型の―― ………………209, 231
　　明示型の―― …………………209, 231
内金 …………………………………………67
売主の説明義務 …………………………25, 28
売渡承諾書 …………………………………16
営業保証金 ………………………5, 315, 316
　　――に充てることができる有価証券
　　…………………………………………318
　　――の額 ………………………………317
　　――の還付 ……………………………319
　　――の還付手続 ………………………320
営業保証金制度 ……………………………314
営業保証金の供託 …………………………316
　　――が不要な場合 ……………………317
　　――の時期 ……………………………317
営利の目的 …………………………………352

か

開業規制 ……………………………………330
解除権留保型特約 …………………138, 145
解除条件付特約 ……………………138, 145
買付証明書 …………………………………16
買主に不利な特約 …………………………71
開発許可 ……………………………………24
解約手付 ……………………………………65
　　――と履行の着手 ……………………67
解約手付性 …………………………………70
「隠れた」瑕疵 ……………………………81
がけ条例 ……………………………………112
過去の損傷 …………………………………120
瑕疵 …………………………………77, 80, 102
瑕疵担保責任 ……………………………2, 32, 76
　　――の責任追及期間と免責規定 …127
過失相殺 ……………………………………82
瑕疵保険 …………………………………97, 257

河川法 ………………………………………42
仮処分 ………………………………………46
環境的瑕疵 …………………………………53
勧告 …………………………………………301
監督 …………………………………………297
監督処分 ………………2, 25, 75, 280, 297, 318
　　――に対する不服申立て ……………309
　　――の種類 ……………………………298
　　――の手続 ……………………………304
還付 …………………………………………319
客付け業者 …………………………………234
境界 …………………………………………42
強行法規 ……………………………………178
業者間取引 …………………………………22
行政事件訴訟法 …………………………301, 304
行政指導 …………………………………43, 249
行政手続法 ………………………………301, 306
行政不服審査法 ……………………………301
共同仲介 …………………………………235, 287
業として行う ……………………………344, 351
業務規制 ……………………………………330
　　――と民事上の効力 …………………332
業務停止処分 ……………19, 25, 280, 298
共用部分 ……………………………………96
業を営む …………………………………344, 352
クーリング・オフ ………………………5, 152
経年変化 …………………………………173, 175
経年劣化 ……………………………………34
景品規約 ……………………………………150
景品表示法 …………………………………149
契約解除 ……………………………………138
契約交渉の不当破棄 ………………………163
契約責任説 …………………………………80
契約締結上の過失 ………………………26, 163
契約の解除 …………………………………125
契約の申込み ………………………………4
契約不適合 ………………………………103, 114
　　――の判断 ……………………………80
契約不適合担保責任 ……………………2, 32, 76
　　――と改正宅建業法 …………………134

365

事項索引

——の責任追及期間と免責規定 …133
決済 ……………………………6, 10, 13
原状回復義務の特約 …………178, 186
原状回復をめぐるトラブルとガイドライ
ン ……………………………173, 174
現状有姿売買 …………………………135
建築確認 ………………………24, 107
建築基準法 ……………………40, 245
建築条件付売買 ………………………146
故意の不告知 …………29, 237, 263
交換 …………………………………339
公告 …………………………………308
更新料 ………………………………190
公正証書 ………………………199, 201
告知義務 ………………………………29
国土交通省ネガティブ情報等検索システ
ム ……………………………………308
個人情報保護法 ………………………14
誇大広告の禁止 …………………7, 11

さ

裁判上の和解手続 ……………………192
債務不履行（責任） ……………26, 37
裁量的取消処分 ………………………299
サブリース ……………………………335
37 条書面 …10, 13, 17, 74, 162, 219
——の記載事項としての解約手付
……………………………………74
賃貸借契約の成立と—— …………162
売買契約の成立と—— ……………17
敷金 …………………………………185
敷地の二重使用 ………………………43
敷引特約 ………………………………186
自己発見取引 …………208, 226, 291
自殺………30, 48, 114, 125, 193, 260
——しないように注意する義務 …193
賃借人の—— ……………………193
指示処分 ………19, 25, 30, 72, 280, 298
示談 …………………………………311
指定流通機構（REINS）…7, 209, 211
指導 …………………………………301

指導要綱 ……………………44, 249
死亡事件 ………………………………50
借地借家法 ……………………………198
集客活動 ………………………………3
住宅情報誌・住宅情報サイト ………342
住宅の品質確保の促進等に関する法律
……………………………………129
周知の埋蔵文化財包蔵地 …………105
重要事項 ………………………………236
重要事項説明……………4, 9, 12, 75, 185,
………………190, 192, 202, 218, 246
——の対象としての解約手付 ……74
重要事項説明義務 …………29, 235, 269
重要事項説明書 ………………………246
準委任契約 ……………………………205
商事仲立 ……………205, 282, 283, 341
消費者契約法 …………………130, 180
——10 条 ……………180, 187, 191
商法
——512 条 ……………………286
——526 条 …………………36, 131
情報提供義務 …………………………74
証約手付 ………………………………66
助言 …………………………………301
処分の公表等 …………………………308
信義則上の情報提供義務 ……………26
信義則上の注意義務 …………………163
新築住宅 ………………………………129
信用の供与 ……………………………76
信頼利益の賠償 ………………………166
心理的瑕疵 ……………48, 114, 193, 260
——に関する調査義務・説明義務
……………………………………260
森林法 …………………………………111
隔切り ………………………………110
成功報酬原則 …………………281, 289
正当事由 ………………………………198
性風俗営業 ……………………………121
生物の生息 ……………………………119
接道要件 ………………………41, 108, 246

セットバック …………………42, 109, 247
説明義務 ……………………………25, 74
善管注意義務 ……………………………224
専属専任媒介契約 …………………7, 209
　——における登録義務 …………212
　——の悪用 …………………………213
専任媒介契約 ………………………7, 208
　——における登録義務 …………212
　——の悪用 …………………………213
専有部分 …………………………………96
専用使用権 ………………………………62
騒音 …………………………………59, 123
相当な報酬額 ……………………………284

た

貸借 ………………………………………340
代理 ………………………………………340
代理権の存否の確認 …………………242
抱き合わせ販売 ………………………147
諾成契約 …………………………16, 18, 156
宅地造成等規制法 ……………………247
宅地建物取引 …………………………334
宅地建物取引業（宅建業）…………171,
…………………………………204, 334
宅地建物取引業者（宅建業者）………2,
……………………………………47, 204
　——が売主から媒介を依頼された場合
……………………………………………6
　——が売主である場合……………3, 5,
……………………………27, 42, 70, 146
　——が買主から媒介を依頼された場合
……………………………………………8
　——が買主になる場合 ………133, 171
　——による他人物売買 …………19
　——の違反行為に対する監督処分の基
　　準 …………………………306, 312
　——の義務 ……………………………215
　オーナー側・貸主側の仲介業者として
　の—— …………………………………11
　借主側の仲介業者としての—— …11
宅地建物取引業法（宅建業法）

…………………………2, 129, 204, 329
　——上の説明義務違反 ……………31
　——上の説明義務と民事上の説明義務
…………………………………………30
　——の解釈・運用の考え方 ………346
　——の目的 …………………………332
　営業の自由と—— ……………………329
　規制法としての—— …………………329
宅地建物取引業法（宅建業法）37条書
面→37条書面
宅地建物取引業保証協会 ………314, 321
宅地建物取引士 …………………………5, 9
立入検査 …………………………………302
建物状況調査 ………………………221, 257
建物に生じた不具合 ……………………32, 89
他人物売買 ………………………………19
　——規制の適用除外 ………………20
地中埋設物 ……………35, 98, 102, 258
仲介→媒介
仲介業者
　——としての宅地建物取引業者 ……6
　——の善管注意義務 ………………224
　——の調査義務・説明義務 ………234
眺望 …………………………………53, 123
聴聞 ………………………………………306
聴聞期日 …………………………………307
聴聞調書 …………………………………307
聴聞の通知 ………………………………306
直接取引 ……………………………288, 293
　宅地建物取引業者を排除した——
…………………………………………289
賃借人の原状回復義務 …………………172
　——の特約 …………………………178
　——の範囲 …………………………186
賃借人負担 …………………………175, 177
　——と経過年数 ……………………176
賃貸権限の確認 …………………………243
賃貸借契約 …………………………11, 13, 156
　——での紛争 ………………………156
　——の成立 ………………………156, 162

事項索引

賃貸借契約書 …………………………156
賃貸住宅紛争防止条例 ………………182
賃貸住宅標準契約書 …………………184
賃貸人の情報提供義務 ………………167
賃貸人の説明義務 ……………………203
賃貸人負担 ………………………175, 177
通常備えるべき品質・性能 …………78
通常損耗 ………………173, 175, 189
通知期間 ………………………………199
通風 ……………………………………53
定期借家契約 …………………………198
定期建物賃貸借契約 …………………198
停止条件付特約 …………………138, 145
抵当権設定登記 ………………………46
手付 ……………………………………65
　――の種類 …………………………66
　――の認定 …………………………67
　違約罰としての―― ………………66
　損害賠償の予定としての―― ……66
手付解除 …………………………66, 69
　――をすることができなくなる旨の特
　　約 …………………………………72
手付金 …………………………………6, 9
　――の額の制限 ……………………70
　――の倍額支払 …………………66, 157
　――の保全措置 ……………………72
手付放棄 …………………66, 75, 157
同一性の確認 …………………………239
東京ルール ……………………………182
当事者のためにする意思 ……………287
登録義務 ………………………………212
登録証明書 ……………………………218
特段の合意 ……………………………66
特段の事情 ……………………………60
特定商取引法 …………………………152
特別の依頼による費用 ………………232
都市計画法 ………………23, 43, 248
土壌汚染 ………………35, 102, 258
土地区画整理法 ………………………112
土地の造成 ………………………82, 104

な

軟弱地盤 ………………………………255
2項道路 ………………………………109
日照 ……………………53, 123, 267, 270
任意規定 ………………………………66
認証
　――手続 ……………………………325
　――の対象となる債権 ……………324
　――の申し出 ………………………324
抜き行為 …………………………289, 293

は

媒介 ……………………204, 220, 341
媒介依頼者 ……………………………208
　――の違約金支払義務 ……………228
　――の通知義務 ……………………233
　――の費用支払義務 ………………230
　――の報酬支払義務 ………………226
媒介契約 …………………6, 8, 12, 204
　――での紛争 ………………………204
　――に関する規制 …………………206
　――の種類 …………………………208
　――の性質 …………………………205
媒介契約書 ……………………………283
　――に明記されている義務 ………215
媒介報酬 ………………………………274
　売買契約の解除と―― ……………293
売買 ……………………………………336
売買契約 …………………………3, 16
　――での紛争 ………………………15
　――の成立 …………………………15
　――の成立と宅建業法37条書面 …17
　――の締結 …………………………5
　――の締結時期 ……………………23
　――の締結と手付金の授受 ………9
　――の付随義務としての説明義務　26
　――の申込み ………………………4
売買契約書 ……………………………15
犯罪収益移転防止法 …………………14
引渡し …………………………………10
引渡し事務の補助業務 ………………220

必要的取消処分 …………………299
秘密保持義務 …………………14
表示規約 …………………150
標準媒介契約約款…………208, 217,
…………………223, 296, 290
不実告知の禁止 …………………29, 237
普通建物賃貸借契約 …………198
物件案内 …………………4, 11
物件調査 …………………9
物件引渡し …………………6
物理的瑕疵 …………………82, 251
　——に関する調査義務・説明義務
…………………251
不動産管理 …………………335
不動産公正競争規約 …………149
不動産業における景品類の提供の制限に
　関する公正競争規約（景品規約）…150
不動産の表示に関する公正競争規約（表
　示規約） …………………150
不法行為（責任） …………………26, 37
プラットフォーマー …………343
ペット類の飼育 …………………63
弁済業務保証金 …………………316
　——の還付 …………………324
　——の取り戻し …………………327
弁済業務保証金分担金 …………315
　——の納付 …………………323
弁済業務保証金分担金制度 ……314, 321
報告要求 …………………302
報酬告示 …………………274
　——の内容 …………………275
法定更新 …………………198

法定責任説 …………………80
暴力団関係（事務所）…52, 117, 126, 264
法令上の制限 …………………40, 106, 244
　——に関する調査義務・説明義務
…………………244
保証金 …………………185
本人確認 …………………14

ま

埋蔵物 …………………104
未完成物件 …………………5, 22
　——に係る許可 …………………24
　——の売買 …………………23
民事上の説明義務違反 …………31
民事仲立 …………………205, 282, 341
民泊 …………………336, 343
無免許営業の禁止 …………353
免許 …………………171
免許権者 …………………298
免許制 …………………297, 329
免許取消処分 …………19, 25, 280, 299
申込証拠金 …………………67
申込みの撤回 …………………4, 154
元付け業者 …………………234

ら

履行のために要した費用 …………230
履行の着手 …………………68
履行利益の賠償 …………………166
両手取引 …………………213
隣人の言動 …………………65, 122, 265
ローン特約 …………………138, 222
　——の解釈 …………………139
　——の種類 …………………138

著者紹介

熊谷則一
KUMAGAI NORIKAZU

涼風法律事務所弁護士。1988
年東京大学法学部卒業。建設省
勤務を経て1994年弁護士登録。
2007年涼風法律事務所を設立，
現在に至る。中央建設工事紛争
審査会（国土交通省）特別委員
なども務める。
〈不動産取引関係の主著〉
『判例で学ぶ 宅建業者の調
査・説明義務──これを知らな
いとプロではない！』（住宅新
報社，2005）
『不動産会社のための個人情報
保護法ハンドブック』（住宅新
報社，2005）
『宅建業務1年生の法務研修ノ
ート──弁護士織音にお任せ！
建物賃貸借編』（住宅新報社，
2008）

LAWYERS' KNOWLEDGE

不動産取引紛争の
実践知
宅建業法の戦略的活用

2019年12月30日　初版第1刷発行

著　者　熊谷則一
発行者　江草貞治
発行所　株式会社 有斐閣
郵便番号　101-0051
　　　　東京都千代田区
　　　　神田神保町2-17
電　話　03-3264-1314（編集）
　　　　03-3265-6811（営業）
http://www.yuhikaku.co.jp/

デザイン　キタダデザイン
印刷　　株式会社理想社
製本　　牧製本印刷株式会社

© 2019, Norikazu Kumagai. Printed in Japan

落丁・乱丁本はお取替えいたします。
定価はカバーに表示してあります。
ISBN 978-4-641-13824-7

JCOPY　本書の無断複写（コピー）は，著作権法上で
の例外を除き，禁じられています。複写され
る場合は，そのつど事前に，（一社）出版者著作権管理機構
（電話03-5244-5088，FAX03-5244-5089，email:info@jcopy.
or.jp）の許諾を得てください。

本書のコピー，スキャン，デジタル化等の無断複製は著作権法上での例外を
除き禁じられています。本書を代行業者等の第三者に依頼してスキャンや
デジタル化することは，たとえ個人や家庭内での利用でも著作権法違反です。